Annette Walter

Inklusive Erziehungs- und Familienberatung

Familien mit Kindern und Jugendlichen mit einer Behinderung

Mit 23 Abbildungen und 14 Tabellen

Vandenhoeck & Ruprecht

Für Christian – in Liebe und Dankbarkeit

Bibliografische Information der Deutschen Nationalbibliothek:
Die Deutsche Nationalbibliothek verzeichnet diese Publikation in der
Deutschen Nationalbibliografie; detaillierte bibliografische Daten sind
im Internet über https://dnb.de abrufbar.

© 2020, Vandenhoeck & Ruprecht GmbH & Co. KG, Theaterstraße 13, D-37073 Göttingen
Alle Rechte vorbehalten. Das Werk und seine Teile sind urheberrechtlich
geschützt. Jede Verwertung in anderen als den gesetzlich zugelassenen Fällen
bedarf der vorherigen schriftlichen Einwilligung des Verlages.

Umschlagabbildung und Illustrationen: © Annette Walter

Satz: SchwabScantechnik, Göttingen
Druck und Bindung: ⊕ Hubert & Co. BuchPartner, Göttingen
Printed in the EU

Vandenhoeck & Ruprecht Verlage | www.vandenhoeck-ruprecht-verlage.com

ISBN 978-3-525-71778-3

Inhalt

1 Einleitung 7

2 Beeinträchtigung und Behinderung 13
   2.1 Definition 13
   2.2 Prävalenz 17
   2.3 Formen von Beeinträchtigungen 19
   2.4 Inklusion 22

3 Inklusive Erziehungs- und Familienberatung 26
   3.1 Erziehungs- und Familienberatungsstellen 26
   3.2 Erziehungsberatung für alle 28

4 Die Familie und ihre Netzwerke 36
   4.1 Familien in einer besonderen Lebenssituation 37
      4.1.1 Herausforderungen 38
      4.1.2 Reaktionen des sozialen Umfeldes 44
      4.1.3 Trauer, Angst und Schuldgefühle 49
      4.1.4 Ressourcen 54
   4.2 Familienthemen 57
      4.2.1 Väter und Mütter 57
      4.2.2 Geschwister 60
      4.2.3 Trennung und Scheidung 69
      4.2.4 Patchworkfamilien 76
   4.3 Erziehung 81
      4.3.1 Verständnis von Erziehung 82
      4.3.2 Erziehung von Kindern mit Beeinträchtigungen 86
      4.3.3 Ein Beispiel: Elterntraining »Stepping Stones Triple P« ... 93
   4.4 Bildung, Betreuung, Förderung und Unterstützung 98
      4.4.1 Netzwerke und Hilfesysteme 99
      4.4.2 Kindertagesstätten 107
      4.4.3 Schule 111

5 Lebensphasen der Kinder 122
  5.1 Von der Geburt bis zur Einschulung 122
    5.1.1 Umgang mit der Diagnose 123
    5.1.2 Familiäre Veränderungen 126
    5.1.3 Vorschulzeit 130
  5.2 Von der Einschulung bis zum Jugendalter 135
    5.2.1 Starker Wille und Wutanfälle 136
    5.2.2 Ängste 142
    5.2.3 Nähe und Distanz 149
    5.2.4 Freundschaften 151
  5.3 Jugendalter 157
    5.3.1 Emotionen 158
    5.3.2 Soziale Auswirkungen von Verhaltensauffälligkeiten 167
    5.3.3 Identitätsentwicklung 171
    5.3.4 Erwachsen werden 178

6 Wissen, Konzepte und Methoden 182
  6.1 Krisen- und Stressverarbeitungsmodelle 182
    6.1.1 Familienstresstheorie 183
    6.1.2 Krisenverarbeitungsprozess nach Schuchardt 186
    6.1.3 Resilienz, Gesundheit und Empowerment 196
    6.1.4 Das systemische Modell von Rolland 203
  6.2 Umgang mit Verhaltensauffälligkeiten 213
    6.2.1 Definition und Prävalenz 213
    6.2.2 Entstehung und Aufrechterhaltung 218
    6.2.3 Verhaltensanalyse 221
    6.2.4 Interventionen 227
  6.3 Anpassung der Beratung und Therapie 235
    6.3.1 Humanistische Therapien 242
    6.3.2 Verhaltenstherapeutische Ansätze 245
    6.3.3 Systemische Ansätze 249
    6.3.4 Kunsttherapeutische Ansätze 253

7 Hinweise für Berater*innen 265

Literatur 268
Sachregister 283

1 Einleitung

»Da ist sie, da ist sie!«, aufgeregt hüpft Thomas vor dem Wartezimmer auf und ab. »Ah, siehst du Frau Walter schon?«, höre ich die Stimme seines Vaters aus dem Wartezimmer, während ich die Treppen hochsteige. Dort strahlt mich Thomas an und fragt: »Sind wir heute im Spielzimmer oder im Werkraum?« Inzwischen sind auch seine Eltern aus dem Wartezimmer gekommen. »Thomas, erstmal kannst du Frau Walter ›Guten Tag‹ sagen«, sagt sein Vater. Thomas strahlt mich an, reicht mir die Hand und sagt: »Guten Tag, gehen wir ins Spielzimmer oder in den Werkraum?«

So beginnt regelmäßig die Stunde mit Thomas, einem zwölfjährigen Jungen mit einer intellektuellen Beeinträchtigung. Er ist meistens sehr fröhlich, und schon nach kürzester Zeit gelingt es ihm, in Kontakt zu anderen Menschen zu treten und diese für sich einzunehmen. Die Eltern kommen mit ihm in die Erziehungsberatungsstelle, da er sich nur schwer an Regeln und Absprachen hält. Er ist sehr impulsiv. Täglich hat er starke Wutausbrüche und zeigt dabei auch aggressives Verhalten. Gleichzeitig ist er durch Veränderungen leicht irritierbar. Im Alltag fordert er ständige Aufmerksamkeit. Die Eltern erleben sich trotz verschiedener familienentlastender Maßnahmen immer wieder an ihrer Belastungsgrenze.

Wie können Familien mit einem Kind mit Behinderung die Herausforderungen meistern, die ein Leben mit der Beeinträchtigung mit sich bringt? Was hilft Eltern bei ihrem Wunsch, ihr Leben in der Familie und in der Gesellschaft gelingend zu gestalten? Was brauchen Kinder, deren Wahrnehmung der Umgebung und der Mitmenschen anders ist, als wir es gewohnt sind, um sich in dieser Welt zurechtzufinden und gut in Kontakt mit anderen zu kommen? Wie können Geschwister von Kindern mit Behinderung ihre Rolle in der Familie finden und sich mit den besonderen Themen ihres Alltags auseinandersetzen?

Dieses Buch führt anhand von praktischen Erfahrungen und zahlreichen Beispielen aus der Erziehungs- und Familienberatung in die Möglichkeiten der Unterstützung, Begleitung und Beratung von Familien mit Kindern und Jugendlichen mit Beeinträchtigungen ein. Praktische Inhalte werden durch wissenschaftliche Studien und psychologisches sowie heil- und sonderpädagogisches Fachwissen ergänzt. Die beruflichen Vorerfahrungen der Autorin aus der psychologischen Arbeit mit Kindern, Jugendlichen und ihren Eltern im sozialpädiatrischen sowie kinder- und jugendpsychiatrischen Kontext und in einer Erziehungsberatungsstelle sowie Aus- bzw. Weiterbildungen in Kunsttherapie, Verhaltenstherapie, humanistischen, systemischen und hypnotherapeutischen Therapieansätzen bilden den Hintergrund für die Vorgehensweisen und Blickwinkel in diesem Buch. Fachkräfte aus Beratungsstellen und andere Interessierte erhalten Anregungen, wie Beratungsangebote für die Familien passend und gelingend gestaltet werden können. Der Titel »Inklusive Familien- und Erziehungsberatung« steht dafür, dass das Buch einerseits einen Beitrag dazu leisten soll, das Angebot der Familien- und Erziehungsberatungsstellen für alle zugänglich zu machen, also inklusiv zu gestalten. Andererseits soll durch die Beratung die gleichberechtigte Teilhabe aller in der Gesellschaft unterstützt werden, indem beispielsweise Familien Wege aus der für sie und ihr Kind entstandenen Isolation finden.

Neben dem Interesse und den Anfragen von Fachkolleg*innen zu den Anpassungsbedingungen für eine gelingende Beratung für Familien mit einem Kind mit Behinderung waren Aussagen und Erlebnisse aus Beratungsstunden die besondere Triebfeder für dieses Buch.

> Frau L. kommt in die Beratungsstelle, da sie Fragen zur Erziehung ihrer Tochter Jana hat. Jana ist fünf Jahre alt und hat eine Muskelerkrankung. Sie kann nicht allein stehen oder laufen. Sie besucht die örtliche Kindertagesstätte. Frau L. berichtet über die bisherige Entwicklung von Jana, über die gelingende Inklusion in der Kita und über die Kreativität der Familie im Umgang mit der Beeinträchtigung, beispielsweise durch selbst umgebaute Fahrzeuge, mit denen Jana sich im Raum bewegen kann. Die Familie muss viele Termine zur medizinischen Versorgung und zur physiotherapeutischen Behandlung für Jana wahrnehmen. Jana braucht viel Hilfe im Alltag, die die Familie größtenteils selbstständig leistet. Dennoch beschreibt die Mutter sich als wenig belastet. Problematisch erlebe sie momentan, dass es viele

Konflikte zwischen ihr und Jana gebe. Einerseits fordere Jana viel, andererseits sei es schwierig, Jana zum Tragen des Korsetts oder zum Durchführen der physiotherapeutischen Übungen zu bewegen. Während des Gesprächs muss die Mutter immer wieder weinen. Es beschäftigt sie, wie die Beeinträchtigung das Leben von Jana weiterhin beeinflussen wird und wie sie damit umgehen wird, wenn sie ihre Besonderheiten im Vergleich zu anderen Kindern immer deutlicher wahrnehmen wird. Für die Teilnahme an den Aktivitäten mit anderen Kindern aus der Kindertagesstätte ist es notwendig, bestimmte Situationen für Jana anzupassen, und dies setzt auch die Rücksichtnahme und Flexibilität aller anderen Beteiligten voraus. Die Mutter sorgt sich, ob dies weiterhin so gut gelingen wird oder ob andere Eltern sich irgendwann fragen werden, ob das denn wirklich immer nötig sei. Über den eigentlichen Beratungsanlass, nämlich die Erziehungsfragen im Zusammenhang mit den täglichen Übungen und dem Tragen des Korsetts, sprechen wir bei diesem ersten Termin nur wenig. Bis zum nächsten Termin vergehen einige Monate.

Als die Mutter sich wieder meldet, berichtet sie, dass der letzte Termin für sie sehr wichtig gewesen sei und »einiges ins Rollen« gekommen sei. Bezüglich der Erziehungsthemen mit ihrer Tochter habe sie nach dem Termin erstmal »den Druck rausgenommen«. Nachdem sie für zwei Wochen das Tragen des Korsetts nicht mehr kompromisslos eingefordert habe, trage Jana jetzt das Korsett von sich aus. Auch bezüglich der anderen Themen gebe es keine Konflikte mehr. Die Beziehung zwischen ihnen habe sich deutlich verbessert. Aber besonders sei ihr bei dem letzten Gespräch bewusst geworden, wie belastet sie doch von vielen Situationen und Themen im Zusammenhang mit der Beeinträchtigung ihrer Tochter gewesen sei. Sie habe sich bewusst Zeit für sich genommen und viele Gespräche mit ihrem Mann geführt. Dabei habe sie so manches innerlich sortieren können. Als ich die Mutter am Ende des Termins frage, ob ich Inhalte der Beratung in einem Buch beschreiben dürfe, sagt sie: »Auf jeden Fall! Es braucht unbedingt die Möglichkeit für Eltern, über alles sprechen zu können und zu wissen, dass sie sich jederzeit an jemanden wenden können. Und andere Eltern sollten wissen, dass sie nicht allein sind.«

Eine Besonderheit in der Beratung von Kindern mit körperlichen, intellektuellen, komplexen oder Sinnesbeeinträchtigungen ist, dass es nicht das Ziel der Beratung sein kann, diese Beeinträchtigung direkt zu beeinflussen, sie zu reduzieren, zu überwinden oder zu heilen. Es geht darum, einen Weg zu finden, mit dieser Beeinträchtigung zu leben, sei es als Kind oder junger Mensch selbst und auch für die ganze Familie, mit allen damit einhergehenden Besonderheiten, Unsicherheiten und Herausforderungen. Wie alle wünschen sich diese Familien und ihre Kinder ein glückliches Leben. Beratung kann zu einem gelingenden Zusammenleben in der Familie, zur Reduktion von Stressbelastungen und der Verbesserung von Beziehungen beitragen.

Das Herzstück dieses Buches sind die Beschreibungen von Lebenssituationen, Fragestellungen und Beratungsanlässen von Familien mit Kindern mit Beeinträchtigungen. Anhand konkreter Fallbeispiele aus einer Erziehungsberatungsstelle werden mögliche Inhalte und Angebote in Kapitel vier und fünf dargestellt. Als Rahmen hierfür werden nach dieser Einleitung im zweiten und dritten Kapitel die Begriffe Behinderung, Beeinträchtigung und Inklusion sowie die Angebote der Erziehungsberatungsstellen beschrieben. Im sechsten Kapitel wird der Rahmen ergänzt durch die Darstellung von Modellen zur Verarbeitung von Krisen und zur Stressbewältigung, Konzepten zum Umgang mit Verhaltensauffälligkeiten sowie Überlegungen zu Anpassungen des eigenen beraterischen und psychotherapeutischen Repertoires. Mit Hinweisen für Berater*innen schließen Gedanken zur Selbstfürsorge und Haltung bei der Beratung das Buch ab.

An dieser Stelle noch einige Informationen, bevor Sie mit dem Lesen des Buches beginnen: Das Buch kann systematisch von vorne nach hinten gelesen werden. Sie als Leser*in können natürlich auch die Kapitel auswählen, die Sie besonders interessieren. Innerhalb der Kapitel gibt es Verweise auf andere Kapitel im Buch, wenn angesprochene Themen an anderer Stelle vertieft dargestellt werden.

Die Fallbeispiele bieten Einblicke in die Familiensituationen und Beratungen. Zur Anonymisierung wurden biografische und, wenn nötig, inhaltliche Details abgeändert. Es handelt sich nicht um wörtliche Transkripte aus Beratungsstunden.

Direkte und indirekte Zitate sind als Quellenangaben klar gekennzeichnet. Beziehen Textabschnitte und Tabellen neben eigenen Erfahrungen und Überlegungen Inhalte aus Artikeln oder Büchern mit ein oder fassen Inhalte unterschiedlicher Autor*innen zusammen, werden diese Quellenangaben mit »vgl.« eingeleitet, auch um eine weiterführende und vertiefende Lektüre zu ermöglichen.

Eine ausführliche Erörterung der Begriffe »Beeinträchtigung« und »Behinderung« finden Sie im zweiten Kapitel. In diesem Buch werden beide Begriffe verwendet, bei dem Begriff »Behinderung« ist neben der zugrundeliegenden körperlichen, geistigen, seelischen oder Sinnesbeeinträchtigung auch die mögliche Teilhabebeeinträchtigung dadurch impliziert.

Im Bemühen um eine sowohl geschlechterfaire als auch flüssig lesbare Sprache werden in dem Text verschiedene Methoden der gendergerechten Sprache wie das Gendersternchen, Neutralisierung, Doppelnennungen sowie abwechselnde Benennung verwendet.

»Danke« in deutscher Gebärdensprache

Am Ende der Einleitung möchte ich als Autorin noch den Personen danken, die dieses Buch ermöglicht haben. Der Aufbau des Angebots »Erziehungsberatung inklusiv« in der Erziehungsberatungsstelle *Psychotherapeutischer Beratungsdienst (PTB) im SkF* in Würzburg ist Grundlage dieses Buches. Daher gilt mein besonderer Dank dem *Sozialdienst katholischer Frauen e. V. Würzburg*, dort insbesondere Herbert Fröhlich, ehemaliger Bereichsleiter für den Bereich Jugendhilfe ambulant/Beratung/offene Arbeit und Leiter des PTB; der aktuellen Bereichsleiterin und Leiterin des PTB, Dr. Verena Delle Donne, und dem gesamten Team der Erziehungsberatungsstelle. Der Aufbau des Angebots wurde ermöglicht durch den *Förderverein Sozialpädiatrie*

Einleitung | 11

Würzburg e. V. – an alle Mitglieder, insbesondere an Professor Dr. Hans Michael Straßburg und Wolfgang Trosbach einen herzlichen Dank für die Unterstützung. Ein ganz besonderer Dank geht an Dr. Christian Walter-Klose, Professor für Behinderung und Inklusion an der *Hochschule für Gesundheit Bochum,* ehemals Akademischer Rat am *Lehrstuhl Körperbehindertenpädagogik an der Julius-Maximilians-Universität Würzburg,* der das Projekt wissenschaftlich begleitet hat und mir mit Rat und Tat stets zur Seite stand. Zudem richtet sich mein Dank an alle Fachkolleg*innen, die mir durch Austausch, Diskussionen und Fortbildungen ermöglicht haben, mein Wissen zu erweitern.

Gabriele Prass-Mendow, Petra Wurzbacher, Sonja Brückner-Oßwald, Peter Imhof, Renate Walter-Friedrich und Maria Respondek-Friedrich gilt mein Dank für ihr Interesse und ihre hilfreichen Korrekturen und Anregungen!

Und das Buch wäre so, wie es sich Ihnen heute präsentiert, nicht entstanden ohne den Verlag *Vandenhoeck & Ruprecht.* Allen beteiligten Mitarbeiter*innen einen herzlichen Dank.

Ganz besonders sei allen Kindern und Jugendlichen sowie ihren Eltern und Angehörigen gedankt, die ich in den letzten Jahren begleiten durfte und von denen ich so viel lernen konnte. Sie haben mir gesagt, was für sie hilfreich war und sie haben mir Rückmeldung gegeben, wenn gemeinsam entwickelte Ideen nicht im Alltag umsetzbar waren. Sie haben mir ihre Expertise zur Verfügung gestellt, damit ich mich über bestimmte Beeinträchtigungen oder Behandlungsformen informieren konnte. Sie haben mit mir ausgehalten, wenn ich, genauso wie sie selbst, »am Ende meines Lateins« angekommen war. Wir haben Feste bei Erfolgen gefeiert, geweint und gelacht. Ohne sie wäre dieses Buch nie geschrieben worden. Daher bin ich sehr froh über ihr großes Entgegenkommen und ihre Offenheit, die mir erlauben, über die Themen der Familien, Beratungsinhalte, Lösungsversuche, Veränderungen und Entwicklungen zu schreiben! Vielen Dank!

2 Beeinträchtigung und Behinderung

2.1 Definition

Zu Beginn dieses Buches soll ein aktuelles Verständnis der Begriffe Beeinträchtigung und Behinderung beschrieben werden. Vorab eine kurze Überlegung: Wie würden Sie erklären, was eine Behinderung ist? Was ist damit gemeint, wenn man von einem Menschen mit Behinderung spricht? Welche Assoziationen haben Sie? In der Regel hat jede*r eine Vorstellung, was damit gemeint sein könnte. Diese Vorstellungen können je nach individuellen Vorerfahrungen sowie Darstellungen von Beeinträchtigungen und Behinderungen in Filmen, Büchern oder anderen Medien sehr unterschiedlich sein. Manche Menschen assoziieren beispielsweise Menschen mit körperlichen Einschränkungen, die im Rollstuhl sitzen, mit diesem Begriff; andere wiederum Menschen mit einer so genannten geistigen Behinderung oder einem bestimmten Syndrom wie der Trisomie 21. In der UN-Behindertenrechtskonvention, Artikel 1, Satz 2, werden Menschen mit Behinderung folgendermaßen beschrieben:

> »Zu den Menschen mit Behinderungen zählen Menschen, die langfristige körperliche, seelische, geistige oder Sinnesbeeinträchtigungen haben, welche sie in Wechselwirkung mit verschiedenen Barrieren an der vollen, wirksamen und gleichberechtigten Teilhabe an der Gesellschaft hindern können.« (Beauftragte der Bundesregierung für die Belange behinderter Menschen, 2017)

Bei der Ausstellung des Schwerbehindertenausweises wird die Definition aus dem Sozialgesetzbuch, 9. Buch (SGB IX), zur Rehabilitation und Teilhabe von Menschen mit Behinderung zugrunde gelegt:

»Menschen mit Behinderungen sind Menschen, die körperliche, seelische, geistige oder Sinnesbeeinträchtigungen haben, die sie in Wechselwirkung mit einstellungs- und umweltbedingten Barrieren an der gleichberechtigten Teilhabe an der Gesellschaft mit hoher Wahrscheinlichkeit länger als sechs Monate hindern können. Eine Beeinträchtigung nach Satz 1 liegt vor, wenn der Körper- und Gesundheitszustand von dem für das Lebensalter typischen Zustand abweicht. Menschen sind von Behinderung bedroht, wenn eine Beeinträchtigung nach Satz 1 zu erwarten ist.« (§ 2 (1) SGB IX; BMJV, 2019)

Schon in diesen Definitionen wird deutlich, dass mit dem Begriff »Behinderung« nicht allein die Beeinträchtigungen der Gesundheit, bestimmter Funktionen oder Entwicklungsbereiche gemeint sind, sondern auch die Auswirkung dieser Beeinträchtigung auf Partizipation und Teilhabe. Anschaulich wird dies in der *Internationalen Klassifikation der Funktionsfähigkeit, Behinderung und Gesundheit (ICF)* beschrieben. Die Weltgesundheitsorganisation WHO hat mit der ICF ein System entwickelt, welches von dem Modell funktioneller Gesundheit bzw. der Funktionsfähigkeit einer Person ausgeht. In der ICF wurde ein bio-psycho-soziales Modell der Komponenten von Gesundheit zugrunde gelegt. Der Blick ist zugleich ressourcen- und defizitorientiert. Es werden die konkreten Auswirkungen der Krankheit oder der Gesundheitsstörung auf Körperstrukturen und -funktionen erfasst sowie die Fähigkeiten und Einschränkungen in den Aktivitäten und die Teilhabe des Menschen, wobei Umweltfaktoren und personenbezogene Faktoren mitberücksichtigt werden (Hollenweger & Kraus de Camargo, 2011; Schuntermann, 2005). Wie in Abbildung 1 dargestellt, liefert die ICF somit ein umfassendes Bild eines Menschen und seines Gesundheitszustands. Hierbei wird deutlich, dass nur all diese Bereiche zusammen ausreichend Informationen über die Einschränkungen und Fähigkeiten des Menschen und seinen individuellen Unterstützungsbedarf geben.

Zum Verständnis des Modells sei hier als Beispiel die Situation eines achtjährigen Jungen mit einer Hemiparese dargestellt. Das zugrundeliegende *Gesundheitsproblem* ist die Hemiparese, die kurz nach der Geburt diagnostiziert wurde. Auf der Ebene der *Körperfunktionen und -strukturen* lässt sich beschreiben, dass er im linken Arm nur wenig Kraft hat und ihn nur eingeschränkt bewegen kann. Auch hat er Beeinträchtigungen in der Kraft und Mobilität des linken Beines und braucht zur Fortbewegung

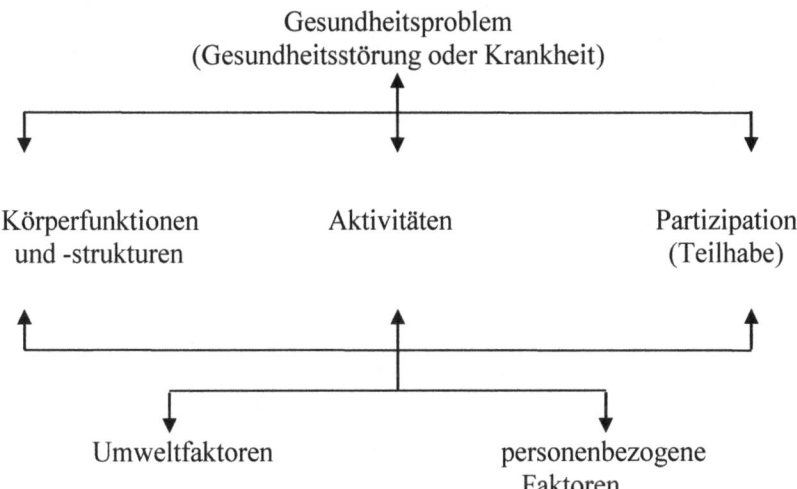

Abb. 1: Wechselwirkungen zwischen den Komponenten der ICF der WHO (Hollenweger & Kraus de Camargo, 2011, S. 46)

einen Rollstuhl. Er kann nicht schnell rennen und dabei einen Ball kicken *(Aktivitäten)*. Die Jungen aus seiner Klasse treffen sich nachmittags im Fußballverein und am Wochenende bei Fußballturnieren. Andere Sportarten werden für seine Altersklasse im Ort nicht angeboten *(Umweltfaktoren)*. Da er an diesem Freizeitaktivitäten nicht teilhaben kann, findet er schwerer Freunde im Ort *(Partizipation und Teilhabe)*. Als Alternative rudert er in der nächstgelegenen größeren Stadt in einem inklusiv ausgerichteten Ruderverein *(Umweltfaktoren)*. Dies macht ihm Spaß, er würde aber lieber Fußball spielen und dort die Jungen aus seiner Klasse treffen. Daher ist er mit dieser Lösung unglücklich *(personenbezogener Faktor)*. Die Kombination aus der zugrundeliegenden körperlichen Beeinträchtigung, den daraus entstehenden Aktivitäts- und Teilhabebeeinträchtigungen, moderiert durch personenbezogene und Umweltfaktoren machen gemeinsam die Behinderung des Jungen aus.

Mit diesem Modell wird deutlich, dass das Ausmaß der Schädigung, des Gesundheitsproblems bzw. der Beeinträchtigung nicht allein ausschlaggebend für die Behinderung ist, sondern die Folgen daraus für den einzelnen Menschen mitberücksichtigt werden müssen, die durch Merkmale der Umwelt und des Individuums beeinflusst werden. Cloerkes spricht daher von der »Relativität von Behinderung« (Cloerkes, 2007, S. 9).

Hier möchte ich noch einige Gedanken zur Wirkung und Verwendung des Begriffes »Behinderung« anschließen. Für viele Menschen mit Behinderung und ihre Familien und Freunde ist die Bezeichnung »Mensch mit einer Behinderung« nicht problematisch, sondern wird als Beschreibung einer Gesundheitsschädigung oder Entwicklungsstörung und ihrer Auswirkungen auf Lebensführung und Teilhabe verstanden. Auch dient sie dazu, deutlich zu machen, welche Personen Recht und Anspruch auf besondere Leistungen aufgrund eines erhöhten Förder- und Unterstützungsbedarfes haben.

Auf der anderen Seite wird die Bezeichnung »Behinderung« immer wieder kritisch diskutiert. Dies ist kein neues Phänomen, denn schon früher wurden gebräuchliche Begrifflichkeiten zur Beschreibung von Menschen mit körperlichen, intellektuellen oder seelischen Beeinträchtigungen und deren Auswirkungen diskutiert, verändert und verworfen. Einige auch in der Fachsprache gebräuchlichen Begriffe wie »Debilität«, »Idiotie«, »Krüppel« oder »Invalide« für bestimmte Formen von Beeinträchtigungen gehören heute glücklicherweise der Vergangenheit an. Die Kritik an dem Begriff »Behinderung« zielt unter anderem darauf, dass eine Stigmatisierung durch diese Bezeichnung befürchtet wird, da der Begriff von manchen Menschen ab- oder bewertend verwendet wird.

Häufig werden die Begriffe »Behinderung« und »Beeinträchtigung« quasi synonym verwendet. Nach der Auseinandersetzung mit dem oben beschriebenen Behinderungsbegriff der ICF sollten die Unterschiede der Begrifflichkeiten bewusst sein. Danach ist die Beeinträchtigung ein Teilaspekt der Behinderung, während bei der Behinderung die durch die Beeinträchtigung entstehenden Einschränkungen in den Aktivitäten und der Teilhabe impliziert sind.

Alternativ werden Bezeichnungen wie »Menschen mit Handicap«, »Menschen mit erhöhtem Förder- oder Unterstützungsbedarf«, »Menschen mit besonderen Bedürfnissen« oder »in ihrem Handeln eingeschränkte Menschen« genutzt.

Im Bereich der geistigen Behinderung werden des Weiteren Bezeichnungen wie »anders Begabte« oder »Menschen mit Lern-Schwierigkeiten« verwendet. Die Bezeichnungen »Intelligenzminderung« im ICD 10 (DIMDI, 2017) und »intellektuelle Beeinträchtigung« im DSM-5 (APA, 2015) für eine so genannte geistige Behinderung zeigen, dass es besonders in diesem Bereich Bestrebungen gibt, eine neue Begrifflichkeit zu finden. Die Mitglieder des Vereins *Mensch zuerst – Netzwerk People First Deutschland e. V.* fordern, nicht als »Menschen mit geistiger Behinderung«, sondern als »Menschen mit Lernschwierigkeiten« bezeichnet zu werden (menschzuerst, 2019).

In der Diskussion wird teilweise die Forderung geäußert, eine Bezeichnung ganz wegzulassen und die Schule, die Umgebung und unsere Gesellschaft so zu gestalten, dass die Bezeichnungen auch nicht dafür notwendig sind, spezielle Unterstützungsmöglichkeiten zu finanzieren oder spezielle Rechte oder »Nachteilsausgleiche« einzufordern. Dieser vorurteilsfreie, nicht auf Kategorisierungen angewiesene Blick auf den Menschen mit seinen individuellen Fähigkeiten, Bedürfnissen und Möglichkeiten erscheint anstrebenswert, entspricht aber (noch) nicht der Alltagsrealität. Wegen der Gefahr der einseitigen Identitätszuschreibung und Stigmatisierung erscheint es sinnvoll, in der gesellschaftlichen und wissenschaftlichen Diskussion verwendete Begriffe immer wieder zu hinterfragen und darauf zu achten, dass die Sprache nicht dem Gedanken der Inklusion und Gleichbehandlung sowie der vorurteilsfreien Wahrnehmung bestimmter Personengruppen im Weg steht.

2.2 Prävalenz

Wie viele Kinder und Jugendliche mit Beeinträchtigungen bzw. einer Behinderung leben in Deutschland? Hierbei unterscheiden sich die Angaben, je nachdem, wie die Beeinträchtigung bzw. Behinderung definiert wird und welche Zahlen zur Berechnung zugrunde gelegt werden. Dies können die ausgestellten Schwerbehindertenausweise, Befragungen in Studien oder Zahlen zu beantragten Förderungen sein.

Bei der Ausstellung eines Schwerbehindertenausweises wird die in Kapitel 2.1 zitierte Definition zugrunde gelegt. Ein Mensch ist demzufolge schwerbehindert, wenn ihm vom Versorgungsamt ein Grad der Behinderung (GdB) von 50 oder mehr zuerkannt wird. Gemessen an der Ausstellung eines Schwerbehindertenausweises gab es im Jahr 2017 in Deutschland insgesamt 7 766 573 Menschen mit einer Schwerbehinderung, das bedeutet, dass 9,4 % der Menschen in Deutschland als schwerbehindert eingestuft waren. Darunter waren 303 683 Kinder, Jugendliche und junge Erwachsene (0–25 Jahre), hier lagen die Quoten zwischen 0,5 % (unter vier Jahre) und 1,9 % (18–25 Jahre) (destatis, 2019). Allerdings werden hierbei nur Personen erfasst, für die ein Schwerbehindertenausweis beantragt und bewilligt wurde. Besonders bei anfangs unklaren Diagnosen oder Beeinträchtigungen, die erst im Laufe der Entwicklung bemerkt werden, wird oft erst lange nach Feststellen einer Beeinträchtigung, manchmal auch gar nicht, ein Schwerbehindertenausweis beantragt.

In der Basiserhebung der Studie zur Gesundheit von Kindern und Jugendlichen in Deutschland des Robert-Koch-Instituts, der KiGGs-Langzeitstudie, wurde bei 2 % der Kinder und Jugendlichen eine amtlich festgestellte Behinderung beschrieben. Hinzu kommen 8 % Kinder und Jugendliche mit langfristigen Einschränkungen aufgrund von Krankheit, Verhaltensstörung oder anderem gesundheitlichen Problem (ohne amtlich festgestellte Behinderung), so dass sich insgesamt ein Anteil von 10 % der Kinder und Jugendlichen mit Beeinträchtigungen ergibt. Bei Kindern zwischen null und zwei Jahren wiesen 3 % eine Beeinträchtigung auf, bei den drei- bis sechsjährigen 8 %, bei den Kindern über sieben Jahren steigt der Prozentsatz auf 10–13 % (BMAS, 2013).

Im schulischen Kontext wird bei Kindern und Jugendlichen mit Beeinträchtigungen, die das schulische Lernen betreffen, ggf. ein sonderpädagogischer Förderbedarf festgestellt.

»Sonderpädagogischer Förderbedarf ist bei Kindern und Jugendlichen anzunehmen, die in ihren Bildungs-, Entwicklungs- und Lernmöglichkeiten so beeinträchtigt sind, dass sie im Unterricht der allgemeinen Schule ohne sonderpädagogische Unterstützung nicht hinreichend gefördert werden können. Dabei können auch therapeutische und soziale Hilfen weiterer außerschulischer Maßnahmeträger notwendig sein.« (KMK, 1994, S. 5 f.)

Kinder mit sonderpädagogischem Förderbedarf werden zum Teil in spezialisierten Förderschulen beschult, können aber auch im Sinne der Inklusion die Regelschulen besuchen.

Im Schuljahr 2017/2018 hatten 544 630 Schüler*innen in Deutschland einen festgestellten sonderpädagogischen Förderbedarf, hiervon besuchte ein Anteil von 57,5 % die Förderschule, ein Anteil von 42,5 % die Regelschule. So bestand bei 7,2 % aller Schüler*innen der Klassen 1 bis 10 ein sonderpädagogischer Förderbedarf. 4,2 % aller Schüler*innen besuchten eine Förderschule (KMK, 2018).

Zusammenfassend lässt sich sagen, dass 2 bis über 10 % aller Kinder und Jugendlichen in Deutschland Beeinträchtigungen haben. Diese sind zumindest zum Teil durch damit einhergehende Einschränkungen der Teilhabemöglichkeiten und zusätzlichen Unterstützungsbedarf als eine Behinderung zu beschreiben.

2.3 Formen von Beeinträchtigungen

Beeinträchtigungen unterscheiden sich nach Art und Schwere. Auch wenn jedes Kind mit einer Beeinträchtigung individuellen Unterstützungsbedarf hat, ergeben sich doch teilweise aus der Art und Schwere der Einschränkungen bestimmte Bereiche, in denen besonderer Unterstützungs- und Förderbedarf vorliegt, und Besonderheiten in den sozialen Auswirkungen der Beeinträchtigung. So braucht ein Kind mit einer intellektuellen Beeinträchtigung, einer so genannten geistigen Behinderung, Anpassungen der schulischen Leistungsanforderungen an sein Lerntempo. Bei einer mittelgradigen bis schweren Intelligenzminderung ist davon auszugehen, dass das Kind deutlich länger, oft noch im Erwachsenenalter, Unterstützung in der Übernahme von Aufgaben im täglichen Leben – wie Anziehen, Selbstversorgung oder Nutzung öffentlicher Verkehrsmittel – braucht. Ein Kind mit einer körperlichen Beeinträchtigung hingegen hat häufig Unterstützungsbedarf in der Mobilität, braucht ggf. Hilfsmittel wie einen Rollstuhl oder Assistenz beim Toilettengang sowie Umweltanpassungen.

Folgenden Beeinträchtigungsformen werden unterschieden:
- Beeinträchtigungen der intellektuellen Fähigkeiten und des Lernens (geistige Behinderung, intellektuelle Beeinträchtigung bzw. Intelligenzminderung; Lernbehinderung)
- Sprach- und Sprechbeeinträchtigungen
- Beeinträchtigungen der körperlichen und motorischen Entwicklung (Körperbehinderung, chronische Erkrankung)
- Sinnesbeeinträchtigungen (Beeinträchtigungen des Sehens und Hörens)
- Komplexe Beeinträchtigungen (Schwere Mehrfachbehinderung)
- Soziale, emotionale und psychische Beeinträchtigungen (seelische Behinderung; psychische Störung; Verhaltensstörung; Autismus-Spektrum-Störung)

Insbesondere in der sonderpädagogischen Literatur finden sich Übersichten über die unterschiedlichen Formen von Beeinträchtigung und ihre pädagogischen Implikationen ebenso wie auf bestimmte Bereiche spezialisierte Veröffentlichungen, in denen die Besonderheiten sowie die speziellen Bedürfnisse von Kindern mit unterschiedlichen Formen von Beeinträchtigungen dargestellt werden (zur Übersicht vgl. Dederich et al., 2016).

Im schulischen Bereich unterscheidet man die Förderschulen nach ihren verschiedenen Förderschwerpunkten. Diese richten sich wiederum nach der Art der Beeinträchtigung der Kinder und Jugendlichen. In Deutschland gibt es die Förderschwerpunkte »Lernen«, »Geistige Entwicklung«, »Emotionale und soziale Entwicklung«, »Sprache«, »Körperliche und motorische Entwicklung«, »Hören«, »Sehen« und »Schule für Kranke«.

Im Schuljahr 2017/2018 lag die Förderquote an deutschen Schulen bei 7,2, das heißt bei 7,2 % der Schüler*innen an Regel- und Förderschulen der Klassen 1–10 lag ein sonderpädagogischer Förderbedarf vor. Davon besuchten mehr als die Hälfte eine Förderschule (Förderschulbesuchsquote: 4,2) (KMK, 2018). Die Verteilung der Kinder auf die verschiedenen Förderschwerpunkte ist in Tabelle 1 dargestellt. Diese Aufstellungen zu den Förderschwerpunkten geben Aufschlüsse über die Häufigkeit der unterschiedlichen Beeinträchtigungen bei Kindern und Jugendlichen, die Förderung und Unterstützung in den verschiedenen Bereichen notwendig machen.

Neben diesen Unterscheidungen gibt es weitere Komponenten, die zu besonderen Themen und Belastungen führen. So macht es einen Unterschied, ob eine Beeinträchtigung angeboren ist oder beispielsweise durch einen Unfall erworben wurde. Verschiedene genetische Syndrome wie Trisomie 21 oder das Mikrodeletationssyndrom können zu bestimmten Beeinträchtigungen führen.

Ist es im Rahmen der Beratung wichtig, genauere Informationen zu bestimmten Beeinträchtigungsformen und Krankheiten zu erhalten, können Literatur (z. B. Straßburg et al., 2018; Loh, 2017; Sarimski, 2014) und Internetrecherchen hilfreich sein. Auch Eltern kennen sich zu den Beeinträchtigungen, Syndromen oder Erkrankungen ihrer Kinder oft sehr gut aus und können Berater*innen gute Hinweise geben, wo sie sich noch genauer informieren können.

Ebenfalls haben die Sichtbarkeit der Beeinträchtigung und der Zeitpunkt der Diagnosestellung eine Bedeutung. Wesentlich sind Fragen nach medizinischen und therapeutischen Möglichkeiten zur Behandlung, Förderung,

Linderung oder Erhalt von Fähigkeiten. Zudem hat besonders der Verlauf der Beeinträchtigungen eine hohe Relevanz. Dies wird überdeutlich bei progredienten Erkrankungen, bei denen der Mensch Fähigkeiten auch bei bestmöglicher Behandlung, Förderung und Unterstützung verliert und ggf. die Lebenserwartung deutlich reduziert ist.

Tab. 1: Förderquote (Prozent der Schüler*innen an Regel- und Förderschulen mit festgestelltem sonderpädagogischem Förderbedarf insgesamt) und Förderschulquote (Prozent der Schüler*innen an Förderschulen) in allgemeinbildenden Schulen in den Klassen 1–10 nach Förderschwerpunkten in Deutschland, Schuljahr 2017/2018 (KMK, 2018)

Förderschwerpunkt	Förderquote	Förderschulbesuchsquote
Lernen	2,4	1,2
Geistige Entwicklung	1,2	1,1
Emotionale und soziale Entwicklung	1,1	0,5
Sprache	0,7	0,4
Körperliche und motorische Entwicklung	0,5	0,3
Hören	0,3	0,1
Sehen	0,1	0,1
Lernen, Sprache, emotionale und soziale Entwicklung (LSE)	0,3	0,3
Noch keinem Förderschwerpunkt zugeordnet	0,2	0,1
Übergreifend	0,1	0,1
Schule für Kranke	0,2	0,1

Menschen mit unterschiedlichen Arten von Beeinträchtigungen unterscheiden sich genauso wie Menschen ohne Beeinträchtigung. Ein Schließen auf das Wesen und Verhalten von Personen aufgrund ihrer Beeinträchtigung ist unmöglich. Auch wenn bestimmte Aspekte bei manchen Beeinträchtigungen häufiger relevant sind, erlauben sie keinen pauschalen Rückschluss auf die einzelne Person. So ist beispielsweise nicht jeder Mensch mit Trisomie 21 fröhlich und kontaktfreudig. Es darf nie vergessen werden, dass die Beeinträchtigung und ihre Auswirkungen nur ein Merkmal eines Menschen mit seiner Persönlichkeit, Lebenssituation und Lerngeschichte ist. Und bei der Wahrnehmung von Menschen mit Behinderung muss man sich immer der Gefahr der Übergeneralisierung und Identitätszuschreibung bewusst sein (vgl. Bergeest et al., 2015, S. 18). Diagnosen sind hilfreich oder notwendig, um zu erwartende Unterstützungsbedürfnisse zu bestimmen, um passende medizinische, therapeutische und pädagogische Maßnahmen einzuleiten und nicht zuletzt für die Gewährleistung und Finanzierung von Hilfen. Sie dürfen aber der Wahrnehmung des Menschen als individuelle Person nicht im Weg stehen.

2.4 Inklusion

Inklusion ist ein Begriff, der oft auf einzelne Bereiche (z. B. Schule) oder Menschengruppen (z. B. Menschen mit Behinderung) reduziert wird oder mit dem Begriff »Integration« gleichgesetzt wird. All dies wird dem Begriff nicht gerecht. Auch führt der Begriff »Inklusion« schnell zu Grundsatzdebatten und spaltet Personengruppen in unterschiedliche Lager. So werden Personen als Inklusionsgegner*innen benannt, wenn sie auf Schwierigkeiten bei der Abschaffung von Förderschulsystemen hinweisen oder auf die Gefahr, dass die Inklusion als Argument für Einsparungsmaßnahmen genutzt wird. Andere werden wiederum als Utopist*innen verurteilt, weil sie die Idee der Inklusion vollständig umsetzen wollen.

Hier soll nur kurz auf die Bedeutung des Begriffes, insbesondere im Zusammenhang mit Menschen mit Behinderung, eingegangen werden. Es ist aber klar darauf hinzuweisen, dass der Begriff »Inklusion« auf alle Menschen bezogen ist und bei dem Ziel, die Gesellschaft inklusiver zu gestalten, an verschiedene Personengruppen gedacht wird, die zum aktuellen Zeitpunkt noch nicht vollständig am gesellschaftlichen Leben teilhaben können. Dies kann beispielsweise daran liegen, dass sie auf ganz konkrete Barrieren stoßen, wie die Unerreichbarkeit eines Raumes mit dem Rollstuhl, oder sie an der Teilhabe am gesellschaftlichen Leben durch sprachliche Hürden gehindert werden. Zum anderen entstehen Barrieren aufgrund von Vorurteilen, Unwissenheit oder Ängsten anderer, die dazu führen, dass ihnen Teilhabe nicht ermöglicht wird.

Über lange Zeit wurde in Deutschland, wenn es um die Teilhabe von Menschen mit Behinderung ging, von Integration gesprochen. Das englische Wort *inclusion* wurde anfangs als »Integration« übersetzt. Die genauere Definition und Unterscheidung der Begriffe »Integration« und »Inklusion« wurde besonders in der Auseinandersetzung mit der UN-Behindertenrechtskonvention von 2008 (Beauftragte der Bundesregierung für die Belange

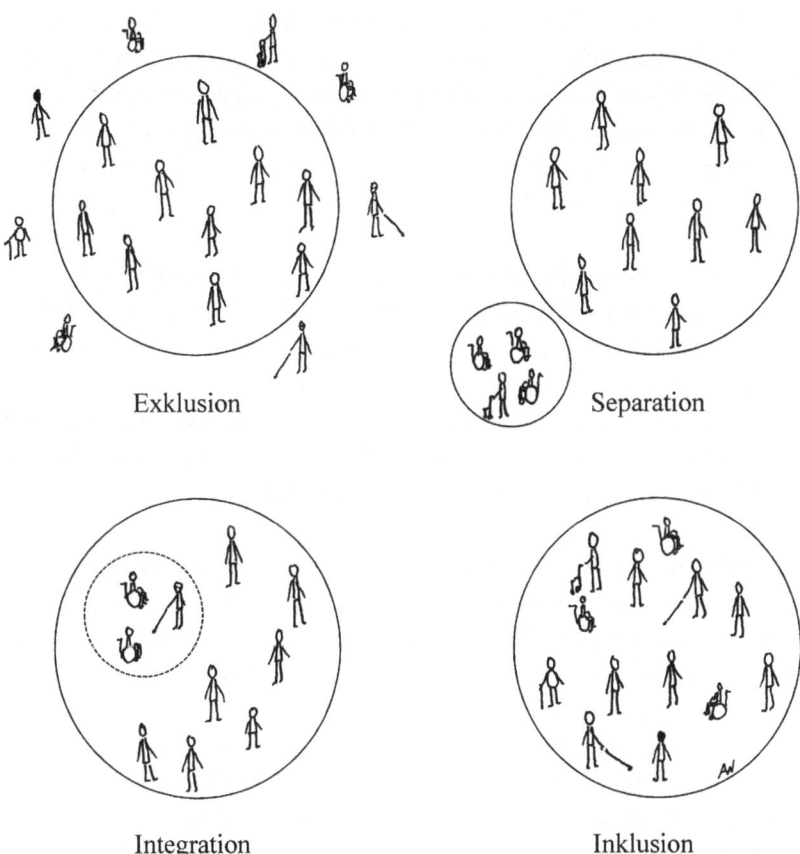

Abb. 2: Exklusion, Separation, Integration und Inklusion

behinderter Menschen, 2017) deutlich (Walter-Klose, 2012, S. 42 ff.). So geht »Integration« auf das lateinische Wort *integer* = »ganz«, »vollständig« zurück – und davon abgeleitet *integratio* = »Herstellung eines Ganzen«, während »Inklusion« von dem Verb *includere* = »einschließen«, »einbeziehen« – und davon abgeleitet *inclusio* = »Einschließung«, »Einbeziehung« kommt. Integration geht davon aus, dass es in der Bevölkerung eine große, recht homogene Mehrheit gibt, in die Menschen mit Behinderung, mit Migrationshintergrund etc. integriert werden sollen. Inklusion geht von der Vielfalt der Menschheit aus und sieht jeden mit seinen individuellen Eigenheiten zugehörig zum Ganzen. Bildlich kann der Unterschied, in Abgrenzung auch zu den Begriffen »Ausgrenzung« und »Separation«, wie in Abbildung 2 dargestellt werden.

Inklusion meint, dass allen Menschen eine uneingeschränkte Teilhabe an allen Aktivitäten möglich ist. Hierfür soll nicht der einzelne Mensch in das System eingepasst werden, sondern das System so gestaltet werden, dass jeder Mensch darin seinen Platz hat. Hierbei geht es um die Gleichberechtigung und Gleichwertigkeit aller sowie die Anerkennung der Vielfalt der Menschen. Schörkhuber und Kolleginnen schreiben im Vorwort ihres Buches:

»Inklusion beschreibt dabei die Gleichwertigkeit eines Individuums, ohne dass dabei Normalität vorausgesetzt wird. Normal ist vielmehr die Vielfalt, das Vorhandensein von Unterschieden. Die einzelne Person ist nicht mehr gezwungen, nicht erreichbare Normen zu erfüllen, vielmehr ist es die Gesellschaft, die Strukturen schafft, in denen sich Personen mit Besonderheiten einbringen und auf die ihnen eigene Art wertvolle Leistungen erbringen können.« (Schörkhuber et al., 2017, S. 6)

Inklusion bezieht sich auf alle Bereiche des Lebens, aus dem Leben von Kindern seien hier Kindertagesstätte, Schule, Freizeit, familiärer Bereich und Urlaubsreisen erwähnt. Besonders stark diskutiert wird die Inklusion im Rahmen der inklusiven Bildung und des Schulsystems. Inklusion ist nicht nur eine Idee, sondern ein Menschenrecht. Für Menschen mit Behinderung ist dieses explizit in der UN-Behindertenrechtskonvention beschrieben und für verschiedene Lebensbereiche ausformuliert. In Deutschland trat die UN-Behindertenrechtskonvention am 26.03.2009 in Kraft.

Es wird immer wieder betont, dass insbesondere Eltern von Kindern mit Beeinträchtigungen die antreibende Kraft für positive Veränderungen bei den Rechten von Menschen mit Behinderungen sind. Das ist ebenfalls im Zusammenhang mit dem Thema Inklusion zu beobachten. Es ließ sich in den letzten Jahren beobachten, dass sich zunächst bei Kindern im Kindergartenalter eine inklusive Betreuung mehr und mehr als Alternative zu Fördereinrichtungen durchsetzte, dann im Grundschulbereich, später für die späteren Schuljahre, dann für den Bereich Wohnen und Arbeiten. Einzelne Eltern, Menschen mit Beeinträchtigungen, Behinderten- und Elternverbände waren hierfür Wegbereiter*innen, die UN-Behindertenrechtskonvention schuf den rechtlichen Rahmen. Leider mussten die »Vorreiter*innen« häufig bittere Erfahrungen machen und sich öfter sogar mit Blick auf die individuelle Situation ihres Kindes gegen den weiteren inklusiven Weg entscheiden, da die Systeme noch zu wenig auf den Umgang mit Vielfalt und Unterschiedlichkeit eingestellt waren, weil es rechtliche Probleme oder zu wenig Unterstützung gab (Langner, 2012). Im Alltag erleben Familien mit Kindern mit einer Behinderung weiterhin immer wieder, wie schwierig es ist, die Idee der Inklusion und ihre Erfahrungen mit Schule, Behörden und anderen Menschen in Einklang zu bringen.

Vor einigen Monaten sagte mir eine Mutter: »Inkludiert ist man immer noch nur unter anderen Inkludierten.« Was sie damit zum Ausdruck bringen wollte, war, dass der Begriff momentan oft verwendet wird, um über Menschen zu sprechen, die eben nicht selbstverständlich in unserer Gesellschaft inkludiert sind: z. B. Menschen mit Behinderung, Menschen mit Migrationshintergrund oder Menschen in Armut. Und wenn dann über Inklusion gesprochen wird oder Räume für Inklusion geschaffen werden, handelt es sich oft um spezifische Angebote. Ebenso erzählte eine Pädagogin, die sich für das Thema Inklusion stark macht, sie habe in einer Veranstaltung miterlebt, wie sich Eltern von Kindern mit Behinderung mit dem Satz zu Wort gemeldet haben: »Auch wir sind von Inklusion betroffen«, worauf sich eine Frau aus dem Publikum erhob und sagte: »Von Inklusion sind alle betroffen!« Und so sollte auch die Beratungsstelle ein Ort für alle Familien sein.

3 Inklusive Erziehungs- und Familienberatung

3.1 Erziehungs- und Familienberatungsstellen

Erziehungsberatung ist eine Hilfe zur Erziehung nach dem Kinder- und Jugendhilfegesetz. Sie richtet sich an Familien mit Kindern und Jugendlichen bis 21 Jahre (in Ausnahmefällen auch darüber). Die rechtlichen Grundlagen sind im Kinder- und Jugendhilfegesetz SGB VIII festgeschrieben (BMJV, 2019; Menne, 2016; bke, 2012).

»Erziehungs- und Familienberatungsstellen sind auf der Grundlage der §§ 16 Abs. 2 Nr. 2, 17, 18 Abs. 1 u. 3 und 28 SGB VIII tätig. Sie unterstützen durch ihre Leistungen Eltern und andere Erziehungsberechtigte sowie ihre Kinder und Jugendlichen. Personensorgeberechtigte haben einen Rechtsanspruch auf Beratung nach § 27 SGB VIII und junge Volljährige nach § 41 SGB VIII. Kinder in Not- und Konfliktlagen haben einen eigenen Anspruch auf Beratung (§ 8 Abs. 3 SGB VIII).« (bke, 2012, S. 21)

In Erziehungs- und Familienberatungsstellen finden Familien Unterstützung für die Gestaltung des familiären Zusammenlebens, zu Fragen der Erziehung und zur Entwicklung ihrer Kinder. Das Angebot kann von Familien in schwierigen Lebenssituationen aufgesucht werden, sei es bezogen auf die familiäre Situation, z. B. im Rahmen von Trennung und Scheidung, sei es bezogen auf die Situation des Kindes, etwa bei Ängsten oder Schulproblemen. Zudem wird präventiv gearbeitet, beispielsweise indem Elternabende in Kindergärten zu typischen Familien- und Erziehungsthemen wie »Grenzen setzen« angeboten werden. Kinder, Jugendliche und junge Erwachsene können Beratung und therapeutische Begleitung für sich in Anspruch nehmen. Eltern können bei Paarproblemen, die Auswirkungen auf ihre Kinder haben, Hilfe erhalten. In vielen Beratungen ist die gesamte Familie involviert, da im Rahmen der Erziehungs- und Familienberatung eine systemische Sichtweise auf die bestehenden Probleme eingenommen wird. Durch das interdisziplinäre Team, welches aus Mitarbeiter*innen aus den Berufsfeldern der Psychologie, Pädagogik, Sozialpädagogik/Sozialen Arbeit, Heilpädagogik und anderen Nachbardisziplinen besteht, ist das Angebots- und Leistungsspektrum der Erziehungsberatungsstellen breit aufgestellt. Die einzelnen Mitarbeiter*innen verfügen in der Regel über Zusatzausbildungen als Erziehungs- und Familienberater*innen oder andere Therapieausbildungen (verhaltenstherapeutische, humanistische, systemische oder tiefenpsychologische Ansätze) und bilden sich zu aktuellen Themen stetig fort. Die breite Vernetzung mit anderen Stellen der Kinder- und Jugendhilfe, den Schulen und Kindertagesstätten, Jugendämtern sowie den medizinischen Einrichtungen ermöglichen Kooperationen und die Weiterverweisung bei spezifischen Fragestellungen oder die Einleitung intensiverer Maßnahmen, wenn Familien über das niederschwellige Angebot der Erziehungsberatungsstellen hinaus Hilfe benötigen. Hier sind auch fachdienstliche Aufgaben im Kontext der Hilfeplanung nach § 36 SGB VIII, der Eingliederungshilfe nach § 35a SGB VIII oder des Kinderschutzes nach § 8a SGB VIII zu nennen (bke, 2012, S. 22).

Besonders häufige Anlässe für das Aufsuchen von Erziehungsberatungsstellen sind seelische Probleme von Kindern und Jugendlichen, Verhaltensauffälligkeiten, Leistungsprobleme, körperliche Auffälligkeiten und familiäre Krisen (bke, 2012, S. 21). Beratungen oder therapeutische Angebote für Kinder und Jugendliche, Gruppenangebote, Familienberatung oder eine Beratung der Eltern können je nach Fragestellung flexibel angeboten werden. Auch können Fachkräfte aus betreuenden und bildenden Einrichtungen, wie beispielsweise aus der Schule, in die Beratung mit einbezogen werden. Oft ergibt sich eine Kombination aus diesen Settings. Die Beratungen können von einer Einmalberatung bis zu einem mittel- bis längerfristigen Angebot variieren. Im bundesweiten Durchschnitt dauern sie fünf Monate (AKJ^{stat}, 2016, S. 64). Familien können sich nach Abschluss einer Beratung zu einem späteren Zeitpunkt bei Bedarf wieder anmelden.

Das Angebot ist für die Familien freiwillig, kostenfrei und die Berater*innen unterliegen der Schweigepflicht. In einzelnen Fällen wird eine Beratung vom Gericht angeordnet, beispielsweise im Rahmen der Umgangsregelungen nach einer Scheidung.

Die Erziehungsberatungsstellen und insbesondere hierbei die Bundeskonferenz für Erziehungsberatung (bke) als trägerübergreifender Fachverband für Erziehungs-, Familien- und Jugendberatung in Deutschland sind stets bestrebt, aktuelle gesellschaftliche Entwicklungen wahrzunehmen, und sowohl durch Stellungnahmen und Hinweise als auch durch Weiterentwicklung ihres Angebots darauf zu reagieren. Dies können Themen wie Familien mit Migrationshintergrund, Mediennutzung in Familien oder Inklusion sein (vgl. Menne, 2016; Menne, 2015; bke, 2012).

In Deutschland haben 2014 auf 10 000 Kinder und Jugendliche unter 21 Jahren 294 Leistungen der Erziehungsberatung in Anspruch genommen, der Anteil ist in etwa vergleichbar mit den Vorjahren – mit einem Trend zum Anstieg der Inanspruchnahme. Mädchen sind in geringerem Maße vertreten als Jungen, wobei dieses Verhältnis sich bei den Jugendlichen und jungen Erwachsenen ab 14 Jahren umdreht. Am häufigsten werden die Beratungsstellen von Familien mit Kindern im Alter von sechs bis vierzehn Jahren aufgesucht (AKJ^{stat}, 2016). Die prospektiv-längsschnittliche Studie »Wir.EB« zur Wirkungsevaluation in der Erziehungsberatung konnte die Effektivität und eine hohe Zufriedenheit der Eltern bzw. Erziehungsberechtigten sowie der jungen Menschen mit der Beratung nachweisen. Es zeigten sich durchweg positive Veränderungen bezüglich der in der Befragung erfassten Dimensionen des Capability-Approaches nach Amarya Sen und Martha Nußbaum, »bei dem die klientenbezogenen Verwirklichungschancen bzw. Grundbefähigungen für ein gelingendes Leben im Mittelpunkt stehen« (Arnold, 2017, S. 12). So konnten besonders bezüglich der »Familiären Beziehungen und des Zusammenlebens« sehr positive Veränderungen festgestellt werden, ebenso wie sich die »Fähigkeit zur Bewältigung und Schutzfaktoren (Resilienz)« sowie die »Körperliche und psychische Integrität/Gesundheit« sowohl bei den jungen Menschen als auch bei den Eltern deutlich verbesserten. Diese Verbesserungen wurden sowohl von den Kindern und Eltern als auch von den Berater*innen angegeben (Arnold, 2017).

3.2 Erziehungsberatung für alle

Angebote der Erziehungsberatungsstellen richten sich an Kinder, Jugendliche und junge Erwachsene, an ihre Eltern oder Erziehungsberechtigten, an die ganze Familie. Es wird angestrebt, alle Familien, die Unterstützung brauchen, zu erreichen. Daher werden Wege gesucht, wie für Familien, für die aus unterschiedlichen Gründen der Zugang zu den Erziehungsberatungsstellen nicht niederschwellig genug ist, Zugangsmöglichkeiten eröffnet und die Beratungsangebote angepasst werden können. Hierzu können aufsuchende Angebote im Sozialraum genannt werden, die es sozial benachteiligten Familien ermöglichen, die Angebote kennenzulernen und bei Bedarf wahrzunehmen. Oder es werden im Kontext Migration und Flucht Möglichkeiten gesucht, die Sprachbarrieren zu verringern und eine kultursensible Beratung anzubieten. Im Selbstverständnis der Erziehungsberatungsstellen ist es wichtig, Vielfalt und Diversität bewusst wahrzunehmen, und allen Menschen vorurteilsfrei, offen und sensibel zu begegnen. Dies gilt ebenfalls für Familien, in denen ein Familienmitglied mit Behinderung lebt. Auch diese Familien nehmen Angebote der Erziehungsberatungsstellen wahr (Walter-Klose, 2016b, 2017; bke, 2015). Insbesondere Kinder und Jugendliche mit einer seelischen Behinderung sowie Eltern mit psychischen Erkrankungen und ihre Kinder sind schon lange Klient*innen in Erziehungsberatungsstellen und erhalten neben den allgemeinen Beratungsangeboten zum Teil auch spezielle Angebote, wie Gruppen für Kinder von Eltern mit psychischer Erkrankung (vgl. Schrappe, 2018). Anders sieht die Situation für Familien mit Kindern und Jugendlichen mit intellektuellen, körperlichen, komplexen und Sinnesbeeinträchtigungen aus. Durch die gesetzliche Trennung der Hilfen für Kinder und Jugendliche im SGB VIII (Kinder- und Jugendhilfe, insbesondere mit dem § 35a für Kinder und Jugendliche mit seelischer Behinderung), und Kinder und Jugendliche mit einer Behinderung in SGB IX (Rehabilitation und Teilhabe von Menschen mit Behinderung) und SGB XII, 6. Kap. (Sozialhilfe: Eingliederungshilfen für behinderte Menschen) konnten diese Kinder und ihre Familien lange Zeit in der Regel nur für bestimmte Fragestellungen die Angebote der Erziehungsberatungsstellen in Anspruch nehmen.

»Die Trennung von Eingliederungshilfe und Kinder- und Jugendhilfe zwingt zurzeit dazu, bei familiären Problemsituationen zu entscheiden, ob diese eher aus der Behinderung resultieren oder ob es sich um allgemeine familiäre Erziehungsprobleme handelt. In vielen Situationen können solche Zuordnungen nicht fachlich plausibel getroffen werden – mit der möglichen Folge, dass sich Kostenträger wegen der Zuständigkeit uneinig sind und für die betroffenen jungen Menschen und Eltern die Hürde zu einer Hilfe erhöht wird. Das kann mitunter dazu führen, dass Eltern Hilfen erst gar nicht beanspruchen. So suchen z. B. Eltern behinderter Kinder mit Erziehungsproblemen selten Erziehungsberatungsstellen auf, da sie befürchten, mit ihren spezifischen Beratungsbedürfnissen abgewiesen zu werden. Das Beispiel Erziehungsberatungsstelle zeigt aber nicht nur die problematischen Effekte der rechtlichen Trennung, sondern macht auch ein konzeptionelles Defizit in der Jugendhilfe deutlich: Viele Einrichtungen sind auch konzeptionell und methodisch nicht darauf vorbereitet, die spezielle Erziehungssituation von Familien mit behinderten jungen Menschen in den Blick zu nehmen und die Behinderung von Kindern angemessen bei der Bewertung von familiären Lebenssituationen und bei der Gestaltung der Hilfe zu berücksichtigen. Familien mit behinderten Kindern und/oder Jugendlichen sind aber nicht nur den ›normalen familiären Erziehungsanforderungen‹ ausgesetzt, sondern sie erleben darüber hinaus spezifische Belastungen, die aus dem Umgang mit den behinderungsspezifischen Eigenheiten des Kindes oder des/der Jugendlichen und aus den daraus erwachsenden Anforderungen an die Förder- und Erziehungsleistungen innerhalb der Familien resultieren.« (Bundesjugendkuratorium, 2012, S. 29 f.)

Wie in dem Zitat schon angedeutet, ist die Frage, ob die bestehenden Probleme durch die Behinderung (mit-)bedingt sind, in der Regel kaum zu beantworten. Und eine Beratung, die die bestehende Beeinträchtigung eines Familienmitgliedes völlig außer Acht lässt, kann in den meisten Fällen beim Erfassen der Situation und bei der Unterstützung der Familie nicht hilfreich sein. Andererseits war durch diese gesetzliche Festlegung und die Haltung, dass behindertenspezifische Angebote über Einrichtungen der Behindertenhilfe angeboten werden sollen, eine Weiterbildung in diesen Bereichen für die Mitarbeiter*innen in Erziehungsberatungsstellen nicht zu erwarten. Aufgrund dieser und anderer, insbesondere für die Familien bestehenden Hürden bei der Beantragung von Hilfen für ihre Kinder wurde und wird politisch über eine Veränderung dieser rechtlichen Situation unter den Begriffen »große Lösung«, »inklusive Lösung«, »inklusive Kinder- und Jugendhilfe« verhandelt (vgl. IGFH, 2019; Diehl et al., 2016; agj, 2015).

Ein weiterer immer wieder formulierter Grund, weswegen die Angebote der Erziehungsberatungsstellen sich nicht gezielt an Familien mit Kindern mit unterschiedlichen Behinderungsarten wenden, war der Verweis auf schon existierende Unterstützungssysteme. Hier ist für die Kinder mit einer (drohenden) Behinderung bis zur Einschulung das System der interdisziplinär arbeitenden Frühförderstellen zu nennen, in denen neben der Förderung der Kinder gleichfalls die Beratung und Unterstützung der Eltern im Fokus steht. Bei den älteren Kindern und Jugendlichen, die Förderzentren besuchen, gibt es – mit sehr unterschiedlichen Umfängen und Aufgabenbereichen – eigene psycho-soziale Dienste bzw. Therapieabteilungen. Besonders im Bereich der Förderung und Behandlung steht das medizinische System mit den speziellen therapeutischen Hilfen (Logo-, Ergo-, Physiotherapie) zur Verfügung. Auch auf einzelne Behinderungen oder Erkrankungen spezialisierte Beratungsstellen und Selbsthilfegruppen bieten Unterstützung an. Dennoch wurden schon lange von Wissenschaftler*innen und Praktiker*innen aus dem Bereich der Behindertenhilfe Versorgungslücken bei Beratungsmöglichkeiten für Familien benannt (vgl. Engelbert, 1999, S. 274 ff.). Aus den Erfahrungen in Erziehungsberatungsstellen, die ihr Angebot gezielt an Familien mit Kindern mit Behinderung richten, wird die Sinnhaftigkeit dieses Angebots speziell in den Erziehungsberatungsstellen betont (Mattern, 2008; Kassebrock, 1998, 2000).

Nach Kassebrock benötigen die Familien insbesondere »spezifische Hilfen bei der Erziehung ihrer Kinder und der Gestaltung altersadäquater Ablösungsschritte« (Kassebrock, 1998, S. 182). Auch bei Fragestellungen und Problemen im schulischen Kontext, Überlegungen zu Betreuungsmöglichkeiten des Kindes, bei Konflikten zwischen Fachleuten und Eltern und bei der Auswertung und Interpretation der vorliegenden Befunde und Berichte sieht er Unterstützungsmöglichkeiten durch die Erziehungsberatung. Familien können Hilfe bekommen bei der Verarbeitung der Krankheit oder Behinderung und bei Überlastungen einzelner Familienmitglieder. Der Gefahr der sozialen Isolation kann entgegengewirkt werden, z. B. durch Einfluss auf gesellschaftliche und sozialräumliche Entwicklungen wie Initiativen für inklusiv gestaltete Freizeitangebote. In Beratungen für Jugendliche und junge Erwachsene mit einer Behinderung können Themen wie Identitätsentwicklung, Autonomiebestrebungen und Ablösung vom Elternhaus aufgegriffen werden (Kassebrock, 1998, 2000).

Nach Mattern kann Erziehungsberatung bei chronischer Krankheit oder Behinderung in Abgrenzung zu behinderungsbezogenen Beratungsfeldern unterschiedliche Funktionen erfüllen:
- »Sie kann Ansprechpartner bei individuellen oder familiären Krisen sein.
- Sie kann individuelle und familiäre Copingstrategien begleiten, unterstützen, fördern.
- Sie kann Anleitung und Hilfe zur erfolgreichen Lebens- und Alltagsbewältigung geben.

- Sie kann salutogenetische Prozesse aufdecken und fördern.
- Sie kann Reflexion und Neuorientierung begleiten.« (Mattern, 2008, S. 245)

Bei einer Befragung bayerischer Erziehungsberatungsstellen im Jahr 2015 zu Erfahrungen in der Beratung von Familien mit Kindern mit Behinderungen wurde deutlich, dass die Familien in vielen Beratungsstellen Unterstützung finden (Walter-Klose et al., 2017; Walter-Klose, 2016b, 2017). Es zeigten sich Unterschiede zwischen den Beratungsstellen, ob sie viel oder wenig Erfahrung in diesem Bereich hatten, mit welchen Formen von Beeinträchtigungen Erfahrungen vorlagen und welche Angebote die Familien erhielten. Angebote richteten sich an die Eltern und andere Familienmitglieder, z. B. bezogen auf die Familiensituation wie Paar- und Geschwisterthemen, Trennung und Scheidung oder auf Fragen zur Erziehung. Seltener wurden direkte Beratungsangebote für die Kinder mit Beeinträchtigung genannt. Auch Schwierigkeiten bei Fragen der Zuständigkeit, Finanzierung, Barrierefreiheit sowie fachlicher Kompetenz und Eignung insbesondere bei schwereren Beeinträchtigungen, geistiger Behinderung oder Sinnesbehinderung wurden unterschiedlich wahrgenommen. Anpassungserfordernisse aus Sicht der Leiter*innen von Erziehungsberatungsstellen, die viel Erfahrung im Zusammenhang mit der Beratung von Familien mit Kindern mit unterschiedlichen Behinderungen haben, sind in Tabelle 2 dargestellt.

In den letzten Jahren haben zwei wichtige politische Entwicklungen die Diskussion um Inklusion in der Gesellschaft und somit ebenso um ein inklusives Angebot in den Erziehungsberatungsstellen neu entfacht und eine neue gesetzliche Ausgangslage geschaffen, wenn auch dieser Prozess noch nicht abgeschlossen ist und die Umsetzung sich teilweise noch verzögert. Dies waren zunächst das Inkrafttreten der UN-Behindertenrechtskonvention und deren Ratifizierung am 26.03.2009 in Deutschland. Hierdurch besteht der politische und gesellschaftliche Auftrag, den Gedanken der Inklusion für alle Menschen in allen Lebensbereichen umzusetzen (Beauftragte der Bundesregierung für die Belange behinderter Menschen, 2017). Durch das Inkrafttreten der UN-Behindertenrechtskonvention hat sich die Forderung an die Politik und alle gesellschaftlichen Bereiche ergeben, Zugang und damit Teilhabe für alle Menschen zu ermöglichen. Speziell bezogen auf die Situation für Kinder und Jugendliche mit Behinderung hat sich bezüglich der Beratungssituation für sie und ihre Familien aber eine weitere Veränderung ergeben. Durch inklusive Entwicklungen des Schulsystems seit

Inkrafttreten der UN-Behindertenrechtskonvention werden mehr Kinder mit Beeinträchtigungen in Regelschulen beschult, somit stehen ihnen und ihren Familien viele Dienste der Förderzentren nicht mehr zur Verfügung, auch diejenigen nicht, die sich nicht nur auf schulische Bedarfe beziehen. Daher steigt der Bedarf an niederschwelligen Beratungsmöglichkeiten. Die zweite politische und rechtliche Entwicklung ist die oben schon genannte inklusive Weiterentwicklung der Kinder- und Jugendhilfe.

Tab. 2: Anpassungserfordernisse im Rahmen einer Beratung von Familien mit einem Kind mit Behinderung aus Sicht von Beratungsstellen mit Erfahrung (Walter-Klose, 2016b, S. 18)

Bereich	Anpassungserfordernisse
Gebäude und Raumausstattung	Barrierefreier Zugang der Beratungsstelle
	Klare und einfache Ausschilderung
	Behindertengerechte Raumgestaltung
	Barrierefreie Toilette
	Vorhandensein eines reizarmen Raumes
	Spezielles Spiel- und Therapiematerial
Beratungsangebot (Methodik, Setting)	Bestehendes Repertoire (VT, Systemisch, …) als Grundlage ausreichend
	Einbezug leichter Sprache, Gebärden und Nutzung von Verfahren der Unterstützten Kommunikation
	Einsatz von Fotos oder Bildern zur Visualisierung
	Videogestütztes Arbeiten
	Kleinschrittigeres Vorgehen
	Mehr Zeit
	Umgang mit Assistenz, Arbeit mit Gebärdendolmetscher
	Spezifische Diagnostik
	Aufsuchende Angebote
Personal	Haltung: Akzeptanz und Wertschätzung gegenüber Menschen mit Behinderung
	Offenheit, Flexibilität und Kreativität (Anpassung der Methoden)
	Behinderungsspezifisches Wissen und dadurch ausgelöste Probleme (Basiswissen)
	Vernetzung mit spezialisierten Systemen der Medizin und Behindertenhilfe
	Multiprofessionelles Team
	Heil- und sonderpädagogisch qualifiziertes Personal
Organisatorische Abläufe	Mehr Zeit
	Barrierefreie Homepage, Infobroschüren in einfacher Sprache
	Werbung und Information über inklusives Beratungsangebot
	Informiertes und geschultes Sekretariat (Finanzierungsfragen bei Kooperation)
	Hausbesuche, Fahrdienst
	Vernetzung in der Gemeinde
	Rückhalt vom eigenen Träger

Auch wenn noch Fragen offenbleiben, die besonders die Finanzierung der Hilfen betreffen, ist eine inklusive Weiterentwicklung in der Kinder- und

Jugendhilfe und somit auch der Erziehungsberatungsstellen notwendig und wird zeitnah angestrebt (vgl. bke, 2015).

Bei Angeboten für Familien mit einem Kind mit Behinderung stellt sich die Frage, welche Erweiterungen des bisherigen Wissens notwendig sind, um gut beraten und begleiten zu können. Blickt man auf das, was Erziehungsberatungsstellen schon ohne Erweiterung ihres Wissens und ihrer Methoden bieten können, ist bereits vieles von dem, was benötigt wird, vorhanden: durch die Interdisziplinarität des Teams gibt es in vielen Beratungsstellen schon Kolleg*innen, die Vorwissen und -erfahrungen mit Menschen mit Behinderungen haben. Durch die Arbeit mit Kindern und Jugendlichen liegt ein großer Erfahrungs- und Wissensschatz vor, wie neben rein verbal-kognitiven Ansätzen therapeutische Unterstützung aussehen kann. Das Wissen um entwicklungspsychologische Grundlagen und Diagnostik kann helfen, den Entwicklungsstand eines Kindes richtig einzuschätzen und Erwartungen an das Kind anzupassen. Das therapeutische und Beratungswissen kann – ggf. mit leichten Anpassungen – ebenfalls genutzt werden. Und insbesondere der systemische Blick, das Wissen um familiäre Beziehungen, Eltern-Kind-Bindungen, Geschwisterthemen und den Umgang mit Krisen und Stress in Familien helfen bei der Beratung der Familien mit einem Kind mit Beeinträchtigung.

Aus der konkreten Beratungspraxis, der Literatur sowie der Forschung ergeben sich notwendige Weiterentwicklungen und Anpassungsleistungen, die für die Beratung von Familien mit Kindern und Jugendlichen mit einer Behinderung in den klassischen Erziehungs- und Familienberatungsstellen erforderlich erscheinen (vgl. Walter-Klose & Walter, 2018; Walter, 2018; Walter-Klose et al., 2017; Walter-Klose, 2016b, 2017):
– Eine gute Vernetzung und Kooperation: mit anderen Anlaufstellen und Einrichtungen, die ihr Angebot an Kinder und Jugendliche mit einer Behinderung und ihre Familie richten; Wissen um Hilfen und Angebote
– Kommunikation und Interaktion: Darstellung des Angebots, um das Bekanntmachen und eine niederschwellige Inanspruchnahme der Familien zu gewährleisten; Auseinandersetzung mit und ggf. Aneignung von Kommunikationsmöglichkeiten wie Gebärdensprache, leichter Sprache, unterstützter Kommunikation und die Wahrnehmung eigener Grenzen hierbei; Anpassungen der Sprache in Tempo und Komplexität; Visualisierungen von Inhalten
– Wissen um besondere Themen: Beeinträchtigungsformen; Verarbeitungsprozesse; Inklusion; mögliche Auswirkungen der Beeinträchtigung eines

Familienmitglieds auf die Familie; Leben mit einer bleibenden oder progredient verlaufenden Beeinträchtigung; Umgang mit Verhaltensauffälligkeiten wie Selbst- und Fremdverletzungen
- Heil- und sonderpädagogisches Fachwissen: Strukturierung zur besseren Orientierung; Verwendung von Piktogrammen; Besonderheiten in Pädagogik und Erziehung; Methoden bei beeinträchtigungsspezifischen Aspekten, z. B. Beziehungsaufbau bei Kindern mit komplexen Beeinträchtigungen
- Barrierefreiheit: sowohl im architektonischen Sinne als auch in der Kommunikation

Neben diesen Themen ist die Haltung und die Beziehung zu den Menschen das Wesentliche. Diese äußern sich darin, dass von Beginn an nicht die Beeinträchtigung oder Behinderung allein im Vordergrund steht, sondern dem »Mensch als Mensch« bzw. dem »Kind als Kind« begegnet wird, und eine Willkommenskultur für die Familien gestaltet wird. Damit kann es gelingen, die schönen und herausfordernden Seiten im Leben dieser Familien wahrzunehmen, sich mit Interesse und Offenheit auf die Themen der Familien einzulassen und die schon vorhandenen Kompetenzen der Familienmitglieder für ihre Themen zu sehen. Um den Familien so begegnen zu können, kann es notwendig sein, die eigenen Vorstellungen und Einstellungen zum Thema Beeinträchtigungen bzw. Behinderung zu hinterfragen und – wenn bisher noch wenig vorhanden – Erfahrungen im direkten Kontakt mit Menschen mit Behinderung zu machen.

Auch wenn man sich als Berater*in viel Wissen angeeignet hat, sind es dennoch nicht vorgefertigte Lösungen für die Familien, die hilfreich sind, sondern eine fachkundige Begleitung der Familienmitglieder beim Finden individueller Lösungswege für aktuelle und langandauernde Schwierigkeiten. Und hier ist eine weitere Besonderheit der Beratung dieser Familien zu benennen: Beim Finden von Lösungen ist eine Beseitigung der Schwierigkeiten nicht immer möglich, wenn diese durch die Beeinträchtigung verursacht sind. Ein Kind, welches blind ist, wird weiterhin nicht sehen können und daher Gefahren auf öffentlichen Wegen durch Fahrzeuge nicht so gut wahrnehmen können wie sehende Menschen. Eltern müssen mit diesen erhöhten Risiken für ihr Kind umgehen. Sie müssen abwägen, wie viel Schutz und Unterstützung es braucht oder wie viel Autonomie sie ihm trotz der Gefahren gewähren können. Häufig geht es also darum, einen Umgang mit der Beeinträchtigung und ihren Folgen für das weitere Leben zu finden.

4 Die Familie und ihre Netzwerke

In den Kapiteln 4 und 5 wird praxisnah die Beratung von Familien mit Kindern mit Beeinträchtigungen dargestellt. Da die Themen sich an den Erfahrungen aus meiner konkreten Arbeit mit Familien ausrichten, sind die durch Fallbeispiele veranschaulichten Inhalte und Vorgehensweisen als eine Auswahl anzusehen. Dies gilt auch für die Beeinträchtigungsformen. Viele der Kinder und Jugendlichen, die mit ihren Familien zu mir in die Beratung kommen, haben intellektuelle oder körperliche Beeinträchtigungen. Aufgrund der Anonymisierung benenne ich nicht jede Beeinträchtigungsform im Detail, insbesondere bei seltenen genetischen Syndromen. Seelische oder psychische Beeinträchtigungen ohne weitere Beeinträchtigungen in der kognitiven und körperlichen Entwicklung werden nicht thematisiert, da die Arbeit mit Kindern und Jugendlichen mit diesen Formen von Beeinträchtigungen in den Beratungsstellen aus der täglichen Arbeit vertraut ist.

4.1 Familien in einer besonderen Lebenssituation

Zu der Situation von Familien mit einem oder mehreren Kindern mit Beeinträchtigungen gibt es zahlreiche Veröffentlichungen, (auto-)biografische Beschreibungen, Eltern-Ratgeber sowie wissenschaftliche Literatur und Studien. Besonders eindrücklich wird ihre Lebenssituation in den Beschreibungen der Familien selbst dargestellt, sei es in Büchern, Interviews, Filmen oder im direkten Gespräch.

> Folgende Literaturempfehlungen können als Anregung dienen:
>
> Brauns, A. (2004). *Fledermäuse und Buntschatten. Mein Leben in einer anderen Welt.* München: Goldmann.
> Kayser, M. (2016). *Alles inklusive. Aus dem Leben mit meiner behinderten Tochter.* Frankfurt/M.: Fischer.
> Kingsley, E. P. (2011). *Willkommen in Holland.* Verfügbar unter: https://www.down-kind.de/informationen-zu-down-syndrom/erfahrungsberichte/willkommen-in-holland/. Zugriff am 16.03.19.
> Müller, B. (2015). *Willis Welt. Der nicht mehr ganz normale Wahnsinn.* Stuttgart: Freies Geistesleben.
> Roth, S. (2013). *Lotta Wundertüte. Unser Leben mit Bobbycar und Rollstuhl.* Köln: Kiepenheuer und Witsch.
> Toulmé, F. (2015). *Dich hatte ich mir anders vorgestellt…* Berlin: avant.
>
> Auch Filme eignen sich, einen Einblick in die Lebenssituation der Familien zu bekommen, hier einige Beispiele:
>
> *Uma und ich, Glück, Schmerz und Behinderung,* ein Film von Tabea Hosche, WDR 2016
> *Julian und Marius,* ein Film von Dieter Gränicher, Schweiz, 2016
> *Jimmy,* ein Film von Tobias Ineichen, Schweiz, 2008
> *Ausgegrenzt.* Medienprojekt Wuppertal. Projektleitung: Christian Meyer, Lisa Bülow, 2015
> *Mich gibt's auch noch.* Medienprojekt Wuppertal, Projektleitung Sebastian Bergfeld, 2012
> *In meinem Kopf ein Universum,* ein Film von Maciej Pieprzyca, Polen, 2013
>
> Fachliteratur ergibt sich aus den Quellenangaben im Text.

4.1.1 Herausforderungen

Familien mit einem Kind mit Behinderung erleben oft, dass ihre Situation von anderen unter dem Aspekt Belastung oder mit viel Anteilnahme oder Mitleid betrachtet wird. Auch in der Forschung war der Blick auf die Familien lange Zeit auf die Themen Belastung, Herausforderungen, Stress und Risiken fokussiert und das Anderssein, ja »Behindertsein« der ganzen Familie ein Thema, zu dem viel geforscht und geschrieben wurde. In den letzten Jahrzehnten – teils parallel, teilweise etwas verzögert zu Empowermentbewegung, Normalisierungsprinzip, Inklusion, Ressourcen- und Resilienzorientierung in Psychologie, (Sonder- und Heil-)Pädagogik, Medizin und Soziologie – wurde der Blick vermehrt auf die Zufriedenheit, die Ressourcen, Kompetenzen und Gewinne sowie die Gemeinsamkeiten mit anderen Familien gewendet (vgl. Eckert, 2018, 2008a; Langner, 2012; Jeltsch-Schudel, 2009; Cloerkes, 2007, S. 280 ff.; Thimm, 2002). Inzwischen gibt es viele Veröffentlichungen und Studienergebnisse zu beiden Seiten: Die herausfordernden und die gewinnbringenden, schönen Seiten, die »Normalität« und die Besonderheiten im Leben dieser Familien. Viele Familienmitglieder erleben ambivalente Gefühle und Erfahrungen in Bezug auf das Kind mit Beeinträchtigung, die manchmal für sie selbst schwer einzuordnen sind.

> »In Familien mit behinderten Kindern lassen sich Ambivalenzen beobachten. Damit meine ich, dass es nicht nur ein ›entweder – oder‹ gibt, sondern vor allem ein ›sowohl – als auch‹. Dies zeigt sich etwa darin, dass die *Eltern ihr Kind zwar lieben, aber Mühe haben, mit der Behinderung umzugehen [Hervorhebungen im Original].* In dieser Ambivalenz kommt zum Ausdruck, dass ›behinderte Menschen‹ gleichzeitig Menschen *und* behindert sind. Als Menschen sind sie also *gleichwertig* wie alle anderen Menschen […] und doch sind sie *anders,* indem ihnen ihre Schädigung Lebenserschwerungen verursacht, die zu (unterschiedlich großer) sozialer und allenfalls materieller Abhängigkeit führen können. Je nach den in der Gesellschaft bevorzugten Werten und Normen manifestiert sich die Schädigung mehr oder weniger stark als Behinderung. In unserer Gesellschaft werden verschiedene Besonderheiten und Merkmale behinderter Menschen als gering eingeschätzt. Und doch kommen Eltern zum Schluss: *»Ich möchte die Erfahrungen trotz allem nicht missen«* (Beer & Kräuchi, 2001 u. a.). Mit dem ›trotz allem‹ in dieser Aussage wird implizit ausgedrückt, dass es sich um schwierige Erfahrungen handeln muss, die aber eben zum eigenen Leben gehören.« (Jeltsch-Schudel, 2009, S. 162)

Diese Trennung bezüglich der Beurteilung des Menschen als Mensch und der Beeinträchtigung bzw. Behinderung ist wichtig, nicht nur für Eltern. Denn Menschen beurteilen Beeinträchtigungen, Krankheiten und Behinderungen in der Regel negativ, dies bedeutet aber nicht, dass der Mensch mit dieser Beeinträchtigung negativ beurteilt wird (Cloerkes, 2007, S. 8). Besonders deutlich ist mir dies in der Arbeit mit Geschwisterkindern geworden, die eine regelrechte Wut auf die Krankheit oder Beeinträchtigung mit ihren Einschränkungen und Folgen für ihre Schwester oder ihren Bruder empfinden können, dabei aber ihr Geschwisterkind, so wie es ist, von ganzem Herzen und ohne Einschränkungen lieben. Oft wünschen sie sich, später Forscher*innen oder Ärzt*innen zu werden, um ein Heilmittel gegen die Beeinträchtigung oder Krankheit zu finden. Diese Gefühle der Wut und Ablehnung gegenüber der Beeinträchtigung werden von der Umgebung manchmal als Ablehnung des Geschwisterkindes fehlinterpretiert.

Unumstritten ist, dass, wenn in einer Familie ein Kind mit einer Beeinträchtigung geboren wird oder ein Kind im Laufe seines Lebens eine Beeinträchtigung oder chronische Erkrankung erwirbt, dies zumeist zu großen Veränderungen in der gesamten Familie führt. Zu den medizinischen und therapeutischen Maßnahmen und der passenden Förderung kommt die emotionale Verarbeitung der Behinderung des Kindes hinzu, die mit Trauer, Wut- und Schuldgefühlen einhergehen kann. Hier zeigen sich große Unterschiede, die sich aus Vorerfahrungen, Haltungen und Werten in der Familie, dem Freundeskreis und der Gesellschaft sowie Persönlichkeitseigenschaften und der aktuellen Lebenssituation ergeben. Auch (schon vor der Geburt des Kindes vorhandene) Erwartungen an das eigene Kind, seien es Schulerfolge, Eigenständigkeit, Lebensperspektiven und gesellschaftliche Anerkennung, spielen hierbei eine Rolle, da sich ein deutlicher Unterschied von Wünschen und Erwartungen gegenüber der Realität ergeben kann. Diese Unterschiede in der Annahme des Kindes und der Beeinträchtigung können auch innerhalb einer Familie auftreten, z. B. kann das eine Elternteil schnell die Behinderung des Kindes akzeptieren, dem anderen Elternteil fällt es schwerer, die Situation anzunehmen (vgl. Langner, 2012, S. 21; Cloerkes, 2007, S. 283 f.; Kap. 6.1). In manchen Familien kommt es zu einem starken Rückzug vom öffentlichen Leben, besonders, wenn das Kind sehr auffälliges Verhalten zeigt und sich daher viele Aktivitäten für die Eltern anstrengend gestalten oder sie negative Reaktionen von anderen Menschen erleben oder befürchten.

Regulationsstörungen sowie Schwierigkeiten im Kontaktaufbau und in der Beziehungsgestaltung mit Säuglingen und Kleinkindern mit Beeinträchtigung sowie Verhaltensauffälligkeiten mit Schwierigkeiten in der Emotionsregulation, Empathie und Anpassung an Regeln und Normen bei Heranwachsenden sind Faktoren, die zu besonders starken emotionalen Belastungen bei den Familienmitgliedern führen (vgl. Krause, 2008; Pixa-Kettner & Lotz-Rambaldi, 2003).

In Berichten von Eltern sowie in Studien zeigt sich, dass besonders bei Übergängen zwischen zwei Lebensphasen des Kindes immer wieder eine erneute Konfrontation mit den besonderen Lebensumständen, die durch die Behinderung des Kindes entstehen, erlebt wird. Dies führt zu einer neuen Auseinandersetzung mit der Beeinträchtigung und ihren Auswirkungen auf das Leben des Kindes und seiner Familie, und es braucht einen neuen, angepassten Umgang damit (vgl. Heckmann, 2004, S. 24; Pixa-Kettner & Lotz-Rambaldi, 2003; Kap. 6.1.4). So ist zum Beispiel die Zeit um die Einschulung zu nennen, in der eine starke Orientierung an dem, was Kinder können müssen, um in der Schule gelingend teilhaben zu können, einen Vergleich mit der »normalen« Entwicklung bzw. ein Feststellen des Förderbedarfs nötig machen und somit die Besonderheiten, Verzögerungen oder Störungen in der Entwicklung erneut deutlich werden. Wenn das Kind bis dahin einen Regelkindergarten besucht hat, wird die Frage brisant, ob die Regelschule ein guter Lern- und Entwicklungsort für das Kind ist, oder ob ein Wechsel in eine Fördereinrichtung besser sein könnte.

Besonders schwierig erleben es viele Familien, dass zusätzlich zu den alltäglichen Anforderungen und den konkreten Auswirkungen der Beeinträchtigungen immer wieder neue Herausforderungen und Belastungen hinzukommen. Dies können negative Erfahrungen und Barrieren bei der außerhäuslichen Förder- und Betreuungssituation des Kindes oder negative soziale Erfahrungen von Ausgrenzung und Diskriminierung sein. Oft sind die Eltern irgendwann an einem Punkt, dass sie in ruhigen Phasen nicht mehr richtig entspannen können, da sie die nächste Schwierigkeit schon fürchten. Es kommt somit dauerhaft zu Stress und Anspannung.

Die Besonderheiten in Familien mit Kindern mit einer Behinderung unterteilt Eckert (2018, 2008a) auf Grundlage eigener und referierter Studien in Veränderungen im familiären Leben, herausfordernde und belastende Erfahrungen sowie Erlebnisse persönlicher Bereicherung:

Veränderungen im familiären Leben: Wie alle Eltern wissen, verändert sich bei der Geburt eines Kindes der Alltag der Eltern deutlich, bei einem Kind mit Beeinträchtigung oder chronischer Krankheit kann diese Veränderung noch massiver sein, z. B. durch erhöhten pflegerischen Aufwand. Viele Kinder mit Beeinträchtigung brauchen über einen deutlich längeren Zeitraum mehr Aufmerksamkeit und Unterstützung als andere Kinder. So können die Einschränkungen aufgrund der Beeinträchtigung bedingen, dass das Kind Aufgaben, die andere Kinder und Jugendliche im Laufe der Zeit selbst übernehmen – sich anziehen, Zimmer aufräumen, im Haushalt helfen – nur eingeschränkt oder gar nicht übernehmen kann und diese daher weiterhin von den Eltern, Geschwistern oder anderen Helfer*innen erledigt werden müssen (vgl. Schlichting, 2018).

Durch die Beeinträchtigung oder Krankheit fallen häufig Arzt- und Therapietermine an, zahlreiche Fachleute z. B. der Frühförderung werden regelmäßig aufgesucht oder besuchen die Familie und sind mit involviert in die Themen der bestmöglichen Entwicklung des Kindes. Mit diesen Hilfesystemen zu kooperieren und die richtige Unterstützung für ihr Kind auszuwählen, das sind Aufgaben, die auf Eltern von Kindern mit Beeinträchtigungen zukommen. Ebenso müssen ggf. Krankenhausaufenthalte und Operationen geplant und organisiert werden.

Durch das Leben mit einem Kind mit Beeinträchtigung kann sich die Lebensplanung jedes Familienmitgliedes verändern: Neben konkreten Veränderung, wie einer Rückkehr zur traditionellen Rollenverteilung oder einer Arbeitszeitverkürzung beider Eltern, um den Bedürfnissen des Kindes gerecht zu werden, kommt es zu veränderten Zukunftsperspektiven und Lebenswegen (vgl. Kofahl & Lüdecke, 2014; Langner, 2012).

Die Zeit, die Eltern zur Verfügung steht, ist begrenzt. Wenn ein Kind in der Familie sehr viel Aufmerksamkeit und Zeit benötigt, merken das die anderen Familienmitglieder. Geschwister übernehmen oft schon früh Verantwortung für sich und das Geschwisterkind und werden früh selbstständig. Möglicherweise ist das Ausüben eines Hobbys erschwert, und das Geschwisterkind ist bei schulischen Belangen stark auf sich selbst gestellt. Ebenfalls wird es für die Erwachsenen schwierig, Zeit für sich selbst oder für den Partner bzw. die Partnerin zu finden.

Soziale Beziehungen verändern sich häufig. Hier wird ein Verdichten von sozialen Netzwerken beobachtet, es besteht somit zwar zu weniger Menschen Kontakt, dieser ist aber intensiver, und Netzwerke verlagern sich z. B. hin zu anderen Familien mit Kindern mit Behinderungen (Eckert, 2008a). Auch Grundwerte und gesellschaftliches und soziales Engagement können durch die Lebenssituation beeinflusst werden.

Herausfordernde und belastende Erfahrungen: Manche der schon oben aufgeführten Punkte können herausfordernd und belastend erlebt werden. Dies hängt von der Beeinträchtigung und den Eigenschaften des Kindes, der familiären Situation und den Ressourcen der Familie ab. In Tabelle 3 ist die Zusammenfassung von Studienergebnissen (Eckert, 2018, 2008a) dargestellt.

Tab. 3: Herausfordernde und belastende Erfahrungen von Familien mit Kindern mit Behinderung (Inhalte zitiert nach Eckert, 2008a, 2018, S. 39 f.)

Herausfordernde und belastende Erfahrungen
Auf der Ebene der Eltern-Kind-Beziehung: - Beziehungsaufbau und -pflege unter erschwerten Bedingungen (z. B. fehlende Sprache, erschwerte Kommunikation)   - Besonderer Betreuungs-, Pflege- und Erziehungsbedarf des Kindes   - Umgang mit Verhaltensbesonderheiten des Kindes (z. B. Unruhe, Schlafstörungen, Aggressivität, Ängstlichkeit)
Auf der Ebene der familiären Alltags- und Beziehungsgestaltung: - Hohe Anforderungen bezüglich des Zeitmanagements   - Fehlen von bzw. Mangel an zeitlichen (und evtl. gedanklichen) Freiräumen, vor allem für die Paarbeziehung und/oder Geschwisterkinder   - Hohe Anforderung, gesamtfamiliäre Kommunikations- und Interaktionsstrukturen für alle Beteiligten angemessen zu gestalten
Auf der Ebene der außerfamiliären Kontakte: - Konfrontation mit öffentlichen Reaktionen auf die Behinderung des Kindes   - Erfahrungen sozialer Regelverletzungen im Sinne des Fehlens adäquater Anerkennung, Achtung und Unterstützung im sozialen Kontext   - Abnahme sozialer Kontakte   - Erschwerter Zugang zu benötigten institutionellen Hilfsangeboten   - Unbefriedigende Gestaltung des Kontaktes zu Fachleuten
Auf der individuellen, insbesondere der emotionalen Ebene: - Sorge um die Zukunft des Kindes, ungewisse Zukunftsaussichten und deren Auswirkungen auf die familiäre Situation   - Nachdenken über die Behinderung (Ambivalenz von Akzeptanz und Ablehnung, Sinnfragen, Schuldfragen)   - Zweifel an eigener Handlungsfähigkeit und persönlichen Kompetenzen   - Vernachlässigung eigener Bedürfnisse und Interessen

In vielen Studien werden insbesondere die Stressbelastung sowie Coping- und Bewältigungsstrategien der Familien beschrieben. Zur Erfassung dieser Themen eignet sich der Fragebogen »Soziale Orientierung von Eltern behinderter Kinder SOEBEK« von Krause und Petermann (1997). Dieser erfasst das Bewältigungsverhalten von Eltern mit Kindern mit geistiger und/oder körperlicher Behinderung. Hierbei werden Fragen zur »Intensivierung der Partnerschaft«, »Nutzung der sozialen Unterstützung«, »Fokussierung auf das Kind mit Behinderung«, »Selbstbeachtung und Selbstverwirklichung«, »Stressbelastung« und zur »Zufriedenheit mit der sozialen Unterstützung« beantwortet.

Die Stressbelastung ist bei Eltern von Kindern mit Beeinträchtigungen über viele Jahre hoch, besonders erhöht sie sich, wenn im zunehmenden Alter des Kindes Verhaltensauffälligkeiten auftreten, ablehnende Reaktionen in der Öffentlichkeit erlebt werden oder kein ausreichendes Unterstützungsnetzwerk zur Verfügung steht (vgl. Retzlaff, 2010, S. 59 ff.; Krause, 2008).

In der Beratung ist es wichtig, zu würdigen, was die Familien täglich leisten und schon geleistet haben. Manche Eltern erleben dies schon als Entlastung, dass sie einfach davon erzählen können, und – für einen kurzen Moment – ihre Erschöpfung und ihre Anstrengung fühlen dürfen, um dann wieder mit neuer Kraft in ihren Alltag zu gehen. Manchmal kann es Eltern unterstützen, gemeinsam zu überlegen, wo sie »Inseln« für sich, für die Geschwisterkinder und für die Partnerschaft haben. Oder welche Entlastungsmöglichkeiten es noch geben könnte, um zwischendurch Luft holen zu können. Dies sind wesentliche Aspekte in der Beratung, bei denen es gut ist, wenn man die Unterstützungs- und Hilfemöglichkeiten wie Familienentlastende Dienste und Kurzzeitinternate kennt oder weiß, wohin man Eltern verweisen kann, um sich nach möglichen Unterstützungsmöglichkeiten zu erkundigen (vgl. Clas, 2018; Cloerkes, 2007, S. 298 f.; Kap. 4.4). Manche Eltern kennen diese Unterstützungsmöglichkeiten, trauen aber sich oder ihrem Kind noch nicht zu, diese anzunehmen. Sind Eltern sehr erschöpft, kann man sie bestärken, dass es wichtig für sie und ihr Kind ist, dass sie selbst durch eine Pause wieder Kraft schöpfen.

Erlebnisse persönlicher Bereicherung: Neben aller Belastung, die das Leben mit einem Kind mit Behinderung mit sich bringt, dürfen die guten und fröhlichen Seiten nicht vergessen werden. Neben ganz normalen Glücksmomenten – erste Schritte, lustige Worterfindungen beim Sprechenlernen, liebevolle Kuscheleinheiten und andere Familienabenteuer – berichten Familien mit Kindern mit Behinderung zum Teil von einem »besonderen« Glück (vgl. Hennemann, 2011). Manche Dinge werden intensiver wahrgenommen. Durch das Leben mit dem Kind können sich Werte und Normen verändern, was als Bereicherung des eigenen Lebens erlebt wird. Auch erleben viele Menschen den familiären Zusammenhalt besonders intensiv und positiv. Der eigene Horizont wird geweitet durch neue Erfahrungen und das Kennenlernen anderer Menschen, denen man ohne Kind mit einer Behinderung nicht begegnet wäre. Davon berichten Eltern und Geschwister in Gesprächen und Autobiografien (vgl. Kingsley, 2011).

Auch in Studien wird inzwischen vermehrt auf die positiven Einflüsse eines Kindes mit Behinderung auf Familien geachtet. Diese Aspekte persönlichen Gewinns sind:
- »Freude und Befriedigung durch die Fürsorge;
- Das Kind als Quelle von Freude und Glück;
- Festigung von Partnerschaft und Familienbeziehung;
- Entwicklung neuer Fähigkeiten;
- Persönliche Weiterentwicklung der Familienmitglieder (insbesondere Toleranz und Empathie);
- Ausweitung des sozialen Netzwerks, verstärkte soziale Einbindung;
- Verstärkter Sinn für Spiritualität;
- Veränderte Lebensperspektive, Quelle von Lebenssinn und neuen Prioritäten.« (Hackenberg, 2008 zitiert nach Eckert, 2018, S. 40)

Die positiven Erfahrungen und Bewertungen können auch parallel zu wahrgenommener Belastung und traurigen Momenten stehen. Nach meiner Erfahrung widerspricht es sich nicht, dass in Familien getrauert wird und die Belastungen zu spüren sind, zugleich die Familienmitglieder in der Lage sind, die persönlichen und familiären Glücksmomente und Chancen aus dieser Situation wahrzunehmen und zu genießen.

Auf die Fragen, wie es Familien gelingen kann, dass sie mehr persönlichen Gewinn und weniger negativ erlebte Belastungen aus ihrer Lebenssituation ziehen können und wie sie in der Beratung darin unterstützt werden können, wird bei der Beschreibung der familiären Ressourcen in Kapitel 4.1.4 sowie bei der Darstellung der Verarbeitungsmodelle in Kapitel 6.1 vertiefend eingegangen.

4.1.2 Reaktionen des sozialen Umfeldes

Als eine der größten Herausforderungen im Leben von Menschen mit Beeinträchtigungen sowie ihrer Familienangehörigen werden die Reaktionen anderer Personen beschrieben. Hierzu zählen schon innerhalb des engsten Familienkreises unterschiedliche Bewertungen der eigenen Situation und der Beeinträchtigungen oder Verhaltensprobleme des Kindes, die zu großen Konflikten zwischen Eltern führen können. Eltern machen Erfahrungen, dass Freund*innen und Verwandte ihnen mit Unverständnis, Ablehnung oder Schuldvorwürfen begegnen und den Kontakt reduzieren. Ebenso können unpassende oder wenig feinfühlige Kommentare von Fachleuten im medizinischen, therapeutischen und pädagogischen System sehr verletzend sein und Eltern im Umgang mit dem Hilfesystem verunsichern. Auch werden Kontakte zu Krankenkassen, Behörden oder Ämtern bei der Beantragung von Hilfen sowie Begutachtungen oft als sehr belastend und wenig unterstützend erlebt. Hierzu tragen ein als zu hoch empfundener bürokratischer Aufwand, die Notwendigkeit häufiger Neubeantragungen von nur zeitlich begrenzt bewilligten Hilfen sowie ausführliche Überprüfungen, die einen Einblick in persönliche Lebensumstände beinhalten, bei. Ebenso erleben Eltern immer wieder, dass beantragte Hilfsmittel oder andere Hilfen zunächst abgelehnt werden und erst nach einem juristisch eingelegten Widerspruch bewilligt werden. Auch die Behandlung durch einzelne Mitarbeiter*innen der Institutionen kann der Grund für die Belastung sein. Weiterhin führen Reaktionen von Bekannten oder Freund*innen auf die Beeinträchtigung des Kindes – von übermäßiger Erschütterung bis zu Spott – nicht selten dazu, dass gut abgewogen wird, wo und mit wem man sich trifft. Von Reaktionen von fremden Menschen in der Öffentlichkeit, von auffälligem Wegschauen, Erschrecken, Hinstarren oder unpassenden Bemerkungen können fast alle Familien berichten. Besonders bitter wird es, wenn das Existenzrecht des Kindes in Frage gestellt wird mit Bemerkungen wie: »Sowas muss doch heute nicht mehr sein? Haben sie das nicht schon vor der Geburt feststellen können?« (vgl. Kohfal & Lüdecke, 2014; Raila, 2012).

Aufgrund solcher Erfahrungen wundert es nicht, dass es viele Familien gibt, die sich zurückziehen oder gezielt nur Möglichkeiten für soziale Kontakte auswählen, bei denen sie wissen, dass sie und ihr Kind gut behandelt werden. Auch der Abbruch von Beziehungen zu ehemaligen Freund*innen und Verwandten, die ihr Kind ablehnen, ist gut nachvollziehbar. Und umso mehr kann man den Familien Respekt bezeugen, die sich nicht abschrecken lassen, soziale Kontakte zu pflegen und sich in der Öffentlichkeit zu bewegen – trotz solcher Begegnungen. Eltern lernen oft, unempfindlicher zu werden, sie »legen sich ein dickes Fell« zu (vgl. Klauß, 2005, S. 91 ff.). Und es gibt glücklicherweise gleichfalls viele positive Erfahrungen, wie andere Personen auf das Kind und die Beeinträchtigung reagieren.

Hintermair und Lehmann-Tremmel sind der Frage nach belastenden und unterstützenden Faktoren durch das soziale Umfeld in einer Studie zu Eltern hörgeschädigter Kinder nachgegangen. Als unterstützend werden die Familie und hier besonders der Partner bzw. die Partnerin (81,1 % der Eltern) und die Großeltern (55,3 %) benannt, ebenso Freunde und Bekannte (54,8 %). Von den professionellen Kräften werden am häufigsten Mediziner*innen (16,6 %), Lehrer*innen (Schule/Lehrkörper) (25,8 %) und andere schulische Mitarbeiter*innen (Schule/Internat/Erzieher*innen) (12,4 %) genannt. Als belastend werden häufiger die Großeltern (50 %), weitere Familie/Verwandte (23 %), Nachbarn (21 %), Freunde (17,1 %), Lehrer*innen (10,5 %) und die Öffentlichkeit/Umwelt allgemein (13,2 %) genannt. Insgesamt werden sehr viel weniger belastende Personen als unterstützende genannt. Als belastend werden u. a. ungewollte Ratschläge, fehlende oder belastende Aussprachen und fehlendes Einfühlungsvermögen erlebt. Bezogen auf das Kind erleben Eltern belastend, wenn sie einen Mangel an Zuwendung und Verständnis, Diskriminierung sowie Kommunikationsschwierigkeiten durch andere Menschen wahrnehmen. Im Bereich der Bildung, Förderung und Behandlung sind Belastungsfaktoren die Unzufriedenheit mit pädagogischen Herangehensweisen und die Wahrnehmung mangelnder Kompetenz, Offenheit und Kooperation (Hintermair & Lehmann-Tremmel, 2000). Auch Raila fand in ihrer Studie Belastungen durch Aussagen, Verhalten und Schuldzuweisungen durch andere Personen (Raila, 2012).

In der Beratung berichten Eltern und Geschwister von unterschiedlichen Reaktionen von Mitgliedern der weiteren Familie, Freund*innen und in der Öffentlichkeit. Sie erleben, dass es Unsicherheit, Mitleid und Bedauern auslöst, wenn andere das Kind mit Behinderung erstmalig sehen oder wenn von ihm berichtet wird. Sie erleben viel ernsthaftes und offenes Interesse für ihre Situation. Und sie erleben Reaktionen, in denen Unterschiede nivelliert werden, mit Aussagen wie: Das kennen wir ja genauso in unserer Familie, das ist doch ganz normal. Diese oft nett gemeinten Aussagen können für Eltern oder Geschwister schwierig sein, wenn sie selbst erleben, dass doch vieles in ihrer Familie extremer ist als mit einem gesunden, altersentsprechend entwickelten Kind. Und oben beschriebene Reaktionen voller Unverständnis und ablehnende bis offen feindselige Reaktionen gibt es leider auch.

> Frau M. kommt mit ihren zweijährigen Zwillingssöhnen Tim und Pit in die Beratung. Pit hat eine körperliche Beeinträchtigung, die deutlich sichtbar ist. »Ich möchte, dass meine Söhne so normal wie möglich aufwachsen. Aber ich habe Angst, was es mit Pit macht, dass viele Menschen auf ihn erstmal mit einem Schreck reagieren. Manche denken, er habe eine ansteckende Krankheit. Kinder schreien manchmal, wenn sie ihn das erste Mal sehen. Diese

Reaktionen sind für mich manchmal ganz schwer auszuhalten. Dennoch bemühe ich mich, ganz normal auch unser Leben außerhalb von Zuhause zu gestalten. Wir gehen in die Krabbelgruppe und besuchen Feste. Und nach fünf Minuten, wenn die Menschen Zeit hatten, sich an Pits Aussehen zu gewöhnen, ist es, als wäre er ein ganz normales Kind. Er gewinnt sehr schnell die Herzen von allen und hat keine Berührungsängste. Dennoch ist es für mich manchmal schlimm, immer wieder diese Anfangssituationen erleben zu müssen. Ich hoffe nur, dass es für Pit nicht so schlimm ist, denn natürlich kriegt er das jetzt schon mit. Ich finde es ganz gut, wenn die Leute mich einfach fragen, was los ist. Es ist zwar manchmal anstrengend und belastend, immer wieder alles erklären zu müssen, aber besser als das Starren oder Wegschauen. Manche Menschen haben gar keine Probleme damit, dass Pit anders aussieht als die anderen Kinder und nehmen ihn von Anfang an einfach so, wie er ist. Das ist dann schön.« Neben Erziehungsthemen und Geschwisterstreitigkeiten sind dies Themen, über die Frau M. in der Beratung spricht. Immer wieder muss ich meinen Respekt äußern, wie kompetent sie mit den Situationen umgeht und wie gut sie ihre Söhne in ihrer Entwicklung begleitet und unterstützt. Dann wird ihr oft die Belastung und Anstrengung bewusst, die dies bedeutet. Es hilft ihr, sagt sie, mal nicht so allein mit all diesen Themen zu sein, sondern mit jemandem darüber sprechen zu können.

Wenn Beeinträchtigungen auf den ersten Blick sichtbar sind, führt das häufig zu belastenden Reaktionen der Umgebung. Aber auch bei nicht direkt sichtbaren Beeinträchtigungen, wie bei intellektuellen Beeinträchtigungen oder Autismus, fallen Familien auf, wenn sich das Kind nicht altersangemessen verhält. Hier berichten Eltern häufig von Schuldzuweisungen in Bezug auf unzureichende Erziehung oder Förderung sowie auf mangelnde Ablösung, von einer negativen Beurteilung ihres Kindes oder einfach von Unverständnis (vgl. Raila, 2012; Klauß, 2005).

In der Forschung zur Einstellung von Menschen gegenüber Menschen mit Behinderungen zeigen sich deutliche Unterschiede, welche Form und Ausprägung der Beeinträchtigung vorliegt, ob sie sichtbar ist und ob sie als potenziell bedrohlich erlebt wird (Cloerkes, 2007, 101 ff., 299 ff.; Klauß, 2005, S. 91 ff.). Körper- und Mehrfachbehinderungen führen in der Regel stärker zu Mitleid, während leichtere Beeinträchtigungen oder geistige Behinderung mit Verhaltensauffälligkeiten eher zu negativen Einstellungen führen. Menschen mit Sehbeeinträchtigung erfahren wiederum eine große Akzeptanz (Klauß, 2005, S. 92). Treffen Menschen auf Menschen mit Beeinträchtigung, erleben sie oft ambivalente Gefühle sowie Unsicherheit, Mitleid, aber auch Ablehnung und Angst. Dies führt zu schwierigen Interaktionen zwischen Menschen mit und ohne Beeinträchtigung. Typische negative Reaktionen sind Anstarren und Ansprechen, diskriminierende Äußerungen, Witze, Spott und Hänseleien und Aggressionen. Eher positiv erscheinende Reaktionen, die aber ebenso der Abgrenzung dienen können, sind Äußerungen von Mitleid, aufdrängende und unpersönliche Hilfe sowie eine Schein-Akzeptierung (Cloerkes, 2007, S. 106 f.). Ehrliche, offene und gleichwertige Begegnungen werden als positiv erlebt und erlauben passende Interaktionen.

Bei Kindern mag dies teilweise noch anders sein. Besonders bei kleineren Kindern sind die Einstellungen häufig nicht so negativ, während Eltern von größeren Kindern vermehrt von negativen Erfahrungen berichten.

> Frau A., Mutter von Luka, einem Kind mit einer syndromalen Erkrankung, berichtet: »Ich war bei einem Treffen der Selbsthilfegruppe mit anderen Eltern, deren Kinder das gleiche Syndrom wie Luka haben. Luka mit seinen fünf Jahren sieht ja noch niedlich aus, wenn die Kinder aber älter werden, sehen sie nicht mehr so niedlich aus, das macht mir sehr Angst. Momentan reagiert ja die Umgebung auf Luka meistens noch sehr positiv, auch wenn er mal laut schreit. Wenn er dann aber 14 oder 15 ist, sich wahrscheinlich noch weiterhin so verhalten wird, dann kommt das in der Umgebung noch ganz anders an, fürchte ich.«

Insgesamt berichten Eltern von erheblichen Unterschieden bei verschiedenen Menschen und ihren Verhaltensweisen gegenüber ihren Kindern.

Die Hypothese, dass häufiger Kontakt mit Menschen mit Beeinträchtigung zu einer positiveren Einstellung gegenüber diesen führt, kann so pauschal nicht bestätigt werden, vielmehr kommt es auf die Qualität des Kontaktes, die Freiwilligkeit und darauf an, mit welcher Voreinstellung jemand in diesen Kontakt geht (Cloerkes, 2007, S. 145 ff.).

Die Zufriedenheit der Familienmitglieder, die Verarbeitung der Diagnose und die Resilienz einer Familie hängen stark damit zusammen, ob sie positive Kontakte und Anerkennung in ihrem persönlichen und dem weiteren Umkreis erleben und ob sie ein stabiles Netzwerk für sich und ihr Kind haben. In der Beratung kann man Eltern unterstützen, das Netzwerk, welches sie haben, weiterhin zu nutzen, oder zu schauen, wie sie ein solches Netzwerk aufbauen können.

Auch kann man mit den Familien herauszufinden suchen, was sie für sich brauchen, um mit schwierigen sozialen Erfahrungen umzugehen, ohne sich völlig zurückzuziehen. Mit manchen Eltern ist es sinnvoll, zu erarbeiten, wie sie auf Reaktionen und Fragen ihrer Umwelt reagieren können. Eltern, die mit solchen Situationen schon gut umgehen können, berichten, dass sie gewisse Standardantworten parat haben, um kurz über die Beeinträchtigung aufzuklären, ohne zu sehr ins Detail zu gehen. Wenn sie die Person dann besser kennen, berichten sie ggf. ausführlicher. Wenn Eltern nicht wissen, wie sie antworten oder reagieren sollen, kann man mit ihnen zusammen überlegen, was sie sagen wollen und was nicht, welche Begrifflichkeiten für sie passend sind und welche Inhalte sie lieber nicht gleich bei einer ersten Begegnung erzählen wollen. Auf diese Weise können automatisierte Antworten geübt werden, die in einer Belastungssituation für kompetente Reaktionen sorgen. Auch mit älteren Kindern und Jugendlichen selbst können solche Überlegungen sinnvoll sein, wenn sie immer wieder in Situationen kommen, in denen sie auf ihre Beeinträchtigung angesprochen werden oder selbst den Wunsch verspüren, sich dazu zu äußern. Sinnvoll können diese Überlegungen nicht nur dann sein, wenn jemand nicht über die Beeinträchtigung spricht, sondern auch, wenn Eltern oder Jugendliche selbst den Eindruck haben, sie haben sich zu schnell jemandem anvertraut und dieses Vertrauen wurde ausgenutzt oder der andere hat sich nicht interessiert oder wirkte überfordert durch die Situation (vgl. Lotz, 2004).

4.1.3 Trauer, Angst und Schuldgefühle

Maria ist ein sechsjähriges Mädchen mit einer Körperbehinderung. Neben motorischen Beeinträchtigungen, einer hohen Infektanfälligkeit und erhöhtem pflegerischen Unterstützungsbedarf hat sie erst sehr spät zu sprechen begonnen und spricht noch immer sehr undeutlich. Bisher war die Mutter davon ausgegangen, dass ihre kognitive Entwicklung normal verläuft. Ein kürzlich durchgeführter Intelligenztest hatte zum Ergebnis, dass auch die kognitive Entwicklung nicht altersentsprechend, sondern sehr inhomogen und in Teilbereichen deutlich unterdurchschnittlich ist. Die Mutter ist von diesem Ergebnis sehr betroffen. »Wissen Sie, wenn ich gewusst hätte, wie schwer das ist, ein Kind mit Behinderung zu haben ...« Sie muss weinen. Wir schweigen eine Weile. »Immer wieder kommt etwas Neues dazu, immer wieder muss ich entscheiden, welcher Weg für mein Kind

> der beste ist. Und oft bin ich so allein damit. Und dann kriege ich noch Vorwürfe gemacht, ich hätte es anders machen sollen oder es liege alles an meiner Erziehung.«

Manchmal heißt Beratung von Eltern mit einem Kind mit Behinderung, ihnen Raum für ihre Trauer, Ängste und Verzweiflung zu lassen in einem Alltag, der voller Termine und Verpflichtungen ist. Es gilt, mit ihnen auszuhalten, was schwer auszuhalten ist, etwa die Progredienz einer Erkrankung zu erleben und damit das Wissen, dass die Lebenserwartung des Kindes deutlich begrenzt ist. Verletzende Kommentare von anderen, das Alleinsein mit diesen Themen, Schuld- und Schamgefühle sowie unerfüllte Sehnsüchte dürfen angesprochen werden, ohne dass sich dafür eine »Lösung« finden lässt.

Wie in den vorherigen Kapiteln schon beschrieben, können – zumindest zeitweise – Gefühle der Trauer, Angst, Ohnmacht und Schuld bei Eltern, Geschwistern und weiteren engen Bezugspersonen auftreten. Diese Gefühle bestehen in verschiedenen Phasen im Leben mit einem Kind mit Behinderung unterschiedlich stark, zum Beispiel werden rund um die Diagnosestellung sowie bei wichtigen Übergängen im Leben des Kindes vermehrt solche Gefühle beschrieben. Aber auch die eigene Bewältigung der Beeinträchtigung des Kindes, Verläufe in der Erkrankung bzw. Beeinträchtigung des Kindes sowie Reaktionen aus dem Umfeld führen zu starken Emotionen (vgl. Langner, 2012; Raila, 2012; Klauß, 2005; Hinze, 1999; Kap. 6.1). Ängste in Bezug auf die Lebenssituation ihres Kindes können sich auf die aktuelle Situation ebenso wie auf die Zukunft beziehen. Gerade wenn die Kinder lange zu Hause wohnen bleiben und die Eltern noch viel Verantwortung für ihre Kinder bis ins Erwachsenenalter übernehmen, stellen sie sich die Frage, wie es weitergehen wird, wenn sie selbst aus gesundheitlichen Gründen nicht mehr die erforderliche Betreuung leisten können oder sterben werden. Ebenso löst die Situation der Geschwisterkinder Sorgen und Schuldgefühle bei Eltern aus, wie auch Geschwisterkinder selbst unterschiedliche Gefühle erleben (ausführlicher hierzu vgl. Kap. 4.2.2; vgl. Langner, 2012, S. 32 ff.; Klauß, 2005, S. 45 ff.).

Ist eine Erkrankung lebensbedrohlich oder ist durch die Progredienz einer Beeinträchtigung mit einem frühzeitigen Tod des Kindes zu rechnen, ergeben sich hieraus noch zusätzliche hohe emotionale Belastungen für die ganze Familie. So wird das Thema »Sterben« schon bei Diagnosestellung oft viele Jahre vor dem tatsächlichen Lebensende ein ständiger Begleiter in Familien. Hier sind die Hospizarbeit für Kinder mit lebensverkürzenden

Beeinträchtigungen sowie seelsorgerische Ansätze, die die Kinder sowie ihre Eltern und Geschwister begleiten können, als Unterstützung zu nennen. Auch Pädagog*innen, beispielsweise in Einrichtungen der Behindertenhilfe, können hierbei eine wichtige Rolle spielen. Für die Vertiefung zu diesem Thema verweise ich auf andere Autor*innen (Ritter, 2011; Jennessen et al., 2011; Daut, 2005; Leyendecker & Lammers, 2001).

Ein häufig benanntes Thema in Familien mit Kindern mit Behinderung sind Schuldgefühle. In Studien finden sich Ergebnisse, dass etwa ein Drittel der Mütter Schuldgefühle empfinden, rund 10 % der Väter und etwa 5 % der Geschwister ebenfalls. Mütter scheinen viel häufiger als Väter Schuldvorwürfen von außen ausgesetzt zu sein, sowohl aus der eigenen Familie, z. B. durch Großeltern, als auch durch Nicht-Verwandte (Raila, 2012). Die Schuldgefühle der Eltern beziehen sich einerseits darauf, dass sie z. B. in der Erziehung des Kindes etwas falsch machen könnten, sowie auf die Frage, warum sie ein Kind mit Behinderung haben und ob das »ihre eigene Schuld« sei. Dies wird beeinflusst durch Fragen und Aussagen von professioneller Seite, wie beispielsweise die Frage, ob in der Schwangerschaft geraucht wurde (Klauß, 2005, S. 53 f.). Auch wird von Schuldgefühlen von Eltern und Geschwistern bezüglich ihrer inneren Ablehnung des Kindes mit Beeinträchtigung berichtet (Cloerkes, 2007, S. 285). Gelegentlich kommt es zu Schuldvorwürfen innerhalb der Familien bezüglich der Frage, ob die Ursache für die Beeinträchtigung von väterlicher oder mütterlicher Seite stammt. Hierbei kann es sich um jeder ernst zu nehmenden Grundlage entbehrende Aussagen handeln wie: »In unserer Familie hat es so eine Behinderung nie gegeben, aber bei eurer Familie hatte doch schon dein Onkel nach dem Sturz vom Pferd eine Behinderung und deine Schwester hat ja auch psychische Probleme.« Aber auch, wenn beispielsweise durch eine genetische Untersuchung herausgefunden werden kann, durch welches Elternteil die Beeinträchtigung vererbt wurde, sind Schuldvorwürfe völlig unpassend und nicht hilfreich für den Umgang mit der Beeinträchtigung. Familiäre Haltungen und Vorerfahrungen, religiöse sowie kulturelle Vorstellungen und gesellschaftliche Einstellungen im Kontext Behinderung spielen eine Rolle bei diesen Themen und sollten in der Beratung beachtet werden (vgl. Rolland, 2000; zu kulturellen Einflüssen Kutluer, 2019).

Erkenntnisse über ungünstiges eigenes Verhalten, welche auch zu Schuldgefühlen führen können, können hilfreich sein, dass Fehler vermieden werden oder Verhalten positiv verändert wird. Beispielsweise erkennen Eltern, dass ihre starke Behütung das Kind hindert, neue Entwicklungsschritte zu machen. Diese Erkenntnis kann im positiven Fall in neues Verhalten überführt werden und neue Entwicklungen möglich machen. Selbstvorwürfe für vergangenes Verhalten oder unklare Schuldgefühle sind belastend und wenig hilfreich, sie können die Beziehung zum Kind negativ beeinflussen, zu einem negativen Selbstbild der Eltern führen und wie »lähmend« wirken, also Handlungsspielräume einschränken. Auch Schuldgefühle bezüglich ihres aktuellen Verhaltens, beispielsweise bezüglich der Förderung und Erziehung ihres Kindes, können sich eher negativ als positiv auswirken. Sie können ein Gefühl der Inkompetenz sowie der Überforderung erzeugen. Schuldvorwürfe und gut gemeinte Ratschläge, was Eltern noch alles machen oder anders machen könnten, können dann entweder zu einem grundlegenden Verschließen gegenüber solchen Vorschlägen oder einem wahllosen Ausprobieren unterschiedlichster Hilfen und Handlungsweisen führen. Treten diese Themen in der Beratung auf, erlebe ich es erstmal als wichtig, zu hören, welche Wege die Eltern schon gehen oder gegangen sind, was ihre Beweggründe sind und welche positiven Erfahrungen sie schon sammeln konnten. Erst dann überlege ich mit ihnen, wo sie einen Veränderungswunsch empfinden. Auf dem Weg hin zu einer solchen Veränderung lohnt es sich herauszufinden, ob es schon erprobte erfolgreiche, aber wieder vernachlässigte Wege gibt, bevor man nach ganz neuen Wegen sucht. Und oft ist es schon beruhigend für Eltern, sie zu bestärken, dass die Anmeldung in der Beratungsstelle schon der erste Schritt ist, etwas, was sie als falsch beurteilen, in die richtige Richtung zu verändern. In der Beratung stellt sich dann der bisherige Weg oft als gar nicht so falsch heraus, aber es bedarf an mancher Stelle des Nachjustierens oder Anpassungen an neue Entwicklungen des Kindes und in der Familie sind nötig. In der Beratung geht es also darum, wegzukommen von einer problem-, schuld- und vergangenheitsbezogenen Sicht auf die Situation hin zur Aktivierung der persönlichen Ressourcen, der Bewältigung der Stress- und Krisensituationen und zu einem Ermöglichen von gewünschten Veränderungen.

Manchmal kann man die Suche nach einer Schuld als eine Suche nach Gründen und Erklärungen verstehen. Nicht zu wissen, durch was eine Beeinträchtigung ausgelöst wurde und warum gerade das eigene Kind diese Beeinträchtigung hat, kann hilflos machen. Vielleicht ist das ein Grund, dass es für manche Eltern nicht beruhigend ist, wenn sie versichert bekommen, dass es keine klare Ursache für die Beeinträchtigung ihres Kindes gibt und sie somit auch keine Schuld daran tragen. Die eigene Machtlosigkeit angesichts einer Krankheit oder Beeinträchtigung zu spüren, ist schwer auszuhalten.

Ebenfalls belastet Eltern das Erleben, dass das Kind selbst unter der Beeinträchtigung oder Erkrankung und ihren Auswirkungen leidet.

> Herr und Frau L. kommen schon seit einiger Zeit in die Beratung, die sie für sich als Eltern in Anspruch nehmen. Ihre Tochter Celina hat eine körperliche Beeinträchtigung, neben motorischen Problemen bestehen Schwierigkeiten beim Lernen. Im Alltag ergeben sich immer wieder Herausforderungen für die Eltern, da Celina einen sehr starken eigenen Willen hat und viel Aufmerksamkeit fordert. Als neue Belastung kommt seit einigen Wochen hinzu, dass Celina epileptische Anfälle bekommt. Neben den konkreten medizinischen Fragestellungen und den Schwierigkeiten der medikamentösen Einstellung und ihrer Nebenwirkungen, berichten die Eltern von vielen weiteren Sorgen. In einer Beratungsstunde ist Frau L. sehr verzweifelt. Sie berichtet davon, dass Celina selbst sehr beängstigt ist durch die Anfälle und in der Schule Vorzeichen für einen Anfall vor anderen zu verheimlichen sucht. Der eigenständige Schulweg mit öffentlichen Verkehrsmitteln sowie die Teilnahme am Schwimmunterricht stehen in Frage, die Gefahren eines Anfalls und seiner Folgen sind der Mutter ständig bewusst. Sie sorgt sich sehr um die weitere Entwicklung ihrer Tochter, sieht Rückschritte in ihrer Selbstständigkeit und hat große Sorgen für die Zukunft. In dieser Stunde sind Überlegungen, was Entlastung und Unterstützung bringen kann, und der Versuch, optimistischere Perspektiven aufzuzeigen, nicht hilfreich, sondern werden abgelehnt. Der Vater ist in dieser Stunde sehr ruhig. Am Ende der Stunde sagt die Mutter: »So, jetzt lasse ich diesen ganzen Sack mit Sorgen hier vor Ihrer Tür stehen.« Und stellt symbolisch einen großen Sack beim Rausgehen aus dem Raum vor die Tür.
>
> In solchen Beratungsstunden kann man sich als Beraterin hilflos fühlen und »guter Rat« ist nicht nur teuer, sondern in diesen Momenten einfach nicht verfügbar. Dies auszuhalten, ist nicht leicht. Das Beispiel macht aber deutlich, dass Eltern für sich Wege finden, allem zum Trotz weiterzumachen und ihr Leben in die Hand zu nehmen. In den folgenden Beratungsstunden musste die Mutter den Sack mit allen Sorgen und Befürchtungen nicht mehr öffnen und so hat er sich langsam von selbst aufgelöst. Und erfreulicherweise hat sich auch die Problematik des Anfallsleidens durch eine bessere medikamentöse Einstellung reduziert, so dass Celina und ihre Familie mit der Zeit damit leichter umgehen konnten.

Wenn die Gefühle sich auf Tatsachen beziehen, die außerhalb des Einflusses der Eltern stehen, oder eine Reaktion auf die Lebenssituation mit ihren

Herausforderungen und Anstrengungen sind, braucht es in der Beratung oft einfach den Raum, in dem Eltern diese Gefühle spüren und ausdrücken dürfen. Für den Berater oder die Beraterin bedeutet dies auch, dass die eigenen Gefühle berührt werden. Es heißt auch, die eigene Hilflosigkeit ertragen zu müssen, wenn konkrete Hilfe nicht möglich ist.

Neben diesem Raum, der den Eltern angeboten wird, kann es aber sinnvoll sein, zu überlegen, welche Entlastungsmöglichkeiten es gibt. Vielleicht kann eine Selbsthilfegruppe hilfreich sein, um sich mit anderen Eltern auszutauschen. Oder die Unterstützung durch den Familienentlastenden Dienst, um Zeit für sich, die Geschwister und die Partnerschaft zu haben. Ggf. muss auch, wenn die Belastung sehr groß ist, über alternative Wohnformen wie Wohnen mit Assistenz, der Besuch eines Internats oder der Umzug in eine Wohngruppe nachgedacht werden.

4.1.4 Ressourcen

In der Beratung von Familien mit Kindern mit Beeinträchtigungen begegnen mir viele starke, sehr kompetente Menschen und Familien. Sie bewältigen die zusätzlichen Herausforderungen und Veränderungen, die die Beeinträchtigung des Kindes und die Barrieren im Alltag mit sich bringen, nehmen teil am Berufs- und Freizeitleben und zeigen einen hohen Zusammenhalt innerhalb der Familie, pflegen aber auch ihr soziales Leben nach außen. Sie nutzen Unterstützungen wie die Beratung oder Familienentlastende Dienste, um bestimmte Themen zu klären oder Zeit für sich und andere Familienmitglieder zu gewinnen.

Schon in Kapitel 4.1.1 wurden die gewinnbringenden Faktoren benannt, die das familiäre Leben mit einem Kind mit Beeinträchtigung mit sich bringen kann. In Studien wurden lange Erklärungen für unterschiedlich hohes Belastungserleben und gelingende Bewältigung in den Unterschieden der Beeinträchtigungen, deren Ausmaß und Form, gesucht. Noch bedeutender für die Lebenszufriedenheit bzw. die erlebte Belastung in den Familien sind aber offensichtlich vorhandene Ressourcen, Copingstrategien sowie soziale Unterstützungssysteme (Sarimski, 2017, S. 381; Klauß, 2005). Ein wesentlicher Aspekt, der in Studien und in Aussagen von Menschen mit Behinderung sowie ihren Angehörigen immer wieder gefunden wird, ist die Erfahrung, im Zusammenhang mit dem Erleben der Beeinträchtigung bei sich selbst oder bei dem Familienangehörigen etwas für sich und das Leben gelernt zu haben. Hierbei wird von konkreten Kompetenzen berichtet, beispielsweise beschreiben Geschwisterkinder, dass sie früh selbstständig geworden sind und in sozialen Belangen sehr kompetent sind. Oder Menschen mit einer erworbenen Beeinträchtigung berichten, wie sie lernen mussten, geduldig mit sich und anderen zu sein, und dass sie dies als Gewinn erleben. Dazu kommt die Veränderung von Werten, die Erfahrung, was »wirklich wichtig ist im Leben«, die Fähigkeit, im Hier und Jetzt zu leben und kleine Schritte wahrzunehmen und achten zu lernen. Auch die Erfahrung, viele Herausforderungen erfolgreich gemeistert zu haben, kann sich förderlich auf den Widerstands- und Kampfgeist, die Selbstwirksamkeitserwartung und das Selbstbewusstsein auswirken. Aber ganz besonders wird häufig der hohe Wert der positiven Beziehung zum Kind mit Beeinträchtigung betont.

Das Gefühl, gebraucht zu werden, kann ambivalent erlebt werden. Es kann bestätigend und schön sein, aber ebenfalls die Furcht implementieren, wie es weitergehen wird, wenn man als Eltern den Bedürfnissen nicht mehr gerecht werden kann. Zusätzlich können Sorgen bezüglich einer zu starken Abhängigkeit entstehen. Das Entwickeln neuer Freundschaften durch Kontakte, die sich beispielsweise in Selbsthilfegruppen ergeben, oder das Intensivieren von schon bestehenden Beziehungen erleben manche Familien als wertvoll, auch wenn ggf. die Gesamtzahl der als befreundet und unterstützend erlebten Personen abnimmt. Der familiäre Zusammenhalt wird in vielen Familien als enger und zuverlässiger erlebt (vgl. Eckert, 2018, 2008a; Langner, 2012; Raila, 2012; Klauß, 2005, S. 45 ff.).

> Herr und Frau T. haben drei Kinder, der jüngste Sohn Micha hat aufgrund einer chromosomalen Besonderheit eine schwere Mehrfachbehinderung, die beiden älteren Töchter Anna und Marie besuchen die Mittel- und Realschule, sind sehr selbstständig und kompetent, aber belastet durch die Gesundheitsprobleme ihres Bruders. In den Schulferien fährt die ganze Familie gemeinsam in eine Großstadt in Deutschland, in der ein intensives Therapieprogramm Micha in seiner Entwicklung unterstützen soll. Die Mutter wird mit Micha in dem Therapiezentrum aufgenommen. Damit die Familie den Urlaub dennoch gemeinsam verbringen kann, fährt der Vater mit den beiden Töchtern mit Wohnmobil und Fahrrädern auf einen Campingplatz in der Nähe. So können sie den Bruder und die Mutter besuchen und dabei einen schönen und abwechslungsreichen Urlaub verbringen. Anna erzählt in dem Beratungstermin nach den Ferien begeistert von dem Urlaub. Und von den positiven Entwicklungsschritten, die ihr Bruder gemacht hat.

Ein Teil dieser positiven Erfahrungen in Familien mit Kindern mit Behinderung wird zugleich als Ressourcen der Familien herausgestellt.

Als Ressourcen von Familien mit einem Kind mit Behinderung werden folgende Faktoren benannt:
- Ein hoher familiärer Zusammenhalt und emotionale Verbundenheit (Kohäsion)
- Eine hohe Zufriedenheit mit der Partnerschaft
- Gute soziale Unterstützungssysteme, die sowohl emotional als auch praktisch unterstützen und entlasten – privat sowie professionell
- Eine flexible Verteilung von Aufgaben in der Familie
- Gute Informiertheit, z. B. über Unterstützungsmöglichkeiten, Austausch mit anderen Familien, z. B. in Selbsthilfegruppen
- Eine positive Bewertung der Besonderheiten des Kindes in der Familie
- Flexibilität, z. B. bezüglich Rollenverteilungen und Werteorientierung
- Eine Balance familiärer Bedürfnisse, Anerkennung der individuellen Autonomie der Familienmitglieder, Selbstbeachtung
- Hilfreiche Aspekte aus Spiritualität, Religion, Werteorientierung
- Gute personale Ressourcen, insbesondere: Problemlösefertigkeiten, emotionale Expressivität, Selbstreflexion, kommunikative Kompetenzen
(vgl. Eckert, 2018, S. 42, 2008a, S. 28 ff.; Seifert, 2014; Retzlaff, 2010, S. 72 ff.; Heckmann, 2004, S. 42; Hintermair et al., 2000; Engelbert, 1999)

Auch dem Kohärenzgefühl (Gefühl der Verstehbarkeit, Handhabbarkeit und Bedeutsamkeit) wird in der Bewältigung von schwierigen Lebensereignissen eine wichtige Bedeutung beigemessen, so auch im Zusammenhang mit eigenen Beeinträchtigungen oder Krankheiten oder Beeinträchtigungen von Angehörigen (Retzlaff, 2010; Eckert, 2008a, S. 34 ff.). Weitere Aspekte zu Resilienz und Ressourcen in Familien wie das Salutogenesemodell von Antonovsky, das Familien-Kohärenzgefühl sowie die familiale Resilienz finden sich in Kapitel 6.1.3.

4.2 Familienthemen

4.2.1 Väter und Mütter

Nachdem lange Zeit vorwiegend die Situation von Müttern mit Kindern mit Behinderung in der Forschung Beachtung fand, beschäftigen sich seit einigen Jahrzehnten Studien mit der Situation der Väter bzw. mit Unterschieden zwischen Verarbeitungsstrategien, Bewertung und Umgang mit der Lebenssituation und Rollenübernahmen von Müttern und Vätern (vgl. Behringer et al., 2018; Retzlaff, 2010; Eckert, 2008b; Cloerkes, 2007; Hinze, 1999). Da sich die »typischen« Väter- und Mütterrollen in den letzten Jahrzehnten verändert haben, zeigen sich in den Veröffentlichungen der letzten 30 Jahre deutliche Veränderungen in den Ergebnissen. Auch in autobiografischen Darstellungen von Vätern und Müttern von Kindern mit Beeinträchtigung findet man eindrückliche Berichte von Gemeinsamkeiten und Unterschiedlichkeiten beider Elternteile im Umgang mit der Behinderung des Kindes und der Veränderung der persönlichen und familiären Situation (Toulmé, 2015; Gusti, 2014). Publikationen zu gleichgeschlechtlichen Lebensgemeinschaften mit Kindern mit Beeinträchtigung sind mir nicht bekannt.

Durch die Veränderungen in der Rollenaufteilung von Vätern und Müttern spricht man inzwischen von der »traditionellen Rollenaufteilung«, wenn der Vater für seinen Beruf und die finanzielle Situation in der Familie zuständig ist, während die Frau sich vorwiegend um die Kinder und den Haushalt kümmert. In vielen Familien ist dies nicht mehr so eindeutig der Fall. Viele Mütter sind berufstätig. Viele Väter fühlen sich für die Erziehung und Entwicklung ihrer Kinder verantwortlich und übernehmen Aufgaben im Haushalt. Nach wie vor pausieren Mütter aber immer noch länger als Väter nach der Geburt ihres Kindes. Auch sind mehr Mütter als Väter in Teilzeitanstellungen beschäftigt (BMFSFJ, 2017). Bei Familien mit Kindern mit Beeinträchtigungen zeigt sich, insbesondere bei erhöhtem Pflegebedarf des Kindes, häufig eine Veränderung der Rollenverteilung hin zu einem eher traditionellen Rollenverständnis. Die Mütter übernehmen die hauptsächliche Verantwortung für Pflege, Versorgung, Betreuung und Erziehung des Kindes mit Beeinträchtigung und Väter sind für die wirtschaftliche Absicherung der Familie zuständig (vgl. Kofahl & Lüdecke, 2015; Retzlaff, 2010). Dies hat mit gesellschaftlichen Erwartungen zu tun, die offensichtlich im Kontext mit

Kindern mit besonderen Bedürfnissen noch stärker traditionell verankert sind als sonst (Behringer et al., 2018).

Diese Erwartungen spiegeln sich in vielen Berichten von Müttern und Vätern wider: Väter, die ihre Kinder zu einem wichtigen Termin in die Klinik bringen, werden oft mit der Frage konfrontiert, wo denn die Mutter des Kindes sei. Impliziert in diese Frage ist oft die Sorge, ob der Vater für das Kind die geeignete Bindungsperson in dieser Situation ist und ob er die notwendige Erfahrung und das Wissen rund um die Bedürfnisse des Kindes hat. Väter erleben dies immer wieder als anmaßend und unpassend. Auf der anderen Seite wird Müttern nicht selten vorgehalten, ob ihre Berufstätigkeit oder andere Aktivitäten mit den besonderen Bedürfnissen ihres Kindes vereinbar sind.

Väter, die partnerschaftlich-fürsorglich Verantwortung für ihr Kind übernehmen, haben auch dann, wenn sie Vollzeit arbeiten, eine enge Bindung zu ihrem Kind, sind involviert und über die Vorlieben, Bedürfnisse und Interessen ihres Kindes informiert. Die Bewältigung der täglichen Aufgaben in der Familie gelingt dadurch besser (Behringer et al., 2018). Die Reduktion oder völlige Aussetzung der beruflichen Tätigkeit der Mutter erscheint in einigen Familien zumindest vorübergehend als beste Lösung, mit den neuen Herausforderungen und zeitlichen und organisatorischen Notwendigkeiten zurechtzukommen. Viele Mütter wünschen sich, nach einiger Zeit wieder in ihren Beruf einsteigen zu können. Je nach Grundberuf ist dies nicht immer einfach, insbesondere ist je nach Beeinträchtigung teilweise mit mehr Krankheiten oder Krankenhausaufenthalten des Kindes zu rechnen. Es ergeben sich Hinweise, dass die Berufstätigkeit der Mutter der Gefahr von Rückzug und Isolation vorbeugt sowie die Selbstständigkeitsentwicklung des Kindes und Ablösungsprozesse erleichtert. Auf der anderen Seite beschreiben Eltern einen Spagat zwischen den beruflichen und familiären Anforderungen, bei dem eigene Bedürfnisse an Freizeitgestaltung und Partnerschaft oft völlig zurückgestellt werden (vgl. Seifert, 2014). Es ist gut, wenn Eltern wissen, welche Unterstützungsmöglichkeiten und rechtlichen Regelungen es für sie in ihrer Lebenssituation gibt (vgl. Gress, 2018; Kruse, 2015).

Die Stressbelastung von Müttern und Vätern von Kindern mit Behinderung ist hoch. Zu Unterschieden zwischen Vätern und Müttern ist die Studienlage uneinheitlich. Zwischen dem Stresserleben und der Qualität der Partnerschaft besteht ein eindeutiger Zusammenhang, hohes Stresserleben ist als Risikofaktor für Paarprobleme anzusehen (vgl. Behringer et al., 2018; Retzlaff, 2010, S. 60 ff.; Raila, 2012; Eckert, 2008b; Engelbert, 1999).

Väter und Mütter greifen auf unterschiedliche Copingstrategien zurück, wie die folgende Zusammenfassung von Studienergebnissen zeigt. Väter suchen weniger emotionale Unterstützung, sondern handeln eher kognitiv orientiert. Für sie kann das Finden der Ursachen für die Beeinträchtigung wichtiger sein als für ihre Frauen. Neben der Suche nach Informationen engagieren sie sich oft in der Einforderung von rechtlichen Ansprüchen beispielsweise bei Krankenkassen. Mütter suchen mehr soziale Unterstützung als Väter. Für sie besteht ein deutliches Bedürfnis, Ansprechpersonen innerhalb und außerhalb der Familie zu haben und es wird als eine wesentliche Ressource erlebt, wenn eine familiäre Einbindung und weitere soziale Netzwerke zur Verfügung stehen, professionelle Beratungsangebote eingeschlossen. Für Väter ist das Vorhandensein vertrauter Personen, bei denen sie emotionale Unterstützung finden, gleichfalls wichtig. Sie erleben den familiären Zusammenhalt als Kraftquelle, Frauen äußern hier oft noch Bedürfnisse nach mehr praktischer und emotionaler Unterstützung durch ihren Partner. Die Einbindung in den beruflichen Alltag ist für Väter eine Möglichkeit, die neue Lebenssituation gut zu meistern. Für beide Elternteile gilt, dass eine gut funktionierende Partnerbeziehung einen besonderen Stellenwert für die Zufriedenheit im Leben mit ihrem Kind mit Behinderung hat (vgl. Behringer et al., 2018; Raila, 2012; Retzlaff, 2010, S. 62 f.; Eckert, 2008a, b; Hintermair et al., 2000; Hinze, 1999).

In der Beratung kann das Wissen um diese möglichen Unterschiede helfen. Dennoch muss mit jedem Elternteil, sei es Vater oder Mutter, herausgefunden werden, wie die Situation erlebt und eingeschätzt wird, was als Ressourcen, was als besondere Belastung erlebt wird und welche Bedürfnisse bestehen. Eltern kommen oft in die Beratung, weil sie merken, dass ihre Bewältigungsstrategien nicht ausreichend sind, sie sehr viel Stress erleben, sie wenig zufrieden mit ihrem momentanen Leben sind und die Partnerschaft in Mitleidenschaft gezogen wird. Dann ist es sinnvoll, bisherige Problemlösestrategien zu hinterfragen und nach neuen Wegen zu suchen. Das Wissen um Ressourcen und hilfreiche Copingstrategien kann hierbei nützlich sein (vgl. Kap. 4.1.4; 6.1).

Bezogen auf Elternteile, häufiger die Väter, die zu Beginn nicht an der Beratung teilnehmen, scheint es sinnvoll zu sein, sie zu gemeinsamen Terminen einzuladen und ihnen ein Beratungsangebot zu machen. In vielen Beratungen habe ich erlebt, dass gemeinsame Termine der Eltern und der ganzen Familie für alle Beteiligten sehr wertvoll und für den Beratungsprozess hilfreich waren.

Auch andere Verwandte und Bekannte wie Großeltern, Tanten, Onkel, Pat*innen und Freund*innen der Eltern spielen für Familien mit einem Kind mit Beeinträchtigung eine wichtige Rolle. Insbesondere Großeltern sind oft eine hohe Entlastung, sowohl bei der Betreuung des Kindes als auch zur emotionalen Unterstützung der Eltern. Sie müssen ebenfalls lernen, mit dem Thema Behinderung in der Familie umzugehen, und nicht selten werden Reaktionen der Eltern oder Schwiegereltern insbesondere von den Müttern als besonders belastend erlebt (vgl. Seifert, 2014; Raila, 2012; Kap. 4.1.2). In der Beratung kann dies ein Thema sein und manche Eltern entscheiden sich für eine zeitweise Distanzierung von ihren Eltern, z. B., wenn die Beeinträchtigung des Kindes von den eigenen Eltern oder Schwiegereltern in Frage gestellt wird und die Schuld für die Besonderheiten des Kindes allein im Erziehungsverhalten der Eltern gesucht wird. Auf der anderen Seite suchen auch Großeltern teilweise den Kontakt zur Beratungsstelle, wenn sie sich Sorgen um ihr Enkelkind oder die ganze Familie machen. Gemeinsame Termine mit Eltern sind ggf. hilfreich, um unterschiedliche Verständnisse der Beeinträchtigung des Kindes und Erziehungsvorstellungen zu klären und gegenseitigen Schuldzuschreibungen vorzubeugen. Werden die Großeltern unterstützend erlebt, bringen manche Mütter oder Väter ein Großelternteil in die Beratung mit, da sie ebenfalls sehr wichtige Bezugspersonen für die Kinder sind und so selbstverständlich bei Kontakten mit dem Hilfesystem von den Eltern miteinbezogen werden.

4.2.2 Geschwister

Die Situation von Geschwistern von Kindern mit Behinderung wird häufig als besonders schwierig dargestellt. So prägen Benennungen wie »Schattenkinder« oder »vergessene Kinder« die Sicht auf diese Kinder, womit einerseits auf deren Risiken aufmerksam gemacht wird, andererseits aber eine einseitige problemorientierte Sicht eingenommen wird. Häufig werden hierbei die Entwicklungsrisiken bis ins Erwachsenenalter insbesondere für die innerpsychische Situation der Geschwister benannt. Auf der anderen Seite wird ein rein ressourcenorientierter Blick, der allein ihre Fähigkeiten zur Anpassung und Verantwortungsübernahme, ihre soziale Einstellung und frühe Selbstständigkeit betont, der Situation der Kinder auch nicht gerecht. Folgende Erfahrungen sind bei Geschwistern von Kindern mit Behinderung oder chronischer Krankheit relevant und können zu Belastungen führen:

- Frühe Übernahme von Verantwortung und Selbstständigkeit
- Einbezogen sein in Pflege und Betreuung des behinderten Kindes
- Die Angst, selbst behindert oder anders als die anderen zu sein
- Frühe Konfrontation mit Themen wie Anderssein, Leid, Krankheit und Tod
- Unangenehme Reaktionen der Umwelt, besonders belastend in der Pubertät
- Rückstellung eigener Bedürfnisse
- Weniger elterliche Hilfe bei schulischen Angelegenheiten
- Weniger außerhäusliche Aktivitäten und damit weniger Gelegenheiten, Freundschaften zu schließen
- Geschwisterrivalität wird von anderen unterbunden oder von den Kindern selbst vermieden
- Die Geschwisterfolge wird anders erlebt
- Belastete und besorgte Eltern
- Hohe Erwartungen der Eltern
- Wahrnehmung von Ungleichbehandlung durch die Eltern
- Sorge um das Geschwisterkind, Trauer, Hilflosigkeit gegenüber der Krankheit oder Behinderung, Einsamkeit
- Das Gefühl, nicht unangenehm auffallen zu dürfen und keine zusätzlichen Probleme machen zu dürfen
- Schuldgefühle (vgl. Achilles, 2018, 2005; Möller et al., 2016; Hackenberg, 2008, 1992; Grünzinger, 2005; Tröster, 2000)

Diese Aufzählung macht deutlich, wie viele besondere und belastende Erfahrungen Geschwisterkinder machen. Häufig ist es sinnvoll, dass sie Angebote erhalten, in denen sie einen Umgang mit diesen Erfahrungen und den damit einhergehenden Gefühlen finden können.

> Cleo ist zu Beginn der Beratung sieben Jahre alt. Malte, ihr Bruder, ist vier Jahre alt und hat eine Stoffwechselerkrankung. Er ist motorisch sehr aktiv und kennt keine Gefahren, weswegen er viel Aufsicht braucht. Er kann nicht sprechen und interessiert sich nur für bestimmte Dinge. Es ist schwer, mit ihm in eine gelingende Interaktion zu kommen. Zudem ist der Verlauf der Erkrankung progredient. Besonders traurig für Cleo und ihre Familie ist es, zu bemerken, dass Malte immer weniger mit ihnen im wechselseitigen Kontakt ist und sich immer mehr in seine Welt zu verschließen scheint. All das sind Themen, die Cleo und ihre Eltern sehr belasten. Cleo ist manch-

mal etwas zerstreut, scheint keine innere Ruhe zu haben und traut sich manches nicht zu. Sie ist sehr freiheitsliebend, geht nicht sehr gern in die Schule und spielt gern mit ihren Freundinnen. Sie hat viel Fantasie und kann gut malen. Ihren Bruder liebt sie sehr. Das Familienleben muss sich sehr an den Bedürfnissen von Malte orientieren, es sind sehr viele Arzttermine und Krankenhausaufenthalte notwendig. Wenn Malte nicht im Kindergarten ist, muss sich immer jemand um ihn kümmern. Richtig spielen kann Cleo mit Malte nicht so gut, sie springen gern auf dem Trampolin zusammen. Am liebsten will Cleo Ärztin werden, damit sie ein Medikament erfinden kann, das Malte heilen kann.

Cleo kommt in die Stunden und möchte spielen. Sie baut Höhlen, spielt mit dem Puppenhaus, Rollenspiele und Gesellschaftsspiele. Anfangs gab es die Überlegung, dass sie allein die Stunde wahrnehmen könne, sie wollte aber lieber, dass ihre Mutter mit in das Beratungszimmer kommt, um mitzuspielen oder einfach nur dabei zu sein. Neben den spielerischen Angeboten beginnen wir die Stunde immer mit einem Gespräch darüber, was es gerade für Themen gibt, in der Schule, zu Hause, mit der Familie oder mit Malte. Dies mag Cleo nicht immer so gern. Am liebsten will sie in der Stunde doch einfach alles vergessen, was sie so beschäftigt. Denn sie muss sowieso schon so oft an die Erkrankung von Malte denken. Gemeinsam mit ihrer Mutter treffen wir die Absprache, die Stunde immer mit einem kurzen Gespräch zu beginnen, da in der Beratung ein Ort sein soll, an dem man über alles sprechen kann und vielleicht einfach mal loswerden kann, was einen so beschäftigt. Manchmal erzählt Cleo selbst etwas, manchmal berichtet die Mutter mit ihrem Einverständnis.

In den ersten spielerischen Beratungsstunden war es Cleo sehr wichtig, Räume ganz für sich zu haben, sei es beim Bauen mit Polstern und Decken oder beim Spielen mit dem Puppenhaus. Wir entwickeln die Idee, ein eigenes Haus zu bauen. Daran arbeitet Cleo viele Stunden. Mit Schuhkartons, Holz und anderen Gegenständen aus der Werkstatt baut sie ein Haus. Anfangs plant sie es nur für sich, dann entstehen ein Elternschlafzimmer, ein Kinderzimmer und eine Dachterrasse, und es soll eine ganze Familie einziehen, als sie es dann schließlich mit nach Hause nimmt.

In einigen Terminen arbeiten wir konkret an dem Thema ihrer Geschwisterrolle und der Erkrankung ihres Bruders. Hierzu lesen wir ein Bilderbuch, und Cleo malt, manchmal gemeinsam mit ihrer Mutter. Hierbei entsteht ein Familienbild mit zwei Sonnen, einer schönen Blumenwiese, Cleo, Malte im Rollstuhl, Vater und Mutter.

Cleo sind die Termine sehr wichtig, besonders, da es eine schöne Zeit mit ihrer Mutter ist, in der sie größtenteils entscheiden kann, was gemacht wird. Auch ihre Mutter genießt diese gemeinsame Zeit und freut sich, dass Cleo in Projekten über längere Zeit an einem Thema arbeitet und dabei Erfolgserlebnisse hat. Termine mit der ganzen Familie, Vater, Mutter, Cleo und Malte, finden manchmal in den Ferien statt, und ab und zu nimmt die Mutter einen Termin für sich in Anspruch, um Themen ausführlicher zu besprechen. Zum Beispiel besprechen wir in einer dieser Stunden, wie und wann die Mutter mit Cleo über die Zukunftsperspektiven von Malte, die durch die Progredienz der Erkrankung geprägt sind, reden kann.

Auf diese Weise konnte ich Cleo über eine längere Zeit begleiten und erleben, wie sie immer selbstbewusster wurde, sich intensiver auf Dinge einlassen konnte und ebenso schulisch nach einer etwas schwierigeren Zeit Erfolg hatte. Voller Bewunderung konnte ich zusehen, wie sie ihre oft belastende Lebenssituation meistert und über ihr Erleben – das Schöne und das Belastende – sprechen konnte. Und sie behielt immer ihre Kreativität, ihren Humor und den Spaß am Spiel. Darüber, wie es ihr gelingt, Malte in ihre Spiele miteinzubeziehen, berichtete die Mutter mit einem besonders eindrücklichen Beispiel: Cleo spielt mit ihren Freundinnen zu Hause gern Schule. Und Malte erhält dabei eine wichtige Rolle: Er ist der »Herr Direktor«. Wenn also Malte während des Spiels die Treppe zum Kinderzimmer hinaufstapft, hört die Mutter es von oben rufen: »Vorsicht, alle auf ihre Plätze, der Herr Direktor kommt.«

In der Literatur zur Situation der Geschwister und in vielen Studien steht auf der einen Seite die Frage im Mittelpunkt, ob das Aufwachsen mit einem Geschwisterkind mit Behinderung zu besonderen Kompetenzen oder Persönlichkeitsentwicklungen führt. Auf der anderen Seite wird untersucht, ob die Lebenssituation eine höhere Wahrscheinlichkeit für Entwicklungsprobleme oder psychische Störungen mit sich bringt (für die folgende Zusammenfassung vgl. Achilles, 2018, 2005; Möller et al., 2016; Hackenberg, 2008, 1992; Haberthür, 2005; Tröster, 2000). Das Fazit bei der Durchsicht der unterschiedlichen Forschungsergebnisse und Veröffentlichungen ist, dass die Kindheit der Geschwisterkinder und die an sie gestellten Aufgaben, Erwartungen und Zuwendung sich von Gleichaltrigen unterscheiden. Ebenso lassen sich leichte Unterschiede in den Verhaltensweisen und im emotionalen Erleben von Kindern mit Geschwistern mit Behinderung oder chronischer Krankheit gegenüber anderen Geschwistern finden. Spätestens ab dem Jugendalter bis ins Erwachsenenalter ist das Leben mit einem Geschwisterkind mit einer Behinderung prägend und bedeutsam. Viele Geschwisterkinder zeigen eine starke soziale Orientierung und wählen im Erwachsenenalter Berufe, in denen sie Verantwortung übernehmen müssen, nicht wenige sind politisch aktiv. Besonders Schwestern zeigen oft als Erwachsene ein erhöhtes soziales Engagement, Brüder entsprechen weniger dem Stereotyp der Maskulinität. Manche Geschwister entwickeln psychische Störungen, wobei hier internalisierende Störungen oder somatische Probleme überwiegen, während externalisierende Störungen eher selten vorkommen. Einige Geschwister zeigen bis in das Erwachsenenalter negative Erinnerungen an ihre Kindheit, in der sie nach eigenem Erleben und Erinnern die Nebenrolle gespielt haben und sehen sich dadurch in ihrer Entwicklung beeinträchtigt. Insgesamt ergeben die Studien keinen Hinweis auf eine signifikante Erhöhung von emotionalen, sozialen oder Persönlichkeitsstörungen bei den Geschwisterkindern von Kindern mit Behinderung im Vergleich zu anderen Menschen. Dennoch zeigen sich Unterschiede in der Bewältigung der Lebenssituation durch die Geschwister. Bedeutsam dafür, ob die Kindheit mit einem Geschwisterkind mit Behinderung gut bewältigt wird, sind die Kommunikation und Interaktion in der Familie, die Akzeptanz der Behinderung, Persönlichkeitsfaktoren der Eltern, Freiräume der Geschwister und die Art des Einbezogenseins in Pflege und Betreuung, die Prioritätensetzung in der Familie, Selbstsicherheit und der ökologische und soziale Kontext.

Geschwisterkinder entwickeln sich positiv, wenn sie bereit sind, soziales Engagement zu zeigen, auch negative, aggressive und ambivalente Gefühle zuzulassen und Verantwortung für ihr Geschwisterkind mit Beeinträchtigung zu übernehmen. Wesentlich ist ebenfalls, ob sie zusätzliche Vertrauenspersonen haben, sich mit anderen Geschwistern austauschen und ihren Hobbys nachgehen können. Eltern können Geschwisterkinder unterstützen, wenn sie mit ihnen offene und ehrliche Gespräche führen, auch über die Behinderung und die damit verbundenen Gefühle. Weitere Faktoren für die gute Entwicklung von Geschwistern sind gegeben, wenn Eltern eine positive Einstellung zu ihrer Lebenssituation entwickeln und Hilfsangebote annehmen, wertvolle gemeinsame Zeit in der Familie gestalten und für die Zukunft des Kindes mit Beeinträchtigung Vorsorge treffen, beispielsweise durch die Suche nach einem außerhäuslichen Wohnumfeld im Erwachsenenalter. Das Risiko für eine langfristige negative Entwicklung steigt, wenn Geschwister von Kindern mit Beeinträchtigung eine höhere Anzahl von Verhaltensauffälligkeiten zeigen. Aber auch wenn bei Geschwistern im Gegensatz dazu eine sehr geringe nach außen gerichtete Aggression erkennbar ist, kann dies ein Entwicklungsrisiko sein. Weitere Risikofaktoren sind überhöhte Erwartungen der Rücksichtnahme, das Verbot des Zeigens und Ausdrückens negativer Gefühle in der Familie, ein negatives Familienklima sowie hohe Belastung und eine schwer gelingende Bewältigung der Eltern.

Die Beratungsstelle kann ein geeigneter Ort sein, über verschiedene Gefühle im Zusammenhang mit der Behinderung des Geschwisterkindes zu sprechen.

Theresa ist elf Jahre alt und hat eine kleine Schwester mit einer genetisch bedingten Entwicklungsstörung. Theresa ist schon sehr selbstständig. Zu ihrer Schwester hat sie ein sehr gutes Verhältnis. Sie übernimmt oft Verantwortung für sie, spielt mit ihr und passt auf sie auf.

Die Themen in der Beratung sind die Behinderung ihrer Schwester und ihre Gefühle dazu. In einer Stunde biete ich ihr die Methode des Rahmenbildes an, bei dem sie zunächst in das Innere eines Rahmens ihre Gefühle malen soll (vgl. Kap. 6.3.4). Sie malt sich mit einer abwehrenden Geste, die sie mit dem Wort »no« unterstützt und eine dicke schwarze Wolke. Sie erklärt dazu, dass sie so wütend auf die Erkrankung ihrer Schwester sei. Auf den Rahmen soll sie malen, was ihr helfen kann, wenn sie dieses Gefühl hat. Sie nutzt ihre Lieblingsfarbe, um ein positives Gefühl darzustellen. Es gelinge ihr aber nicht immer, zu diesem Gefühl zu kommen, da manchmal der Ärger auf die Krankheit zu groß sei. Es wird sehr deutlich, dass sie die negativen Gefühle nicht gegenüber ihrer Schwester empfindet, sondern gegenüber der Erkrankung. Dies ist in einem späteren Gespräch von Theresa mit ihren Eltern nochmal sehr bedeutsam, da diese manchmal ihre Wut, aber auch Traurigkeit und Scham wahrnehmen und nicht genau einordnen können.

In einem anderen Termin formt sie aus Ton eine Figur, die sie selbst darstellen soll. Diese hat »eine schlechte und eine gute Seite«, die schlechte Seite, z. B. wenn sie einen Wutanfall bekomme, kenne nur ihre Familie und nahe Freund*innen. Außerhalb des familiären Umfeldes zeige sie immer nur ihre gute Seite. Auf dem Kopf der Figur ist ein Fragezeichen, weil sie nicht wisse, wie es weitergehe. Der Figur gehe es gut, nur nicht, wenn die Gedanken an die Behinderung kommen. Am Ende dieser Stunde kommt der Vater dazu und wir sprechen über diese Figur. Der Vater bestärkt

Theresa, dass diese Gedanken dazu gehören und er sie ebenfalls kennt. Theresa erwidert, dass sie aber manchmal sehr störend seien, zum Beispiel, wenn sie in der Schule kämen. Sie wünsche sich mehr Kontrolle über diese Gedanken.

Ein Thema, welches sie und ihre Eltern sehr beschäftigt, ist, dass sie es manchmal nicht so gern hat, sich vor Gleichaltrigen, die ihre Familie noch nicht kennen, mit ihrer Schwester zu zeigen. Dies erzeugt bei ihr wiederum Schuldgefühle. Wir sprechen in einer Stunde ausführlich über dieses Thema, dass es anderen Geschwistern gleichfalls so geht und solche gemischten Gefühle – die große Liebe und Zuneigung zu ihrer Schwester und zugleich auch Scham, Wut und Angst – da sein dürfen. Und dass sie sich deshalb nicht schuldig fühlen muss. Und wenn sie sich schuldig fühlt, dass es gut ist, darüber zu sprechen, in der Beratung, mit ihren Eltern oder anderen vertrauten Personen. Wir arbeiten noch mit anderen kreativen Techniken weiter an diesen Themen. Am Ende der Beratung finden Theresa und ihre Eltern, dass sie mit der Situation besser zurechtkomme. Auch die negativen Gedanken seien nicht mehr ständig präsent. Zum Abschluss bemalt sie ihre getöpferte Figur bunt, sie passe noch immer zu ihr und es sei wichtig, dass beide Seiten, die gute und die schlechte, zu ihr gehören. Nur das Fragezeichen sei etwas kleiner geworden.

Schuldgefühle werden immer wieder im Kontext von Geschwistern von Kindern mit Beeinträchtigungen genannt. Diese können sich auf sehr unterschiedliche Themen beziehen:
- Schuldgefühle aus einer irrealen Überzeugung, Schuld an der Beeinträchtigung des Geschwisterkindes zu sein
- Schuldgefühle aus dem Bewusstsein der Überlegenheit, keine Behinderung zu haben und vieles besser zu können als das Geschwisterkind
- Schuldgefühle bezogen auf das Verhalten oder Gedanken gegenüber dem Geschwisterkind, z. B. Verleugnung vor Freund*innen (vgl. Achilles, 2005; Grünzinger, 2005)

Diese Schuldgefühle können eine normale Geschwisterrivalität unmöglich machen, bei der Konkurrenz, zeitweise Ablehnung des Geschwisterkindes und das Buhlen um die Aufmerksamkeit der Eltern normal ist. Zumeist wird spontan nicht über diese Schuldgefühle gesprochen, und wenn, dann Jahre später.

Wenn mit Geschwisterkindern beispielsweise in Gesprächen in der Familie, in der Beratung oder in Geschwistergruppen darüber geredet wird, dass es vielen Geschwistern von Kindern mit Beeinträchtigungen so geht, dass sie Schuldgefühle empfinden, ist dies eine Chance, dass sie über eigene Gefühle sprechen oder zu reflektieren beginnen. Besonders wichtig ist es, irreale Schuldzuschreibungen zu klären. Aber auch empfundene Aggressionen, Wünsche nach mehr Aufmerksamkeit und Zuwendung, eventuell verbunden mit dem Wunsch, das Geschwisterkind wäre gar nicht da, sollten wahrgenommen und geäußert werden dürfen, ohne als schlecht oder böse verurteilt zu werden. Eltern kriegen damit die Chance, Wege zu suchen, wie sie die Bedürfnisse nach ungeteilter Zuwendung ihrer Kinder zumindest zeitweise erfüllen können, beispielsweise durch Inanspruchnahme von Familienentlastenden Diensten oder Kurzzeitbetreuungen. Und Kinder können durch das Wissen entlastet werden, dass es anderen Geschwisterkindern in ähnlichen Lebenssituationen auch so geht. Besteht eine tatsächliche Ablehnung des Geschwisterkindes oder eine sehr konfliktreiche, abwertende oder rivalisierende Beziehung zu ihm, sollte darauf in der Beratung eingegangen werden.

Die Art und das Ausmaß der Beeinträchtigung führen auch für die Geschwister zu unterschiedlichen Anforderungen und Belastungen. Themen wie Pflegebedürfnis, Sichtbarkeit der Beeinträchtigung, kognitive Entwicklung und Verhaltensauffälligkeiten des Geschwisterkindes spielen eine wesentliche Rolle. So können Verhaltensbesonderheiten bei Kindern mit

Autismus zu speziellen Fragestellungen bei Geschwisterkindern führen, da hier die Besonderheiten und Auffälligkeiten insbesondere in der sozialen Wahrnehmung, der Beziehungsgestaltung sowie ihrer Interaktion und Kommunikation liegen (vgl. Maus, 2017). Ebenso treten spezielle Belastungsfaktoren auf, wenn das Geschwisterkind sterbenskrank ist oder die Beeinträchtigung progredient verläuft (vgl. Jennessen et al., 2011). Ist eine Familie in ständiger Sorge um das Leben ihres Kindes mit Beeinträchtigung, kann dies noch viel stärker dazu führen, dass die anderen Kinder in der Familie ihre eigenen Bedürfnisse nicht mehr wahrnehmen oder immer hintanstellen. Und diese Phasen können viele Jahre andauern. Auch die konkrete Sorge um ihr Geschwister sowie die bei sich und den Eltern erlebte Trauer und Angst können Lebensfreude und Unbeschwertheit im Leben der Geschwister reduzieren. Um den Kindern trotz aller Belastungen ihr Kind-Sein und ein Stück Leichtigkeit wiederzugeben, sind beispielsweise erlebnispädagogische Angebote in Geschwistergruppen sinnvoll oder ein Angebot, bei dem sie mit ihren Wünschen und Gefühlen im Mittelpunkt stehen.

Je nach Familie und Kind kann die benötigte Unterstützung für Geschwister unterschiedlich aussehen. Es kann darum gehen, die Kommunikation über die Behinderung bzw. Erkrankung in der Familie zu unterstützen. Die Ressourcen und günstigen Problemlösestrategien des Kindes sowie der Umgang mit und Ausdruck von Gefühlen können in der Arbeit mit dem Kind hervorgehoben und gefördert werden. Manchmal hilft es Geschwisterkindern besonders, wenn Eltern in ihren Erziehungskompetenzen oder in ihrem Umgang und der Verarbeitung der Beeinträchtigung sowie als Paar unterstützt werden. Die Strukturen und Rollen in der Familie können Inhalt der Beratung sein. Manchmal sind konkrete Entlastungen und Unterstützung der Familie sowie Notfallpläne in akuten Situationen, z. B. bei Krankenhausaufenthalten, gefragt. Das Sprechen über die Themen Krankheit, Tod, Anderssein und soziale Reaktionen kann für die ganze Familie bedeutsam sein, um eine gemeinsame Sprache und einen Umgang damit zu finden (vgl. das familienorientierte Beratungskonzept nach Möller et al., 2016, S. 101 ff.).

Als besonders hilfreich für Kinder mit Geschwistern mit Behinderung werden Geschwisterangebote in Gruppen beschrieben. Unterschiedliche Anbieter organisieren Geschwisterfreizeiten und -wochenenden, Geschwisterseminare, offene Gesprächsgruppen oder Geschwistertreffs. Bei einigen Angeboten geht es darum, die spezifischen Themen, die das Leben als Geschwisterkind eines Kindes mit Behinderung mit sich bringen kann, aufzugreifen und die Kinder in diesem Bereich stark zu machen. Bei anderen Angeboten sollen positive Erfahrungen ermöglicht und allgemeine Ressourcen aufgebaut werden, ohne direkt den Schwerpunkt auf die Behinderung des Geschwisterkindes zu legen (vgl. Knees & Winkelheide, 2006; Achilles, 2005; Haberthür, 2005). Auch in Erziehungsberatungsstellen können solche Gruppen angeboten werden, ggf. in Kooperation mit Einrichtungen der Behindertenhilfe oder sozialpädiatrischen Zentren.

4.2.3 Trennung und Scheidung

In Trennungs- und Scheidungssituationen suchen Eltern häufig eine Erziehungsberatungsstelle auf, um für sich und ihre Kinder in dieser schwierigen Phase Unterstützung zu erhalten. Dies betrifft nicht nur die akute Phase der Trennung. Viele Kinder leiden noch Jahre später an deren Folgen. Konflikte um Umgangsregelungen und weitere Themen in diesem Kontext veranlassen Kinder und Eltern, Beratungsangebote wahrzunehmen. Auch in Familien mit Kindern mit Behinderungen kommt es häufig zu Trennungen und Scheidungen, und viele Kinder leben mit nur einem Elternteil (BMAS, 2016). Nach Studienlage ist die Trennungs- und Scheidungsrate allerdings entgegen früherer Annahmen bei Familien mit Kindern mit Beeinträchtigungen nicht deutlich, sondern nicht oder nur leicht erhöht im Vergleich zu anderen Familien (vgl. Retzlaff, 2010, S. 64). Gleichfalls unterscheidet sich die Ehezufriedenheit nicht deutlich von anderen Familien, insgesamt sind in Familien mit Kindern mit und ohne Beeinträchtigung rund 20 % der Eltern unzufrieden mit der Ehe (Krause, 2008).

Auch Kinder und Jugendliche mit Behinderung müssen bei der Trennung ihrer Eltern lernen, mit neuen Familienkonstellationen zurechtzukommen, ggf. mit dem vollständigen Abschied von einem Elternteil, wenn dieser den Kontakt ganz abbricht. Für die Kinder geht es darum, die Erfahrungen mit dieser neuen Lebenssituation emotional zu verarbeiten. Hierbei spielt in der Beratung das Entwicklungsniveau eine Rolle, welches ggf. besondere Arten der Vermittlung notwendig macht.

> Ben ist zehn Jahre alt und besucht eine Schule mit Förderschwerpunkt geistige Entwicklung. Er lebt bei seiner Mutter. Seine Eltern sind seit drei Jahren getrennt, seinen Vater hat er die letzten Jahre regelmäßig besucht. Vor einigen Monaten ist sein Vater in eine andere Stadt gezogen. Seitdem

hat Ben ihn nicht mehr gesehen und gesprochen. Ben sei seitdem sehr traurig und aufgewühlt. Er ziehe sich zurück, nehme wenig Blickkontakt auf und lutsche an seinen Fingern. Auch sage er selbst: »Papa hat mich nicht mehr lieb.« Neben dem Rückzug komme es zu motorischer Unruhe, Wutausbrüchen und Grenzüberschreitungen. Nachts schlafe er schlecht, komme häufig zur Mutter ins Bett und nässe wieder ein.

In Beratungsterminen mit der Mutter wurde überlegt, was Ben hilft, Stabilität in dieser schwierigen Situation zu erhalten. Es half Ben, wenn die Abläufe vertraut waren und er sich an Strukturen orientieren konnte. Seine Mutter führte mit ihm neue Rituale ein, die ihm halfen, zur Ruhe zu kommen. Ebenso brauchte er besonders viel Zuwendung und Anerkennung von seiner Mutter und den Bezugspersonen in der Schule.

In der Beratung mit Ben wurden durch die Arbeit mit Spieltieren seine aktuelle Lebenssituation und seine Gefühle zum Thema gemacht. Damit Ben seine eigene Geschichte besser verstehen lernt, wurde nach Schilderungen der Mutter die Familiengeschichte von der Geburt von Ben bis zum aktuellen Zeitpunkt von mir als Geschichte einer Löwenfamilie aufgeschrieben und mit Fotos von den Spieltieren illustriert, die in der Beratung eingesetzt wurden. Dies ist die Geschichte von Simon, dem kleinen Löwenjungen.

Simon, der kleine Löwenjunge

Es war einmal eine Löwin, die lebte mit ihrer kleinen Löwentochter Lisa in einer kleinen gemütlichen Höhle. Eines Tages lernte die Löwenmama einen schönen großen Löwen kennen. »Huach«, fauchte der Löwe, »wer bist denn du?« »Ich heiße Elisa«, miaute die Löwenmama etwas schüchtern, »und wie heißt du?« »Ich heiße Tom«, schnurrte der Löwe und guckte ihr tief in die Augen. Da hatte sich die Löwenmama schon in ihn verliebt. Und er sich auch in sie. Und schon wenige Monate später merkte die Löwenmama, dass sie bald ein neues Löwenbaby auf die Welt bringen werden würde. Als sie dies Tom, dem Löwen, erzählte, freute er sich sehr. Bald würde er ein Löwenpapa sein. Er machte mit Löwenmama Elisa ein Freudentänzchen. Und auch Lisa freute sich auf ein Geschwisterchen. Schon kurz darauf wurde ihr Sohn geboren. Und sie nannten ihn Simon.

Die ersten Jahre vergingen mit viel Spaß und Liebe. Simon wurde von Tag zu Tag größer. Gern spielte er mit seiner Schwester Lisa, manchmal ärgerte er sie auch ein bisschen. Mit seinem Papa streifte er durch die

Steppe und ließ sich von ihm spannende Geschichten von der Antilopenjagd und den Krokodilen im Fluss erzählen. Und abends kuschelte er sich zwischen Mama und Papa und schlief ein, während der Mond hoch über der Steppe stand. So lebten sie fünf Jahre friedlich in ihrer Höhle.

Aber dann fingen Mama Löwe und Papa Löwe immer häufiger an, miteinander zu streiten. Sie fauchten sich an und bleckten die Zähne. Manchmal hoben sie sogar drohend die Tatzen. Manchmal versuchte Simon, Mama und Papa vom Streiten abzulenken. Das klappte aber nicht richtig. Manchmal wurde er dann auch angefaucht. Daher schauten er und Lisa meistens nur vom Höhlenausgang aus zu, wenn die Eltern laut wurden. Das war keine schöne Zeit. Löwenmama Elisa war oft traurig, das konnte Simon sehen. Auch Löwenpapa Tom liefen manchmal heimlich Tränen über die stolzen Löwenbacken. Oft war er mürrisch und grummelte vor sich hin. Auch Simon war traurig und fühlte sich allein. Und so entschieden Löwenpapa und Löwenmama eines Tages, dass es so nicht weitergehen konnte, und sie beschlossen, sich zu trennen. Simon wollte nicht, dass sein Papa wegging. Er fauchte und weinte und hob seine Tatzen. Aber nichts half, Papa Löwe zog weg. Die ersten Tage ohne Papa Löwe waren sehr traurig und Simon musste oft weinen. Auch machte er viel Unfug: Mal zog er Lisa am Schwanz, dann schmiss er das Essen durch die Höhle oder hörte einfach nicht auf das, was Mama Löwe ihm sagte. Mama Löwe konnte aber gut verstehen, wie traurig Simon war. Deshalb nahm sie ihn immer wieder in den Arm und tröstete ihn. Das half. Löwenpapa Tom wohnte jetzt bei Löwenoma und Löwenopa. Alle zwei Wochen konnte Simon Papa besuchen. Das war toll. Er machte wieder Steppenwanderungen mit Papa Löwe und kuschelte sich abends in das warme Fell seines Papas. Dann hielt er es auch gut aus, dass ihm die Mama Löwin in diesen Nächten ein bisschen fehlte. In der restlichen Zeit wohnte er mit Löwenmama Elisa und Löwenschwester Lisa in ihrer Höhle. Simon gewöhnte sich an dieses Leben. Es war ein bisschen anders als früher, aber alles war wieder gut.

Doch eines Tages lernte Papa Löwe eine neue Löwin kennen, die Helena hieß. Schon bald zog Papa Löwe zu der Löwin Helena in ihre Höhle. Das wäre ja nun erstmal nicht so schlimm gewesen, aber leider wohnte Helena sehr weit weg und so war es auf einmal für Simon nicht mehr möglich, seinen Papa so oft zu sehen, wie er ihn gern sehen wollte. Und nachdem er einige Zeit seinen Papa nur noch selten besucht hatte, kam eine Zeit, in der er ihn gar nicht mehr sah und auch nicht mehr am Telefon mit ihm sprechen konnte. Das machte ihn traurig und wütend.

Er rannte durch die Höhle und stieß dabei viele Sachen um. Manchmal war er ganz laut und brüllte herum, dann wieder ganz leise und weinte heimlich. Er vermisste seinen Papa so sehr! Es half, dass Mama Löwe ihm immer wieder Geschichten erzählte von den schönen Abenteuern, die er mit seinem Papa erlebt hatte. Und ihm immer wieder in den Arm nahm und ihm sagte, wie lieb sie ihn hatte. Aber traurig blieb er trotzdem.

Da beschloss Mama Löwe, mit Simon zu Frau Eule zu gehen, die in einem hohlen Baum wohnte. Frau Eule hörte sich alles an, was Mama Löwe und Simon zu erzählen hatten. Als sie die ganze Geschichte gehört hatte, schloss sie kurz die Augen. Dann flog sie zu Simon auf die Schulter und flüsterte ihm ins Ohr: »Weißt du, Simon, du mutiger kleiner Löwenjunge, du hast schon viel erlebt und warst sehr tapfer. Und weißt du, was dir dabei geholfen hat?« Simon schüttelte den Kopf. So erzählte die Eule weiter: »Dabei geholfen hat dir einmal dein Mut und deine Freude am Leben. Und dann hat dir geholfen, dass Mama Löwe und Papa Löwe dich ganz arg lieb haben. Und das Gute ist, egal, was passiert, die Liebe von Mama und Papa Löwe kann dir keiner wegnehmen, denn die ist immer da, in dir drinnen.« »In mir drinnen?«, fragte Simon verwundert. »Ja, in dir drinnen. In deinem großen Herzen leben für immer Mama Löwe und Papa Löwe. Und sogar wenn Papa Löwe mal nicht da ist, in deinem Herzen ist er immer, das ist sicher.«

Simon schaute verwundert auf seine Brust. Und tatsächlich, wenn er genau hinschaute, konnte er es ein bisschen rot durch das Fell durchschimmern sehen. Von diesem Tag an wusste Simon immer, dass sein Papa bei ihm war, egal, ob er ihn besuchen kam oder nicht. Und er wusste, dass auch im Herzen von seinem Papa immer ein Platz für ihn ist. Und so konnte er wieder fröhlich mit seinen Löwenfreunden spielen und sich am Leben freuen. Und abends, wenn er in der Höhle lag und Mama Löwe ihm einen dicken Gutenachtkuss gegeben hatte, sagte er schläfrig: »Gute Nacht Mama, ich habe dich lieb.« Dann drehte er sich auf die Seite, lauschte auf seinen Herzschlag und flüsterte schon im Einschlafen: »Gute Nacht Papa, ich habe dich lieb.« Und dann schlief er tief und fest und träumte schöne und aufregende Träume.

Gemeinsam mit Ben und seiner Mutter wurde die Geschichte in der Beratung vorgelesen und sie konnten sie mit nach Hause nehmen. Ben konnte wieder zu mehr Zufriedenheit und Stabilität finden.

Solche Beratungsinhalte sind im Kontext von Trennung, Scheidung und Umgangsregelungen vertraut. Die Reaktionen von Ben auf den Kontaktabbruch seines Vaters waren sehr massiv, so dass sowohl in der Schule das Miteinander mit den anderen Schüler*innen und das Lernen als auch zu Hause der Alltag stark davon beeinträchtigt waren. Für ihn war die Situation nicht zu verstehen. Mit Hilfe der Geschichte gelang es ihm besser, ein Verständnis für seine Situation zu bekommen. Zugleich brauchte er die Unterstützung seines Umfeldes, um wieder Stabilität und Lebensfreude zu erreichen. Die enge Zusammenarbeit von Schule und Mutter war hierbei sehr hilfreich.

Neben individuell verfassten therapeutischen Geschichten kann auf altersgerechte Bücher zu diesem Thema zurückgegriffen werden. Die Arbeit mit Spielfiguren, Handpuppen oder kreativen Techniken bereichert die Arbeit. Bei Kindern mit intellektuellen Beeinträchtigungen muss der Entwicklungsstand berücksichtigt werden. Vorsichtig sollte man dabei in der Arbeit mit Jugendlichen sein, damit diese sich ernst genommen fühlen. Neben der kognitiven Entwicklung, die bei einem dreizehnjährigen Mädchen beispielsweise auf den Stand einer Sechsjährigen sein kann, muss berücksichtigt werden, dass andere Entwicklungsbereiche denen einer Dreizehnjährigen entsprechen. Neben der körperlichen Entwicklung kann dies gleichfalls die Interessen und Bereiche der Identitätsentwicklung betreffen. So ist es nicht sinnvoll, Angebote allein dem kognitiven Entwicklungsstand anzupassen und wie mit jüngeren Kindern zu arbeiten. Visualisierungen oder Externalisierungen sollten dann so ablaufen, dass nicht eine Infantilisierung stattfindet, dennoch die Sprache, die Kommunikation und Komplexität so angepasst wird, dass Inhalte vermittelt werden und die Beratung hilfreich ist (vgl. Kap. 6.3). Lernt man die Interessen der Jugendlichen kennen, fällt dies leichter. Sind z. B. Mangas oder bestimmte Serien beliebt, kann man auf Figuren daraus zurückgreifen. Oft eignen sie sich besonders, da es ja auch hierbei um Gefühle, Beziehungen und Bewältigung schwieriger Situationen geht.

In den letzten Kapiteln wurde schon beschrieben, dass sich die Aufgabenverteilung der Eltern in vielen Familien mit Kindern mit hohem Pflegebedarf in traditionelle Rollenmuster verschiebt: Der Vater übernimmt die Verantwortung für die wirtschaftliche Situation der Familie, die Mutter für das Kind. In vielen Familien führt dies dazu, dass der Vater nicht vollständig über die pflegerischen Notwendigkeiten oder Besonderheiten in der Versorgung informiert ist. Auf der anderen Seite hat die Mutter ihr berufliches Leben ggf. für viele Jahre unterbrochen. Dies führt im Rahmen einer Trennung zu vielerlei Schwierigkeiten. Die Mutter muss möglicherweise mit sehr wenig Geld zurechtkommen. Auch ist ein Einstieg in den Beruf als alleinerziehende Mutter eines Kindes mit hohem Pflegebedarf und häufigen Erkrankungen schwierig. Dem Vater fehlen ggf. das Wissen und die Routine, um das Kind passend zu versorgen und zu betreuen, wenn es bei ihm ist. Es stellt sich die Frage, wie er sich das notwendige Wissen und Können aneignen kann, damit er das Kind gut betreuen kann. Beide Elternteile müssen gut informiert sein, um verantwortungsvoll ihr Kind betreuen zu können. Daher ist es wichtig, zu klären, wie die Informationen der Ärzt*innen und Therapeut*innen beide getrennt lebenden Elternteile erreichen. Die Beratung kann Eltern unterstützen, gemeinsame Wege zu finden, damit nach der Trennung beide Verantwortung für ihr Kind übernehmen und als Bezugspersonen des Kindes im regelmäßigen Kontakt bleiben können. Aber auch bei weniger stark pflegebedürftigen Kindern kann es sein, dass Regelungen des Umgangs und Absprachen sehr differenziert und bedacht getroffen werden müssen, damit emotionale Irritierbarkeit, Probleme mit Veränderungen, der Entwicklungsstand und Bedürfnisse des Kindes berücksichtigt werden. Unterschiedliche Einschätzungen der Eltern können diesen Prozess erschweren und machen ggf. eine »außenstehende« Fachperson besonders wertvoll.

Als Folge von Trennung und Scheidung leben Kinder oft zumindest eine Zeitlang in Einelternfamilien. Alleinerziehende sind tendenziell stärker belastet als andere Eltern, erleben mehr Stress, und insbesondere der Mangel an finanziellen Ressourcen ist sehr belastend (Retzlaff, 2010, S. 65 f.). Der

Alltag alleinerziehender Mütter und Väter mit einem Kind mit Behinderung bringt besondere An- und Herausforderungen:
- »Die alleinige Zuständigkeit Tag und Nacht für Versorgung, Förderung, Pflege und Erziehung des behinderten Kindes und eventueller weiterer Kinder;
- Die Vereinbarkeit von Familie, Haushalt und Beruf/Existenzsicherung der Familie;
- Sorgen um Finanzen, die Zukunft oder darum, nicht genug Zeit für das nichtbehinderte Geschwisterkind zu haben;
- Infektanfälligkeit und häufige Krankheit der Kinder, Arzttermine und Therapien;
- Kraft- und zeitaufwändige Kontakte mit Behörden, Krankenkassen, Institutionen wegen der Bewilligung von Leistungen;
- Oftmals schwierige Organisation von Kinderbetreuung (z. B. bei Krankheit der Kinder).« (Rahab, 2018, S. 110)

Soziale Netzwerke sind besonders wichtig für Alleinerziehende, oft bleibt aber keine Zeit und Kraft mehr, Kontakte zu knüpfen, Freundschaften zu pflegen oder durch Freizeitaktivitäten Netzwerke aufzubauen. Hier können Selbsthilfegruppen oder Onlineportale eine gute Möglichkeit für Eltern sein, Kontakte aufzubauen. Aber nicht alle Eltern erleben dies als hilfreich. Wenn das fehlende soziale Netzwerk in der Beratung mit alleinerziehenden Elternteilen ein Thema ist, kann es nützlich sein, mit ihnen zusammen zu überlegen, in welchem Rahmen sich Kontaktaufbau ermöglichen lässt. Manchmal ist der Weg über die Kinder, z. B. sich mit anderen Eltern aus dem Kindergarten auf dem Spielplatz zu verabreden, eine gute Möglichkeit. Aber auch professionelle oder ähnliche Unterstützungen können angedacht werden, etwa Familienentlastender Dienst, gemeindenahe Angebote oder spezielle Angebote für Alleinerziehende.

Neben diesen Problemen kann es immer wieder zu Konflikten mit dem anderen Elternteil und emotionalen Problemen bei den Kindern kommen, wie das folgende Beispiel zeigt:

> Miriam und Sebastian leben bei ihrem Vater. Dieser stellt seine beiden Kinder vor, die beide in die Grundschulstufe einer Schule mit Förderschwerpunkt geistige Entwicklung gehen. Miriam trauert immer wieder sehr, dass sie so wenig Zeit bei ihrer Mutter verbringt, Sebastian will hingegen lieber immer beim Papa bleiben. Daher kommt es häufig zu dramatischen Szenen mit Weinen

und Schreien, wenn er sich vor einem Besuch bei seiner Mutter von seinem Vater verabschieden soll. Im Laufe der Beratung kommt auch die Mutter in die Beratungsstelle. Den Eltern werden Termine angeboten, um gemeinsam zu schauen, wie sie den Kindern diese nicht sehr einfache Situation erleichtern können. Die Eltern nehmen selbst wahr, dass es den Kindern besser geht, wenn sie klar und selbstverständlich mit der Situation umgehen. So hilft es, wenn die Umgänge regelmäßig eingehalten werden und Veränderungen auf Bitten der Kinder nur im beidseitigen Einverständnis beschlossen werden. Es finden jeweils einzelne Termine mit einem Kind und einem Elternteil statt, um auf der Ebene der Beziehung sowie der Wahrnehmung und Äußerung der Emotionen mit den Kindern und Eltern zu arbeiten. Es tut allen Beteiligten gut, in den Beratungsstunden positive gemeinsame Erfahrungen zu machen.

Nach mehreren Monaten kommen die Familienmitglieder sichtbar gelöster und zufriedener in die Beratungsstunden. Die Eltern berichten von einer deutlichen Entspannung der Situation und gelingenden Absprachen. Besonders Miriam, die anfangs immer sehr ablehnend und bedrückt wirkte, geht offen in die Spielsituationen, zeigt ihren guten Sinn für Humor und lacht häufig.

Angebote an alleinerziehende Mütter oder Väter, an Eltern in Trennungs- und Scheidungssituationen sowie an die Kinder können Familien in diesen Situationen unterstützen.

4.2.4 Patchworkfamilien

In Deutschland leben 7–13 % der Familien als Patchwork- bzw. Stieffamilien. Andere Familienformen sind die so genannten Kernfamilien sowie Familien mit alleinerziehenden Elternteilen. Unter Stief- oder Patchworkfamilien versteht man Familien, in denen mindestens ein Kind mit einem biologischen Elternteil lebt, der mit einem neuen Partner oder einer neuen Partnerin zusammenlebt. In einigen Familien leben Kinder aus ehemaligen Beziehungen beider Partner*innen, in manchen leben die Kinder einer Partnerin oder eines Partners. Hat der andere Partner bzw. die andere Partnerin auch Kinder, kommen diese ggf. an Besuchswochenenden oder in den Ferien hinzu (BMFSFJ, 2013).

In der Beratung lernt man Familiensysteme kennen, die so komplex sind, dass das Aufzeichnen eines Genogramms fast unmöglich erscheint. Aber auch schon weniger komplexe Systeme reichen aus, um Kinder zu irritieren und zu überfordern.

Der neunjährige Tim wird von seinem Vater, Herrn T., vorgestellt. Grund der Vorstellung sind Verhaltensauffälligkeiten von Tim. Diese treten nach Angaben des Vaters und der Schule immer nach den Wochenenden auf, an denen er seine Mutter besucht hat. Tim lebt bei seinem Vater, dessen neuer Frau und der gemeinsamen einjährigen Tochter. Tim hat ein liebevolles Verhältnis zu seiner kleinen Schwester und zu seiner Stiefmutter. Alle 14 Tage ist Tim über das Wochenende bei seiner leiblichen Mutter und ihrem kleinen Sohn aus einer neuen Beziehung. Tim besucht eine Schule mit Förderschwerpunkt geistige Entwicklung. Er geht gern in die Schule, hat dort gute soziale Kontakte, doch auch dort kommt es nach den Besuchswochenenden immer wieder zu emotionalen Ausbrüchen.

Herr und Frau T. nehmen regelmäßige Beratungstermine wahr. In diesen geht es darum, wie Tim unterstützt werden kann, mit den für ihn sehr schwierigen emotionalen Situationen durch die Besuche bei der Mutter umzugehen. Gründe für die Irritationen sehen der Vater und die Stiefmutter in den unterschiedlichen Erziehungshaltungen der Eltern und in Tims Gefühl, im Vergleich zu seinem jüngeren Bruder von der Mutter benachteiligt zu werden. Tim gehe aber gern zu seiner Mutter und liebe seinen kleinen Bruder. Die leibliche Mutter konnte in die Beratung leider nicht einbezogen werden. Bezüglich Fragen des Umgangs ist das Jugendamt involviert. In einer Stunde wurde deutlich, dass, wenn es um die Besuchskontakte bei der Mutter geht, eigentlich immer nur Schwierigkeiten besprochen werden. So werde Tim, da er danach so durcheinander sei, immer nur nach negativen Gefühlen bezüglich des Besuchs gefragt. Daher wurde überlegt, dass es für Tim wichtig sein kann, zu wissen, dass er von seinem Vater und seiner Frau die explizite Erlaubnis bekommt, dass er die Zeit bei der Mama genießen darf und auch von den schönen Sachen erzählen kann, die er dort erlebt, egal, ob er danach erstmal durcheinander ist. Und natürlich darf er ebenfalls weiterhin von Dingen erzählen, die ihn belasten oder traurig machen. Dies war für die Eltern eine neue Idee, die sie gern umsetzen wollten.

Des Weiteren fanden Termine mit Tim statt, teilweise im Beisein seines Vaters, in denen die aktuellen Themen besprochen, mit selbstgemalten Bildern veranschaulicht wurden und viel Raum für spielerische Angebote war. Tim bekam die Möglichkeit, über seine Gefühle bezüglich der Familiensituation zu sprechen und Möglichkeiten zu finden, wie er mit Gefühlen wie Wut und Trauer umgehen kann. So malte er seine Familie, wobei ihm seine beiden Geschwister – väterlicher- und mütterlicherseits – besonders wichtig waren. In einer Stunde malte ich nach seiner Beschreibung die beiden Familiensysteme auf und das Hin und Her, welches Tim dabei vollbringen muss. Tim ergänzte das Bild, indem er sich selbst tobend und mit Tränen in die Mitte malte.

In dem Beispiel wird deutlich, dass bei Kindern, deren Eltern sich getrennt haben und die in neuen Familienkonstellationen leben und Kontakt zu beiden Elternteilen haben, auch noch nach vielen Jahren emotionale Belastungen durch die Situation bestehen können. Kinder erleben Ambivalenzen und wollen es oft beiden Elternteilen recht machen. Für solche Themen kann die Familie Unterstützung brauchen, um diese Situationen gemeinsam zu meistern. Imaginative Verfahren zum Umgang mit den Gefühlen sowie spielerische und narrative Verfahren kommen Kindern hierbei oft entgegen.

Die zwölfjährige Svenja lebt mit ihrer Mutter und ihrem kleinen Bruder zusammen. Seit einigen Monaten hat die Mutter einen neuen Lebensgefährten, der jetzt zu ihnen gezogen ist. Svenja besucht eine Schule mit Förderschwerpunkt geistige Entwicklung. Svenja sei in der Schule ein eher schüchternes Mädchen. Zu Hause sei sie sehr dominant und wolle viel bestimmen. Außerdem sei sie sehr schnell eifersüchtig, wenn jemand anderes die Aufmerksamkeit ihrer Mutter erhalte. Den neuen Lebensgefährten der Mutter gehe Svenja oft körperlich an, schubse ihn und beschimpfe ihn. Er wisse nicht, wie er damit umgehen soll. In der Beratung, an der meis-

> tens die Mutter, der Lebensgefährte und Svenja, manchmal auch ihr Bruder teilnehmen, geht es zunächst darum, die Ressourcen der Familie herauszuarbeiten, die Bedürfnisse von Svenja wahrzunehmen und ihr zu helfen, diese in adäquater Weise auszudrücken. Ebenso geht es darum, den Blick wieder auf ein gelingendes Miteinander zu richten. Svenja wünscht sich viel Zuwendung von ihrer Mutter. Die Familie überlegt, wie sie diese wieder verstärkt erhalten kann, ohne dass alle anderen zu kurz kommen. Und es geht darum, wie die Familie, insbesondere der Lebensgefährte der Mutter, auf die Angriffe von Svenja reagieren kann. Zwischenzeitlich verbessert sich die Beziehung zwischen allen Familienmitgliedern, es gelingt ihnen wieder mehr, die positiven Momente miteinander zu sehen. Nach einer guten Phase wird es aber wieder schwieriger, Svenja reagiert fast nur noch oppositionell. Was zu dieser Veränderung geführt hat, lässt sich nicht herausfinden. Die Familie beendet die Beratung.

Solche Wechsel in der Anpassungsleistung von Kindern und Phasen in den Familien erlebt man häufig in der Beratung von Familien, die mit den Folgen von Trennung und Scheidung umgehen müssen. Ein Abbruch der Beratung kommt in unterschiedlichen Situationen vor, und als Berater*in muss man lernen, damit umzugehen, dass man oft nicht weiß, warum die Familie abgebrochen hat und wie die Thematik in der Familie weitergeht. Eine große Chance der Erziehungsberatungsstellen ist es, dass Familien immer wieder neu Kontakt aufnehmen können, wenn sie denken, dass für sie jetzt der richtige Zeitpunkt für eine erneute Beratung gekommen ist.

Der neue Partner oder die neue Partnerin, die die Beziehung mit einem Vater oder einer Mutter eingehen, müssen gleichfalls eine Beziehung zu den Kindern eingehen. Sie müssen ihre Rolle in dem schon vorhandenen System finden. Einige halten sich hierbei sehr zurück, andere übernehmen schnell viel Verantwortung für die Kinder, bis dahin, dass sie Vater- bzw. Mutterrolle übernehmen. Je nachdem, ob das Kind zu dem anderen Elternteil Kontakt hat oder nicht, kann dies schon auf Erwachsenenebene zu Konflikten führen. Häufig entbrennt der Streit bei der Frage, wie das Kind den neuen Partner oder die neue Partnerin nennen soll. Gibt es auf einmal zwei Papas? Und was heißt das für die Beziehung zum leiblichen Vater? Zu Schwierigkeiten kann es auch kommen, wenn zwar die leiblichen Eltern sowie die neuen Partner*innen wollen, dass das Kind die neuen Partner*innen beim Vornamen nennt und nicht Mama oder Papa. Dem Kind passiert es dennoch manchmal, dass es die neue Partnerin als Mama oder den neuen Partner als Papa anspricht. Dies kann das leibliche Elternteil verletzen und irritieren. Ebenso wird die Frage, welche Erziehungsverantwortung der neue Partner oder die neue Partnerin übernehmen darf, oft kontrovers diskutiert. Solche Themen treten immer wieder in der Beratung von Patchworkfamilien auf.

Als eine besondere Herausforderung bei Familien mit einem Kind mit Beeinträchtigung können noch Fragen zum Umgang mit der besonderen Entwicklung des Kindes und unterschiedliche Bewertungen der Behinderung durch die neuen Partner*innen hinzukommen. Manchmal werden Kinder mit Beeinträchtigung von Anfang an vom neuen Partner oder der neuen Partnerin nicht akzeptiert. Dies tritt häufiger auf, wenn das Kind neben der Beeinträchtigung noch Verhaltensauffälligkeiten zeigt. Nicht selten habe ich aber sehr engagierte neue Lebensgefährt*innen erlebt, die viel in die Unterstützung und Förderung des Kindes mit Beeinträchtigung investieren und sich liebevoll mit um das Kind kümmern. Dies kann sehr wertvoll für die neue Partnerschaft, für den Beziehungsaufbau zum Kind und dessen Entwicklung sein. Wenn damit allerdings einhergeht, dass die Beeinträchtigung des Kindes auf einen Mangel an Unterstützung des Kindes durch den anderen Elternteil zurückgeführt wird und bisherige Diagnosen in Frage gestellt werden, kann das zu Konflikten und Irritationen führen. Wenn nach anfänglichen Erfolgen der intensiven Unterstützung des Kindes die Beeinträchtigung doch deutlich bestehen bleibt, kann auf den anfänglichen Enthusiasmus Enttäuschung und Ablehnung folgen.

Bei diesen Konfliktpotenzialen kann die Beratung unterstützen, in gemeinsamen Gesprächen noch einmal die Besonderheiten des Kindes zu besprechen, eventuell mit genauer Betrachtung bisheriger Befunde und des Entwicklungsverlaufs. Sinnvoll ist es, die Unterstützungsbedürfnisse des Kindes bewusst zu machen und zu überlegen, in welcher Art und Weise sich der neue Lebensgefährte oder die neue Lebensgefährtin einbringen darf, will und kann. Dies sollte, wenn möglich, gemeinsam mit beiden leiblichen Elternteilen geschehen. Wichtig erscheint es mir, Familien in dieser Situation zu ermutigen, dass solche Prozesse, besonders auch die emotionale Beziehungsgestaltung, Zeit brauchen und dass zu hohe Erwartungen an alle fehl am Platz sind. Wenn es einem neuen Partner oder einer neuen Partnerin nicht gelingt, in Beziehung zu dem Kind zu treten und es so anzunehmen, wie es ist, führt dies nicht selten dazu, dass das Elternteil die Beziehung abbricht, da es das Gefühl hat, sich zwischen seinem Kind und dem neuen Partner bzw. der neuen Partnerin entscheiden zu müssen.

4.3 Erziehung

Gedanken darüber, wie sie ihr Kind erziehen sollen, machen sich viele Eltern in verschiedenen Lebensphasen ihres Kindes, auch Eltern von Kindern mit Beeinträchtigungen. Dabei beschäftigen sie sich beispielsweise mit folgenden Fragen: Wie können sie als Eltern ihrem Kind eine gute Entwicklung ermöglichen? Wie können sie es motivieren, Neues zu lernen und selbstständiger zu werden? Was ist ein geeigneter Umgang mit schwierigen Verhaltensweisen des Kindes? Wie konsequent müssen sie sein? Wie können sie ihrem Kind beibringen, dass es lernt, abzuwarten oder auf andere Rücksicht zu nehmen? Oder wie unterstützen sie es, die eigenen Bedürfnisse wahrzunehmen und mitzuteilen?

Die Antworten auf diese und viele weitere Fragen, also nach der geeigneten Art, Kinder auf ihrem Weg ins Leben als Erwachsene zu begleiten, beschäftigen Fachleute und Eltern gleichermaßen. Auf diese Fragen gibt es nicht die eine richtige Antwort. Schon im Ganzen betrachtet ist das Thema Erziehung zu komplex und von gesellschaftlichen Entwicklungen, kulturellem Hintergrund und persönlichen Einstellungen abhängig. Und auch der Alltag beweist es Eltern immer wieder: Erziehung ist mitunter eine schwierige Aufgabe, bei der man offensichtlich nie alles richtig machen kann. Aber Eltern von Kindern, deren Entwicklung altersentsprechend und ohne Beeinträchtigungen verläuft, haben doch viele Hinweise, welche Erwartungen sie an ihre Kinder stellen können und welche Ziele sie haben. So trägt etwa auch bei großen Unterschieden in der Sauberkeitsentwicklung in der Regel ein Kind, wenn es in die Schule kommt, keine Windeln mehr. Bei einem Kind mit einer Beeinträchtigung kann es sehr viel länger dauern, bis es selbstständig auf die Toilette geht. Vielleicht wird es dies gar nicht lernen. Oder ein anderes Beispiel: Kinder mit zwölf Jahren können häufig ihre Gefühle und Gedanken benennen und erklären, warum sie heute schlecht gelaunt sind. Ein zwölfjähriges Kind mit einer intellektuellen Beeinträchtigung kann das vielleicht noch nicht, da ihm die Selbstwahrnehmung oder Sprache hierfür noch fehlt. Daher verhält es sich wie ein viel jüngeres Kind, wenn es solche Gefühle hat: Es schreit, tobt und verweigert sich. Da es aber schon zwölf Jahre alt ist, werden Menschen, die das Kind nicht kennen, wenig Verständnis für das Verhalten haben. Und die Mutter kann es nicht wie ein kleines Kind beruhigen, indem sie es auf den Arm nimmt. Dies sind Beispiele, weshalb in diesem Zusammenhang von einer »Traditionslosen Elternschaft« gesprochen wird (vgl. Cloerkes, 2007, S. 281).

4.3.1 Verständnis von Erziehung

Bevor auf die Besonderheiten bei der Erziehung von Kindern mit einer Behinderung eingegangen werden soll, werden ein paar Gedanken zum Verständnis von »Erziehung« dargestellt. Wissenschaftler*innen und Praktizierende aus Pädagogik, Erziehungswissenschaften, Soziologie und Psychologie beschäftigen sich mit dem Thema Erziehung, und es gibt zahlreiche Definitionen und Veröffentlichungen dazu. Hier soll nur kurz skizziert werden, welches Verständnis diesem Buch zugrunde liegt.

Eine Definition des Begriffs »Erziehung« versucht Hurrelmann folgendermaßen:

> »Erziehung ist die soziale Interaktion zwischen Menschen, bei der ein Erwachsener planvoll und zielgerichtet versucht, bei einem Kind unter Berücksichtigung der Bedürfnisse und der persönlichen Eigenart des Kindes erwünschtes Verhalten zu entfalten oder zu stärken. Erziehung ist ein Bestandteil des umfassenden Sozialisationsprozesses; der Bestandteil nämlich, bei dem von Erwachsenen versucht wird, bewusst in den Prozess der Persönlichkeitsentwicklung von Kindern einzugreifen – mit dem Ziel, sie zu selbstständigen, leistungsfähigen und verantwortungsvollen Menschen zu bilden.« (Hurrelmann, 1994, S. 13)

Schneewind und Böhmert (2009) unterscheiden drei Aufgaben von Eltern:
1. Eltern als Interaktionspartner*innen,
2. Eltern als Erzieher*innen und Lehrer*innen und
3. Eltern als Arrangeur*innen von Entwicklungsbedingungen.

Erstens geht es also darum, wie Eltern mit ihren Kindern interagieren und in Beziehung gehen. Dies hat einen großen Einfluss auf die emotionale Bindung, die sich zwischen einem Elternteil und dem Kind entwickelt. In der zweiten elterlichen Aufgabe als Erzieher*in und Lehrer*in sieht Schneewind eine bewusste Beeinflussung des Kindes durch Handlungen der Eltern, die diese für »ihre Erziehungs- und Bildungsabsichten« als »zielführend« sehen. Hierbei nutzen Eltern Maßnahmen, die die Handlungen und Entwicklungsprozesse ihrer Kinder »initiieren, begleiten« und »festigen« (Schneewind & Böhmert, 2009, S. 49). Bei der dritten Aufgabe der Eltern unterstützen sie das Lernen und die Entwicklung des Kindes, indem sie dem Entwicklungsstand angemessene Lerngelegenheiten schaffen. Diese leiten die nächsten Entwicklungsschritte ein und sollen die Kinder vor schädlichen Entwicklungseinflüssen schützen. Hier kann von einer »indirekten Erziehung« gesprochen werden (Schneewind & Böhmert, 2009, S. 50).

Erziehung kann ohne Beziehung nicht gedacht werden. Insofern wird in der Regel, wenn über Erziehung gesprochen wird, nicht nur der konkrete Bereich der »Eltern als Erzieher*innen und Lehrer*innen« gemeint, sondern ebenso die Interaktions- und Beziehungsebene mit bedacht. Diese Ebene wird als Grundlage gesehen, auf der Erziehung im Sinne einer zielgerichteten Einflussnahme stattfinden kann. Ebenso wird das Gestalten eines anregenden Umfeldes und geeigneten Klimas für die gute Entwicklung des Kindes in die Überlegungen mit einbezogen.

Auch in anderen Definitionen wird Erziehung als eine zielgerichtete Einflussnahme von Personen auf einen in der Regel jüngeren Menschen verstanden, in der Familie die Einflussnahme der Eltern auf die Kinder. Diese hat zum Ziel, die Entwicklung des Kindes auf der Grundlage von gesellschaftlichen und persönlichen Werten und Normen langfristig in eine gewünschte Richtung zu lenken (Winkler, 2016; Fuhrer, 2009, S. 30 ff.). Diese Definitionen implizieren, dass sich die gesellschaftlichen und kulturellen Werte, die die Ziele der Erziehung definieren, unterscheiden können. So liegen in einer Gesellschaft, in der das Allgemeinwohl und das soziale Miteinander besonders bedeutsame Werte sind, anderen Zielvorstellungen zugrunde als in einer Gesellschaft, in der die Effektivität und das Wohl des Einzelnen besonders wichtig erscheinen. Allein die deutsche Geschichte des letzten Jahrhunderts zeigt, dass gesellschaftspolitisch geprägte Erziehungsvorstellungen beispielsweise auf ein Ideal des national gesinnten, rassenideologisch geprägten, Leistung erbringenden und gehorsamen Menschen ausgerichtet sein können. Sie können aber auch Kinder zu einer sozialistischen Persönlichkeit formen wollen. Oder das Ziel der Erziehung kann sein, dass Kinder sich zu selbstständigen, verantwortungsbewussten und eigenständig denkenden Menschen entwickeln.

Ebenso können sich Unterschiede innerhalb einer Gesellschaft ergeben, auch in einer Familie, wie man es in der Erziehungsberatung mit beiden Elternteilen oft erleben kann. Neben unterschiedlichen Werten können persönliche Erfahrungen und Haltungen hierzu führen. Im westlichen Kulturkreis findet man als Entwicklungsziele häufig eine gelungene Balance aus der Entwicklung von Eigenständigkeit, Selbstbewusstsein und Selbstverantwortung auf der einen Seite und sozialer Kompetenz und Gemeinschaftsfähigkeit auf der anderen Seite. Als weitere Ziele werden unter anderen Problemlösefähigkeiten, Erfolgs- und Leistungsstreben und Kreativität genannt.

Wie können Kinder auf ihrem Weg zu diesen Zielen unterstützt und gefördert werden? Je nachdem, welcher Erziehungsstil favorisiert wird, ergeben sich auf diese Frage unterschiedliche Antworten. Als Beispiele seien autoritäre, antiautoritäre, demokratische, permissive oder autoritative Erziehungsstile genannt (Schneewind & Böhmert, 2009, S. 25; Ziegenhain, 2008, S. 176; Rotthaus, 2002, S. 22 ff.). Je nach Erziehungsstil unterscheidet sich die Haltung gegenüber dem Kind: Wird es eher als Partner*in auf Augenhöhe gesehen und werden Entscheidungen gemeinsam getroffen oder übernehmen die Eltern die Leitungsrolle? Auch bestehen unterschiedliche Vorstellungen, ob es eine Erziehung im Sinne eines »herstellenden, kultürlichen Machens« braucht, um mit geeigneten Mitteln und Methoden einen angestrebten Zustand beim Kind zu erreichen, oder ob für die optimale Entwicklung des Kindes dieses im Sinne eines »begleitenden Wachsenlassens« von den Erziehenden unterstützt wird. Auch gibt es Konzepte, die beide Vorstellungen integrieren (Fuhrer, 2009, S. 31).

In den meisten Familien wird in der Erziehung zwischen Leiten und Begleiten sowie zwischen Regeln aufstellen und Entscheidungen gemeinsam treffen je nach Themen und Alter der Kinder gependelt. So übernehmen Eltern meistens die Leitungsrolle, wenn es um das Erfüllen schulischer Anforderungen geht, beziehen hingegen die Kinder bei Themen des familiären Zusammenlebens wie Gestaltung des Wochenendes gleichberechtigt in die Entscheidungen mit ein. Zwischen den Polen »Kinder an die Macht« und »Kinder müssen gegenüber ihren Eltern immer gehorsam sein und machen, was diese sagen« gibt es eine immense Bandbreite an Verständnissen, wie viel Grenzen ein Kind braucht, wer diese aus welchen Gründen setzt, wie starr oder veränderbar sie sind und mit welchen Mitteln sie eingefordert werden. Bei allen Unterschieden sind sich viele Fachleute einig, dass es eine gute Balance braucht aus Führen und Anregen durch die Eltern sowie Zulassen und Unterstützen von eigenen Ideen, Bedürfnissen und Entscheidungen, basierend auf einem respektvollen Anerkennen des anderen (Aarts et al., 2014; Juul, 2013; Rogge, 2012; Schneewind & Böhmert, 2009; Hawellek & Schlippe, 2005; Omer & von Schlippe, 2004). Neben allgemeinen Überlegungen darüber, wie eine gute Erziehung aussehen kann, müssen im konkreten Alltag die Erziehungspraktiken dem aktuellen Entwicklungsstand und den Temperamentseigenschaften der Kinder angepasst werden. So machen Eltern die Erfahrung, dass ihre Erziehungsstrategien bei einem ihrer Kinder zu gewünschten Entwicklungen führen, ihr anderes Kind darauf aber nicht oder in unerwünschter Form reagiert. Neben Eigenschaften des Kindes spielen eigene Erfahrungen der Eltern, deren Temperament, Geduld und Kreativität sowie zeitliche Ressourcen und Energie eine Rolle. Eltern bemerken, dass es ihnen in Phasen von viel Arbeit und wenig Schlaf weniger gut gelingt, die Bedürfnisse des Kindes wahrzunehmen, es zu fördern und zu leiten, als sie es in anderen Zeiten können. Und eine weitere Erfahrung machen alle Menschen, die mit Kindern erzieherisch umgehen: Die Beeinflussung von Entwicklung durch Erziehung hat ihre eigene Dynamik.

»Ein Kernproblem […] besteht darin, dass Erziehung nicht beschleunigt werden kann; ihre innere Logik entzieht sich auch hier dem technischen Denken. Das moderne pädagogische Denken folgt gerne dem Muster industrieller Rationalisierung und möchte weniger Zeit für die Erziehungstätigkeit aufwenden. Dagegen steht das natürliche Moment in der physischen und psychischen Verfassung des Kindes und verlangt die Berücksichtigung der jeweiligen Eigenzeit.« (Winkler, 2016, S. 45)

Und diese *Eigenzeit* lässt sich nicht immer durch das Wissen um Entwicklungsstand und typische Lernentwicklungen erklären und kann bei jedem Kind sehr unterschiedlich sein. Dies bezieht sich auf den zeitlichen Verlauf sowie auf die Stabilität von Veränderungen. Bildlich gesprochen gibt es auf diesem Weg manchmal Phasen schnelleren oder langsameren Voranschreitens, Hindernisse, Umwege, Stehenbleiben, Hin- und Hergehen, Rückschritte und Sprints. Und eine weitere Erfahrung, die Eltern machen: Manchmal verändern sich Ziele, werden ganz neue Wege eingeschlagen, die sich manchmal als schwierig, manchmal aber auch als viel geeigneter herausstellen als die vormals eingeschlagenen. Diese Erfahrung beinhaltet die Feststellung, dass Erziehung nicht eine rein einseitige Angelegenheit, nämlich die Einflussnahme des Erwachsenen auf das Kind ist, sondern dass in dieser sozialen Interaktion durchaus ebenfalls der Erwachsene sich verändern kann und manchmal sich verändern muss.

Betrachtet man das Thema Erziehung im Kontext der Entwicklungsphasen eines Kindes, kann man auch hier sehen, dass Erziehung nicht eine konstante, unveränderliche Größe ist. Die Erziehung eines Kleinkindes lässt sich kaum mit der eines Jugendlichen vergleichen. Versuchen Eltern ein Kleinkind durch auf Einsicht zielende Argumente und durch Ich-Botschaften zu beeinflussen, werden sie in der Regel nicht erfolgreich sein. Legen sie bei ihrem jugendlichen Kind Regeln und Grenzen ohne Erklärung und Berücksichtigung der Gedanken ihrer fast erwachsenen Kinder fest, werden sie ebenso oft scheitern. Jüngere Kinder brauchen noch in vielen Bereichen konkrete Unterstützung, klare Rahmenvorgaben und Begleitung beim Lernen und im sozialen Miteinander. Werden sie größer, können sie in vielen Bereichen selbst Verantwortung übernehmen. Gerade bei einer Erziehung, die auf die Entwicklung einer eigenständigen und verantwortungsbewussten Persönlichkeit hin zielt, muss entsprechend dem Entwicklungsstand des Kindes die eigenständige Übernahme von Verantwortung und die zunehmende Selbstständigkeit anerkannt und bestärkt werden.

»Mit zunehmenden Erfahrungserwerb und wachsender Handlungsfähigkeit gehen – ähnlich wie beim Sozialisationsprozess – die von außen an das Kind herangetragenen Bemühungen, seine Persönlichkeitsentwicklung zu beeinflussen, in einen Prozess der Selbsterziehung über. Mit anderen Worten: Die Selbststeuerung des Kindes im Sinne selbst initiierter Zielsetzungen und entsprechender Handlungsbemühungen in unterschiedlichen Lebensbereichen nimmt im Laufe seiner Entwicklung mehr und mehr zu. Der zunächst von außen, später zunehmend von innen gesteuerte Prozess der Selbsterziehung führt letztlich – je nachdem, wie erfolgreich dieser Prozess verlaufen ist – zu einer mehr oder minder starken Ausprägung von Selbstverantwortlichkeit als Grundvoraussetzung für eine eigenständige Lebensführung.« (Schneewind & Böhmert, 2009, S. 45 f.)

4.3.2 Erziehung von Kindern mit Beeinträchtigungen

Nicht nur Eltern, auch Beratende kennen viele Situationen, in denen Fragen zur Erziehung nicht einfach zu beantworten sind. Bei Kindern mit Beeinträchtigungen ergeben sich häufig besondere Herausforderungen. Schon in den genannten Überlegungen zu Erziehungszielen zeigt sich eine Schwierigkeit. Wenn das Kind eine Beeinträchtigung hat, durch die es sein ganzes Leben lang auf Unterstützung angewiesen sein wird, wie sieht es mit dem Entwicklungsziel Selbstständigkeit aus? Wenn davon auszugehen ist, dass das Kind ggf. im Erwachsenenalter nicht eigenständig leben wird, sondern in einer Einrichtung für Menschen mit Behinderung – was braucht es, um gut darauf vorbereitet zu werden?

Spezielle Bedürfnisse, Lebensperspektiven und Entwicklungsverläufe erfordern von Berater*innen eine Anpassung ihres Wissens über Erziehung, Entwicklungsphasen und Unterstützung an die Bedürfnisse und Möglichkeiten der Familien und ihrer Kinder. Ein Beispiel soll dies veranschaulichen.

> Familie K. kommt mit Fragen zur Erziehung in die Beratungsstelle. Ihre siebenjährige Tochter Melina hat die Diagnose einer leichten Intelligenzminderung. Schwierig sind vorwiegend die Abendsituationen. Melina sei abends oft so aufgedreht, dass sie kaum zur Ruhe käme. Die Eltern folgen schon seit Langem einem festen Abendritual: fertig machen, vom Tag erzählen, vorlesen, kuscheln, ins Bett legen, vorsingen. Aber es wird regelmäßig von Melina unterlaufen, die wegrennt, etwas anderes macht und nicht zur Ruhe kommt. Gemeinsam mit den Eltern werden die unterschiedlichen Punkte genau angeschaut. Sie berichten, dass der Stress eigentlich schon mit dem »fertig machen« beginne. Sie haben den Eindruck, Melina sei hier bewusst langsam und lenke ab. Alle Aufgaben, die sie erledigen solle, Zähneputzen, Kleidung ausziehen, Gesicht und Hände waschen, Nachthemd anziehen, könne sie mit ein wenig Unterstützung eigentlich. Aber abends komme es hierbei immer zu Streit, sicherlich auch, da sie oft schon sehr müde sei. Meistens ende es damit, dass die Eltern ihr sehr viel mehr helfen, als sie es für nötig halten, Melina sich dagegen aber oft noch wehre, schreie und weine.
>
> Mit den Eltern wird überlegt, dass ein Ablaufplan mit kleinen Bildern, auf dem die einzelnen Schritte, die zum »fertig machen« nötig sind, abgebildet sind, hilfreich sein könnte. Dies könnte es Melina erleichtern, auch wenn sie müde ist, diese Schritte zu bewältigen und selbstständiger darin zu werden. Und die Eltern können sie bestärken, wenn sie die Schritte schafft. Die Eltern gestalteten bis zur nächsten Stunde gemeinsam mit Melina einen solchen Plan, Melina malte die Bilder aus und fand es sehr aufregend, diesen Plan in das Badezimmer zu hängen. Mit Hilfe dieser Orientierung gelang es ihr zukünftig deutlich besser, sich zu strukturieren und die einzelnen Schritte mehr und mehr selbst zu übernehmen. Die Eltern bestätigten sie darin. Dennoch blieb sie im Anschluss beim Vorlesen fast nie sitzen. Die Eltern lasen ihr in der Regel ein Kapitel aus einem Buch mit wenigen Bildern vor. Gemeinsam wurde überlegt, ob dieses Buch für Melina vielleicht noch zu viel Aufmerksamkeit vor allem am Abend fordert und ob es vielleicht besser wäre, Bücher für jüngere Kinder mit mehr Bildern und weniger Text zu wählen, und mehr mit ihr über die Bilder zu sprechen als vorzulesen.

> Die Eltern probierten hier mit Melina einiges aus, besuchten die Stadtbücherei und ließen Melina selbst wählen. Melina fand ein Lieblingsbuch, das sie in Folge fast jeden Abend anschauen und lesen wollte, und auch wenn jetzt manchmal die Eltern etwas gelangweilt waren, immer wieder die gleiche Geschichte vorzulesen, konnte Melina so gemütlich auf dem Schoß ihrer Mutter oder ihres Vaters sitzen bleiben und anschließend ruhig ins Bett gebracht werden.

Cloerkes (2007, S. 294) weist auf mögliches erzieherisches Fehlverhalten von Eltern von Kindern mit einer Behinderung und nennt hierbei Überbehütung, Überforderung oder Vernachlässigung. Diese können zu emotionalen und Verhaltensauffälligkeiten von Kindern führen.

Was brauchen Eltern eines Kindes mit Behinderung, um ihr Kind in seiner Entwicklung gut begleiten und erziehen zu können?

Zunächst brauchen sie Ideen, was sie in der Entwicklung unterstützen wollen. Und hier verfolgen die meisten Eltern ähnliche Ziele: Sie wollen, dass ihr Kind so viel Selbstständigkeit wie möglich erreichen kann. Dass es in einer Gemeinschaft mit anderen, sei es in der Familie, Schule oder später im Wohn- und Arbeitsumfeld, gut zurechtkommt, eigene Bedürfnisse behaupten und zugleich sich an gemeinsame Regeln und Strukturen anpassen kann. Kinder sollen lernen, ihre Probleme möglichst konstruktiv zu lösen und – im Rahmen ihrer Möglichkeiten – Aufgaben eigenständig zu übernehmen. Bei Kindern mit Beeinträchtigungen kann es schwierig sein, einzuschätzen, was realistische Zielerwartungen sind. Insofern gehen bei ihnen Zielvorstellungen häufiger mit Ungewissheiten einher: Wird das Kind irgendwann die Toilette benutzen können? Wird es laufen lernen? Wird es sich selbst anziehen können? Manchmal muss damit gerechnet werden, dass gewisse schon erreichte Ziele, wie beispielsweise das selbstständige Anziehen, bei manchen Formen der Beeinträchtigung mit der Zeit wieder nicht gelingen und erneut Unterstützungsbedarf notwendig wird, da eine körperliche Schädigung voranschreitet. Bei all diesen Themen ist der Blick auf das Hier und Jetzt und die Idee der kleinen nächsten Schritte wichtig. Wo steht das Kind jetzt? Was ist der nächste Schritt, das nächste Ziel. So kann bei einem Kind, das sich noch nicht allein anziehen kann, das Ziel sein, dass es mithilft, wenn es angezogen wird, und aufmerksam die Anziehsituation mitverfolgt. Dies kann dazu führen, dass es einerseits weniger Widerstände gegen das Anziehen leistet, außerdem eine innere Repräsentation dessen entwickelt, was anziehen bedeutet, z. B. in welcher Reihenfolge die Kleidungsstücke angezogen werden, auch wenn es dies noch nicht selbstständig ausführen kann.

Um das Kind weder zu unterfordern noch zu überfordern, braucht es angemessene Erwartungen an das Kind. Was kann das Kind in welchem Tempo lernen? Was kann man von ihm erwarten und einfordern? Wie kann man es auffordern, damit es versteht, was von ihm erwartet wird? Die Erwartungen müssen für das Kind sehr individuell entwickelt und immer wieder neu angepasst werden.

Es geht also auch um die Beobachtung dessen, was das Kind schon kann. Hierfür müssen dem Kind Gelegenheiten geschaffen werden, in denen es zeigen kann, welche Handlungen es selbstständig ausführen kann oder welche Fähigkeiten es schon besitzt. Der Austausch mit anderen, die mit dem Kind in Kontakt stehen, Therapeut*innen, Erzieher*innen oder Lehrer*innen, kann helfen, von Fähigkeiten zu erfahren, die das Kind in bestimmten Situationen schon zeigt, in anderen nicht. So kann es sein, dass die Eltern das Kind noch jeden Morgen anziehen, während es sich in der Schule für den Sportunterricht selbstständig umziehen kann. Oder andersherum, es kann dies zu Hause, in der Schule aber nicht. Bei solchen Diskrepanzen muss analysiert werden, woher sie kommen. Ist es allein der Motivation des Kindes, der geschenkten Aufmerksamkeit oder der Gewohnheit anzurechnen oder ist das Kind in der Schule zu abgelenkt oder hat weniger Zeit? Ist zu Hause der Anspruch an die Perfektion beim Anziehen größer als in der Schule? Soll ein Kind etwas Neues lernen, muss beobachtet und überlegt werden, wie viel Unterstützung es hierbei braucht und wie die Motivation, etwas Neues zu lernen, unterstützt werden kann. Hierfür braucht es Aufmerksamkeit, Geduld und konkrete sowie verbale Unterstützung.

Das Wissen um förderliche Bedingungen für die Entwicklung von Kindern und Erwartungen, die an den Entwicklungsstand und die Fähigkeiten des einzelnen Kindes angepasst sind, helfen, Eltern in diesem Bereich zu beraten. Auch die im Kapitel 6.1.3 beschriebenen Grundbedürfnisse der Kinder sind eine gute Orientierung und Leitfaden für die Entwicklung von individuellen Erziehungszielen und -praktiken.

Ebenfalls zu beachten ist, dass die Kinder in verschiedenen Bereichen unterschiedlich weit entwickelt sein können. Während ein Kind mit einer körperlichen Beeinträchtigung beispielsweise das Wissen und die Vorstellung über Abläufe haben kann, gelingt die motorische Ausführung möglicherweise noch nicht. Andersherum kann bei einem Kind mit einer intellektuellen Beeinträchtigung zwar die Motorik bestimmte Handlungen schon ermöglichen, aber der Überblick, wann es eine Handlung durchführen muss, und die Strukturierung von Handlungen noch erschwert sein.

Die genannten Beispiele und Überlegungen machen deutlich, dass bei Kindern mit Beeinträchtigungen nicht nur für die Diagnosestellung und Förderung, sondern auch für den alltäglichen Umgang eine ausführliche Diagnostik notwendig ist. Es besteht sonst die Gefahr, aufgrund von Einschränkungen in einem Bereich die Fähigkeiten in anderen Bereichen zu unterschätzen. Einem Kind, welches sich aufgrund von mundmotorischen Problemen sehr undeutlich äußert, wird möglicherweise insgesamt eine geringere Sprachkompetenz zugetraut, obwohl das sprachlich-kognitive Niveau altersentsprechend ist. Auf der anderen Seite werden aufgrund offensichtlicher Einschränkungen wie motorischen Problemen andere Beeinträchtigungen übersehen. So werden häufig bei Kindern mit einer körperlichen Beeinträchtigung und guten sprachlichen Kompetenzen Lernschwierigkeiten auf langsameres Arbeiten aufgrund der motorischen Defizite sowie ggf. Motivationsgründe zurückgeführt. In einer ausführlichen Intelligenzdiagnostik zeigen sich dann aber grundlegende Schwierigkeiten im wahrnehmungsgebundenen logischen sowie räumlichen Denken, die nicht auf die motorischen Probleme zurückzuführen sind und die Lernprobleme begründen.

Anmerkungen zur Diagnostik

In diesem Buch werden die standardisierte Diagnostik bei Kindern mit Beeinträchtigungen und die unterschiedlichen psychometrischen Tests nicht ausführlich erörtert. Es werden nur einige Punkte, die es in der Diagnostik mit Kindern mit Einschränkungen zu beachten gilt, aufgeführt. Aufgrund spezifischer Beeinträchtigungen der Kinder ist häufig mit sehr heterogenen Leistungs- und Entwicklungsprofilen zu rechnen. Insofern sind kurze Screenings in der Regel unpassend, um verallgemeinernde Aussagen zu Entwicklung und Intelligenz der Kinder zu machen. Ein ausführliches Leistungsprofil ist nötig, um die unterschiedlichen Kompetenzbereiche gut abzudecken. Bei der Durchführung von Intelligenztests ist zu beachten, dass diese nicht unbedingt nur die gewünschten Zielfertigkeiten messen. Eine Zielfertigkeit ist beispielsweise die Verarbeitungsgeschwindigkeit. Es muss berücksichtigt werden, dass konstrukt-irrelevante Zugangsfertigkeiten das Ergebnis ebenso beeinflussen können (Renner & Mickley, 2015). Wenn ein Kind mit einer motorischen Beeinträchtigung in der Messung der Verarbeitungsgeschwindigkeit einen schlechten Wert erhält, lässt sich schwer trennen, ob dieses Ergebnis sich aus den handmotorischen Einschränkungen (beeinträchtigte Zugangsfertigkeit) oder der unterdurchschnittlichen Verarbeitungsgeschwindigkeit (Zielfertigkeit) erklären lässt. Noch deutlicher wird die Problematik bei visuell dargebotenem Material bei schwer sehbeeinträchtigten Kindern. Bei Kindern mit so genannter geistiger Behinderung sind zudem Bodeneffekte zu berücksichtigen, wenn es nur wenige für sie zu bewältigende Aufgaben gibt, somit das Verfahren im unterdurchschnittlichen Bereich nicht mehr gut differenziert und Kinder zusätzlich noch schneller ihre Leistungsgrenzen bei der Testdurchführung erfahren (zur Diagnostik bei Kindern mit intellektuellen Beeinträchtigungen vgl. Sarimski & Steinhausen, 2007). Zu den Intelligenztestverfahren liegen nur in begrenzten Ausmaß Hinweise für die Verwendung bei Kindern mit spezifischen Beeinträchtigungen, spezielle Anpassungsvorgaben oder Normen vor (Renner & Mickley, 2015). Daher ist es nötig, viel Expertise in der Diagnostik von Kindern mit Beeinträchtigungen zu haben, damit ausreichend Wissen um die notwendigen Zugangsfertigkeiten vorhanden ist und die Auswahl der Verfahren bzw. die Interpretation der erhaltenen Ergebnisse angepasst werden können. Neben den Intelligenzprofilen sind Entwicklungsprofile der motorischen, körperlichen und sprachlichen Entwicklung bzw. der Kommunikationsfähigkeit wichtig (vgl. Straßburg et al., 2018). Zudem können die sozial-emotionalen Fähigkeiten der Kinder ebenfalls von den sonstigen Entwicklungsbereichen abweichen (vgl. Phasen der emotionalen Entwicklung in Kap. 5.3.1). Ansprechpartner*innen im Kontext einer solchen differenzierten und im besten Fall interdisziplinären Diagnostik finden sich beispielsweise in sozialpädiatrischen Zentren, in auf Kinder mit intellektuellen, körperlichen und Sinnesbeeinträchtigungen ausgerichteten kinder- und jugendpsychiatrischen Praxen oder Kliniken und in interdisziplinären Frühförderstellen. In vielen Förderzentren und Spezialkliniken, beispielsweise für Epilepsie, arbeiten Psycholog*innen, die in der beeinträchtigungsspezifischen Diagnostik spezialisiert sind. Diagnostische Überprüfungen finden auch im schulischen Rahmen statt. Die Feststellung des sonderpädagogischen Förderbedarfs wird in der Regel von Sonderpädagog*innen durch eine prozess- und

> zustandsbezogene Diagnostik und unter Rückgriff auf schon vorhandene Diagnostikbefunde und Arztberichte durchgeführt. Die Ergebnisse werden ggf. durch Gutachten weiterer Fachkräfte und eine schulärztliche Untersuchung ergänzt.

Ein Austausch mit den Fachkräften kann Eltern helfen, angemessene Entwicklungsziele und Erwartungen zu entwickeln. Hierbei kann auch die Unterstützung durch den Berater oder die Beraterin hilfreich sein, um einen Bezug zwischen den diagnostischen Ergebnissen und den Erziehungsthemen herzustellen.

Neben der Anpassung der Erwartungen und Zielvorstellungen an die Entwicklung des Kindes brauchen Eltern manchmal Ideen, wie die Erziehung ihres Kindes konkret aussehen kann. Wie stellen sie angemessene Aufforderungen? Wie können sie auf Problemverhalten reagieren und Grenzen setzen? Neben den bekannten Ideen zur Erziehung, die in einer Erziehungsberatungsstelle mit Eltern erarbeitet und an die jeweiligen Familienverhältnisse angepasst werden, die gleichfalls für Familien mit einem Kind mit Behinderung genutzt werden können, ist es sinnvoll, dieses Wissen durch heilpädagogisches und sonderpädagogisches Wissen zu ergänzen. Hierbei ist allerdings zu beachten, dass Erziehung im Kontext der Heilpädagogik oft im engen Zusammenhang mit den Begriffen »Förderung« und »Therapie« genutzt wird und häufig mehr die Erziehung im institutionellen als im familiären Rahmen betrifft (Greving & Ondracek, 2014, S. 382 ff.; Speck, 1991, S. 224 ff.).

Es gibt für Eltern zahlreiche Erziehungsleitfäden, Ratgeber, Erziehungskurse oder -trainings. Nur wenige davon richten sich auch oder speziell an Eltern von Kindern mit Beeinträchtigungen. Ein verhaltenstherapeutisch orientiertes Elterntraining, welches sich speziell an Eltern von Kindern mit Behinderung wendet, ist das Elterntraining »Stepping Stones Triple P«, das gleich etwas ausführlicher beschrieben wird (Mazzucchelli et al., 2013; Sanders et al., 2009/2010 a, b, c).

Auch der auf der Individualpsychologie basierende Elternkurs »Kess erziehen« (2017) wurde an die Bedürfnisse von Familien mit Kindern mit Handicap angepasst.

Einige Elternkurse wenden sich an »alle« Eltern, auch Eltern mit Kindern mit Beeinträchtigungen, und integrieren Gedanken zu speziellen Bedürfnissen dieser Familien in ihrem Konzept. So werden bei dem Elternkurs des Deutschen Kinderschutzbundes »Starke Eltern – Starke Kinder« (Honkanen-Schoberth, 2002) an vielen Orten gezielt gleichfalls Eltern von Kindern mit Behinderung angesprochen.

Auch videounterstützte Beratungen eignen sich sehr für die Arbeit mit Familien mit einem Kind mit Behinderung. Hierbei erhalten Eltern Rückmeldungen zu gelungenen Interaktionen mit ihrem Kind und lernen so, feinfühlig die Bedürfnisse ihrer Kinder wahrzunehmen und ihre Entwicklung zu unterstützen. In diesem Zusammenhang ist der Ansatz »Marte Meo« zu nennen, den Maria Aarts in ihrer Arbeit mit Kindern mit Autismus entwickelt hat (Aarts et al. 2014; Hawellek & von Schlippe, 2005; Kap. 6.3.3).

4.3.3 Ein Beispiel: Elterntraining »Stepping Stones Triple P«

Im Folgenden wird das Erziehungskonzept und Elterntraining »Stepping Stones Triple P« vorgestellt, das sich gezielt an Eltern mit einem Kind mit Behinderung wendet. Bei der Entwicklung dieses Konzepts in Australien wurde das verhaltenstherapeutisch orientierte Erziehungsprogramm »Positive Parenting Program« Triple P mit Erfahrungen aus der therapeutischen und pädagogischen Arbeit mit Menschen mit Beeinträchtigungen ergänzt. So kamen zu den Erziehungsfertigkeiten des Grundkonzeptes Triple P noch einige spezielle Fertigkeiten hinzu. Im Folgenden sollen Grundgedanken und Erziehungsfertigkeiten aus diesem Programm als ein Beispiel für die Anpassung allgemeiner Erziehungsansätze auf die Bedürfnisse von Familien mit einem Kind mit Beeinträchtigungen dargestellt werden.

»Stepping Stones Triple P« richtet sich an Eltern von Kindern mit einer Behinderung in einem Entwicklungsalter von zwei bis zwölf Jahren. Die Eltern erhalten grundlegende Informationen zu förderlichen Entwicklungsbedingungen und bekommen konkrete Erziehungsfertigkeiten für den Umgang mit ihren Kindern vermittelt. Die Interventionen können in Form von Informationen zur Erziehung, Kurzberatungen, Gruppentrainings oder verhaltenstherapeutischen Interventionen auf Familienebene angeboten werden. Ziel von »Stepping Stones Triple P« ist es, ein positives Erziehungsverhalten der Eltern zu fördern und dadurch die Eltern-Kind-Beziehung zu verbessern. Elterlicher Stress, der durch die Erziehung bzw. Erziehungsschwierigkeiten verursacht wird, soll reduziert werden, und Eltern können

Ideen entwickeln, wie über Erziehung konstruktiv gesprochen werden kann. Auf Seiten der Kinder sollen dadurch die Entwicklung gefördert und kindliche Verhaltensprobleme reduziert werden. Die Entwicklungsbereiche, die so gefördert werden sollen, umfassen die Sprachentwicklung, soziale und emotionale Fähigkeiten, Selbstständigkeit und Problemlösefertigkeiten des Kindes. Die Anforderungen und Erwartungen sollen hierbei an das Entwicklungsniveau der Kinder angepasst werden.

Die Kompetenz und das Selbstvertrauen von Eltern in der Erziehung ihrer Kinder mit Beeinträchtigungen sollen gesteigert werden. Eltern sollen stark gemacht werden, selbstregulativ die Erziehung ihrer Kinder zu gestalten. Daher werden sie im Gruppentraining oder in der individuellen Beratung angeregt, die Verantwortlichkeit für Erziehungsentscheidungen zu übernehmen und ihre schon vorhandenen Ressourcen zu nutzen, um auch in Zukunft bei Hindernissen im Erziehungsalltag ihr Wissen selbstwirksam und selbstständig anwenden zu können.

Das Elterngruppentraining setzt sich aus insgesamt sechs Gruppensitzungen à zwei Stunden zusammen, in denen neben psychoedukativen Anteilen Filmausschnitte gezeigt werden. Zudem werden einzeln und in Kleingruppen sowie in Gruppendiskussionen und im Rollenspiel die Inhalte der Sitzungen erarbeitet. Drei individuelle Telefonsitzungen zwischen der fünften und sechsten Gruppenstunde passen die Inhalte noch einmal gezielt auf die persönlichen Bedürfnisse der einzelnen Familien an.

Die Grundlage von »Stepping Stones Triple P« bilden folgende Prinzipien:
- Für eine sichere und interessante Umgebung sorgen
- Eine positive und anregende Lernatmosphäre schaffen
- Sich konsequent verhalten
- Sich auf die Behinderung des Kindes einstellen
- Realistische Erwartungen entwickeln
- Am öffentlichen Leben teilnehmen
- Die eigenen Bedürfnisse beachten (Sanders et al. 2009/2010a, S. 1 ff.)

In »Stepping Stones Triple P« werden zu vier Bereichen jeweils konkrete Erziehungsfertigkeiten vorgestellt, beschrieben und eingeübt. Diese Erziehungsfertigkeiten werden zum Großteil auch im allgemeinen Triple P Gruppentraining vermittelt, die kursiv aufgeführten Erziehungsfertigkeiten wurden speziell für die Bedürfnisse von Kindern mit Behinderung hinzugefügt und basieren auf Erfahrungen und Wissen aus der Förderung und Therapie von Kindern mit Beeinträchtigungen:

Eine gute Beziehung zu Ihrem Kind fördern und stärken
- Wertvolle Zeit mit Ihrem Kind verbringen
- Mit Ihrem Kind kommunizieren
- Zuneigung zeigen

Angemessenes Verhalten fördern
- Ihr Kind loben
- Ihrem Kind Aufmerksamkeit schenken
- Ihr Kind mit besonderen Belohnungen motivieren
- *Für anregende Beschäftigung sorgen*
- *Ablaufpläne einsetzen*

Neue Fertigkeiten und Verhaltensweisen beibringen
- Ein gutes Vorbild sein
- *Berührendes Führen*
- Beiläufiges Lernen
- Fragen – Sagen – Tun
- *Rückwärtslernen*
- Punktekarte gebrauchen

Mit Problemverhalten umgehen
- *Mit einer anderen Beschäftigung ablenken*
- Klare Familienregeln aufstellen
- Direktes Ansprechen bei Nichtbeachtung von Regeln
- Absichtliches Ignorieren bei leichtem Problemverhalten
- Klare, ruhige Anweisungen geben
- *Ihrem Kind beibringen, mitzuteilen, was es möchte*
- Logische Konsequenzen
- *Stoppen*
- *Kurze Unterbrechung*
- Stille Zeit und Auszeit

Aus den kursiv geschriebenen, ergänzenden Erziehungsfertigkeiten wird deutlich, welche zusätzlichen Anforderungen die Erziehung eines Kindes mit Beeinträchtigung mit sich bringen kann und wie die Bedürfnisse und Besonderheiten der Kinder im Erziehungsalltag berücksichtigt werden können, daher sollen diese Erziehungsfertigkeiten hier kurz erläutert werden.

Für anregende Beschäftigungen sorgen ist für alle Eltern zur Unterstützung einer guten Entwicklung ihrer Kinder wichtig. Normalerweise können sich hierbei Eltern recht gut an Altersangaben auf Spielen, an Vorschlägen aus Kindergarten und Schule, eigenen Erfahrungen, Beispielen aus dem Freundeskreis oder den individuellen Interessen ihrer Kinder orientieren. Bei einem Kind mit einer Beeinträchtigung kann das schwieriger sein, da die Anregungen an die motorischen Fähigkeiten und den Entwicklungsstand des Kindes angepasst werden müssen. Teilweise haben Kinder mit Behinderung Spezialinteressen, die zu sehr einseitiger und intensiver Beschäftigung mit einer eingeschränkten Anzahl an Themen oder Dingen oder einer individuellen Nutzung von Spielmaterialien führen oder sie interessieren sich nur für wenig Spielzeug. So gibt es beispielsweise Kinder, die besonders das Blättern in Katalogen interessant finden, ohne dabei auf den Inhalt zu achten. Manche Kinder reagieren dann aggressiv, wenn sie diese Beschäftigung beenden müssen. Hier kann ein Austausch mit den Therapeut*innen des Kindes, den Fachkräften aus Kindergarten oder Schule sinnvoll sein, um gute Ideen zu entwickeln, welche Beschäftigungen das Kind anregen und interessieren.

Das Einsetzen von *Ablaufplänen* ist sinnvoll, um Kindern Orientierung bei komplexeren Abläufen wie der morgendlichen Routine zu geben und sie zu unterstützen und zu motivieren, diese immer selbstständiger bewältigen zu lernen. Hierfür werden die Abläufe in die einzelnen Anforderungen aufgegliedert. So kann dies beim Beispiel des morgendlichen Ablaufs Aufstehen, Frühstück essen, Zähne putzen, Schlafanzug ausziehen, bereitgelegte Kleidung anziehen usw. sein. Die Schritte können je nach Bedarf auch kleiner gewählt sein. Für das Kind werden diese Schritte in Form von Bildern, Piktogrammen oder Fotos sichtbar gemacht, so dass es Schritt für Schritt dem Ablauf folgen kann.

Beim *Berührenden Führen* werden Kinder beim Erlernen neuer Fertigkeiten sanft führend begleitet, um eine Tätigkeit wie beispielsweise Zähneputzen auszuführen.

Die Idee beim *Rückwärtslernen* ist die, dass manche Handlungen für Kinder noch etwas komplex oder schwierig sind und sie dann oft nicht motiviert sind, sie durchzuführen. Gelingt es, die Tätigkeit so aufzugliedern, dass am Ende eine Tätigkeit vom Kind selbst durchführbar ist, wie das Hochziehen des Reißverschlusses beim Anziehen der Jacke, kann es diesen Anteil schon selbstständig übernehmen und somit die Tätigkeit selbstständig mit Erfolg zu Ende führen. Dies stärkt die Selbstwirksamkeitserwartung des Kindes. Dann kann man dem Kind nach und nach die anderen Schritte beibringen.

Um dem Auftreten eines Problemverhaltens vorzubeugen, kann die Erziehungsfertigkeit *Mit einer anderen Beschäftigung ablenken* genutzt werden. Hierbei ist es wichtig, darauf zu achten, nicht die Ablenkung zu nutzen, wenn das Problemverhalten schon begonnen hat, sondern wenn es kurz bevorsteht. Eltern wissen oft schon ein paar Sekunden vorher, dass ihr Kind gleich etwas machen wird, was sie nicht wünschen. In solchen Situationen können sie das Interesse des Kindes auf eine andere Tätigkeit lenken. Beobachten Eltern zum Beispiel, dass das Kind sich langweilt und zur malenden Schwester läuft, und sagt ihnen die Erfahrung, dass das Kind seine Schwester jetzt mit hoher Wahrscheinlichkeit ärgern wird, können sie die Aufmerksamkeit des Kindes auf sich lenken und ihm vorschlagen, mit ihnen zusammen ein Spiel zu spielen.

Problematisches Verhalten von Kindern ist häufig auf Sprach- und Kommunikationsprobleme zurückzuführen. Bei der Erziehungsfertigkeit *Ihrem Kind beibringen, mitzuteilen, was es möchte* wird daher überlegt, wie man ein Kind darin unterstützen kann, sich zu äußern und um Hilfe zu bitten. Dies ermöglicht es den Eltern, dem Kind die passende Unterstützung zukommen zu lassen. Das Kind kann dann, statt Frustration, Wut und Misserfolg zu erleben, eine Tätigkeit zu Ende ausführen.

Um Problemverhalten zu unterbrechen, kann es manchmal notwendig sein, ein Kind durch *Stoppen,* das heißt durch körperlichen Kontakt, zu unterbrechen oder abzufangen. Dies ist eine Reaktion der Erziehenden, die bei kleinen Kindern, welche die Konsequenzen ihres Verhaltens noch wenig einschätzen können, sinnvoll ist, besonders zum Schutz des Kindes selbst oder anderer, beispielsweise, wenn es auf die Straße rennen will oder jemanden an den Haaren zieht.

Die *Kurze Unterbrechung* ist für Situationen gedacht, in denen ein Kind eine Tätigkeit ausführt und diese durch Problemverhalten beenden will, es beispielsweise Puzzlestücke vom Tisch wirft, um nicht weiter das Puzzle legen zu müssen. Wollen die Erziehenden, dass das Kind zunächst das Puzzle fertig macht, kann eine kurze Unterbrechung durch Herunterführen der Hände des Kindes herbeigeführt und es danach begleitet werden, die Aufgaben zu Ende zu führen (Mazzucchelli et al., 2013; Sanders et al., 2009/2010a, b, c).

Evaluationsstudien zeigen positive Effekte des Elterntrainings. So erlangen Eltern mehr Sicherheit im Erziehungsverhalten, und elterlicher Stress lässt sich reduzieren. Tendenziell ist auch eine Reduktion der Verhaltensprobleme der Kinder zu sehen (Hampel et al., 2017; Hasmann et al., 2010).

Manchmal haben Eltern schon Erfahrungen mit Elterntrainings gemacht, die nicht an die Bedürfnisse von Familien mit Kindern mit Beeinträchtigungen angepasst waren und in denen sie die einzigen Eltern mit einem Kind mit Behinderung waren. Dabei ist ihnen zumeist sehr deutlich geworden, wie sehr sich ihre Lebenssituation und die Reaktionen ihres Kindes von den Erfahrungen in anderen Familien unterscheiden. Oft haben sie sich in ihrer individuellen Thematik allein gelassen und wenig verstanden gefühlt. Daher erleben sich Eltern im Rahmen eines Elterntrainings mit anderen Eltern mit Kindern mit Behinderung oft schon dadurch unterstützt, dass sie im Austausch mit den anderen Eltern sind und sich mit den Besonderheiten ihrer Kinder und den Alltagssorgen besser verstanden fühlen. Durch das gemeinsame Durchsprechen und Erarbeiten der Erziehungsfertigkeiten im »Stepping Stones Triple P«-Elterntraining, von denen die Eltern einige auswählen, um sie zu Hause auszuprobieren, können Eltern die strukturiert und verständlich aufgearbeiteten Inhalte des Trainings in ihrer häuslichen Situation nutzen. Ein Vater verwendete in der Abschlussrunde des Trainings das Bild, ihm komme »Stepping Stones Triple P« wie ein »gut sortierter Werkzeugkasten« vor. Eigentlich sei nichts wirklich neu gewesen, aber man habe seine »Erziehungswerkzeuge« nochmal richtig gut sortiert und überlegt, wann welches Werkzeug zu nutzen sei. So könne man jetzt im Alltag wieder besser darauf zurückgreifen.

4.4 Bildung, Betreuung, Förderung und Unterstützung

In diesem Kapitel geht es um die unterstützenden, fördernden und bildenden Systeme für Kinder mit Beeinträchtigungen und ihre Familien. Neben Kindertagesstätten und Schulen sind das häufig große Netzwerke an Hilfesystemen und einzelnen Helfer*innen, die im Leben der Kinder und ihrer Familien eine wichtige Rolle spielen – z. B. die Frühförderung, das medizinische System, Therapien und Beratungsangebote. Manche bieten eine Unterstützung für eine bestimmte Lebensphase des Kindes, andere über die ganze Kindheit hinweg. Häufig laufen unterschiedliche Unterstützungsmaßnahmen gleichzeitig, mehr oder weniger wissentlich und kooperierend mit- bzw. nebeneinander. Die professionellen Hilfen für die Familien können sich an das Kind direkt richten und/oder familienorientiert sein. In jedem Bundesland in Deutschland unterscheiden sich ein Großteil der Unterstützungs-

und Bildungssysteme inhaltlich, organisatorisch und namentlich und viele sind insbesondere seit dem Inkrafttreten der UN-Behindertenrechtskonvention in Veränderungsprozessen, daher werden hier nicht im Einzelnen die verschiedenen Unterstützungsmöglichkeiten beschrieben (vgl. Rohrmann & Weinbach, 2017). Stattdessen sollen ihre Bedeutung für die Familien und Chancen sowie Risiken dargestellt werden. Zugleich soll deutlich werden, wie wichtig es für Berater*innen in der Erziehungsberatungsstelle ist, sich mit den Einrichtungen der Behindertenhilfe und den Angeboten für Kinder mit Beeinträchtigungen und ihre Familien vor Ort vertraut zu machen, da diese Systeme oft parallel mit wenig Überschneidungen zu den Angeboten der Jugendhilfe bestehen. Sowohl für die Ausrichtung des eigenen Angebots, die Weiterverweisung der Familien bei Fragen, für die die Beratungsstelle nicht geeignet ist, wie auch für einen kollegialen Austausch ist die Erweiterung des Netzwerks notwendig, wenn möglich mit regelmäßigen Arbeitstreffen.

4.4.1 Netzwerke und Hilfesysteme

In der Literatur werden gut funktionierende Netzwerke für die Familien als eine wichtige Ressource beschrieben. Private und professionelle soziale Unterstützung sind wesentlich für die Bewältigung der Belastungssituation von Familien mit einem Kind mit Behinderung und für eine höhere Lebenszufriedenheit (Eckert, 2018; Hintermair et al., 2000; Engelbert, 1999).

Als Netzwerk versteht man das Geflecht sozialer Beziehungen zwischen Menschen. Zur Strukturierung von sozialen Netzwerken kann man diese folgendermaßen unterteilen:
- Primäre Netzwerke: Familie, Freundschaften, Nachbarn, im Alltag relevant
- Sekundäre Netzwerke: Selbsthilfegruppen, Angehörigengruppen, Bürger*inneninitiativen etc., arrangierte Netzwerke
- Tertiäre Netzwerke: professionelle Hilfen in institutionellen Versorgungssystemen (Bergold & Filsinger, 1998, nach Hintermair, 2000, S. 25)

Neben direkten Kontakten zu anderen Menschen spielen heutzutage auch die Möglichkeiten, Informationen, Kontakte und Austausch über die neuen Medien zu gestalten, eine wichtige Rolle. Eltern können sich über seltene Erkrankungen im Internet informieren und mit anderen Eltern ohne regionale Eingrenzungen hierzu in den Austausch gehen. Auch Jugendliche suchen auf diesem Weg Kontakt und können beispielsweise mit anderen Jugendlichen mit einer körperlichen Beeinträchtigung im regelmäßigen Austausch sein, auch wenn sie nicht nah beieinander leben oder Besuche durch motorische Einschränkungen deutlich erschwert sind. Spezielle Internetplattformen und Websites von Selbsthilfeverbänden bieten Informationen, Hinweise zu Veranstaltungen und Austausch zwischen Interessierten an (z. B. für Eltern mit einem Kind mit Behinderung: www.intakt.info; im Kontext von Autismus-Spektrum-Störungen: www.autismus.de; für Menschen mit intellektuellen Beeinträchtigungen und ihre Familien: www. lebenshilfe.de).

Bezogen auf die Situation von Eltern hörgeschädigter Kinder unterteilen Hintermair und Lehmann-Tremmel (2000, S. 143 ff.) folgende Bereiche der Unterstützung:
- Direkte Unterstützung der Eltern:
  - Psychosoziale Unterstützung (problemlösend, emotional unterstützend und Rückhalt bietend): Aussprachemöglichkeit, gemeinsame Betroffenheit, Erfahrung, Zugehörigkeit, emotionale Unterstützung
  - Praktisch-materielle Unterstützung: Finanzielle Unterstützung, Arbeitshilfen, Kinderbetreuung
- Kindbezogene Unterstützung
  - Sozial-integrative und emotional Unterstützung des Kindes: Kontakt, soziale Integration, Zuwendung, Akzeptanz
  - Unterstützung durch Förderung der Entwicklung, Erziehung und Ausbildung des Kindes

In der Beratung von Familien kann es sinnvoll sein, deren Netzwerke aufzuzeichnen, um zu sehen, wer alles beteiligt ist und ob es Überschneidungen oder Lücken gibt. Hierbei kann überlegt werden, zwischen welchen involvierten Personen und Einrichtungen ein Austausch angeregt werden könnte.

Auch die Kooperation zwischen unterschiedlichen Institutionen wird als Netzwerk bezeichnet. In diesem Kapitel wird es schwerpunktmäßig um die professionellen Hilfen gehen. Unterstützungsbedürfnisse von Eltern beziehen sich meistens zunächst auf die Bedürfnisse und Probleme ihres Kindes (Engelbert, 1999, S. 274 f.). Hierbei sind die Betreuung, Förderung, Bildung und Teilhabe der Kinder relevant. Hinzu kommen finanzielle und rechtliche Aspekte sowie die Entlastung der Familien. Bezogen auf die

Bedürfnisse der Eltern an professionellen Unterstützungsangeboten lassen diese sich vier Ebenen zuordnen:
- »Bedürfnisse auf der Ebene der Informationsgewinnung;
- Bedürfnisse auf der Ebene der Beratung;
- Bedürfnisse auf der Ebene der Entlastung;
- Bedürfnisse auf der Ebene der Kommunikation und Kontaktgestaltung.« (Eckert, 2018, S. 43)

Bei einem Kind mit Beeinträchtigung sind oft schon ab Geburt viele Personen, die nicht zur Familie gehören, in die Förderung und Beurteilung der Entwicklung des Kindes involviert. Eltern stehen plötzlich mit vielen Unterstützungs- und Hilfesystemen im Kontakt, müssen ggf. eine Auswahl treffen und mit den Fachleuten kooperieren. In Tabelle 4 sind exemplarisch Hilfesysteme dargestellt, die in die medizinische Versorgung, Förderung, Betreuung und Unterstützung der Kinder mit Beeinträchtigung und ihrer Familien involviert sein können. Natürlich kommt es dabei auf die Hilfebedarfe der Kinder und ihrer Familien an.

Tab. 4: Exemplarische Darstellung möglicher professioneller Hilfen und Kontaktstellen und -personen im Leben eines Kindes mit Beeinträchtigung und seiner Familie

Mögliche Hilfen aus den Bereichen			
Medizin	Therapie	Pädagogik	Psychosozial
Frühförderung			
Kinderärzt*innen	Heilpädagogik		
Fachärzt*innen	Ergotherapie	Kindertagesstätten	Selbsthilfegruppen
Sozialpädiatrische Zentren	Logopädie	Integrationskraft Schulbegleitung	Beratungsstellen
Kliniken	Physiotherapie	Schule	Offene Hilfen Familienunterstützender Dienst
Rehaeinrichtungen	Psycho-therapeut*innen	Kurzzeitinternate Heime	Psychosoziale Dienste der Förderzentren
Krankenkassen	Musik- und Kunsttherapie	Betreute Wohnformen	Jugendamt, Sozialhilfe
Medizinischer Dienst	Tiergestützte Therapie	Berufsvorbereitung	Angebote für den Bereich Wohnen, Arbeiten, Leben

Im Folgenden werden als spezifische Angebote für Familien mit Kindern mit Beeinträchtigungen die *Offenen Hilfen* mit dem *Familienentlastenden Dienst* und (teil-)stationäre Möglichkeiten der Betreuung des Kindes vorgestellt. Die Offenen Hilfen umfassen verschiedene Angebote für Menschen mit Behinderung und ihre Angehörigen. Hierzu gehören beispielsweise die offene Behindertenarbeit und der Familienentlastende bzw. Familienunterstützende Dienst, durch den Familien bedarfsorientiert unterstützt werden – beispielsweise bei Freizeitaktivitäten, Pflege und Betreuung des Kindes mit Beeinträchtigung oder Begleitung zu Arztbesuchen. Ebenso werden Ferienfreizeiten für Menschen mit Behinderungen über die Offenen Hilfen angeboten.

Zur Entlastung von Familien sind zudem Kurzzeiteinrichtungen ein wichtiger Baustein, in denen Kinder mit Beeinträchtigung einige Tage im Jahr betreut werden können. Dies ermöglicht es Eltern und Geschwistern, ohne die täglichen Verpflichtungen der Pflege und Betreuung des Kindes wieder Kraft zu tanken, eigene Bedürfnisse zu erfüllen und gemeinsamen Aktivitäten nachzugehen. Ein Ziel hiervon ist es, Familien so zu entlasten, dass ihr Kind langfristig bei ihnen leben kann.

Dennoch entsteht in manchen Familien die Notwendigkeit, dass ein Kind auf Dauer in eine stationäre Einrichtung zieht. Kinder mit Beeinträchtigungen leben häufiger als Kinder ohne Beeinträchtigungen in einer stationären Wohnform, einem heilpädagogischen Heim oder Internat. Je nach Datenquelle leben in Deutschland 5 bis 25 % der Kinder und Jugendlichen mit Behinderung in einer Wohneinrichtung, die Mehrzahl der betreuten Kinder ist im Schulalter. Überlegungen und Notwendigkeiten zur Unterbringung in einem Wohnheim ergeben sich besonders häufig bei Kindern, die einen sehr hohen medizinischen sowie Pflege- und Betreuungsbedarf haben, bei Kindern mit schweren Beeinträchtigungen und mit einer hohen Ausprägung an Verhaltensauffälligkeiten. Ebenso spielt die Lebenssituation der Eltern bei diesen Entscheidungen eine Rolle. Je nach Form des Wohnheimes oder Internates verbringen die Kinder Zeiten bei ihren Eltern zu Hause. Während des Aufenthaltes des Kindes in der Wohngruppe oder dem Internat haben viele Eltern regelmäßigen Kontakt zu ihren Kindern beispielsweise über Telefonate bzw. Besuche. Elternarbeit ist ein wesentlicher Bestandteil dieser Einrichtungen. Einige Eltern brechen den Kontakt zu ihrem Kind ab (vgl. Dworschak & Reiter, 2017; Thimm & Wachtel, 2002, S. 103 ff.).

In der Beratung können Überlegungen zum Wohnortswechsel in eine außerfamiliäre Wohnform besprochen werden, wenn Familien sich mit diesem Gedanken auseinandersetzen oder eine hohe Überforderung und Belastung der Familie besteht, die nicht mit anderen entlastenden Maßnahmen reduziert werden kann. Nicht immer sind Eltern bezüglich dieser Fragen einer Meinung. Ein Elternteil befürwortet beispielsweise eine Wohnheimunterbringung, das andere Elternteil kann sich dies für das Kind noch nicht vorstellen. Bei diesen für die Eltern sehr schwierigen Entscheidungen brauchen sie eine behutsame und nicht wertende Begleitung.

Möglicherweise nutzen Eltern, die schon früher mit ihrem Kind Beratung wahrgenommen haben, die bestehenden vertrauten Kontakte zur Beratungsstelle, wenn ihr Kind inzwischen in einem Internat lebt und dort Fachdienste zur Verfügung stehen. Bei diesen Terminen kann es um Fragen zum Umgang mit dem Kind an den Wochenenden zu Hause gehen oder auch um die Gefühle der Eltern bezüglich ihrer Entscheidung und der neuen Lebenssituation der Familie.

Auch Eltern, deren Kind längere Zeit in einem Wohnheim lebte und die einen Umzug des Kindes zurück ins Elternhaus anstreben, können sich in der Erziehungsberatungsstelle auf diesen Wechsel und die Anforderungen, die auf sie zukommen, vorbereiten.

In der Beratung begegnen mir Familien, die viele regionale und überregionale Hilfesysteme nutzen. Sie erleben diese Hilfen für sich als unterstützend, da sie die Erfahrung machen, dass ihr Kind so in seiner Entwicklung und Gesundheit bestmöglich gefördert wird. Andere Familien sind wenig eingebunden, kennen oder nutzen Unterstützung nicht oder erleben diese als kontrollierend oder bedrohlich. Die Ursachen hierfür können in fehlenden oder negativen Erfahrungen mit den Unterstützungs- und Hilfesystemen liegen. Die Annahme oder Verarbeitung der Beeinträchtigung, Einflüsse anderer Personen oder persönliche und familiäre Überzeugungen können die Inanspruchnahme von Hilfen beeinflussen. Bei Familien, die aus anderen Kulturkreisen kommen, kann es ebenfalls Vorbehalte gegenüber den angebotenen Hilfen geben. Hier spielen unterschiedliche Sozialisationsmodelle eine Rolle. So ergab eine Befragung von in Deutschland lebenden türkisch und russisch sprechenden Familien mit einem Kind mit Behinderung und von Mitarbeitenden in unterschiedlichen Einrichtungen und Diensten, dass sich die Versorgungsstruktur in den Herkunftsländern der Familien deutlich von dem System in Deutschland unterscheidet. Die Familien wurden bezüglich der Beeinträchtigungen ihrer Kinder dort vorwiegend über Krankenhäuser und Ärzt*innen betreut, hingegen waren andere Beratungsangebote oder Dienste wie der Familienentlastende Dienst wenig vertraut. Auch wurde berichtet, dass es deutlich weniger bzw. keine spezialisierten vorschulischen, schulischen und beruflichen Einrichtungen für Menschen mit Beeinträchtigungen gibt, zumindest nicht unabhängig vom Wohnort und den finanziellen Möglichkeiten der Familien. Ebenso haben das jeweilige Verständnis von Beeinträchtigung und Behinderung, z. B. als Erkrankung, die es möglichst zu heilen gilt, und eine starke familiäre Orientierung Einfluss auf die Inanspruchnahme von Hilfen (Kutluer, 2019). Die Bedeutung von Familie und deren eigenen Fähigkeiten, Herausforderungen zu meistern, kann der Grund sein, keine außerfamiliären Hilfen anzunehmen – aber auch Misstrauen gegenüber den Einrichtungen sowie Scham, Verstecken oder Leugnung der Beeinträchtigung. Weiterhin können verschiedene religiöse Orientierungen zu unterschiedlichen Bedeutungszuschreibungen und Bewertungen von Beeinträchtigungen führen. Eine kultursensible Beratung, in der Respekt und Offenheit für andere Sichtweisen und Erfahrungen besteht, ist bei Familien aus anderen Kulturkreisen notwendig (Tsirigotis, 2019; Kutluer, 2019). Ebenso gilt es bei allen Familien, die aus verschiedenen Gründen keine Hilfen oder Unterstützung annehmen, sensibel ihre Gründe hierfür wahrzunehmen, ihre Sicht zu respektieren und zu schauen, wie die Bedürfnisse des Kindes und der Familie Berücksichtigung finden können.

Die Balance zwischen der Abhängigkeit von den Hilfesystemen sowie der Eigenständigkeit zu finden, ist sicherlich eine der schwierigen Aufgaben im Leben mit einem Kind mit Behinderung. Durch das Angewiesensein auf Unterstützung sollten nicht die eigenen Ressourcen und Möglichkeiten der Familien in Frage gestellt werden. Hierbei ist ein wesentlicher Aspekt das Selbstverständnis der Helfer*innen und ihr Umgang mit den Kindern, Eltern und Familien. Herrschte lange das »Laien-Modell«, in dem Eltern als Laien im Kontrast zu den Fachleuten, die die Entscheidungen fällen, gesehen wurden, ging dieses historisch in das »Kotherapeuten-Modell« über, in dem Eltern unter Anweisung von Fachleuten ihre Kinder unterstützen. Im »Kooperations-Modell« werden Eltern und Fachleute als Kooperationspartner*innen auf Augenhöhe betrachtet (Cloerkes, 2007, S. 303). In den letzten Jahren prägen Begriffe wie Empowerment, Salutogenese, Identitäts- und Netzwerkarbeit den Blick auf die Zusammenarbeit zwischen Kindern und jungen Menschen mit Beeinträchtigung, ihren Eltern und Fachleuten (vgl. Hintermair, 2009). Dennoch finden sich auch heute noch Haltungen und Vorgehensweisen nach den anderen Modellen, und Eltern sowie Kinder und Jugendliche fühlen sich in ihrer Kompetenz und ihren Fähigkeiten zur Entscheidung und Mitsprache nicht immer ernst genommen. Auf der anderen Seite erleben manche Familien den Entscheidungsfreiraum und die Verantwortung, die für sie entstehen, zeitweise als Belastung.

Die Hilfen für Kinder mit Beeinträchtigung und ihre Familien sind in unterschiedlichen Zuständigkeitsbereichen verortet (Gesundheitswesen, Jugendhilfe, Sozialhilfe, schulischer Bereich, Kindertagesstätten), und diese teilweise so wenig miteinander verbunden, dass auch Fachleute aus diesen Bereichen häufig nicht den Überblick über das gesamte System haben. Kommunale, kirchliche sowie private Angebote kommen noch hinzu. Als eine besondere Belastung erleben viele Familien die Beantragung von Hilfen, die zum Teil jährlich neu beantragt werden müssen und von der Familie zum Teil Einblicke in ihre finanzielle, private und häusliche Situation verlangt. Auch müssen Kinder und Jugendliche mit Beeinträchtigung für einige Hilfen immer wieder neu untersucht und getestet werden. Damit wird regelmäßig der Fokus auf die Defizite und Probleme der Kinder gelenkt, das Vorliegen der »Behinderung« oder »Beeinträchtigung« erneut bestätigt. Als besonders schwierig wird erlebt, wenn die Zuständigkeit unklar ist und die Eltern von einer zur nächsten Behörde geschickt werden, z. B. bei der Beantragung einer Integrationsassistenz/Schulbegleitung. Hier kann der Sozialhilfeträger zuständig sein. Wird die Behinderung allerdings als seelische Behinderung eingestuft, häufig auch bei Kindern mit Autismus oder Lernbehinderung, ist das örtliche Jugendamt nach § 35a SGB VIII zuständig. In bestimmten Situationen kann die Schulbegleitung Leistung der Krankenversicherung sein, wenn die Schulbegleitung aus medizinischen Gründen erforderlich ist (vgl. Greß, 2018; Rohrmann & Weinbach, 2017).

Bei den unterschiedlichen Angeboten und Hilfesystemen erleben sich manche Familien wie in einem »Hilfe-Dschungel«. Auch führt die Komplexität der Hilfsangebote zum Teil zu Koordinierungsproblemen für die Familien (vgl. Drosten, 2018; Hennicke, 2014b; Thimm & Wachtel, 2002; Engelbert, 1999). Dies führt zu Überlegungen, ob Familien nicht eine Art »Case Manager*in« brauchen, die sie durch diesen »Dschungel« begleitet. Manchmal fällt uns als Berater*innen eine solche Rolle zu. Hierfür ist eine gute Vernetzung der Beratungsstelle notwendig. Beim Aufbau eines Netzwerkes bzw. der Überprüfung, ob das Wissen über die regionalen und überregionalen Angebote ausreicht, kann man sich von folgenden Fragen leiten lassen:

- Welche Anlaufstellen gibt es im medizinischen Versorgungssystem für Eltern von Kindern mit Beeinträchtigungen? Wo kann man sich über bestimmte Beeinträchtigungsformen oder Krankheiten informieren? Hier bieten sich Vernetzungen mit Kinderärzt*innen, Kinderkliniken oder sozialpädiatrischen Zentren an. Über Fachwissen verfügen ebenso Mitarbeiter*innen von Förderzentren, Frühförderstellen oder spezialisierten Beratungsstellen.
- Welche Möglichkeiten gibt es vor Ort für die Betreuung, Förderung und Bildung von Kindern mit Beeinträchtigung? Welche Schwerpunkte haben die Förderzentren, welche inklusiven Konzepte und Unterstützungsmöglichkeiten wie z. B. sonderpädagogische Unterstützung, Assistenz und Schulbegleitung gibt es?
- Welche rechtlichen, finanziellen und sonstigen Hilfen stehen den Familien zu? Neben Informationen aus Literatur und Internetrecherche (vgl. Greß, 2018; BMAS, 2018) ist es sinnvoll, hier die örtlichen Strukturen zu kennen, um Familien informieren zu können, wo sie Rechtsberatung oder eine Beratung z. B. bezüglich der Beantragung eines Schwerbehindertenausweises, von Pflegegeld und anderen möglichen Unterstützungen erhalten können.
- Wie können Kooperationen aussehen oder Übergänge von einem System in ein anderes gut gestaltet werden? Dies kann beispielsweise notwendig sein, wenn eine Familie mit ihren familiären Themen gut in der Frühförderstelle angebunden war, beim Übergang des Kindes in die Schule nun aber eine neue familienorientierte Unterstützung braucht. In Kooperation mit den Mitarbeiter*innen der Frühförderstelle kann ein solcher Übergang für die Familie möglicherweise mit einem ersten gemeinsamen Termin in der Beratungsstelle fließend gestaltet werden.
- Welche weiteren Beratungsangebote gibt es vor Ort? Wie ist der Zugang für die Familien? Die Beratungsangebote können themenspezifisch sein, sich beispielsweise auf Sexualität, Schwangerschaft und Partnerschaft beziehen. Sie können sich an bestimmte Zielgruppen wenden, beispielsweise an Menschen mit Autismus. Andere Beratungsangebote richten sich an Menschen in bestimmten Lebensphasen oder Lebenslagen, wie das Angebot der Erziehungs- und Familienberatungsstellen an Kinder, Jugendliche und Eltern.
- Wie können Familien Kontakt zu Selbsthilfegruppen bekommen? Welche Angebote in diesem Bereich gibt es für die verschiedenen Beeinträchtigungen regional und überregional?

– Wie sind die Themen Inklusion, Teilhabe und Partizipation vor Ort in der Gesellschaft, Politik, im Sozialraum und im Alltag verortet? Gibt es Arbeitskreise und Gremien zu diesen Themen? Ist eine Initiative oder Mitarbeit von Seiten der Beratungsstelle hierbei sinnvoll?

Eine aktive Vernetzung führt auch zu gelingenden Kooperationen im Einzelfall. Sie hilft, dass Familien die Angebote finden, die sie brauchen. Auch gemeinsame Angebote wie Gruppen, Vorträge oder thematische Angebote können sich aus der Zusammenarbeit ergeben. Kooperation, Austausch und Vernetzung sind auch wichtig, um die regionale Versorgung der Kinder und ihrer Familien immer wieder zu überprüfen und sowohl ein Überangebot als auch Lücken im Versorgungssystem wahrzunehmen und ihnen entgegenzuwirken. In vielen Studien werden beispielsweise eine Unterversorgung bei der psychotherapeutischen und psychiatrischen Versorgung von Kindern mit Behinderung, bei Kurzzeiteinrichtungen und bei Beratungsangeboten für die gesamte Familie bzw. Passungs- und Zugangsschwierigkeiten der bestehenden Hilfen beschrieben (vgl. Dworschak & Reiter, 2017; Soltau, 2014; Irblich, 2014; Engelbert, 1999).

4.4.2 Kindertagesstätten

Das System der Kindertagesstätten in Deutschland umfasst die Krippen für die Kleinsten, den Kindergarten für Kinder bis zum Schuleintritt sowie die Nachmittagsbetreuung für Schüler*innen. Auch Kinder mit Beeinträchtigungen besuchen reguläre Kindertagesstätten oder heilpädagogische Tagesstätten. Heilpädagogische Tagesstätten sind für Kinder konzipiert, die eine Behinderung haben oder in ihrer Entwicklung von einer Behinderung bedroht sind.

Für den vorschulischen Besuch von Kindertagesstätten zeigen sich in Deutschland in den verschiedenen Bundesländern sehr unterschiedliche Systeme und Begrifflichkeiten, bezogen auf die Betreuungsangebote, deren Spezialisierungen oder inklusive bzw. integrative Angebote. So gibt es beispielsweise in den Bundesländern Brandenburg und Sachsen-Anhalt kein System an »Sondereinrichtungen« mehr, sondern integrative Kindertagesstätten unter der Trägerschaft der Kinder- und Jugendhilfe (Brunner, 2018, S. 110). In Bayern gibt es ein spezialisiertes System an Förderkindertagesstätten, die so genannten »Schulvorbereitenden Einrichtungen« (SVE). Schulvorbereitende Einrichtungen sollen Kinder schon im Vorschulalter fördern und sie ihrem sonderpädagogischen Förderbedarf entsprechend gezielt auf den Schulbesuch und ein erfolgreiches schulisches Lernen vorbereiten. Das heißt, für den Besuch einer SVE muss ein sonderpädagogisches Gutachten erstellt werden. Die SVEs sind an Förderschulen angegliedert und somit auf deren Förderschwerpunkte spezialisiert (vgl. 2.2). Die Konzepte zur Integration und Inklusion im Kindergartenbereich unterscheiden sich ebenfalls. Neben integrativen bzw. inklusiven Kindertagesstätten oder integrativen Gruppen in Förder- und Regelkindergärten mit kleineren Gruppen bzw. höherem Betreuungsschlüssel und ggf. speziell ausgebildetem Personal gibt es die so genannten »Einzelintegrationsmaßnahmen« von Kindern mit einer bestehenden oder drohenden Behinderung, in der Kinder den Regelkindergarten besuchen und dort je nach Bedarf zusätzliche Förderangebote und Unterstützung der Teilhabe durch Fachkräfte erhalten. Auch besuchen Kinder mit einer Behinderung Regelkindergärten ohne spezielle Anpassungen oder Unterstützungen. Ebenfalls gibt es Konzepte, die eine so genannte »umgekehrte Integration« anbieten, das heißt, Kinder ohne zusätzlichen Förderbedarf werden in Förderkindergärten aufgenommen (vgl. Brunner, 2018, S. 109 ff.; Sarimski, 2012b). Auch im Krippenbereich werden inzwischen Erfahrungen mit der (erfolgreichen) Integration von behinderten Kindern gemacht (Sarimski, 2012b, S. 61 f.).

Ausführlich kann hier auf die unterschiedlichen Systeme nicht eingegangen werden (zum Überblick s. Bertelsmann Stiftung, 2017). Für die kontrovers geführten Diskussionen zu Vor- und Nachteilen spezialisierter Fördereinrichtungen oder inklusiver Konzepte verweise ich auf die schon vorhandene Literatur (vgl. Brunner, 2018; Kießling, 2013; Sarimski, 2012b; Kreuzer & Ytterhus, 2008).

In der Beratung orientiere ich mich an den Bedarfen des Kindes, den regionalen rechtlichen und konkreten Gegebenheiten, der Einstellung und Haltung der Familien und der Machbarkeit. Oft ergeben sich schon hieraus genug Widersprüche, und es muss eine bestmögliche Lösung, manchmal in Form eines Kompromisses, gefunden werden. Es ist wichtig, das System vor Ort zu kennen, um die unterschiedlichen Möglichkeiten des Kindertagesstättenbesuchs für Kinder mit einer Behinderung und die Voraussetzungen und Wege hierfür mit Eltern besprechen zu können. Oder man sollte wissen, welche Anlaufstellen es für Eltern bei speziellen Fragestellungen gibt. Besucht ein Kind »inklusiv« den Regelkindergarten vor Ort, kann es sinnvoll sein, zu erfahren, ob es spezielle Unterstützungen braucht, um bei den Aktivitäten in der Gruppe teilhaben und partizipieren zu können. Eventuell bedarf es Unterstützung für pflegerische Aufgaben, für die Fortbewegung oder für die soziale Teilhabe, je nach Beeinträchtigungen des Kindes. Kenntnisse der Möglichkeiten der Assistenz, Begleitung, Integrationshilfe im System vor Ort helfen, Eltern in Entscheidungsprozessen bezüglich der geeigneten Betreuung ihrer Kinder zu begleiten.

Oft wird davon gesprochen, dass Inklusion im vorschulischen Bereich gut gelingt, da die Anzahl der Kinder, die inklusiv betreut werden, gegenüber den Kindern in Fördereinrichtungen im Kindergartenalter höher ist als im Schulalter. Ein wesentlicher Grund hierfür scheint zu sein, dass im Gegensatz zur Schulsituation in einer Kindergartengruppe die Erwartung an vergleichbaren Entwicklungsstand und Lerntempo nicht so stark vorhanden ist wie in der Schule, schon allein dadurch, dass in einer Gruppe zumeist Kinder unterschiedlichen Alters betreut werden und so beispielsweise Spielzeug und Angebote für verschiedene Entwicklungsniveaus vorhanden sind. Dies erleben auch viele Eltern mit ihren Kindern so.

Insbesondere für Kinder mit komplexen Behinderungen sowie für Kinder mit Verhaltensauffälligkeiten, Kommunikationsschwierigkeiten oder autistischen Zügen kann es dennoch auch hier zu Einschränkungen in der Teilhabe durch Schwierigkeiten mit den anderen Kindern und den Betreuer*innen sowie durch Probleme in der Anpassung an die Bedürfnisse des Kindes kommen. So finden Kinder mit Beeinträchtigungen möglicherweise nicht so leicht Spielpartner*innen. Manchmal entsprechen sie in ihrem Verhalten und ihren Vorlieben nicht den Erwartungen der anderen Kinder und der Erwachsenen. Auch können sie immer wieder in Überforderungssituationen geraten und sich daher zurückziehen oder mit Verhaltensauffälligkeiten reagieren. Die Bedürfnisse der Kinder unterscheiden sich ggf. deutlich von den Bedürfnissen der anderen Kinder. Werden die besonderen Ausflüge zur Feuerwehr oder Polizei beispielsweise von vielen Kindern im Vorschulalter als ein willkommenes Abenteuer erlebt, können sie Kinder mit autistischen Zügen stark irritieren, da sie eine Unterbrechung der gewohnten Rituale und Abfolgen bedeuten, die den Kindern die notwendige Orientierung geben. Um die Teilhabe und Integration der Kinder zu verbessern, muss diesen Situationen in der Kindertagesstätte mit geeigneten Maßnahmen wie individueller Unterstützung, ruhigen, überschaubaren Räumen sowie Rückzugsmöglichkeiten und Angeboten in der Kleingruppe begegnet werden (vgl. Kap. 5.1.3 zur Förderung sozialer Fertigkeiten in der Kindertagesstätte). Dies kann aufgrund von Rahmenbedingungen (große

Gruppen, wenig Betreuungspersonen und räumliche Enge) deutlich erschwert bis quasi nicht umsetzbar sein. Auch das fehlende Fachwissen zu besonderen Kommunikations- und Orientierungsmöglichkeiten für Kinder mit Beeinträchtigungen oder konzeptionelle Aspekte wie offene Gruppen können der Umsetzung dieser Maßnahmen im Wege stehen. Im Sinne einer inklusiven Entwicklung sollten geeignete Wege gefunden werden, diese Hindernisse zu beseitigen. Für die Beratung im Einzelfall ist mir wichtig, dass die richtigen Entscheidungen für das Kind in seiner aktuellen Situation getroffen werden können. Dabei ist ein guter Blick auf das Kind, seinen Entwicklungsstand und seine Unterstützungsbedürfnisse notwendig, um abwägen zu können, in welchen Einrichtungen diese Berücksichtigung finden können.

Für Schulkinder gibt es allgemeine oder heilpädagogische Tagesstätten. Teilweise sind die heilpädagogischen Tagesstätten direkt an Förderzentren angegliedert.

> Tristan ist ein zwölfjähriger Junge, der die Regelschule vor Ort besucht. Ein sonderpädagogischer Förderbedarf ist festgestellt. Tristan erhält individualisierten Lernstoff und individuelle Unterstützung. Es geht ihm gut in der Schule, auch die Lehrer*innen sind zufrieden mit ihm, seinen Lernfortschritten und der Situation in der Klasse. Am Nachmittag besucht er die Tagesstätte der Schule, hier kommt es aufgrund seiner Verhaltensweisen immer wieder zu Schwierigkeiten. Er nimmt viele Dinge in den Mund, dies ekelt die anderen Kinder. Wenn er dann von anderen darauf angesprochen wird oder ihre Reaktionen erlebt, verstärkt dies sein Verhalten noch mehr. Tristan ist traurig, da er immer weniger Freunde hat. Die Mitarbeiter*innen in der Tagesstätte, die eine große Gruppe zu betreuen haben, fühlen sich überfordert von der Situation. Aufgrund der Probleme in der Tagesstätte wird er auch in seiner Klasse immer mehr zum Außenseiter, obwohl dort die Probleme kaum auftreten, wahrscheinlich aufgrund der stärkeren Strukturierung der Abläufe. Mit den Eltern wird überlegt, welche Möglichkeiten es gibt. Sie befürchten, eine Integrationskraft am Nachmittag könnte die Sonderstellung von Tristan in der Gruppe noch verstärken. Sie würden den Besuch einer heilpädagogischen Tagesstätte präferieren. Leider ist der Besuch der für Tristan geeigneten Tagesstätte an den Besuch der Schule des Förderzentrums, dem sie angegliedert ist, gebunden. Nach einem Jahr, in denen sich die sozialen Probleme zuspitzen, entscheiden sich die Eltern für einen Wechsel in Schule und Tagesstätte des Förderzentrums.

Für die Angebote für Kinder und Jugendliche in der Beratungsstelle bedeutet der Besuch von Tagesstätten sowie von Ganztagesschulen, dass Beratungstermine erst am späten Nachmittag möglich sind. Manchmal gibt es die Möglichkeit der individuellen Absprache, dass Kinder und Jugendliche früher abgeholt werden können oder gehen dürfen. Einige Beratungsstellen bieten in Kooperation mit Schulen und Förderzentren auch Beratung in den Einrichtungen an. An einzelnen Wochentagen, häufig freitags, sind die Betreuungszeiten ggf. kürzer, so dass Termine an diesen Tagen günstig sind. In vielen Förderzentren gibt es insbesondere in der Tagesstätte spezielle Förder- und Therapieangebote für die Kinder und Jugendlichen, wie beispielsweise ein Training der sozialen Kompetenz oder der selbstständigen Mobilität. Hier ist eine Vernetzung und Kooperation sinnvoll, um die Angebote abzustimmen und inhaltlich aufeinander aufbauen oder sich austauschen zu können, so dass für die Kinder und Jugendlichen keine Widersprüchlichkeiten entstehen, sondern die Übertragung der gemachten Erfahrungen auf andere Situationen gefördert wird.

4.4.3 Schule

Die Schule ist der Lebensraum von Kindern und Jugendlichen, der neben der Bildung auch für die soziale Entwicklung der Kinder besonders wesentlich ist. Kinder mit Beeinträchtigungen haben oft weniger Gelegenheiten als andere Kinder, Kontakte zu Gleichaltrigen außerhalb der Schule zu pflegen. Gründe hierfür können sein, dass sie bei einigen Hobbys aufgrund der Beeinträchtigung ausgeschlossen sind, dass zusätzliche Arzt- und Therapietermine freie Zeiten blockieren oder die Beförderung deutlich erschwert ist. Beim Besuch von Förderzentren leben Klassenkamerad*innen oft weit auseinander und durch Ganztagskonzepte und Busfahrten ist die Möglichkeit, sich nach der Schule zu treffen, eingeschränkt. Daher ist die Schule für sie oft der Hauptort, an dem soziales Miteinander in der Gleichaltrigengruppe gelebt wird. Hierbei können gute Erfahrungen gemacht werden, aber ebenso Ausgrenzung und soziale Schwierigkeiten erlebt werden.

Insgesamt sind das Thema Schule und die Anliegen, mit denen Familien diesbezüglich in die Erziehungsberatungsstelle kommen, kaum zu begrenzen. Leistungsaspekte, soziale Schwierigkeiten, Mobbing, Ausgrenzung, Kommunikations- und Kooperationsprobleme, Verhaltensauffälligkeiten und emotionale Probleme beim Kind, Schul- und Prüfungsangst, somatische

Beschwerden und Schulverweigerung seien als mögliche Themen genannt. Hinzu kommen Fragen zur Schulwahl und zum Förderbedarf. All diesen Inhalten kann dieses Kapitel nicht gerecht werden, es werden anhand einiger Fallbeispiele Einblicke in Fragen gegeben, die sich bezüglich des Schulbesuchs bei Kindern mit Beeinträchtigung ergeben können. Auch die Schulformen, Förderschwerpunkte, zusätzlichen Hilfen und Unterstützungen wie Schulbegleitung und sonderpädagogische Dienste können hier nur am Rande erwähnt werden. Aktuelle Informationen hierzu finden sich auf den Internetseiten der Kultusministerien der verschiedenen Bundesländer. Für die Beratung ist es wichtig, die Schulformen, inklusiven Angebote und Vorgehensweisen vor Ort zu kennen, um Familien gut begleiten zu können. Das Kennenlernen der Förderzentren mit den dort bestehenden Möglichkeiten oder einer Schule, die geeignete Konzepte für inklusiven Unterricht hat, kann zu einer guten Vernetzung und Kooperation beitragen. Ebenso kann – mit Zustimmung der Eltern und der Schule – das Hospitieren in einer Klasse, in die das in der Beratungsstelle betreute Kind geht, bedeutsame Anhaltspunkte für die Beratung liefern. Es können sich Kooperationen wie offene Sprechstunden in den Schulen oder gemeinsame Termine aus dieser Zusammenarbeit mit Schulen ergeben.

Geht ein Großteil der Kinder ohne Beeinträchtigung in die nächstgelegene Regelschule bzw. je nach Interessen und Begabungen in die weiterführende Schule in der Nähe, stellt sich für Eltern von Kindern mit Beeinträchtigungen oft die Frage nach dem passenden Schulbesuchsort für ihr Kind. Hierbei kommt es auf die regionalen Angebote an. Möglicherweise können Eltern zwischen einem Förderzentrum, einer Schule mit gezielt inklusiven Angeboten oder der Regelschule vor Ort entscheiden. Hinzu kommt, dass vielleicht unterschiedliche Förderzentren zur Wahl stehen. Ist ein sonderpädagogischer Förderbedarf festgestellt worden, muss geklärt werden, durch welche zusätzlichen Unterstützungsmaßnahmen die Bildung, Partizipation und Teilhabe des Kindes im Regelsystem gewährleistet werden kann (zu den unterschiedlichen Förderbedarfen vgl. Kap. 2.2).

Es gibt unterschiedliche Lehrpläne, beispielsweise für Regelschulen, Schulen mit dem Förderschwerpunkt »Lernen« oder »Geistige Entwicklung«. Die Lehrpläne unterscheiden sich unter anderem darin, wie einheitlich Unterrichtsinhalte, Anforderungen, Lernziele und Bewertungen definiert sind. So sind beim Lehrplan des Förderschwerpunkts »Geistige Entwicklung« die Anforderungen am stärksten individualisiert. Wird ein Kind in einer Regelschule, in der alle anderen Kinder nach dem Lehrplan der Regelschule unterrichtet werden, nach dem Lehrplan der Schulen mit Förderschwerpunkt »Lernen« unterrichtet und werden seine Leistungen danach bewertet, spricht man von zieldifferentem Unterricht. Bei manchen Kindern werden je nach Beeinträchtigungen und Lernschwierigkeiten auch die Anforderungen in den Fächern unterschiedlich bemessen, so dass beispielsweise im Fach Mathematik nach dem regulären Lehrplan der Schule unterrichtet wird, in Deutsch nach dem Lehrplan für Schüler*innen mit Förderschwerpunkt »Lernen« und in Sport die Notengebung ganz ausgesetzt wird. Die Entscheidung, ob ein Kind zielgleich oder zieldifferent zum Lehrplan der anderen Schüler*innen unterrichtet wird, kann sich im Laufe der Schulzeit verändern. Häufig schwanken Kinder zwischen Über- und Unterforderung und Lehrer*innen zwischen zu wenig und zu viel Rücksichtnahme. Dies hängt nicht allein von der Schulform, sondern auch von den Lehrer*innen ab. Es stellt sich immer wieder die Frage nach der richtigen Passung zwischen Schule und Schüler*innen, hierbei ist im Sinne der Inklusion eine Anpassung der Schulen an die Bedürfnisse der Schüler*innen zu fordern (vgl. Walter-Klose, 2012). Häufig findet sich aber noch die Einstellung, dass sich die Schüler*innen an die Anforderungen der Schule anpassen müssen.

Es kann Phasen geben, in denen die Kinder Leistungen und Mitarbeit verweigern, die Ursachen sind sowohl den Eltern als auch den Lehrer*innen und anderen Fachleuten häufig nicht klar. Unterschiedliche Einschätzungen des kognitiven Entwicklungsstandes, der Belastbarkeit und der Leistungsfähigkeit eines Schülers oder einer Schülerin führen nicht selten zu Konflikten zwischen Elternhaus und Schule. Auch sozial-emotionale Probleme sowie Verhaltensauffälligkeiten des Kindes und Erlebnisse der Ausgrenzung und von Mobbing können zu Veränderungswünschen des Kindes und seiner Familie sowie von Seiten der Schule führen. Wenn sich in der aktuellen Schule keine guten Lösungen finden lassen, beginnt häufig das Suchen nach Alternativen. Aus diesen Gründen ergibt sich auch im Laufe der Schulzeit die Notwendigkeit, über einen Schulwechsel und somit auch wieder über einen neuen, passenden Schulbesuchsort nachzudenken. In der Beratung können diagnostische Fragestellungen, die Unterstützung der Kommunikation zwischen Schule und Elternhaus sowie die Begleitung des Kindes und der Eltern in diesen Situationen wichtig sein. Da diese Erfahrungen oft für die Kinder und ihre Eltern sehr belastend sind und sie oft Unverständnis bis hin zu Schuldvorwürfen erfahren, sollten in der Beratung das Ernstnehmen der Gefühle und korrigierende Erfahrungen ermöglicht werden.

Zum Beginn der Beratung war Noah 16 Jahre alt und besuchte eine Schule mit Förderschwerpunkt geistige Entwicklung. Die Eltern berichteten, er sei die letzten Jahre in der Schule gut zurechtgekommen, erst seit einigen Monaten komme es immer wieder zu aggressiven Verhaltensweisen, bei denen er nach erwachsenen Personen geschlagen habe. Auch verweigere er in weiten Teilen die Mitarbeit und ziehe sich sehr zurück. In den Jahren vorher habe er am Unterricht im Rahmen seiner kognitiven Möglichkeiten teilgenommen, auffallend sei nur gewesen, dass er in der Schule nicht spreche, während er zu Hause auf einem einfachen Niveau verbal kommuniziere. Noah könne einfache Anleitungen gut verstehen und kommuniziere, in der Schule nonverbal, seine Bedürfnisse. Von Zuhause kenne die Familie aggressives und impulsives Verhalten von früher, dies sei aber im letzten Jahr deutlich weniger aufgetreten. Allerdings richte sich die Familie viel nach seinen Bedürfnissen. Aufgrund seines Verhaltens habe er schon eine Woche Schulausschluss erhalten.

Im Verlauf der Beratung lernte ich Noah kennen, der in der Beratungsstelle freundlich war, über seine Mutter mit mir in Einzelworten und kurzen Sätzen sprach und sich am liebsten in ein Spielhaus zurückzog. Wenn etwas gegen seinen Willen geschah, z. B. er am Ende der Stunde seine Lieblingskarten aus dem Memory der Beratungsstelle wieder zurückgeben musste, konnte dies für die Eltern eine halbstündige Verhandlung mit ihm bedeuten, womit eine massive Eskalation vermieden wurde. Bei den Terminen mit den Eltern dominierten thematisch die Schwierigkeiten in der Schule, da sich die Situation immer weiter zuspitzte. Aufgrund der Verhaltensproblematik von Noah wurden für ihn in der Schule sehr individuelle Lösungen gesucht, die ihm Rückzug und Ruhezeiten erlaubten und eine enge Bezugsperson an seine Seite stellten. Da sein aggressives Verhalten für Außenstehende oft unerwartet kam, entwickelten sich Befürchtungen vor Angriffen beim Lehrpersonal, besonders auch die Sorge, diese könnten sich gegen Mitschüler*innen richten. Es drohte ein langfristiger Schulausschluss, wenn sich an dem Verhalten nichts verändern würde. Es fanden mehrere gemeinsame Gespräche in der Schule statt, in denen über pädagogische Möglichkeiten von Seiten der Schule und diagnostische und beraterische Fragestellungen auf Seiten von Noah und seiner Familie gesprochen wurde. Die Familie suchte sich an verschiedenen Stellen Unterstützung. Es wurde aus sozialpädiatrischer und psychiatrischer Sicht nach Ursachen für die Verhaltensänderung gesucht, die diese aber nicht eindeutig klären konnten.

Es entwickelte sich mehr und mehr eine deutliche beidseitige Vorwurfshaltung zwischen Schule und Elternhaus. Die Belastung aller Beteiligten war sehr hoch, vor allem, da sich Alternativen wie Schulwechsel aufgrund der Zuteilung der Schüler*innen in die Förderzentren nach bestimmten Wohnorten und Förderschwerpunkten als schwierig erwiesen. Auch Noah litt sehr unter den Anspannungen und Unsicherheiten.

Als Beraterin stand ich immer wieder vor der Frage, welchen Auftrag ich von wem bekam, wer welche Erwartungen an mich hatte und was meine Aufgabe in dieser komplexen Situation war. Die interkollegiale Supervision konnte ich nutzen, um Klarheit über meinen Auftrag, meine Ziele und Grenzen zu erlangen und diese dann gut kommunizieren zu können. Dabei ergab sich für mich folgende Rolle: In der Beratung sah ich es als meine Aufgabe, einerseits immer wieder mit der Familie den Überblick über die vielen Themen und das komplexe System an Helfer*innen zu erlangen. Andererseits bemühte ich mich, durch Austausch mit dem Netzwerk aus Kooperationspartner*innen nach konkreten Möglichkeiten zu suchen, wie es für die Familie weitergehen kann. Ein weiteres wichtiges Thema war, mit den Eltern zu schauen, wie sie bei den großen Sorgen und der eigenen Betroffenheit weiterhin ihrem Kind einen guten Rahmen geben und auf sich selbst achten können. Auch besprachen wir den Umgang mit Noah zu Hause, wobei es oft um Konsequenz oder Nachgeben der Eltern bei Forderungen oder Weigerungen von Noah ging.

Nach einem extrem schwierigen halben Jahr für die Familie, aber auch für die betreuende Schule, wechselte Noah schließlich an eine andere Förderschule. Dort wurde versucht, ihn wieder in den Schulalltag zu integrieren. Weiterhin zog er sich sehr zurück und nahm nur zum Teil an Aktivitäten der Klasse teil. Aber es kam nicht mehr zu aggressiven Verhaltensweisen gegenüber anderen Personen. Noah ging gern in die neue Schule, äußerte aber zugleich immer wieder den Wunsch, an die alte Schule zurückzukehren. Die Belastungen des halben Jahres wirkten in der Familie noch deutlich nach, die Mutter musste sich aufgrund starker Erschöpfung krankmelden. In der Beratung konnte der Schwerpunkt wieder konkret auf den Umgang mit dem Verhalten von Noah zu Hause und andere familiäre Themen gelegt werden.

Auch in Förderschulen kann es aufgrund von Verhaltensauffälligkeiten zu Einschränkungen in der Partizipation und Teilhabe kommen, wie das obere Beispiel zeigt. Besucht ein Kind mit Beeinträchtigungen und zusätzlichen Verhaltensauffälligkeiten die Regelschule, sind es oft die Verhaltensauffälligkeiten und die Schwierigkeiten in der sozialen Teilhabe und der Anpassung an schulische Abläufe und soziale Regeln, die zu einem Wechsel in Förderschulen führen. Sprachliche und soziale Kompetenzen sind positive Prädiktoren für das Gelingen von Inklusion (Walter-Klose, 2016c, 2012).

Aber auch Schwierigkeiten, die andere Schüler*innen genauso betreffen, können Inhalte von Beratung sein, wie das folgende Beispiel eines Schülers mit einer körperlichen Beeinträchtigung und Prüfungsangst zeigt.

> Luca kam als 16-jähriger Schüler in die Beratungsstelle. Er sei oft sehr aufgeregt und habe große Prüfungsangst. Auch komme er abends kaum zu Ruhe und müsse über vieles nachdenken. Luca hat eine Zerebralparese, er nutzt einen Rollstuhl und kann am Rollator kurze Strecken laufen. Seine Aussprache ist etwas undeutlich, er arbeitet mit einem Computer mit Spracherkennung und kann erschwert und langsam selbst mit Stift oder am Computer schreiben. Er besucht die Regelschule mit Unterstützung durch eine Schulbegleiterin. Seine Noten seien gut bis mittel, er sei ein sehr fleißiger Schüler und lerne viel. Bei Prüfungen erlebe er regelrechte Blackouts und könne sein Wissen häufig nicht gut abrufen. Am Ende dieses Schuljahrs stehen die Abschlussprüfungen für die Mittlere Reife an. In der Schulklasse habe er keine festen Freunde. Er reite sehr gern, beim Reitstall habe er intensive soziale Kontakte. Er erhalte viel emotionale und Alltagsunterstützung in der Familie.
>
> In den ersten Stunden arbeiten wir an Ressourcen und den positiven Dingen in Lucas Leben. Besonders positiv erlebt er alles, was mit Pferden und Reiten zu tun habe.
>
> Als einen Weg, mit der Anspannung und Aufregung umzugehen, will Luca Entspannungstechniken ausprobieren. Ich bespreche mit ihm, dass er mir Rückmeldung geben muss, was ihm guttut, da ich nicht weiß, wie sich beispielsweise eine Fokussierung auf einzelne Körperteile auf seine Schmerzwahrnehmung auswirkt. Insgesamt kommt er damit gut zurecht. Wir suchen ein Entspannungsbild, spontan fällt ihm das Reiten ein. Wir üben, dass er sich diese Situation vorstellen kann. Im weiteren Verlauf hilft ihm in manchen Situationen die Entspannungstechnik, bei sehr hoher Anspannung ist sie aber teilweise kontraproduktiv und löst eher noch stärkere Panik aus. Er lernt, diese Situationen einzuschätzen. In einer Stunde male ich auf seine Anweisung einen Gefühlskreis (vgl. Kap. 6.3.4). Neben Glück, Freude, Angst, Trauer, Wut und Ausgeglichenheit fügt er als eher ungewöhnlichere Gefühle »Schmerzenfühlen« und Schwerelosigkeit hinzu. Das Gefühl der Schwerelosigkeit kennt er vom Reiten, sonst ist es eher gering. Das »Schmerzenfühlen« ist fast immer da und oft hoch, am niedrigsten beim Reiten, am

höchsten im Alltag bei Anspannung und Aufregung. Die Schmerzen seien oft kombiniert mit vermehrten unwillkürlichen Bewegungen und Koordinationsproblemen durch die Spastik, er sei dann oft im Unterricht nicht in der Lage, sich zu beteiligen. Er habe seinen Lehrer*innen und Mitschüler*innen noch nie davon erzählt. Oft habe er Sorgen, wie diese seine unwillkürlichen Bewegungen und sein Rückzugsverhalten bei Schmerzen interpretieren. Bei einem Termin mit der Beratungslehrerin, der Schulbegleiterin, Luca und mir in der Schule wird diese Situation besprochen. Luca ist es sehr wichtig, dass die Information über die Beratungslehrerin an die anderen Lehrer*innen weitergegeben wird, auch wenn er keine anderen Reaktionen oder Rücksichtsnahmen dadurch erwartet, da er sich in der Schule gut behandelt und verstanden fühlt. Zusätzlich geht Luca mit seiner Mutter noch einmal zum Arzt, um zu schauen, ob es eine medikamentöse Möglichkeit zur Behandlung der schmerzhaften Anspannungen gibt.

Modelle zu Stress- und Angstreaktionen und konkrete Planungen zur Verteilung der Lerninhalte vor der Prüfung helfen Luca in der Vorbereitung auf seinen Abschluss. Auch nutzt er Beratungstermine für andere Themen, die ihn beschäftigen, wie behindertenfeindliche Äußerungen anderer und unklare berufliche Zukunftsperspektiven. Oft betont Luca, wie hilfreich er die Beratung empfindet. Nach seinen Prüfungen kriege ich die Rückmeldung, dass er alle Prüfungen geschafft hat und sich sogar noch in einigen Noten verbessert hat.

Kinder mit Beeinträchtigung haben manchmal aufgrund ihres erhöhten Unterstützungsbedarfs, einer engen Bindung an das Elternhaus sowie traumatischer Erfahrungen wenig Erfahrungen mit außerhäuslichen Übernachtungen. Hieraus können sich bei anstehenden Freizeiten oder Schullandheimaufenthalten Beratungsanliegen ergeben:

Samuel kam mit einem genetisch bedingten Syndrom auf die Welt. In Folge dieses Gendeffekts und zusätzlicher medizinischer Gründe hatte Samuel häufige Krankenhausaufenthalte mit teilweise großen Operationen. Mit neun Jahren schlief Samuel noch im Bett seiner Eltern und suchte dabei sehr die körperliche Nähe. Bei anderen Personen zu schlafen, traute er sich nicht. Die Eltern sahen dieses Verhalten als Folge der frühen Erfahrungen. Neben den Erfahrungen von Samuel sahen sie ihr eigenes Verhalten als Ursache für die jetzige Situation, da es für sie nach den Krankenhausaufenthalten selbstverständlich war, dass Samuel wieder bei ihnen schlafen durfte. Da ein Schullandheimaufenthalt anstand, schien es an der Zeit zu sein, Samuel zu unterstützen, wieder im eigenen Bett zu schlafen. Mit unterschiedlichen Ideen, verhaltenstherapeutischen Methoden und selbstwertfördernden und imaginativen Angeboten wurde an dem Thema gearbeitet, zu Hause änderte sich aber kaum etwas bezüglich der Schlafsituation. Kurz vor dem Schullandheimaufenthalt malte Samuel in der Beratungsstunde ein Comic, in dem er die Tage und Nächte des kommenden Schullandheimaufenthalts darstellte. Es zeigte sich, dass er schon sehr genau wusste, was alles geplant war und sich sehr auf die Unternehmungen freute. Auch hatten die Eltern mit der Lehrerin schon über die Schlafsituation gesprochen. Samuel malte auf eines der Bilder den Schlafraum mit seinen Freunden, seinem Kuscheltier und der angelehnten Tür, sowie die Lehrerin, zu der er kommen kann, wenn er nachts Angst hat. Mit der Zusatzmotivation einer Großpackung Chips, die seine Mutter ihm versprach, wenn er es schafft, fuhr Samuel mit ins Landschulheim und blieb bis zum Ende. Er war sehr stolz. Zu Hause schlief er weiterhin im Bett seiner Eltern.

In diesem Beispiel wird deutlich, wie traumatische Erfahrungen sich langfristig auf Verhaltensweisen und Familiengewohnheiten auswirken können. Dabei ist zu berücksichtigen, dass häufig alle Familienmitglieder die potenziell traumatischen Situationen wie Krankenhausaufenthalte, epileptische Anfälle der Kinder oder lebensbedrohliche Situationen miterleben. Für wen die Situation langfristige Auswirkungen im Sinne von posttraumatischen Folgen hat, für die Eltern, die Geschwister oder das Kind selbst, kann unterschiedlich sein. Ansätze, die die ganze Familie in die Behandlung der posttraumatischen Störungen miteinbeziehen, sind daher sinnvoll (vgl. Korritko & Pleyer, 2012).

Auch Schulvermeidung oder Schulverweigerung sind Beratungsanlässe bei Kindern und Jugendlichen mit Beeinträchtigung. Die Beratung beginnt in der Regel mit dem Versuch, gemeinsam mit dem Kind, den Eltern, der Schule und ggf. weiteren Beteiligten die Ursache für das Fernbleiben von der Schule herauszufinden. Die Ursachen können im Bereich der Leistungsanforderungen zu finden sein und mit Über- oder Unterforderung zu tun haben. Innerhalb der Schule können negative Erfahrungen mit Lehrer*innen und Mitschüler*innen, Mobbing oder Ausgrenzung eine wesentliche Ursache sein. Aber auch familiäre Faktoren wie sehr enge Familiensysteme oder Ängste des Kindes, es könne während seiner Abwesenheit den Eltern etwas zustoßen, sollten berücksichtigt werden. Neben der Vermeidung von Anstrengung und dem Suchen nach spannenderen oder angenehmeren Beschäftigungen als Schule können psychische Probleme der Schüler*innen, insbesondere Angststörungen, eine wesentliche Rolle spielen. In der Beratung ist hier sowohl die Arbeit mit dem Kind oder Jugendlichen und den Eltern als auch eine gute Kooperation mit der Schule sinnvoll. Ggf. kann eine psychotherapeutische oder (teil)stationäre Behandlung des Kindes notwendig sein.

Die gesellschaftliche sowie wissenschaftliche Diskussion um das Thema Inklusion in der Schule wird kontrovers geführt. Je nach Haltung werden die Vorteile der Spezialisierung, der passgenauen Förderung, des Schutzraumes und der sozialen Chancen des Fördersystems hervorgehoben. Auf der anderen Seite wird für die inklusive Schule als Menschenrecht und bestmögliche Form der Bildung zur Vermeidung von Ausgrenzung und Diskriminierung, Normalisierung und Teilhabe plädiert. Auf diese Diskussion wird hier nicht eingegangen. Mein Ansatz in der Beratung ist es, die vorhandenen Systeme zu kennen und jedes Kind und seine Familie auf dem Weg zu begleiten, den sie für sich gewählt haben. Wenn Familien noch in der Entscheidungsphase sind, bemühe ich mich möglichst unabhängig und unvoreingenommen, die Familie zu unterstützen, den für sie und ihr Kind bestmöglichen Weg zu finden. Dabei sind die Bedürfnisse des Kindes, die Haltungen und Vorstellungen der Familie, die Machbarkeit und die regionalen Möglichkeiten zu berücksichtigen.

Familien, die sich entscheiden, für ihr Kind mit Beeinträchtigung den inklusiven Weg zu gehen, stehen häufig vor einigen Herausforderungen. Der Anspruch auf inklusive Bildung, wie sie in der UN-Behindertenrechtskonvention beschrieben wird, ist noch keine Selbstverständlichkeit und für ein gutes Gelingen ist oft ein hohes Engagement der Eltern vonnöten (vgl. Langner, 2012).

> Marisa besucht zum Zeitpunkt der Beratung die Mittelschule. Vorher war sie in einem Regelkindergarten und einer Grundschule, in der sie »inklusiv« beschult wurde. Sie hat eine Hemiparese und Beeinträchtigungen beim Lernen. Sie erhält Unterstützung von einer Schulbegleiterin und dem mobilen sonderpädagogischen Dienst. Sich lange zu konzentrieren, fällt ihr schwer. Gegenüber den Lehrer*innen ist sie eher schüchtern, mit der Schulbegleiterin gibt es manchmal Konflikte. Sie hat mehrere Freundinnen in der Klasse. Dies berichteten ihre Eltern, die sich sehr bewusst für den »inklusiven Weg« für ihre Tochter entschieden haben, auch wenn sie immer wieder auf Widerstände gestoßen sind und andere Empfehlungen erhalten haben. Sie konnten aber beobachten, dass ihre Tochter auf ihrem Weg sehr selbstständig werden konnte und sich in der sozialen Gemeinschaft ihrer Klasse wohl fühlt. Bezüglich der Lernfortschritte sind sie manchmal unsicher, da sie nicht genau wissen, was sie von Marisa erwarten können. Der individualisierte Unterricht gelingt unterschiedlich gut, manchmal scheinen Anforderungen nicht richtig angepasst, sondern zu schwer oder zu leicht zu sein. Die Kommunikation mit den Lehrer*innen und der Schulbegleiterin gestaltet sich nicht immer einfach, immer wieder stellen die Eltern sich die Frage, wie viel Engagement sinnvoll ist oder wo es von der Schule als eher schwierig angesehen werden könnte. Die Eltern wünschen sich eine offenere und konstruktivere Kommunikation. Mit zunehmendem Alter wurden soziale Themen schwieriger. Nachdem Marisa die ersten Schuljahre in ihrer Klasse immer sehr gut integriert war und mehrere gute Freundinnen hatte, schien dies mit zunehmenden Alter nicht mehr so selbstverständlich, auch wenn Marisa immer noch wechselnde Freundinnen in der Klasse hatte und sich selbst nicht beschwere.
>
> Ein weiterer Faktor, der für die Eltern erschwerend hinzukam, waren Hindernisse beim Beantragen von Hilfen, die die Teilhabe von Marisa ermög-

lichen sollten. Hierbei erfuhren sie immer wieder, dass diese Hilfen sehr viel einfacher zu erlangen seien, wenn sie sich für ein Förderzentrum entscheiden würden, statt die inklusive Beschulung zu wählen. Es bedurfte immer wieder eines hohen Engagements der Eltern für das Erreichen der nötigen Unterstützungen. In der Beratung ging es um die hohe Belastung der Eltern durch die vielfältigen organisatorischen Notwendigkeiten, die äußeren Widerstände und die sozialen und emotionalen Auswirkungen. Überlegungen, dass die Beschulung in einem Förderzentrum vielleicht der leichtere Weg sein könnte, bei dem vieles selbstverständlich organisiert ist (Fahrten, Therapien, sonder- und heilpädagogisches Wissen), wurden der Grundhaltung zur Inklusion und deren Vorteilen gegenübergestellt. Marisa selbst stellte diesen Weg nie in Frage.

Einige Zeit nach Beendigung der Beratung erfuhr ich in einem Telefonat mit der Mutter, dass Marisa ihre Schulzeit in der Mittelschule bald regulär beenden würde und einen Ausbildungsplatz an einer Arbeitsstelle, an der sie Praktikum gemacht hat, in Aussicht gestellt bekommen habe. Ob sich der inklusive Weg mit der Berufsschule fortsetzen ließe, sei aber noch ungewiss. Alternativ könne sie noch in ein Förderzentrum wechseln. Beiden Optionen stehe die Familie offen gegenüber.

Eine gestörte Kommunikation und mangelnde Kooperation zwischen Eltern und Schule führt immer wieder zu Unzufriedenheit auf beiden Seiten: Lehrer*innen und andere Mitarbeiter*innen in Schulen erleben die Anspruchshaltung von Eltern als sehr hoch, sie erleben eine einseitige Sicht auf das Kind als Opfer oder wenig Interesse und Engagement am Austausch zwischen Schule und Eltern. Eltern wiederum erleben manchmal eine geringe Bereitschaft, sich auf gemeinsame Gespräche einzulassen, sie fühlen sich von Lehrer*innen und Schulleiter*innen abgewiesen und als »komplizierte« oder »überbehütende« Eltern beurteilt. Oder sie erleben, dass sie immer nur die schwierigen Verhaltensweisen ihrer Kinder mitgeteilt bekommen, teilweise mit dem Auftrag, Verhalten, welches das Kind in der Schule zeigte, zu Hause zu bestrafen. Teilweise basieren diese Schwierigkeiten auf kommunikativen Missverständnissen oder aber auch auf sehr unterschiedlichen Sichtweisen. Als Berater*in gelingt es manchmal, vermittelnd bei Gesprächen zwischen Eltern und Lehrer*innen dabei zu sein und gemeinsame Ziele und Perspektiven zu entwickeln. Mit der Thematik beschäftigen sich auch Wissenschaftler*innen und reflektieren, wie eine gelingende Kooperation zustande kommen kann (vgl. Eckert, 2014; Cloerkes, 2007, S. 303 f.).

5 Lebensphasen der Kinder

Lebensphasen der Kinder wie die Zeit von der Geburt bis zur Einschulung oder die Adoleszenz bringen unterschiedliche Entwicklungsschwerpunkte und inhaltliche Themen mit sich. In diesem Kapitel werden exemplarisch Inhalte, die Gegenstand der Beratung von Kindern und Jugendlichen mit Beeinträchtigung und ihren Familien sein können, in diesen verschiedenen Phasen benannt und mit Praxisbeispielen veranschaulicht.

5.1 Von der Geburt bis zur Einschulung

In Kapitel 3.1 wurde dargestellt, dass die Erziehungsberatungsstellen besonders von Familien mit Kindern zwischen sechs und vierzehn Jahren aufgesucht werden. Angebote wie die »Frühen Hilfen« sprechen gezielt Familien mit Säuglingen und jüngeren Kindern an, in vielen Erziehungsberatungsstellen gibt es hierfür inzwischen extra ausgebildete Fachkräfte.

Meine bisherigen Erfahrungen sprechen dafür, dass das Angebot der Beratung für Familien mit Kindern mit Behinderung eher selten von Familien mit Kindern bis zum Vorschulalter genutzt wird. Hierfür gibt es gute Erklärungen: Zum einen zeigen sich einige Beeinträchtigungsformen erst deutlich ab dem (Vor-)Schulalter und die Diagnose einer Beeinträchtigung wird oft auch dann erst gestellt (vgl. Retzlaff, 2010, S. 43). Zum anderen gibt es für den vorschulischen Bereich ein flächendeckendes Netzwerk von interdisziplinären Frühförderstellen, deren Angebote neben der Förderung des Kindes auch die Begleitung der Familien beinhaltet. Kinder mit einer bestehenden oder drohenden Behinderung haben nach § 46 SGB IX einen Rechtsanspruch auf Förderung durch interdisziplinäre Frühförderstellen oder nach Landesrecht zugelassene Einrichtungen mit vergleichbarem interdisziplinärem Förder-, Behandlungs- und Beratungsspektrum. Die Beratung, Unterstützung und Anleitung der Eltern sind Bestandteil der Komplexleistung Frühförderung (vgl. BMJV, 2019; Sarimski, 2017; Gebhard et al., 2016; Eckert, 2008b; Engelbert, 1999, S. 167 f.). So finden hier viele Eltern Unterstützung. Hinzu kommen Beratungsangebote der Schwangerenberatungsstellen und der medizinischen Einrichtungen. Im Folgenden wird auf dieses Altersspektrum kurz eingegangen, zur Vertiefung wird auf Fachwissen und Veröffentlichungen aus dem Bereich der Frühförderung verwiesen (z. B. Sarimski, 2017; Leyendecker, 2008). Das Wissen um besondere Situationen und Herausforderungen der Familien mit Kindern mit Beeinträchtigungen in diesem Alter ist auch hilfreich für das Verstehen der Familien in späteren Lebensphasen ihrer Kinder.

5.1.1 Umgang mit der Diagnose

Bei Kindern mit angeborenen Beeinträchtigungen oder Beeinträchtigungen durch Schädigungen in der Schwangerschaft oder während der Geburt erfahren Eltern oft kurz nach der Geburt, dass ihr Kind eine Beeinträchtigung hat oder in seiner Entwicklung von einer Behinderung bedroht ist. Über diese Zeit berichten viele Eltern von einer hohen Belastung. Dies wird häufig durch eine hilflose bis negative Reaktion der Fachleute und der Umwelt verstärkt. Die Eltern und ihr persönliches Umfeld waren eben noch in »freudiger Erwartung«. Die Erwartung betraf die Geburt eines gesunden, sich »normal« entwickelnden Kindes. Nun ist alles anders. Viele Eltern haben über eine solche Möglichkeit vorher nicht nachgedacht, oder sie war eine eher diffuse Sorge oder Angst während der Schwangerschaft (vgl. Hennemann, 2011; Lotz, 2004; Hinze, 1999). Nicht alle Familien erleben die Geburt eines Kindes mit Beeinträchtigung bzw. die Nachricht, dass ihr Kind eine Beeinträchtigung hat, als Schock oder Krise (Cloerkes, 2007, S. 284 f.). Unabhängig davon, wie der erste Moment erlebt wird, gelingt es einigen Müttern und Vätern, ihr Kind sofort vorbehaltlos anzunehmen, manche brauchen hierfür etwas Zeit. Dies kann sich auch innerhalb des Elternpaares unterscheiden. Wie geht man mit der Beeinträchtigung des Kindes gegenüber der sozialen Umwelt um, was schreibt man in die Geburtsanzeige, was berichtet man den Freund*innen und Kolleg*innen? Besonders eindrücklich haben Eltern selbst die Situation nach der Diagnosemitteilung beschrieben (vgl. Müller, 2015; Toulmé, 2015; Gusti, 2014; Kingsley, 2011).

In der Fachliteratur finden sich viele Beiträge zum Thema Diagnosestellung, in denen es entweder mehr um die Reaktionen und Verarbeitung der Betroffenen und ihrer Familien oder ebenfalls darum geht, was bei der Diagnosemitteilung berücksichtigt werden sollte und wie Fachleute die Betroffenen und ihre Familien begleiten sollten (vgl. Hennemann, 2011; Neuhäuser, 2003; Hinze, 1999).

Wenn in der Pränataldiagnostik schon Hinweise oder Gewissheiten für die Beeinträchtigungen vorlagen und Eltern sich ggf. bewusst mit den möglichen Erscheinungsformen der Beeinträchtigung und ihren Auswirkungen sowie dem Thema einer möglichen Abtreibung auseinandersetzen mussten, gingen der Geburt schon viele Sorgen und Belastungen voraus.

Wenn auf der anderen Seite zwar auffällt, dass etwas in der Entwicklung des Kindes nicht normal ist, aber noch nicht festzustellen ist, was und mit welchen Folgen, durchleben die Eltern eine Phase der Ungewissheit.

In diesen Situationen können Familien nicht, wie eigentlich gewünscht, in Ruhe ihr neugeborenes Kind in Empfang nehmen und sich als Familie neu kennenlernen, sondern sind in Sorge um die Gesundheit und Entwicklung des Kindes und müssen von Anfang an viele Arzttermine und Krankenhausaufenthalte koordinieren. Diese Situation kennen auch Eltern von (extrem) frühgeborenen Kindern. Nachdem während und kurz nach der Geburt alles getan wird, dass das Kind überlebt, ist im ersten Jahr die gesundheitliche und motorische Entwicklung im Blickpunkt, Entwicklungsverzögerungen und ggf. bleibende Beeinträchtigungen in der kognitiven Entwicklung sind zunächst weniger im Blickfeld.

Wie schon in Kapitel 4.1 beschrieben, bedeutet die Lebenssituation mit einem Kind mit Behinderung nicht immer und nur ein Leben mit Belastungen, Trauer und Schwere. Das Leben und die Erfahrungen mit ihrem Kind werden ebenfalls schön, bereichernd und glücklich erlebt und in den meisten Familien stellt sich zumindest nach einer gewissen Zeit eine neue, vielleicht etwas andere Normalität ein.

Kommen Eltern, die noch ganz am Beginn ihrer Auseinandersetzung mit den Beeinträchtigungen ihres Kindes stehen, in die Beratung, ist ein besonders sensibler Umgang mit ihren Themen notwendig. Insgesamt stellen die ersten Lebensjahre des Kindes eine überaus belastende, teilweise bis zur Erschöpfung führende Zeit für Eltern dar.

»Berater sollten Eltern, die sich in dieser Situation an eine Beratungsstelle wenden, in einer Haltung des besonderen Respekts und mit viel

Akzeptanz gegenübertreten. ›Das geduldige Zuhören ist die Hauptregel‹ (Gerlicher, 1991, 270). Meistens haben die Eltern für die Förderung ihrer Kinder mehr getan, als in ihren Kräften stand. Besonders die Mütter leiden in dieser Phase nicht selten unter chronischen Erschöpfungszuständen und irrationalen Schuldgefühlen, suchen jedoch auch stärker als ihre Partner nach sozialer Unterstützung (s. Rogner & Wessels, 1994; Pfeiffer, 1989).« (Kassebrock, 1998, S. 187)

Neben der Berücksichtigung der emotionalen Situation jedes einzelnen Familienmitgliedes sind unterschiedliche Copingstrategien beim Umgang mit der Situation zu berücksichtigen (vgl. Kap. 4.1, 4.2). Auch kann es sein, dass sich die Familienmitglieder unterscheiden, inwieweit sie das Kind mit seiner Beeinträchtigung oder auch nur die Beeinträchtigung/Behinderung oder Erkrankung des Kindes akzeptieren und annehmen. Hier können sich nicht nur die Eltern unterscheiden, auch Geschwister, Großeltern oder andere nahestehenden Personen wie Tanten und Onkel, Pat*innen und enge Freund*innen sind hierbei oft wesentlich beteiligt und können ggf. in die Beratung miteinbezogen werden. Es kann ebenfalls hilfreich sein, mit Eltern gemeinsam die vorhandenen Arztbriefe und Berichte durchzugehen, wenn noch Fragen ungeklärt sind, um mit den Eltern zu überlegen, an wen sie sich mit diesen Fragen wenden können, und ihnen zu helfen, bei den vielen Terminen, Hilfesystemen und Notwendigkeiten den Überblick zu behalten. Am wichtigsten ist es sicherlich, wenn Eltern die Beratungsstelle aufsuchen, ihnen einen Raum zum Durchatmen zu geben, in dem sie erzählen und schweigen dürfen und in dem die unterschiedlichen, mit der Situation verbundenen Gefühle Raum haben dürfen. Das Tempo und die Themen müssen die Eltern vorgeben dürfen (Kassebrock, 1998). Allerdings zeigt sich immer wieder, dass nur wenige Eltern solch einen Raum für sich suchen, schon gar nicht in der Anfangszeit, sondern ihre Hilfesuche sich vorwiegend auf die Bedarfe ihrer Kinder mit Behinderung bezieht (Engelbert, 1999, S. 275 ff.). Insofern sind Konzepte von Frühförderstellen und spezifische Angebote in vielen Kliniken z. B. für frühgeborene Kinder sehr sinnvoll, wenn diese neben der Versorgung der Kinder die Familien, das heißt in der Regel Eltern und Geschwister, mit in den Blick nehmen.

5.1.2 Familiäre Veränderungen

Die Geburt eines Kindes führt in jeder Familie zu Veränderungen in den Rollen und in der Lebensgestaltung. Die Eltern oder zumindest ein Elternteil müssen für einen gewissen Zeitraum eigene Bedürfnisse hintanstellen. Nicht nur die eigene Freizeit und berufliche Situation müssen angepasst werden, auch kommt es – je nach Veranlagung des Kindes – zu Schlafmangel und weiteren Anforderungen an die Eltern. Es kann eine sehr anstrengende Zeit sein, und Pläne, die vor der Schwangerschaft gemacht wurden, müssen ggf. verändert werden. Vielleicht machen Eltern die Erfahrung, dass der Wiedereinstieg in den Beruf erst ein halbes Jahr später gelingt oder sie ihre Vollzeittätigkeit in eine Teilzeitstelle umwandeln. Und auch Eltern eines gesunden und altersentsprechend entwickelten Kindes wissen nicht, wie viel Unterstützung ihr Kind später, z. B. in der Schule, brauchen wird. Aber sie können aus den Erfahrungen ihrer eigenen Kindheit, dem Leben von Freund*innen und Bekannten mit Kindern oder den Vorerfahrungen mit eigenen Kindern ungefähr einschätzen, wie sich ihr Leben weiterentwickeln wird. Sie können davon ausgehen, dass die große Abhängigkeit des Kindes, der große Aufwand an Pflege, Aufmerksamkeit und Fürsorge nach und nach weniger werden wird. Sie rechnen damit, dass das Kind mit etwa einem Jahr laufen lernen wird und ab da mehr und mehr seine Bedürfnisse sprachlich mitteilen können wird. Später wird es selbstständig zur Schule gehen und Freund*innen besuchen.

Eltern, deren Kind mit einer Beeinträchtigung geboren wird, wissen das oft nicht. Sie können sich noch nicht vorstellen, wie sich das Leben mit dem Kind gestalten wird. Sie hören Prognosen, lesen Beispiele von Kindern mit denselben Beeinträchtigungen, aber die Ungewissheiten sind viel größer. Es kann schon früh deutlich werden, dass das Kind über lange Zeit, vielleicht sein Leben lang, hohen Unterstützungsbedarf in der Pflege und in der Lebensführung haben wird. Vielleicht werden immer wieder Krankenhausaufenthalte notwendig sein. Das heißt, das Leben verändert sich für die ganze Familie auf ungeplante und noch ungewisse Weise. Dies führt noch viel stärker als bei der Geburt eines Kindes sonst zu neuen Rollenverteilungen und langfristig zu neuen Werteorientierungen (vgl. Kap. 4.1, 4.2, 6.1).

In einer Befragung von Eltern eines Kindes mit Behinderung bewerten 95 % der Eltern die Geburt eines Kindes mit einer Beeinträchtigung als eine Belastung und Herausforderung in ihrem Leben. Aber zugleich können sie diese Zeit, zumindest retrospektiv, auch als Bereicherung sehen. Gründe für beides liegen oft nah beieinander. Als Belastungen werden die Verarbeitung der Diagnose, die Konfrontation mit negativen Reaktionen der Öffentlichkeit, Abwendung von Freund*innen und Familie, Neustrukturierung des Lebens und Ängste um das Kind genannt. Als Bereicherungen werden positive Reaktionen in der Öffentlichkeit, Unterstützung durch Familie und Freunde, die Neustrukturierung des Lebens und die Tatsache, dass das Leben neue Relationen bekommt, erlebt (Langner, 2012, S. 19). Die Selbsteinschätzungen der Belastung von Eltern von kleinen Kindern mit unterschiedlichen Beeinträchtigungen wurden in vielen Studien erhoben, und verglichen mit anderen Eltern waren sie deutlich erhöht. Besonders die Ausprägungen kindlicher Verhaltensauffälligkeiten sind ein deutlicher Prädiktor für das Belastungserleben von Müttern. Bei etwa einem Drittel der Mütter zeigen sich Anzeichen für die Entwicklung von depressiven Symptomen (vgl. Sarimski, 2017, S. 378 ff.).

Auch die elterliche Rolle bezogen auf das Kind mit Beeinträchtigung ist komplex. Sie sind die wichtigsten Bezugspersonen, zuständig für Pflege, Versorgung und Entwicklungsförderung, werden manchmal als Ko-Therapeut*innen eingesetzt und werden Fachexpert*innen für die Beeinträchtigung ihres Kindes.

Wie bei allen Kindern sind Eltern in erster Linie die engsten Bezugspersonen, die Beziehung und Bindung zwischen Eltern und Kind ist für das Kind und seine weitere Entwicklung von großer Bedeutung. Die Entwicklung einer guten Bindung kann für Eltern mit Kindern mit Beeinträchtigungen durch frühe Trennungen bei medizinischen Komplikationen, emotionalen Belastungen der Eltern, äußere Auffälligkeiten der Kinder oder Regulationsstörungen und verminderte Reaktionen der Kinder auf die Kontaktangebote ihrer Eltern erschwert sein (vgl. Brisch, 2018; Gawehn & Dietzel, 2016; Lange, 2010; Rauh, 2007). Hier sind ggf. frühe Hilfsangebote zur Unterstützung der elterlichen Feinfühligkeit und gelingenden Interaktion zwischen Kind und Bezugsperson bedeutsam, die die Besonderheiten der Beeinträchtigung mit ihren Auswirkungen auf das Interaktionsverhalten des Kindes und das Erleben der Eltern mit berücksichtigen.

Aufwendige spezielle Pflege und Ernährung können einen großen Zeitaufwand für Eltern bedeuten. Beispielhaft seien Sondenernährung und Katheterisierung, das Einführen eines Katheters in die Harnröhre zur Entleerung der Harnblase, genannt, die bei bestimmten Beeinträchtigungen notwendig sind.

Neben den typischen Aufgaben der Betreuung und Erziehung kommen Förderung und Therapie hinzu, in die Eltern oft als Ko-Therapeut*innen miteinbezogen werden. Dass diese Rolle nicht nur unproblematisch ist, wird immer wieder und schon lange diskutiert (Speck & Warnke, 1989, vgl. Kap. 4.4.1). Dennoch bleibt es beispielsweise bei bestimmten körperlichen und motorischen Beeinträchtigungen nicht aus, dass Eltern gewisse Übungen mit den Kindern machen, die sehr regelmäßig durchgeführt werden müssen.

Die meisten Eltern entwickeln in diesen ersten Jahren eine Fachexpertise für die Erkrankung oder Beeinträchtigung ihres Kindes, mit der sie oft auch den Fachleuten in einigen Wissensbereichen voraus sind, insbesondere wenn es sich um seltene Beeinträchtigungen oder Erkrankungen handelt. Diese Situation hat zwei Seiten: Einerseits müssen die Eltern mit dem Wissen über die Beeinträchtigung und ihrer Einschätzung und Beobachtung des eigenen Kindes ernst genommen werden. Das beinhaltet, dass sie Informationen auf Augenhöhe erhalten, auch um Entscheidungen, z. B. über optionale medizinische Maßnahmen oder Eingriffe, mit treffen zu können. Andererseits besteht bei vielen Eltern der Wunsch, nicht für alles verantwortlich sein zu müssen, sondern jemanden zu haben, der den Überblick über die Verläufe, notwendigen Maßnahmen und erforderlichen Fördermaßnahmen sowie die Entwicklung des Kindes behält und auf allen Ebenen mitdenkt. Viele Eltern wünschen sich, Fachleuten oder Betreuungspersonen nicht immer alles erklären zu müssen, und dann, wenn sie es erklären, ernst genommen zu werden.

Oft liegt der Fokus der gesamten Familie auf dem erhofften nächsten Entwicklungsschritt des Kindes.

> Sabrina ist zwölf Jahre alt und hat eine vierjährige Schwester, Lea, mit einer genetisch bedingten Entwicklungsstörung. Sie kommt in die Beratung, um für sich selbst einen Umgang mit der Behinderung ihrer Schwester zu finden. In der Beratung verwenden wir die Transparenttechnik, um die persönlichen Ziele von Sabrina herauszufinden. Auf ein Papier kann sie zunächst die aktuelle Situation aufmalen, wegen der sie in die Beratung kommt, und dann auf einem darüber gelegten Transparentpapier das gewünschte Ziel (vgl. Kap. 6.3.4). Sie malt zunächst ihre aktuelle Situation, die sie als »positiv, aber noch etwas vermischt« beschreibt, mit einem großen Herz in der Mitte. Als größtes Ziel, das sie im Augenblick habe, malt sie zwei ineinander verschlungene Herzchen, in einem steht »ich«, in dem anderen »kleine Schwester« und ein kleines Häkchen. Damit stellt sie ihr größtes Ziel dar: Ihre kleine Schwester kann laufen und läuft an ihrer Hand. Das Häkchen steht für »geschafft«.

Durch die Beeinträchtigung des Kindes, die damit verbundenen zusätzlichen Termine und oben beschriebene weitere Notwendigkeiten sowie die emotionale Belastung ist die Stressbelastung der Eltern erhöht. In einer Befragung von Eltern von Kindern mit Entwicklungsauffälligkeiten oder Behinderungen im Frühförderalter geben Mütter eine stärkere Stressbelastung und Erschöpfung an als die Väter. Dies kann auf die in den meisten Familien bestehende Rollenverteilung zurückzuführen sein, bei der die Mutter die Hauptverantwortung für den innerfamiliären Bereich übernimmt, teilweise noch mit zusätzlicher Berufstätigkeit kombiniert (Eckert, 2008b; zu weiteren Unterschieden zwischen Vätern und Müttern vgl. Kap. 4.2.1).

In der Beratung können all diese Themen eine Rolle spielen. Müssen Eltern Abschied von bisherigen Vorstellungen des Lebens, den vorgeburtlichen Erwartungen an das Kind und der eigenen beruflichen und privaten Rolle nehmen, kann man sie darin begleiten. Bei hoher Stressbelastung und Erschöpfung kann neben Anteilnahme und Würdigung der Leistungen, die die Familien erbringen, die Suche nach Entlastungsmöglichkeiten wichtig sein. Aufgrund der besonderen Bedürfnisse ihrer Kinder ist es für viele Eltern schwierig, eine passende Betreuung für ihre Kinder im privaten sowie professionellen Rahmen zu finden. Oft – auch aufgrund von negativen Erfahrungen – suchen sie daher schon nicht mehr nach Entlastungsmöglichkeiten wie Betreuung durch Verwandte oder Babysitter. Da die Kinder einen sehr hohen Betreuungsaufwand haben, gibt es gerade in den ersten Jahren kaum Pausen für die Eltern, und somit oft kaum Möglichkeiten, Zeit für sich, mit dem Partner oder der Partnerin oder den Geschwisterkindern allein zu verbringen. Eine an die Bedürfnisse der Familien angepasste Entlastungsmöglichkeit kann beispielsweise der Familienentlastende Dienst sein (vgl. Kap. 4.4.1). Die psychische und emotionale Verfassung der Mütter oder Väter kann Grund für die Beratung sein. Wenn die Beratung nicht ausreicht, sondern eine intensivere Unterstützung notwendig ist, kann mit dem Elternteil nach einer passenden Unterstützungsform, beispielsweise einer Psychotherapie, gesucht werden. Auch bei deutlichen Interaktions-, Beziehungs- und Bindungsstörungen zwischen Elternteil und Kind muss überlegt werden, inwieweit dies in den schon bestehenden Angeboten ausreichend therapeutisch berücksichtigt wird.

Insgesamt ist zu berücksichtigen, welche Hilfesysteme schon involviert sind, um zu entscheiden, ob die Begleitung durch die Erziehungsberatungsstelle zusätzlich notwendig und sinnvoll ist sowie, ob es Unterstützungssysteme wie z. B. die Frühförderstelle gibt, die noch nicht genutzt werden, aber ggf. die passgenauere Hilfe anbieten können. Sind mehrere Hilfesysteme involviert, ist mit Einverständnis der Eltern ein gemeinsamer Austausch über Inhalte und Ziele sinnvoll, beispielsweise in Form eines runden Tisches mit den Eltern und den beteiligten Fachpersonen.

5.1.3 Vorschulzeit

Folgende Fragen stellen sich die meisten Eltern in der Vorschulzeit ihrer Kinder: Welche Kita ist für mein Kind mit seiner Beeinträchtigung geeignet? Wo findet mein Kind Freund*innen? Wie wird der Übergang in die Schule gut gestaltet? Für welche Schule sollen wir uns entscheiden?

Schon vor dem Eintritt in die Kindertagesstätte (Kita) haben viele Familien den Wunsch, mit ihrem Kind Kontakt zu anderen Kindern und ihren Eltern zu bekommen, besonders, wenn es ihr erstes Kind ist und sie bisher wenige Kontakte mit anderen Familien mit Kindern hatten. Eltern von Kindern mit Beeinträchtigungen erleben teilweise, dass genau dieser Kontakt eine Belastung sein kann. Sei es in der Stillgruppe, bei der Rückbildungsgymnastik oder in der Eltern-Kind-Gruppe: Wie oft geht es darum, welche Entwicklungsschritte das Kind schon erreicht hat, dass es krabbelt, erste Worte spricht oder schon durchschläft. Es scheint manchmal ein regelrechter Wettkampf zwischen den Eltern bezüglich der Fähigkeiten ihrer Kinder zu herrschen. Entwickelt sich das Kind durch seine Beeinträchtigung langsamer, können diese Gespräche für Eltern sehr belastend sein und die Wahrnehmung immer wieder auf die Einschränkungen ihres Kindes lenken. Auch die mögliche Sichtbarkeit der Beeinträchtigung führt ggf. zu unangenehmen Reaktionen der Umgebung.

Manche Eltern wollen nicht immer erklären müssen, »was mit ihrem Kind los ist«. Es besteht schon zu diesem Zeitpunkt die Gefahr, dass sich Familien stark zurückziehen, um solchen Situationen zu entgehen. Eine hohe Infektanfälligkeit und Termindichte können zusätzlich die Teilnahme an Angeboten für Familien mit Babys und Kleinkindern erschweren (vgl. Carda-Döring et al., 2009; Lotz, 2004). Hilfreich ist es für manche Familien, wenn Angebote explizit »inklusiv« beworben werden.

> Lisa ist fünf Jahre alt, hat starke motorische Beeinträchtigungen und besucht einen Regelkindergarten. Die Mutter, Frau M., berichtet, in der Kita werde Inklusion gut gelebt, Lisa könne, auch ohne selbst laufen zu können, an

allen Angeboten teilnehmen und vieles werde sehr kreativ angepasst, z. B. bei Aufführungen der Kinder. Sie sei dort und im Wohnort gut integriert und habe viele Freund*innen. Frau M. ist unsicher, wie sie mit dem Wunsch von Lisa, mit den anderen Kindern auch in eine Tanzgruppe zu gehen, umgehen soll. Einerseits will sie ihr das gern ermöglichen, andererseits macht sie sich Sorgen, ob es nicht doch Unverständnis von Seiten anderer Eltern geben könnte, warum ihre Tochter, die nicht laufen kann, jetzt in die Tanzgruppe gehe. Es gäbe zwar keine offenen negativen Kommentare von anderen, die Mutter merkt aber, dass dieser Punkt für sie sehr schwierig ist. In der Beratung kommen wir auf einen Kinder-Tanzkurs zu sprechen, der explizit inklusiv ausgeschrieben ist. Dies erscheint Frau M. ein guter Kompromiss, und sie meldet ihre Tochter dort an, die ebenfalls damit einverstanden ist.

Bezüglich einer Kindertagesstättenbetreuung sehen sich Eltern oft erstmals konkret mit der Frage konfrontiert, ob sie ihr Kind im Regelkindergarten vor Ort betreuen lassen, eine Kindertagesstätte wählen, die explizit ein integratives bzw. inklusives Konzept anbietet, oder eine Förderkindertagesstätte bzw. eine schulvorbereitende Einrichtung (SVE). Häufig besteht bei Eltern durch unterschiedliche Empfehlungen, Meinungen und eigene Wünsche eine Konfusion, bei der sie Beratung brauchen, die ihnen hilft, ihre eigene Entscheidung zu fällen.

Herr und Frau G. wollen eine Unterstützung in ihrem Entscheidungsprozess, welche Kita sie wählen sollen. Ihr dreijähriger Sohn Tom hat eine motorische Beeinträchtigung und spricht noch wenig. Er erhält Frühförderung und ist regelmäßig in medizinischer Betreuung. Er ist sehr gern mit anderen Kindern zusammen, er schreit oder weint aber schnell, wenn etwas nicht nach seinem Wunsch geht. Er schlägt ab und zu andere Kinder, wenn sie ihn nicht so mitspielen lassen, wie er will. In der Kita, die seine große Schwester besucht, könnte Tom einen Platz haben. Dort würde er schon die Erzieherinnen und einen Teil der Kinder kennen. Es wäre geplant, eine Einzelintegrationsmaßnahme für ihn zu beantragen. Die Kindergartenleitung und das übrige Personal stehen dem offen gegenüber, sie haben aber bisher noch keine Erfahrung in der Betreuung von Kindern mit motorischen Beeinträchtigungen. Von Seiten der Frühförderung und der Ärzt*innen sei ihnen die SVE (Kindertagesstätte) eines Förderzentrums mit Förderschwerpunkt motorische und körperliche Entwicklung empfohlen worden. Hier könnte er auch seine Therapien erhalten. Die Eltern zögern mit dieser Entscheidung, da einerseits die Busfahrt dorthin für Tom recht lange dauern würde, er den ganzen Tag dort wäre und die Einrichtung in den Schulferien immer geschlossen ist. Außerdem könnte er erst im nächsten Herbst dort beginnen. Grundlegend sind die Eltern sowohl für den inklusiven Weg als auch für die Spezialisierung der Fördereinrichtung offen und sehen bei beiden Wegen Vor- und Nachteile. In der Beratung wollen sie zunächst erfahren, ob es noch andere Alternativen gibt. Sie erhalten einen Überblick über die verschiedenen SVEs vor Ort, von denen für die Eltern ebenso wie für mich die bisher angedachte SVE die passendste für Tom wäre. Es gibt noch weitere Kitas in der Umgebung, die ein explizit inklusives Konzept haben oder schon viel Erfahrung mit der Betreuung von Kindern mit Behinderung gesammelt haben. Die Eltern informieren sich noch weiter, besuchen auch einzelne Einrichtungen. Sie stellen eine Liste auf, in der sie Vor- und Nachteile der einzelnen Einrichtungen aufschreiben, hierzu gehören Erreichbarkeit, Öffnungszeiten, Kosten, Wohnort der Kinder (für Verabredungen außerhalb der Kindergartenzeiten), Ferienzeiten, Fördermöglichkeiten, Erfahrungen mit Behinderung und anderes mehr. Jede Möglichkeit zeigt Stärken und Schwächen für ihren Sohn sowie die gesamte Familie. Letztendlich entscheiden sie sich für den Kindergarten vor Ort mit Einzelintegration und der weiteren Unterstützung durch die Frühförderstelle. Mit der betreuenden Ärztin und den Mitarbeiter*innen der Frühförderstelle überlegen sie, welche Maßnahmen notwendig sind, damit Tom den Regelkindergarten besuchen kann. Sie halten es sich zudem offen, wenn sie merken, dass es Tom dort nicht so gut gehen sollte, noch einmal zu wechseln. Dies besprechen sie offen mit der Kita sowie der SVE. Den Eltern war es wichtig, bei der Entscheidung nicht nur die bestmögliche Förderung von Tom im Blick zu haben, sondern die Situation der gesamten Familie. Die Eltern erlebten es als hilfreich, in diesem Entscheidungsprozess begleitet zu werden.

Eltern haben manchmal den Eindruck, dass sie einseitig Empfehlungen für Fördereinrichtungen erhalten, beispielsweise aus einer grundlegend eher ablehnenden Haltung gegen den inklusiven Weg. Andererseits erleben sie Eigeninteressen von Regelkindertagesstätten, wie die Unterstützung der Gruppen durch Integrationskräfte oder Möglichkeiten zur Verkleinerung der Gruppengröße als Grund für die Aufnahme eines Kindes mit Behinderung. Besonders dann ist ihnen die Unterstützung durch eine »neutrale« Stelle wichtig. Ärzt*innen und Therapeut*innen haben besonders die Kinder mit ihren Bedarfen und ihre bestmögliche Förderung im Blick. Für Eltern ist aber die Entscheidung für eine Kinderbetreuung auch eine Entscheidung der ganzen Familie, die Konsequenzen hat, z. B. auf die soziale Situation im Wohnort, auf die Geschwister und den weiteren Weg ihres Kindes mit Beeinträchtigung, z. B. bei der Schulwahl. So ist es, wenn man Familien bei dieser Fragestellung begleitet, sinnvoll zu schauen, ob es schon Einschätzungen von Fachleuten zu dieser Fragestellung gibt. Wenn es diese noch nicht gibt, sollte man mit der Familie überlegen, ob eine Diagnostik bei dem Kind, die neben den medizinischen Aspekten ebenso die kognitive, motorische und sprachliche Entwicklung sowie das Verhalten und die psychosoziale Situation des Kindes berücksichtigt, sinnvoll wäre (vgl. Straßburg et al., 2018). Hierfür können sozialpädiatrische Zentren, je nach Beeinträchtigung oder Erkrankung auf diese spezialisierte medizinische Abteilungen/Einrichtungen oder Frühförderstellen sinnvoll sein. Die diagnostischen Einschätzungen können bei den weiteren Entscheidungen helfen, da genauer definiert werden kann, was für das Kind bei der Betreuung berücksichtigt werden sollte. Je nach eigenen Vorerfahrungen und Profession können diagnostische Untersuchungen und Einschätzungen in der Beratungsstelle vorgenommen werden. Allerdings ist bei vielen Beeinträchtigungen aufgrund der medizinischen Expertise, der zugrundeliegenden Erfahrungen, dem multiprofessionellen Team und der diagnostischen Möglichkeiten eine interdisziplinäre Diagnostik, z. B. in einem sozialpädiatrischen Zentrum, in der Regel vorzuziehen.

Ein wichtiges Thema in Kindertagesstätten ist die Entwicklung von Beziehungen zu Gleichaltrigen. Bestimmte Fähigkeiten erleichtern dies Kindern. Als Vorläuferfähigkeiten benennen Hay und Kolleginnen (2004, zitiert nach Sarimski, 2012b, S. 30):
– Geteilte Aufmerksamkeit
– Imitationsfähigkeit
– Verstehen sozialer Zusammenhänge
– Sprache
– Emotionale Selbstregulation
– Impulskontrolle

Einer oder mehrere dieser Bereiche können bei einem Kind mit Behinderung beeinträchtigt sein. Dies kann dazu führen, dass es hierin Unterstützung braucht, beispielsweise durch eine Integrationsfachkraft im Kindergarten. Kinder können im Alltag unterstützt werden, soziale Verhaltensweisen zu zeigen, z. B. durch Kooperationsspiele. In Kleingruppen können sie direkte

Anleitungen für das gemeinsame Spiel erhalten, Erwachsene oder andere Kinder können hierbei Modelle sein. Soziale Fertigkeiten wie Teilen, Helfen, Abwechseln und Sich-Entschuldigen, können auch gezielt trainiert werden (vgl. Sarimski, 2012b, S. 46 ff.). Auch in inklusiven Kleingruppen in der Beratungsstelle können solche Fähigkeiten geübt werden, wenn die Angebote in der Kindertagesstätte nicht ausreichend oder spezifisch genug sind.

Im Vorschulalter werden Eltern oft noch einmal stark mit den Themen »Behinderung« und »Anderssein« ihres Kindes konfrontiert. Beim Eintritt in die Schule wird von den Kindern in der Regel erwartet, dass sie eine gewisse Zeit ruhig sitzen bleiben können, sich konzentrieren und schulische Fertigkeiten, insbesondere Lesen, Schreiben und Rechnen, lernen. Sie sollen sprachliche Anweisungen verstehen, sich in einer Gruppe einordnen können, Wege beispielsweise vom Klassenzimmer zum Pausenhof selbstständig bewältigen können. Je nach Beeinträchtigung können manche Kinder diese Vorgaben nicht erfüllen. Vor der Einschulung werden noch einmal alle Defizite und Einschränkungen deutlich sichtbar, sei es in der Vorschuluntersuchung, bei der Untersuchung beim Kinderarzt bzw. der Kinderärztin oder in der Untersuchung für ein sonderpädagogisches Gutachten. Viele Eltern durchlaufen hier eine neue Welle der Trauer und anderer negativer Gefühle. Dies kann Gegenstand in der Beratung sein. Hinzu kommt die schwierige Entscheidung, welche Schule geeignet ist. Auch die Kinder selbst erleben, dass sich ggf. ihr Weg von dem der Kinder in ihrer Umgebung unterscheidet: Haben sie bis jetzt noch mit den Nachbarskindern den gleichen Kindergarten besucht, kriegen sie nun mit, dass alle anderen Kinder der Vorschulgruppe in die Schule vor Ort gehen werden. Sie selbst werden aber ab Herbst von einem Bus abgeholt, der sie an eine andere Schule mit lauter fremden Kindern fährt. Vielleicht brauchen die Kinder Begleitung, diesen Schritt für sich zu verstehen und zu verarbeiten, hierbei ist die Einbeziehung der Eltern sinnvoll. Wichtig ist auch, zu erfragen, ob es jemanden gibt, der den Weg in Frage stellt. Dies können ein Elternteil, aber auch die Großeltern sein. Es kann sinnvoll sein, diese mit in die Beratung einzubeziehen, denn wie soll das Kind sich auf diesen neuen Weg einlassen, wenn es immer wieder hört, dass es doch der falsche ist.

Weitere Themen, die sich im Zusammenhang mit dem Besuch des Kindergartens ergeben, sind in Kapitel 4.4.2 aufgeführt. Hier sei nur kurz erwähnt, dass sich im Vorschulbereich häufig ein inklusiver Weg gut verwirklichen lässt und inzwischen vielerorts Strukturen geschaffen wurden, die dabei die Bedürfnisse der Kinder individuell berücksichtigen. Ausnahmen sind oft noch Kinder mit komplexen Beeinträchtigungen oder einem sehr hohen Pflegebedarf.

Zudem kommen Eltern von Kindern im Vorschulalter mit Fragen zur Erziehung oder bei Ängsten oder Verhaltensauffälligkeiten ihrer Kinder in die Beratungsstelle. Und Eltern suchen Rat bei Familienthemen wie Trennung, Umgangsregelungen oder zu Fragen der Erziehung, hierfür verweise ich auf Inhalte in den Kapiteln 4, 5.2 und 6.2.

5.2 Von der Einschulung bis zum Jugendalter

Die Einschulung ist ein besonderer Zeitpunkt im Leben jedes Kindes und auch der Eltern. Ein Stück Loslösung von Zuhause beginnt. Kinder haben noch stärker als vorher im Kindergarten eine zweite Lebenswelt, in der sie viel Zeit verbringen, Neues lernen, sowohl auf den Lehrplan bezogen als auch in der persönlichen Entwicklung. Beim Lernen erleben sie das eigene Können, aber ebenso Grenzen. Es heißt, mit Frustrationen und Langeweile umzugehen, abzuwarten und sich auf Dinge einzulassen, die man sich selbst vielleicht nicht ausgesucht hätte. Vielleicht ist die Lehrerin viel strenger oder sanfter, als man es von zu Hause von den Eltern gewohnt ist. Soziale Erfahrungen in der Schule, auf dem Schulweg und Zuhause prägen die Kinder. Der Umgang mit den eigenen Gefühlen, Selbstständigkeit und Abhängigkeit sowie Erfahrungen mit Gleichaltrigen sind wichtige Themen in dieser Altersgruppe. Um für immer mehr Bereiche Verantwortung übernehmen und sich eigenständig in dem dafür sinnvollen Rahmen bewegen zu können, lernen Kinder in diesem Alter konkrete und ungeschriebene Regeln und Umgangsformen, die Balance zwischen Selbstbehauptung und Anpassung sowie das Einschätzen von Gefahren. Dabei hilft es, wenn sie von ihren Eltern gut begleitet werden. Einige dieser Aufgaben sind für Familien mit Kindern mit einer Beeinträchtigung besonders schwierig, beispielsweise wenn die Gefahr eines epileptischen Anfalls einen selbstständigen Schulweg in Frage stellt oder das Kind noch nicht einschätzen kann, von wem es Hilfe annehmen darf und mit wem es nicht einfach mitgehen soll. Die Selbsteinschätzung der eigenen Fähigkeiten und die Einschätzung der Fähigkeiten durch Eltern sowie Lehrer*innen können weit voneinander abweichen.

In der Beratung mit Kindern ab dem Vorschulalter eignet sich das Einbeziehen von Kinderbüchern. Speziell zu den Themen Beeinträchtigung, Behinderung, Anderssein, Gefühle und Inklusion seien exemplarisch folgende Bücher genannt:

Achilles, I. & Schliehe, K. (1993). *Meine Schwester ist behindert.* 3. Aufl. Marburg: Lebenshilfe.
Blake, Q. (2015). *Freddy und die fantastischen Fünf.* München: Kunstmann.
Cave, K. & Riddell, C. (2012). *Irgendwie Anders.* Hamburg: Oettinger.
Hout, Mies van (2002). *Heute bin ich.* Zürich: aracari.
Huainigg, F. & Ballhaus, V. (2014). *Gemeinsam sind wir große Klasse.* Berlin: Annette Betz.
Keyserlingk, L. von (1999). *Geschichten gegen die Angst.* Freiburg: Herder.
Müller, B. (2013). *Planet Willi.* 3. Aufl. Leipzig: Klett.
Schnee, S. & Sistig, H. (2011). *Die Geschichte von Prinz Seltsam. Wie gut, dass jeder anders ist!* Schwarzenfeld: Neufeld.
Thies, W. & Koch-Röttering, A. (2013). *Fred, der Frosch, und eine Schule für alle.* München: Rieder.
Tschirren, B., Hächler, P. & Mambourg, M. (2015). *Ich bin Loris. Kindern Autismus erklären.* Köln: Balance.
Villovitch, H. (2013): *Ferdinands klitzekleine Superkräfte.* Hildesheim: Gerstenberg.
Weninger, B. & Tharlet, E. (2008). *Einer für alle – Alle für einen!* 5. Aufl. Zürich: Mined.

Im Folgenden werden typische Beratungsanlässe und exemplarische Vorgehensweisen in der Begleitung und Beratung von Familien mit Kindern von sechs bis etwa zwölf Jahren dargestellt.

5.2.1 Starker Wille und Wutanfälle

Normalerweise verbindet man einen starken Willen und Wutanfälle besonders mit der so genannten Trotzphase mit etwa zwei bis drei Jahren. Aber auch Kinder im Grundschulalter können sehr wütend werden und stur auf ihren Willen bestehen. Bei Schulkindern mit intellektueller Beeinträchtigung sehen die Wutanfälle teilweise ähnlich aus wie bei den kleinen Kindern: Sie werfen sich auf den Boden, treten nach den Eltern, schreien und weinen. Das heißt, sie erleben einen kurz- bis mittelfristigen Verlust der Selbstkontrolle und der emotionalen Regulationsfähigkeit. So kann es auch zu absichtlichen oder unbeabsichtigten Selbstverletzungen kommen. Erklärbar ist dies dadurch, dass die Kinder in ihrer emotionalen Entwicklung auf dem Stand eines deutlich jüngeren Kindes stehen. Sie müssen erst noch lernen, ihre Handlungsmöglichkeiten einzuschätzen, mit Frustrationen und Begrenzungen umzugehen und ihre Emotionen wahrzunehmen, adäquat auszudrücken und zu regulieren. Oft sind Situationen für sie nicht überschaubar, oder sie erleben sich in einer für sie nicht lösbaren Zwangslage. Überschaubare und vorhersehbare Lebenssituationen, beispielsweise durch klare Abläufe und Strukturen, visuelle Orientierungshilfen und klare Sprache, helfen den Kindern, sich besser zu orientieren. Es hilft, wenn die Kinder lernen, sich mitzuteilen, ihre Gefühle und Bedürfnisse zu äußern, verbal oder durch Gebärden oder Deuten auf Bilder. Eltern können ihre Kinder weiterhin unterstützen, indem sie sie mit ihren Gefühlen ernst nehmen, z. B. durch das Benennen der Emotionen und ihnen helfen, wieder aus unangenehmen Gefühlen herauszufinden und sich zu beruhigen.

> Leopold ist acht Jahre und geht in eine Schule mit Förderschwerpunkt geistige Entwicklung. Am Wochenende bekommt er Hausaufgaben auf. Er beginnt regelmäßig hoch motiviert, doch sobald er etwas nicht so gut kann, wird er wütend, wirft das Heft vom Tisch und weint laut und langanhaltend. Wenn seine Mutter ihm helfen will, kommt es vor, dass er nach ihr schlägt oder sich selbst an den Haaren zieht. Weder gutes Zureden, noch Hilfestellungen oder Strenge helfen bisher. Mit der Lehrerin wurde schon besprochen, dass Leopold nicht unbedingt alle Aufgaben machen muss, dennoch kommt es jedes Wochenende zu dieser Situation. Mit der Mutter wird überlegt, wie die Hausaufgabensituation gestaltet werden kann, damit Leopold nicht so frustriert und wütend wird. Leopold will die Hausaufgaben oft Freitag direkt nach der Schule erledigen, wenn er schon müde ist. Die Mutter plant eine feste Hausaufgabenzeit am Samstag- und Sonntagvormittag ein und bespricht dies mit Leopold. Sie plant, mit ihm die Aufgaben auf zwei Einheiten aufzuteilen. Sie will in der Nähe sein, so dass Leopold sie zu Hilfe holen kann. In mehreren Stunden gemeinsam mit Leopold wird erarbeitet, was er machen kann, wenn etwas nicht klappt. Er übt, tief ein- und auszuatmen. Selbstinstruktionskärtchen sollen ihn unterstützen, bei Schwierigkeiten zunächst tief durchzuatmen, dann noch einmal in Ruhe über die Aufgabe nachzudenken und dann weiterzumachen, oder, wenn er Hilfe braucht, seine Mutter darum zu bitten. Wenn das alles nicht hilft, setzt sich seine Mutter zu ihm und sagt beispielsweise: »Das war schwer, den Buchstaben G schön zu schreiben und hat zweimal gar nicht geklappt, das macht dich ganz schön wütend. Du denkst gerade,

> das klappt gar nicht mehr. Vielleicht musst du erstmal kurz eine Pause machen und die Wut loswerden. Dann kommt der Mut schon wieder und du probierst es noch einmal.« Und wenn die Hausaufgaben gut beendet sind, setzen sich Mama und Leopold zusammen an den Küchentisch und trinken einen Kakao. Nach einigen Wochen berichten die Mutter und Leopold gemeinsam, dass sich die Hausaufgabensituation deutlich entspannt hat und Leopold nur noch selten wütend wird. Während ich mit der Mutter noch ein paar Worte wechsele, schreibt Leopold an die Tafel WUT, dann wischt er das W weg und macht ein M daraus: »Schau mal, Frau Walter, das W muss man einfach nur umdrehen!«

Oft können Kinder ihre Gefühle nicht gut einordnen. So merken sie nur, dass für sie etwas unangenehm ist, und reagieren – je nach Temperament und Lernerfahrungen – mit Wüten oder Weinen. Typische Situationen hierfür sind solche, in denen Kinder müde oder hungrig sind. Hierbei treten augenscheinlich unangemessene Reaktionen auf, wenn z. B. ein müdes und hungriges Kind die Mutter schlägt, als diese die Aufforderung zum Aufbruch nach Hause gibt. Treten solche Situationen häufig auf, kann es in der Beratung hilfreich sein, Eltern anzuregen, die Situationen, in denen solche Reaktionen immer wieder auftauchen, zu Hause zu beobachten und aufzuschreiben, was vorher passierte, was nachher passiert und welche weiteren Faktoren hinzukommen. Daraus können zugrundeliegende Gefühle besser eingeschätzt und die Kinder unterstützt werden, die Gefühle selbst besser verstehen zu lernen und einen Umgang damit zu finden (vgl. Verhaltensanalyse, Kap. 6.2.3). Hierbei kann das Verbalisieren der Gefühle durch die Eltern hilfreich sein.

Auch Reaktionen der Umwelt können dazu führen, dass Gefühle, Intentionen, Charaktereigenschaften und Verhalten vermischt werden.

> Jacqueline ist sieben Jahre alt. Ihre Mutter berichtet, sie sei sehr emotional. Vor allem könnten die Stimmungen von einer Minute auf die andere schwanken. Und was Jacqueline besonders schlimm erlebe, sei, wenn sie einmal kurz nicht die volle Aufmerksamkeit erhalte. Dann verhalte sie sich, als sei sie bestraft worden und sei beleidigt. Auch in den Beratungssitzungen fallen diese Stimmungsschwankungen auf. Besonders am Ende der Stunden kann sie plötzlich ganz emotional werden, sie findet dann kein Ende und wird laut und chaotisch. Als wir in einer Stunde zusammen aufmalen, welche Gefühle sie bei sich kennt, fallen ihr »fröhlich« und »bös« ein. Wir erarbeiten, dass es bei dem Gefühl, was sie »bös« nennt, verschiedene Versionen gibt, so etwas

wie ärgerlich, wie wütend, aber auch traurig. Und dass hinter dem »bös« sein oft Wünsche stehen, die sie noch nicht so gut mitteilen kann. Weiter wird mit den Eltern überlegt, wie sie Jacqueline unterstützen können, zwischen den verschiedenen Gefühlen zu unterscheiden und ihre Bedürfnisse besser auszudrücken. Sie üben, schwieriges Verhalten von Jacqueline direkt zu benennen und zu sagen, was sie sich stattdessen wünschen. Anstelle zu sagen »Sei nicht so bös!« sagen sie jetzt beispielsweise: »Du hast deine Schwester am Zopf gezogen. Schau mal, sie weint jetzt.« Oder: »Wenn du willst, dass ich mit dir ein Puzzle mache, dann sage: Ich will auch ein Puzzle mit euch machen.« Mit den Eltern wird besprochen, dass es besonders wichtig ist, gut zuzuhören und schnell zu reagieren, wenn es Jacqueline gelingt, so ihre Bedürfnisse mitzuteilen. Damit erlebt Jacqueline, dass sie besser durch das Äußern ihrer Bedürfnisse als durch Wutanfälle an ihr Ziel kommt.

Häufig entstehen durch starke Gefühlsausbrüche der Kinder auch emotionale Reaktionen bei den Eltern. Es kommt vor, dass sie die Gefühle ihrer Kinder bei sich selbst gut kennen oder aber, dass ihnen diese Gefühlskomponenten in dem Ausmaß selbst sehr fremd sind. Beides kann den Umgang mit den Gefühlen des Kindes schwierig machen. Manchmal kann es sinnvoll sein, dass sich Eltern mit ihren Gefühlen auseinandersetzen. Hierfür kann die Beratung gleichfalls genutzt werden.

Oft sind zudem Wunschvorstellungen, Gefühle und daraus entstehende Verhaltensweisen in familiären Abläufen so festgefahren, dass sich Situationen immer wiederholen. Beispielsweise ist der Vater nach einem langen Arbeitstag sehr müde und wünscht sich Ruhe und Erholung. Seine Frau wünscht sich, mit ihren Belastungen gesehen zu werden und Unterstützung zu bekommen. Sie wird wütend, wenn sie sieht, dass sich der Vater direkt auf das Sofa setzt und nicht hilft. Sie schimpft. Der Vater reagiert verärgert. Das Kind wird traurig, weil die Eltern streiten und weint wegen irgendeiner Kleinigkeit. Die Eltern schimpfen mit dem Kind, dass es immer sofort weinen muss. Das Kind wird ärgerlich, rennt aus dem Zimmer, stolpert und tut sich jetzt wirklich weh. Die Eltern trösten das Kind und suchen gemeinsam ein Pflaster. Eine gute Gemeinsamkeit ist wiederhergestellt, doch der allabendliche Weg dorthin kostet viele Pflaster und ist belastend. Für solche Situationen ist eine systemische Sichtweise auf die Situation sinnvoll (vgl. Kap. 6.3.3).

Neben der Berücksichtigung der Gefühle ist der Wunsch nach Selbstbestimmung und eigenen Entscheidungen zu berücksichtigen. Ein starker Wille und die Fähigkeit, eigene Bedürfnisse durchzusetzen, sind durchaus wichtige Kompetenzen. Insbesondere bei Kindern, die aufgrund ihrer Beeinträchtigung häufig langfristig abhängig von der Unterstützung ihrer Eltern sind, ist die Entwicklung von Selbstständigkeit und der Wunsch nach Selbstbestimmung unbedingt zu unterstützen. Ein starker Wille und ein geringes Maß an Anpassungsfähigkeit können aber auf Dauer ein Zusammenleben deutlich erschweren und immer wieder zu Konflikten führen. Kinder brauchen einerseits Eltern, die sie in ihrer Selbstständigkeit und eigenen Entscheidungsfähigkeit unterstützen, die aber dort, wo es nötig ist, klar leiten und ihnen Führung und Grenzen geben (vgl. Kap. 4.3 zu Erziehung).

Auch gibt es in manchen Familien eine Verunsicherung, wie klare Forderungen und Grenzen mit einer Grundhaltung von Begegnung auf Augenhöhe, von Erziehung zu Selbstsicherheit und Selbstständigkeit sowie mit demokratischen Grundgedanken einhergehen sollen. Wenn Eltern diesbezüglich unsicher sind und Kinder bei allen Themen Selbstbestimmung einfordern, sind Konflikte in der Regel im Tagesablauf vorbestimmt, spätestens, wenn Kinder außerhalb der familiären Strukturen genauso alles bestimmen wollen, beispielsweise in der Schule. Hier muss mit Eltern erarbeitet werden, für welche Bereiche sie ganz klar die Führung übernehmen müssen und wie sie dies tun können, und in welchen Bereichen sie eine demokratische Vorgehensweise als Familie leben können und wo das Bedürfnis des Kindes immer zuerst kommt. Hilfreich ist hier das Sortieren nach einem Ampelmodell:

Herr und Frau F. geraten immer wieder mit ihren Kindern darüber aneinander, wer was bestimmen darf. Sätze wie »Mach ich aber nicht«, »Immer bestimmt ihr«, oder »Nie darf ich entscheiden« kriegen sie oft zu hören, obwohl sie selbst den Eindruck haben, sich ständig nach den Kindern zu richten. Sie erarbeiten sich ihre Familienampel, erst nur die Eltern, dann wird sie mit den Kindern ergänzt. Auf dieser Ampel gibt es Dinge, die müssen sein oder dürfen nicht sein, das sind die roten Bereiche (für Fußballfans ist das Bild der roten Karte hilfreich.) Anderes darf immer sein, das sind die grünen Bereiche. Gelb ist je nach Situation unterschiedlich, kann ausdiskutiert werden oder demokratisch entschieden werden. Am Ende sieht die Ampel, gekürzt, so aus:

Rot: Um 8 Uhr ist Schlafenszeit für die Kinder. Wir gehen freundlich miteinander um. Es wird nicht geschlagen. Die Hausaufgaben müssen vor dem Spielen erledigt werden. (Eltern übernehmen die Führung)

Gelb: Spaziergang am Wochenende. Freunde nach Hause einladen. Fernsehprogramm. Naschen (Gemeinsame Entscheidungen, Abstimmung, Kompromisse, Diskussionen)

Grün: Lachen über einen Spaß. Trost bei Schmerzen. Zuhören bei Sorgen. Obst essen (tagsüber). Kuscheln. (Immer erlaubt).

Das so entstandene Plakat wird in das Wohnzimmer gehängt. Grün und Rot klappt schon schnell gut. Bei Gelb ist es manchmal schwierig zu akzeptieren, wenn sich die Familie für etwas entscheidet, was ein Familienmitglied nicht wollte, dass es sich dann trotzdem darauf einlassen muss, wie beispielsweise einen Ausflug am Wochenende zu unternehmen. Hier war es notwendig, die Erfahrung zu machen, dass beim nächsten Mal dann wieder die eigenen Wünsche Berücksichtigung finden können.

Jede Familie hat unterschiedliche Regeln, was erlaubt ist, was diskutiert werden muss und was verboten ist. Oft ist es in den Familien nicht ganz klar, was zu welchem Bereich gehört, oder es gibt unterschiedliche Einschätzungen. Oder es gibt zu viel Rot oder nur Gelb oder eigentlich immer Grün. Oft reicht es, sich dieser Bereiche bewusst zu werden und sie dann klar zu kommunizieren. Manchmal ist es notwendig, zu schauen, dass das Verhältnis zwischen den Bereichen besser ausgeglichen ist. Das heißt nicht, dass in allen Bereichen gleich viele Dinge stehen müssen. Finden sich im gelben Bereich besonders viele Punkte, ist dies positiv zu bewerten. Dies sind die Freiräume in der Familie, die demokratische Entscheidungen und Aushandlungen ermöglichen. Zu berücksichtigen ist hierbei, dass auch im gelben Bereich nach einer Diskussion oder Abstimmung in der Familie diese Absprachen verbindlich sind. Kinder lernen dabei, eigene Bedürfnisse zu benennen, sich miteinander abzustimmen, unterschiedliche Wünsche wahrzunehmen, als Gemeinschaft zu leben und Kompromisse einzugehen.

Berücksichtigt werden sollte weiterhin, dass bei Kindern mit Beeinträchtigungen eine erhöhte Gefahr besteht, ihnen Dinge abzunehmen, ihnen möglichst wenig unangenehme Gefühle und Frustrationen zuzumuten oder ihnen manche Dinge nicht zuzutrauen. Aufgrund der Schwierigkeiten, den Entwicklungsstand des Kindes richtig einzuschätzen oder unterschiedlich verlaufender Entwicklungen in den Bereichen der körperlichen, motorischen, kognitiven, sprachlichen und emotionalen Entwicklung, ist es bei Kindern mit Beeinträchtigung oft weitaus schwieriger, die Möglichkeiten und Fähigkeiten des Kindes gut einzuschätzen. Bei einer körperlichen Beeinträchtigung sind manche Tätigkeiten deutlich schwieriger zu bewerkstelligen und brauchen mehr Zeit, z. B. das Anziehen. Und viele belastende Erfahrungen wie Krankheiten und Krankenhausaufenthalte führen dazu, dass Eltern ihren Kindern nicht noch mehr frustrierende oder schwierige Erlebnisse zumuten wollen. Bei manchen Kindern führt dies dazu, dass sie sich viel abnehmen lassen und Lern- und Entwicklungsgelegenheiten nicht genutzt werden, andere fordern ihre Unabhängigkeit ein und lehnen sich gegen die gut gemeinte Behütung der Eltern auf. Es ist also immer wieder sinnvoll, mit den Eltern zu reflektieren, wo sie ihrem Kind Eigenständigkeit, den eigenen Willen und auch die eigenen Niederlagen zugestehen können, ohne sie auf der anderen Seite wiederum zu überfordern. Bei Unsicherheiten kann hier eine diagnostische Einschätzung, Austausch mit Lehrer*innen oder anderen Personen wie beispielsweise der behandelnden Ergotherapeutin sinnvoll sein.

5.2.2 Ängste

Ängste kommen als psychische Auffälligkeit bei Kindern und Jugendlichen besonders häufig vor, nach der KiGGs-Studie bei 10 % der Kinder in Deutschland (Ravens-Sieberer et al., 2007). Es können verschiedene Formen von Angststörungen unterschieden werden, beispielsweise Trennungsangst, spezifische und soziale Phobien und die generalisierte Angststörung. Hierbei nehmen die Ängste ein Ausmaß an, welches für das Alter des Kindes deutlich erhöht ist und es an altersentsprechenden Entwicklungsprozessen hindert. Im altersangemessenen sowie subklinischen Bereich treten ebenfalls viele Ängste auf. Angst ist zunächst einmal – auch wenn sie als unangenehm erlebt wird – ein lebensnotwendiges Gefühl. Insbesondere in bestimmten Entwicklungsstadien des Kindes sind verschiedene Ängste typisch, etwa schon früh die Angst vor Fremden und die Trennungsangst, die Angst vor körperlichem Schaden und später die Versagens- und soziale Angst. Auch treten bestimmte spezifische Ängste wie die Ängste vor Albträumen, dem Alleinsein, Gewitter oder bestimmten Tieren häufig auf. Manche Ängste bleiben allerdings (zu) lange oder in zu hoher Intensität bestehen und beeinträchtigen altersentsprechende Entwicklung. So ist eine hohe Fremdenangst und Klammern an die engsten Bezugspersonen beim so genannten »Fremdeln« von Kleinkindern normal, kann ein Kind deswegen mit vier Jahren den Kindergarten oder mit acht Jahren die Schule langfristig nicht oder nur mit großem Widerstand und Angst besuchen, ist eine Beratung bzw. psychotherapeutische Unterstützung für das Kind und die Familie notwendig. Insbesondere bei der Trennungsangst wird eine geringe Autonomiegewährung der Eltern als eine mögliche Ursache diskutiert (Schneider & Blatter, 2009, S. 487). Überlegt man, dass Kinder mit einer Beeinträchtigung in der körperlichen oder geistigen Entwicklung oft länger auf Unterstützung angewiesen sind und dass die Einschätzung, was ihnen zuzutrauen ist, oft deutlich erschwert ist, ist es für die Eltern dieser Kinder besonders schwierig, das richtige Maß an Autonomiegewährung zu finden. Bedürfnisse der Kinder sind oft so komplex, dass die Versorgung nur durch die Eltern bzw. spezielle Fachkräfte gewährleistet werden kann, so dass Erfahrungen mit Babysitter*innen oder Übernachtungen bei Verwandten oder Freund*innen nicht im alterstypischen Rahmen stattfinden können. Hinzu kommen ggf. Erfahrungen mit Trennungen durch Krankenhausaufenthalte, Schmerzen und (lebens-)bedrohliche Situationen. Es ist demnach zu erwarten, dass bei Kindern mit Beeinträchtigungen vermehrt Ängste auftreten. Auch in der Fachliteratur wird davon ausgegangen, obwohl die Studienlage hier bei Kindern und erwachsenen Menschen mit intellektueller Beeinträchtigung nicht sehr gut ist, da diese ihre Gefühle oft nicht so differenziert beschreiben können (Došen, 2010, S. 276; Sarimski, 2001, S. 118). In einer Studie von Meyer (2000) bei Schüler*innen mit einer so genannten geistigen Behinderung zeigen fast 40 % der Schüler*innen eine starke Angstneigung oder -bereitschaft. Manche Verhaltensauffälligkeiten von Kindern mit einer Behinderung sind im Kontext mit einer Angstthematik zu sehen. Kann das Kind sich sprachlich noch nicht gut ausdrücken oder fehlt ihm hierfür die Emotionswahrnehmung und Eigenreflexion, kann dies leicht übersehen werden. Insbesondere sensorische Überforderungen und Veränderungen können Ängste bei Menschen mit intellektuellen Beeinträchtigungen auslösen (Došen, 2010, S. 276).

Ängste vor dem Alleinsein, vor einer Trennung von den Eltern, davor, allein einzuschlafen oder Ängste spezifischerer Art spielen in der Beratung von Familien mit Kindern mit Beeinträchtigungen oft eine Rolle. Hierbei sind große Unsicherheiten bei den Eltern zu finden, wie sie auf die Ängste und das damit verbundene Verhalten ihrer Kinder reagieren sollen, insbesondere aufgrund der Erfahrungen und erschwerten Bedingungen, die sie und ihr Kind haben. Oft werden Situationen, die zu Ängsten führen, möglichst umgangen. So dürfen die Kinder sehr lange im Bett der Eltern schlafen, sie werden nicht im Zimmer allein gelassen, und Eltern begleiten sie zu Kindergeburtstagen. Öffentliche Veranstaltungen mit vielen Menschen werden gemieden. Kinder brauchen aber die Erfahrung, dass sie ihre Ängste überwinden können, sie müssen sich selbstwirksam und autonom fühlen können. Und Eltern brauchen Unterstützung, wie sie ihre Kinder hierbei begleiten können und selbst wieder mehr Sicherheit im Umgang mit den angstbesetzten Themen gewinnen können. Hier heißt es, geduldig und behutsam zu sein, um die Kinder und Eltern nicht mit zu schnellen Schritten zu überfordern, sondern sie in ihrem Tempo zu begleiten, die notwendigen Schritte zu gehen. Es ist notwendig, mit Eltern genau hinzuschauen, was ihr Kind schon allein kann und wo sie es loslassen können. Aber auch wahrzunehmen, welche Sicherheiten und Fähigkeiten das Kind braucht, um diese Schritte zu wagen. Den Blick auf die gelingenden Momente und kleinen Schritte zu lenken und der Mut, dem Kind ein bisschen etwas zuzumuten, gehören dazu.

> Leon ist neun Jahre alt. Ab dem Alter von vier Jahren hatte er immer wieder epileptische Anfälle, die so häufig wurden, dass er täglich mehrere Anfälle hatte, die sich medikamentös nicht einstellen ließen, so dass er einen Helm tragen musste. Seit einer Operation vor vier Jahren ist er anfallsfrei und braucht nur noch gering dosierte Medikamente. Nach der Operation hatte er eine motorische Störung der rechten Körperhälfte und konnte zunächst nicht sprechen. Inzwischen zeigen sich motorische Probleme noch durch eine Fußheberschwäche, den rechten Arm kann er nur sehr eingeschränkt verwenden, er trägt Orthesen. Leon besucht eine Förderschule mit Förderschwerpunkt körperliche und motorische Entwicklung, er zeigt gute Leistungen, hat Freunde und ist beliebt. Den Eltern fällt sein geringes Selbst-

bewusstsein auf, er habe viele Ängste, z. B. vor Erbrechen auf der Busfahrt, weswegen er oft morgens nicht zur Schule wolle. Auch in den Nächten habe er Angst, weswegen er noch bei den Eltern schlafe. Er sei ein »Papakind«, beschreibt die Mutter. Wenn der Vater, der beruflich einen Teil der Woche nicht da ist, zu Hause sei, sei das Vermeidungsverhalten von Leon noch größer und der Vater gebe schneller nach. Diese unterschiedlichen Haltungen und die Auswirkungen auf Leon werden mit den Eltern thematisiert.

Leon kommt zur Beratung. Er selbst hat keine Themen, ihm macht das Armbrustschießen Spaß, und er hat Lust, im Werkraum etwas zu machen. Bei einem der ersten Termine sind beide Eltern dabei. Leon möchte einen Hund aus Holz aussägen. »Ich kann ja Hunde malen!«, verkündet er stolz nach seiner Vorzeichnung. Auch das Arbeiten an der elektrischen Laubsäge gelingt mit Unterstützung. Besonders stolz ist Leon auf das Gestalten mit einem Brandmalgerät. Sein Vater greift die Ideen aus der Stunde auf und erweitert die eigene Werkstatt um neue Werkzeuge, doch zu Hause fehlt immer wieder die Zeit, Ideen umzusetzen. Leon kann auch über seine Ängste und Sorgen sprechen. Im Kontakt ist er eher schüchtern, vermeidet den direkten Blickkontakt. In einem späteren Termin schlage ich ihm vor, wir könnten eine Heldenfigur gestalten, die ihm Mut gibt. Er hat sofort eine Idee, wer das sein kann: Ein Held aus einem Actionfilm. Da er ihn aus dem Kopf nicht gut malen kann, bringt er zum nächsten Termin ein Foto dieser großen, starken und bewaffneten Filmfigur mit. Mit der Technik »Monotypie« (vgl. Kap. 6.3.4) überträgt er die Abbildung auf Papiere, macht viele Versionen mit verschiedenen Farben. Er überlegt, wie er etwas von dem Mut des Helden für sich nutzen kann. Diesen Mut brauche er z. B. zum Busfahren. In den folgenden Sitzungen berichtet die Familie, dass das Busfahren inzwischen unkompliziert sei, insgesamt Leon etwas mutiger wirke, es aber anderen noch sehr auffalle, dass er Blickkontakt vermeide. Wir üben in der Stunde mit Handpuppen, wie es ist, jemandem beim Gespräch in die Augen zu schauen. Und Leon merkt, dass er es bei Mama und Papa schon kann. Er nimmt sich vor, jeden Tag einer Person, die er sich aussucht, in die Augen zu schauen. Anfangen will er mit Personen, bei denen es ihm nicht ganz so schwer erscheint. Schon beim nächsten Mal berichtet er, dass er seine eigenen Pläne sogar übertroffen habe und jetzt schon viel mehr in die Augen schauen könne und es gar nicht mehr so schwierig sei. Stolz zeigt er mir seinen Plan, den er aufgeschrieben hat. Auch ich merke in der Beratungsstunde, dass er sich mir viel mehr zuwendet und mich mehr anschaut als früher.

Eine Kombination aus der Stärkung der Selbstwirksamkeitserwartungen des Kindes mit einer Beratung der Eltern, wie sie das Vermeidungsverhalten unterbrechen können, kann noch mit weiteren kreativen lösungsorientierten Methoden kombiniert werden.

> Emma besucht die erste Klasse in einem Förderzentrum mit Förderschwerpunkt geistige Entwicklung. Sie hat Angst vor Gewitter. Da Emma gern malt, wird als Methode die Cartoontechnik (vgl. Kap. 6.3.4) gewählt. Mithilfe eines Cartoons werden Lösungen imaginiert, wie Emma mit ihrer Angst fertig werden kann. Hierbei malt sie sich mit ängstlichem Gesicht in ein erstes Feld, über ihr ein Blitz. In das zweite Feld malt sie als Helferwesen eine ganze Tiermannschaft: ein Pferd, einen Hund, eine Katze und eine »böse Kuh«. Ins dritte Feld malt sie das Geschenk, das ihre Helfermannschaft dem Problem überreichen kann. Ausgepackt sieht es im vierten Feld so aus, dass sie in einem Feuerwehrauto sitzt. Dadurch verändert sich im fünften Feld die beängstigende Situation so, dass der Blitz viel weiter weg ist und sie vergnügt lächelnd neben dem Feuerwehrauto steht. Auf die Frage, wie sie beim nächsten Mal, wenn sie Angst hat, ihre Helfer herbeirufen kann, malt sie einen Himmel mit Wolken und sich selbst, die immer noch ein bisschen Angst hat.

Auch verhaltenstherapeutische Interventionstechniken wie Konfrontationstechniken, Entspannung oder kognitive Strategien können je nach Entwicklungsalter angewendet werden. Bei Kindern mit intellektuellen Beeinträchtigungen sind insbesondere die kognitiv orientierten Verfahren, aber auch massive Konfrontationstechniken – aufgrund eines unzureichenden Verständnisses für die Erklärungsmodelle und möglicher nicht zu kontrollierender Gegenreaktionen – nur begrenzt einsetzbar (Meyer, 2002, S. 95 ff.).

Manchmal wird in der Beratung deutlich, dass ein Elternteil oder beide Eltern Ängste haben und ein ähnliches Vermeidungsverhalten wie die Kinder zeigen. Hier muss entschieden werden, ob diese Thematik Teil der Beratung sein kann oder eine psychotherapeutische Unterstützung der Eltern indiziert scheint. Die Erfahrung, dass sie selbst ihr Kind mit seinen Besonderheiten gut kennen und es in Fremdbetreuung mehrfach zu Fehleinschätzungen oder Unfällen gekommen ist, kann Eltern darin bestärken, einen Schutzwall um ihr Kind aufzubauen und eine starke Abhängigkeit voneinander zu entwickeln. Diese Erfahrungen kann man den Eltern nicht nehmen und möglicherweise haben sie recht, dass ihr Kind außerhalb seines Zuhauses immer wieder neuen Gefahren ausgesetzt ist. Auch können Situationen mit vielen Reizen insbesondere bei Kindern mit komplexer Behinderung oder mit Autismus-Spektrum-Störungen zu hoher Erregung und Überforderung führen und insofern ein gewisser »Schutzraum« sinnvoll sein. Auf der anderen Seite kann das Kind bei zu viel Behütung aber nicht erleben, eigenständig und autonom zu sein, neue soziale Erfahrungen zu machen und Probleme zu bewältigen. Diese verschiedenen Seiten müssen mit den Eltern betrachtet werden, und ein geeigneter Weg zwischen Schutz, Teilhabe und Selbstständigkeitsförderung muss gefunden werden. Das bedeutet auch, auszuhalten, dass man nicht alle Situationen kontrollieren und alle Gefahren von dem Kind fernhalten kann.

Verhaltensweisen eines Kindes können in unterschiedlichen Umwelten verschieden eingeschätzt werden. So halten beispielsweise Eltern das Vermeidungsverhalten ihres Kindes für angstinduziert, die Schule dagegen hält es für Vermeidung von Anstrengung. Diese unterschiedlichen Einschätzungen können zu Konflikten und für das Kind zu irritierenden Schuldzuschreibungen und Verhaltensreaktionen führen. Hier heißt es, gemeinsam zu analysieren, was das Kind in der Situation braucht, um das Vermeidungsverhalten abbauen zu können. Als Berater*in kann man in solchen Situationen gut die Rolle der »neutralen« Vermittlerin einnehmen, um zu helfen, gemeinsame Wege zu finden.

Auch kann es klare Auslöser für Ängste geben. Dies können traumatische Erfahrungen sein, wie das Miterleben eines Brandes oder einer Explosion, ein Krankenhausaufenthalt mit Trennung von den Eltern oder ein Unfall.

Alexander ist ein elfjähriger Junge mit motorischen Beeinträchtigungen. Einige Wochen vor Beginn der Beratung hatte er einen Unfall, bei dem er 1,5 Meter tief gestürzt ist. Er hatte eine Gehirnerschütterung, die zwei Tage im Krankenhaus beobachtet werden musste, und Verspannungen und Schmerzen im Nacken, die durch eine osteopathische Behandlung gelöst wurden. Mit Zeitverzögerung kam es bei dem schon vorher eher scheuen Jungen zu deutlichen Veränderungen im Verhalten. Er war sehr schreckhaft, insbesondere, wenn jemand von hinten in seine Nähe kam. Dann zuckte er zusammen und duckte sich. Menschenmengen, in denen er sich schon vorher unwohl fühlte, lösten große Ängste aus. Insgesamt war seine Stimmung sehr gedrückt, oft erinnerte er sich an den Unfall und vor allem an Reaktionen von anderen danach, wie das Lachen eines Jungen. Neben dem tatsächlichen Ereignis beschrieb die Mutter als besonders belastend, dass außer von der Familie und einigen weiteren Personen die Tragweite des Unfalls für ihn von der Umwelt wenig anerkannt und ernst genommen wurde. Alexander kam mit seinen Eltern in die Beratung. In der Stunde mit ihm spielten wir viele Rollenspiele. Am liebsten spielte er Szenen aus Harry Potter. Er konnte fast alle Zaubersprüche auswendig und in Zaubererduellen war ich ihm ständig unterlegen. Durfte ich seine Verbündete sein, dann siegten wir gemeinsam. Nach einer langen Spielsequenz überlegten wir, welcher Zauberspruch ihm helfen könnte, wenn die Angst kommt. Mithilfe seines Vaters fanden wir den Spruch »Finite horrifico!«. Er stellte sich Situationen vor, in denen er Angst bekam, nahm seinen Zauberstab und rief »Finite horrifico!« Die vorgestellte Angst verschwand. »Aber dann muss ich ja immer meinen Zauberstab dabeihaben, und das darf ich nicht in der Schule«, wendete Alexander ein, als wir überlegten, wie er diesen Zauber außerhalb des Beratungsraums nutzen kann. Wir besprachen, dass es ein sehr starker Zauber ist, der schon wirkt, wenn er ihn nicht laut, sondern nur im Kopf spricht und eine kleine Handbewegung dazu macht. Wir übten das in der Stunde, und er übte es dann weiter zu Hause, wo es ihm half, schneller aus der Angst herauszukommen.

In der Schule gelang das nicht und auch insgesamt zeigte sich, dass Ängste und Schreckhaftigkeit weiterhin in allen Lebensbereichen so stark auftraten und sich auf Konzentration und Leistungsfähigkeit auswirkten, dass eine traumatherapeutische Behandlung notwendig war. Dafür wechselte er zu einer niedergelassenen Psychotherapeutin.

5.2.3 Nähe und Distanz

Wenn Kinder in die Schule kommen, kennen sie in der Regel den Unterschied zwischen sehr vertrauten Personen und fremden Personen und die Verhaltensregeln, die für die jeweiligen Personen gelten. Schon im Kindergarten lernen sie, sich mit folgenden Fragen auseinanderzusetzen: Wen darf ich einfach umarmen, wem schüttele ich die Hand, bei wem darf ich ins Auto steigen und bei wem nicht. Für Kinder, insbesondere solche mit intellektuellen Beeinträchtigungen, ist es oft schwieriger zu unterscheiden, ab wann eine Person vertraut ist und wie man sich bei wem verhält. Manche Kinder sind sehr scheu und brauchen insgesamt sehr lange, um Vertrauen zu einer Person zu fassen. Andere werden eher als »distanzlos« erlebt und begegnen jedem sofort sehr vertrauensvoll. Dies kann als »sozial auffällig« erlebt werden, wenn sie zum Beispiel im Restaurant bei fremden Personen aus dem Glas trinken oder sich auf den Schoß setzen, und führt häufig dazu, dass die Kinder nicht selbstständig unterwegs sein können oder die Familien öffentliche Räume vermeiden.

> Sofie besucht die zweite Klasse einer Förderschule und wohnt bei ihrer Mutter. Neben einer Lernbeeinträchtigung wurde eine Aufmerksamkeitsstörung diagnostiziert. Ihre Mutter ist manchmal sehr gefordert im Alltag mit Sofie. Insbesondere macht ihr Sorge, dass Sofie, wenn sie in der Stadt unterwegs sind, Personen, die sie kaum kennt, beispielsweise der Verkäuferin im Supermarkt, um den Hals fällt. Sie denkt auch, dass Sofie einfach mit jemandem mitgehen könnte, wenn dieser sie nett anspricht. In der Beratung wird deutlich, dass es für Sofie sehr schwierig ist, einzuschätzen, welche Personen zum näheren Bekanntenkreis gehören und welche eher »Fremde« sind. Daher gestaltet sie im Beisein ihrer Mutter ein Plakat. In der Mitte malt sie sich, dann kommen wie ein Regenbogen drei Bereiche: die Personen, die ganz vertraut sind, die sie umarmen und mit denen sie immer mitgehen darf: ihre Mutter, ihr Vater, die Großeltern, die beste Freundin der Mutter. Dann kommt der mittlere Ring, hier sind Personen, bei denen sie in bestimmten Situationen mitgehen darf, die man auch einmal umarmen darf, aber nicht immer, und denen man Persönliches erzählen darf. Dazu gehören Kolleginnen der Mutter, die Lehrerin und gute Freund*innen. Und im äußersten Rahmen sind diejenigen, die man ggf. begrüßt, aber nicht umarmt, und mit denen man nicht einfach mitgeht, wie die Leute auf der Straße, die Verkäufer*innen und andere

> fremde Personen. Es ist gut, dies gemeinsam mit Sofie und ihrer Mutter zu entwickeln, da auch die Mutter bei einigen Personen genauer nachdenken muss.

Jugendliche oder junge Erwachsene mit intellektuellen Beeinträchtigungen fassen oft schnell Vertrauen zu fremden Personen und suchen körperliche Nähe. Dies kann zu Ängsten und Irritationen bei diesen Personen führen oder aber auch zu unangemessenen Reaktionen, Ausnutzung und Missbrauch. Bei Kindern mit Beeinträchtigungen besteht eine erhöhte Gefahr, Opfer von sexuellem Missbrauch zu werden (Robertz & Heidenreich, 2012). Auch in der Beratung macht man immer wieder die Erfahrung, dass das gewohnte Maß an Distanz nicht eingehalten wird. So kann es sein, dass sich ein neunjähriges Kind in der ersten Beratungsstunde auf den Schoß der Beraterin setzen will. In solchen Situationen sollten eigene Grenzen ebenso berücksichtigt werden wie der Respekt sowie der passende Umgang mit dem Kind oder Jugendlichen. Auch Kinder oder Erwachsene, die körperlich und in der Pflege viel auf Unterstützung angewiesen sind, brauchen einen besonders bewussten Umgang mit Nähe und Rücksichtnahme auf den persönlichen Raum. Daher ist das Thema »Distanz und Nähe« sowohl im konkreten körperlichen Kontakt wie auch in Sprache und Umgang in allen Bereichen im Kontakt mit Menschen mit Beeinträchtigungen zu berücksichtigen. Auch beratende oder betreuende Personen sollten sich immer wieder die angemessene Distanz bewusst machen und das eigene Verhalten diesbezüglich reflektieren.

5.2.4 Freundschaften

Freundschaften können schon vor dem Schulalter entstehen, im Schulalter wird die Peergruppe zunehmend wichtig, es bilden sich feste Freundschaften und Gruppen aus, und dies findet insbesondere in der Schule statt. Durch soziale Beziehungen bilden Kinder Kompetenzen und Autonomie aus. Gemeinsames Spielen, das Gefühl der Zugehörigkeit und Anerkennung sowie die Steigerung des Selbstwertes sind bedeutsame Faktoren, die Freundschaften und Gruppenzugehörigkeiten mit sich bringen. Auf der anderen Seite stehen Erfahrungen, in denen Kinder oder Jugendliche von Gleichaltrigen abgelehnt oder ausgeschlossen werden. Zugehörigkeiten zu Gruppen ergeben sich aus Kategorisierungen wie »die Klasse 2a« oder »Jungen«, häufig gehört zur Identität einer Gruppe eine kollektive Ablehnung anderer Gruppen – z. B.: »die aus der Parallelklasse«, »die albernen Mädchen« oder »die Behinderten« (vgl. Walter-Klose, 2016c; Schmidt-Denter, 2005, S. 81 ff.). Kinder mit Behinderung erleben in der Schule im gemeinsamen Unterricht häufiger Diskriminierung und soziale Ausgrenzung. Faktoren wie Sichtbarkeit der Behinderung, geringe soziale Kompetenzen, kognitive Beeinträchtigungen, Verhaltensauffälligkeiten und Probleme mit der Sprache spielen hierbei eine entscheidende Rolle (Walter-Klose, 2016c, 2012; Sarimski, 2006).

Für Kinder mit Beeinträchtigungen gibt es einige zusätzliche Risikofaktoren für die soziale Teilhabe. Hierzu gehören neben den kognitiven, sprachlichen, körperlichen oder motorischen Beeinträchtigungen, die einige Interaktionen erschweren oder unmöglich machen können, Temperamentsunterschiede sowie Verhaltensauffälligkeiten. Bei Kindern, die Förderschulen besuchen, wird der Schulweg häufig in einem speziellen Bus zurückgelegt und die Familien leben oft so weit auseinander, dass private Treffen seltener stattfinden. Daher spielen die sozialen Erfahrungen in der Schule eine besonders wichtige Rolle und sollten von Lehrpersonen mit unterstützt werden (Walter-Klose, 2016c). Ein höherer Bedarf an Ruhezeiten, häufige Arztbesuche und Fördermaßnahmen reduzieren die Zeit, die für private Aktivitäten aufgebracht werden kann. Selbstständiges Besuchen von Freund*innen kann durch einen höheren Unterstützungsbedarf in der Mobilität erschwert sein. Manche Kinder mit Beeinträchtigungen zeigen von sich aus wenig Interesse am Kontakt zu anderen Kindern und fühlen sich offensichtlich nur wohl im engen vertrauten Umfeld der Familie. Bei anderen Kindern und Familien ist der Grund für einen sozialen Rückzug, dass ihnen von der Umgebung aufgrund der Beeinträchtigung mit Vorurteilen begegnet wird, die das Vereinbaren von privaten Treffen oder die Teilnahme an öffentlichen Veranstaltungen wenig angenehm und wünschenswert machen.

Für die aktive Kontaktaufnahme zu anderen Kindern, die Teilnahme am gemeinsamen Spiel und das Lösen von Konflikten braucht es Fähigkeiten in der sozialen Informationsverarbeitung und emotionalen Selbstregulation.

»Zu den sozial-kognitiven Prozessen gehört die Aufmerksamkeit für soziale Signale, ihre angemessene Interpretation, das Verstehen sozialer Absichten und Zusammenhänge, das Beachten sozialer Regeln und ein Wissen um Handlungsstrategien zum Verfolgen eigener Ziele sowie die Fähigkeit, diese Handlungsstrategien und ihre Konsequenzen zu bewerten.« (Sarimski, 2012b, S. 29)

In Abbildung 3 sind die Bedingungen für das Gelingen sozialer Beziehungen mit Gleichaltrigen nach Sarimski (2006) dargestellt.

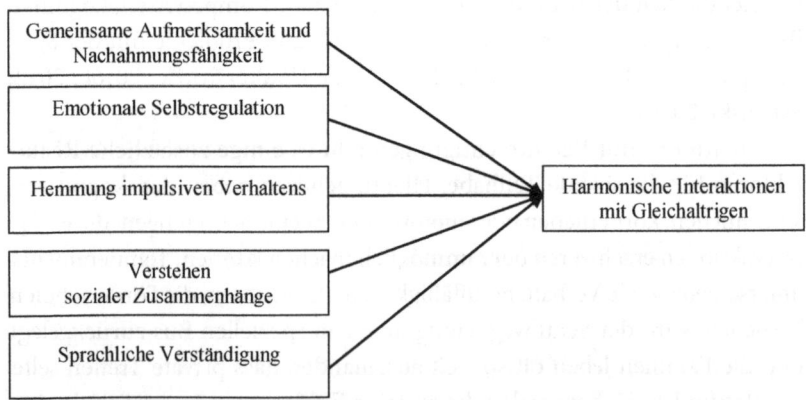

Abb. 3: Bedingungen des Gelingens sozialer Beziehungen mit Gleichaltrigen (Sarimski, 2006, S. 104)

Kinder in ihrer sozialen Wahrnehmung und Kompetenz zu unterstützen, ist somit ein grundlegender Ansatz, um Kindern zu helfen, Freundschaften und Gruppenzugehörigkeiten aufzubauen und Ausgrenzung entgegenzuwirken. Hierfür müssen sie lernen, Selbstkontrolle über impulsive Reaktionen in Konflikten oder bei Frustrationen zu erlangen, müssen explizite und implizite Regeln des sozialen Miteinanders und des gemeinsamen Spiels erlernen und Problemlösungen finden. Hier verweise ich auf Ansätze zur Förderung der sozialen Kompetenz (vgl. Malti & Perren, 2016). Diese müssen ggf. angepasst werden. Für Menschen mit Autismus gibt es spezifisch angepasste Vorgehensweisen wie den gruppenpädagogischen Ansatz »Soko Autismus« (Häußler et al., 2016). Bei Kindern mit kognitiven Beeinträchtigungen bietet es sich an, Inhalte zu visualisieren, zu vereinfachen und häufiger zu wiederholen. Rückmeldungen in konkreten Situationen sind sinnvoll, hierfür eignen sich Gruppen, die allerdings nicht zu viele Teilnehmer*innen und eine klare Struktur haben sollten. Somit kann in den konkreten Gruppensituationen ein »individuelles Coaching« des Kindes stattfindet, bei dem es direkt begleitet werden kann, wie es in das Spiel der anderen Kinder mit einsteigen oder Konflikte konstruktiv lösen kann (Sarimski, 2012b, S. 48 f.) Es kann sinnvoll sein, die Themen »Beeinträchtigung«, »Behinderung« und »Unterschiede« zu thematisieren, Wege zu finden, die eigene Beeinträchtigung zu beschreiben und darüber ohne Abwertung Kommunizieren zu lernen, und auch einen Umgang mit unerwünschten Reaktionen der Umwelt auf die Beeinträchtigungen zu finden (vgl. Walter-Klose, 2016c, S. 480; Schmidt, 2008).

> Lucas, Tim, Hanna und Emilia nehmen an einer Gruppe zur Förderung der sozialen Kompetenz in der Beratungsstelle teil. Sie sind zwischen sieben und neun Jahre alt, Lucas und Hanna besuchen die Förderschule, Tim und Emilia die Regelschule. Tim hat eine sehr gute kognitive Begabung. Ihm fällt es schwer, Fehler bei anderen zu akzeptieren, weswegen er zu Hause und in der Schule immer wieder in Konflikte gerät. Schon im ersten Termin beim Beschriften eines Namenschildes fällt ihm auf, dass Lucas seinen Namen fehlerhaft und mit sehr unregelmäßigen Buchstaben schreibt. Dies spricht er sofort an: »Du bist doch schon in der zweiten Klasse, kannst du nicht richtig schreiben?« Darauf antwortet Lucas: »Ja, ich bin in der zweiten Klasse, aber ich lerne eben etwas langsamer.« Interessiert schauen ihn die anderen kurz an, nicken und machen weiter. Ich habe dem nichts hinzuzufügen, und bin beeindruckt von dieser klaren und unkomplizierten Lösung. Im Laufe der Gruppensitzungen wird mit Tim erarbeitet, wie er seine Irritationen ansprechen kann, wenn

> andere etwas nicht so schnell verstehen oder aus seiner Sicht falsch machen, ohne dass es als Abwertung formuliert wird. So wird ihm vorgeschlagen, es als Frage zu formulieren, »Was hast du gemalt?«, anstelle von »Das sollte doch ein Flugzeug werden, wieso malst du nur Kritzelkratzel?« Dies gelang ihm im Laufe der Gruppensitzungen immer besser. Insgesamt entstand in der Gruppe eine hohe Akzeptanz bei allen Kindern, die anderen in ihrer Verschiedenheit so zu nehmen, wie sie sind, und miteinander ins Spiel und Gespräch zu kommen.

Das Beispiel zeigt, dass es nicht nur darum geht, das Kind selbst in seinen sozialen Fähigkeiten zu stärken, sondern dass auch die Förderung des sozialen Miteinanders aller Kinder sinnvoll ist (vgl. Walter-Klose, 2016c).

Für die Teilhabe des Kindes ist auch die soziale Eingebundenheit der Eltern bzw. der gesamten Familie zu beachten. In der Beratung erlebe ich Familien, die sich sehr aus dem sozialen Leben zurückgezogen haben, da soziale Kontakte außerhalb der Familie häufig anstrengend und ablehnend erlebt wurden. Andere Familien sind sehr offen im Kontakt mit anderen. Auch sie erleben immer wieder schwierige Situationen, finden aber einen Umgang damit. Einige Eltern engagieren sich sehr, ihr Kind in sozialen Kontakten zu unterstützen, indem sie ihm helfen, günstige Gelegenheiten für soziales Miteinander zu gestalten, wie Einladungen oder Verabredungen. Für die Geschwisterkinder kann die familiäre Situation ebenfalls Besonderheiten in der Gestaltung ihrer sozialen Kontakte ergeben. Häufig fehlt aufgrund des starken Eingebundenseins der Eltern in die Versorgung und Betreuung des Kindes mit Beeinträchtigung die Zeit, die Geschwister zu ihren Freund*innen zu bringen. Dann sind die Geschwister, wenn die Freund*innen weiter weg wohnen, darauf angewiesen, dass diese zu ihnen kommen. Teilweise laden sie ihre Freund*innen nicht mehr nach Hause ein, entweder, da ihre Freund*innen ablehnend reagieren, insbesondere, wenn das Kind mit Beeinträchtigung viel im Spiel stört oder weil es zu Hause nicht gewünscht wird. Dagegen gibt es Familien, in denen die Eltern helfen, die Situation beim Besuch von Freund*innen so zu gestalten, dass sie gelingt; und die Geschwister mit Beeinträchtigungen werden mal in das Spiel integriert und müssen sich mal aus dem Spielgeschehen raushalten. Wie in anderen Familien auch kann es hierbei natürlich zu Konflikten und Eifersucht oder dem Wahrnehmen von Unterschieden kommen.

Manche Kinder mit Beeinträchtigung haben viele Freund*innen, mit oder ohne Beeinträchtigung, andere wenige, manche keine. Der Wunsch nach positiven sozialen Kontakten und Spielen mit Gleichaltrigen ist unterschiedlich stark ausgebildet. Das Konfliktlösen im Kontakt mit Gleichaltrigen gelingt unterschiedlich gut. Es ist sinnvoll, sich zu erkundigen, ob in den Schulen Angebote zur Förderung des sozialen Miteinanders stattfinden, da die Kinder dort in ihrer normalen Lebenswelt lernen können. Bestimmte Themen können dann in der Beratung aufgegriffen werden. Auch in der Beratungsstelle bieten sich Gruppen für die Kinder an. Überlegungen mit den Eltern, wie und wo sie ihren Kindern soziale Erfahrungen ermöglichen können, sind sinnvoll. Wenn Familien sich schon sehr isoliert haben, sollte man mit der Familie überlegen, wie sie wieder mit anderen in Kontakt kommen kann. Gibt es zwischen Freund*innen viele Konflikte, kann ein Termin mit dem Kind und seinem Freund oder seiner Freundin vereinbart werden, um konkret auf die Situation eingehen zu können.

Wie wichtig Erfahrungen mit Freund*innen sein können, zeigt eindrücklich das folgende Beispiel eines Mädchens, welches zwar sich selbst nur schwer von seiner Mutter trennen kann, dessen Mutter ihr aber durch häufiges Einladen von anderen Kindern vielfältige soziale Kontakte ermöglicht, die sich das Mädchen wünscht:

> Frau G. wünscht sich für sich und ihre achtjährige Tochter Carmen Beratung. Carmen habe die Diagnose einer Autismus-Spektrum-Störung. Schon früh seien Auffälligkeiten in der sozialen Interaktion und eine hohe Sensibilität für viele Reize aufgefallen. Sie besuche die erste Klasse und habe eine Schulbegleiterin, leistungsmäßig komme sie gut zurecht, soziale Situationen seien teilweise schwierig. Sie habe ausgewählte Spielkamerad*innen. Als schwierig erlebe die Mutter momentan, dass Carmen bestimmte zwanghaft wirkende Angewohnheiten habe. So müsse sie Türen selbst schließen. Sie wolle nur schwarze Kleidung tragen. Versuche man sie zu etwas anderem zu überreden, führe dies zu großen Irritationen. Die Nähe zur Mutter sei ihr sehr wichtig, außer in der Schule sei daher die Mutter immer bei ihr, z. B. bei Kindergeburtstagen. Ängste habe sie auch nachts, hier müsse die Mutter immer bei ihr sein, wenn sie einschlafe. Sie merke inzwischen, dass sie die Welt anders wahrnehme als andere und kenne ihre Diagnose.
>
> Frau G. kommt nach anfänglichen gemeinsamen Terminen mit der Tochter allein in die Beratungsstunden. Wir besprechen, wie die Verhaltensweisen von Carmen im Rahmen der Autismus-Spektrum-Störung einzuordnen sind und überlegen gemeinsam, wie sich die Mutter verhalten kann. Oft geht es um das Thema »Balance«: Wie viel Rücksichtnahme braucht Carmen für ihre besondere Art, die Welt wahrzunehmen, und welche Situationen und Aktivitäten muss man ihr zumuten, auch wenn es sie Überwindung kostet.

Konkret überlegt die Mutter, wie sie Carmen unterstützen kann, sich Stück für Stück von ihr zu lösen und sich selbstständig Dinge zuzutrauen.

Nach einigen Monaten Pause, in denen die Mutter sehen wollte, wie es zu Hause weiterhin klappt, erhielt ich folgende E-Mail, die ich mit Erlaubnis der Mutter hier zitieren darf (leicht gekürzt, Namen verändert):

Sehr geehrte Fr. Walter,
erst mal herzlichen Dank für Ihren Anruf. Ich hätte mich auch schon lange mal melden können, bin aber beruflich und privat ziemlich eingespannt. Sorry!

Also, Carmen geht es im Moment sehr, sehr gut. Warum auch immer, sie hat viele Besonderheiten ganz von allein abgelegt. (!!) Seit ein paar Monaten ist sie, was ihre Kleidungsfarbe betrifft, wieder offen für alles. Das Farbspektrum hat sich sozusagen wöchentlich erweitert ... Von Dunkelblau anfangs, – bis jetzt hellrosa, ist bei ihr kleidungstechnisch alles drin! Noch extremer, sie will richtig chic sein, vergleicht sich mit den Gleichaltrigen und kommt schon mal mit »Sieht das gut aus? Kann ich das anziehen?« :-)

Unser Hauptproblem waren ja die Ängste abends vor dem Schlafen. Was habe ich alles probiert! Vielen Dank für Ihre Mithilfe und Anregungen!

Irgendwie wurden im Laufe der Zeit die Ängste vor der Nacht nicht mehr von ihr thematisiert, bis sie mir vor ca. vier Wochen sagte: »Weißt du, warum ich keine Angst mehr vor der Nacht habe?« ... Einmal schliefen fünf Kids bei uns. Das war ihre erste Übernachtung mit Kindern überhaupt. Das heißt, sie sollten schlafen, machten aber die Nacht zum Tage. Da gab es ein Kind, das alle Kinder bei Laune gehalten hatte. Nachts um 3.30 Uhr ließ ich es von der Mutter abholen, dann war endlich Ruhe bis 8.00 (!) Uhr.

Die Kinder schliefen also kaum! Auch Carmen nicht. Und da sagte sie mir schließlich, dass die Nacht ja gar nicht schlimm ist, sie hat sie ja damals mit ihren Freundinnen durchwacht, sozusagen. (!!!) Das nennt man dann »learning by doing« ...

Carmen wünscht zwar noch abends nach wie vor ihre Mama als Begleiterin und Gedankensortiererin, aber im Gespräch wurde es auch von ihr schon positiv formuliert, dass sie irgendwann mal wieder in ihrem Zimmer allein schlafen könn. ... Was will ich mehr??? Es läuft also alles in sehr unerwartete, extrem positive Bahnen.

Im Moment habe ich da keine Fragen ... Wäre es o. k., wenn ich mich einfach wieder bei Ihnen melde, wenn Bedarf entsteht? Man weiß ja nie ...

Mit sonnigen, freundlichen Grüßen, D. G. mit Carmen

5.3 Jugendalter

In das Jugendalter oder die Adoleszenz, die je nach Definition mit zehn/zwölf Jahren beginnt und bis 18/22 Jahre reicht, fallen entscheidende Entwicklungsaufgaben. Hierzu gehören:
- Einen Freundeskreis aufbauen;
- eine Beziehung zu einem Partner oder einer Partnerin aufnehmen;
- die Identität und das Selbstbild ausbilden;
- eine eigene Weltanschauung entwickeln;
- Veränderungen des Körpers und des eigenen Aussehens akzeptieren;
- sich vom Elternhaus ablösen;
- allgemeine, berufliche und familiäre Zukunftsperspektiven entwickeln.

(nach Oerter & Dreher, 2008, S. 279 ff.)

Das Thema »Jugend« ist nicht nur in der Wissenschaft, sondern auch in der Literatur und im Alltagsgespräch ein viel beachtetes, sei es als Chance für eine eigene Entwicklung, tiefe Krisen oder, eher von Seiten der Erwachsenen betrachtet, als Ausdruck von problematischen Verhaltensweisen und negativen Veränderungen. Eltern fürchten sich oft schon bei ihren rebellierenden Achtjährigen: »Wie wird das erst in der Pubertät werden?!« Kaum ein Alterszeitraum ist so durch Befürchtungen, Vorurteile und eigene Erinnerungen besetzt. Bezogen auf Jugendliche mit einer Beeinträchtigung ist es eine nicht weniger spannende Lebensphase. Manche der Themen stellen sich weniger, anders oder mit besonderer Intensität. Bei der Identitätsentwicklung spielt das Thema der Behinderung und des Anderssein eine Rolle, Zukunftsperspektiven können bei hohem Unterstützungsbedarf oder progredienten Verläufen völlig anders als bei Gleichaltrigen sein. Körperliche Veränderungen vollziehen sich ggf. schneller als die emotionale und kognitive Entwicklung. Viele Menschen mit Behinderung verbleiben auch noch im Erwachsenenalter im Elternhaus. Das Thema »Partnerschaft und Sexualität bei Menschen mit Beeinträchtigungen« ist teilweise noch immer tabuisiert. Die Planung einer eigenen Familie ist ggf. für sie selbst und/oder ihr Umfeld nicht denkbar. Und dennoch erleben auch sie die Jugend mit ihren körperlichen Veränderungen als Schritt ins Erwachsenenleben.

Wie kann die Ablösung von den Eltern aussehen, wenn das Kind auf viel Unterstützung angewiesen ist? Eltern müssen hier gute Wege finden, die Eigenständigkeit und Autonomie ihrer Kinder zu unterstützen und zu akzeptieren, auch wenn sie ggf. noch sehr viel mehr gebraucht werden, als es sonst in diesem Alter üblich ist. Manchmal sind Eltern sehr erschöpft: Die ständige Versorgung und Betreuung ihres Kindes, wie es andere Eltern meist insbesondere in den ersten sechs Jahren ihrer Kinder kennen, hört bei ihnen nicht auf. Sobald das Kind aus der Schule kommt, braucht es ggf. ständige Aufmerksamkeit und Unterstützung. Stimmungsschwankungen, Ablösungstendenzen und Konflikte treten wie bei anderen Jugendlichen auf, sind aber oft schlechter einzuordnen und müssen anders gelöst werden, als es bei Gleichaltrigen ohne kognitive oder körperliche Beeinträchtigungen geschehen kann. Eine Lösung wie »den nächsten Urlaub machen wir lieber getrennt«, der bei 16-Jährigen durchaus für beide Seiten eine gute Alternative sein kann, ist bei einem 16-Jährigen mit einer intellektuellen Beeinträchtigung maximal über spezielle Angebote z. B. der Förderzentren oder offenen Hilfen umsetzbar. Für manche Eltern tritt in dieser Altersspanne eine neue Phase der Trauer und der Auseinandersetzung mit dem Thema »Behinderung« ein. Im Vergleich zu Gleichaltrigen werden die veränderten Zukunftsperspektiven deutlich. Und oft sind es auch die Eltern, die Zukunftsperspektiven entwickeln müssen. Wird ihr Sohn oder ihre Tochter selbstständig leben können? Welche Alternativen zum Verbleib im Elternhaus gibt es? Wie sieht die berufliche Zukunft ihres Kindes aus – im offenen Arbeitsmarkt, inklusiv, in einer Werkstatt oder Tagesstätte? Bei sehr intensivem Pflegebedarf oder massiven Verhaltensproblemen stellen sich vielleicht schon im Jugendalter Fragen nach einer stationären Betreuung. Die Idee des Empowerments und der gleichberechtigten Teilhabe von Menschen mit Behinderung wirken sich auch auf die Entwicklungen in dieser Phase und insbesondere auf die Zukunftsperspektiven aus. Das Ziel eines möglichst selbstbestimmten Lebens im Erwachsenenalter prägt heute den Blick auf Menschen mit Behinderung und ihr Selbstverständnis und nicht mehr der früher stärker dominierende Fürsorgegedanke (vgl. Kap. 6.1.3).

5.3.1 Emotionen

Emotionen sind komplexe Muster aus Veränderungen, die sich körperlich und mental äußern. Sie sind eine Reaktion auf äußere Ereignisse, aber auch auf Gedanken und Erinnerungen, beeinflussen die Motivation und beinhalten eine kognitive Bewertung. Sie sind für das Überleben und das soziale Miteinander notwendig. Man spricht von Basisemotionen bzw. Grundemotionen oder primären Emotionen, die als angeboren und universell gelten und die mit einem bestimmten Gesichtsausdruck zusammenhängen, der von anderen erkannt wird. Die Anzahl und Benennung der Grundemotionen unterscheidet sich je nach Autor*in bzw. Forschungsgruppe. Paul Ekman und seine Kollegen unterscheiden nach ausführlichen Forschungsarbeiten die Grundemotionen Freude, Ärger, Furcht, Traurigkeit, Ekel und Überraschung sowie möglicherweise noch als weitere Basisemotionen Scheu, Verachtung und Verlegenheit (Ekman, 1992). Emotionen können vom Menschen selbst bewusst beeinflusst werden, viele Momente der Emotionsregulation finden aber auch automatisiert statt. Emotionale Kompetenz ist wesentlich für die psychische Gesundheit des Einzelnen und das soziale Miteinander und wird in der Kindheit erworben (vgl. Petermann et al., 2016).

Der emotionalen Kompetenz werden die Aspekte Emotionsbewusstsein, Emotionsverständnis, Empathie und Emotionsregulation zugeordnet (Southam-Gerow, 2013 in Petermann et al., 2016, S. 20 ff.). Es bedarf demnach zunächst eines Bewusstseins für eigene Emotionen und Gefühle anderer, eines Verständnisses für das Gefühl bei sich und das empathische Verstehen von Gefühlen bei anderen, um dann aktiv die Emotionen regulieren zu können, dieser Ablauf ist in Abbildung 4 dargestellt.

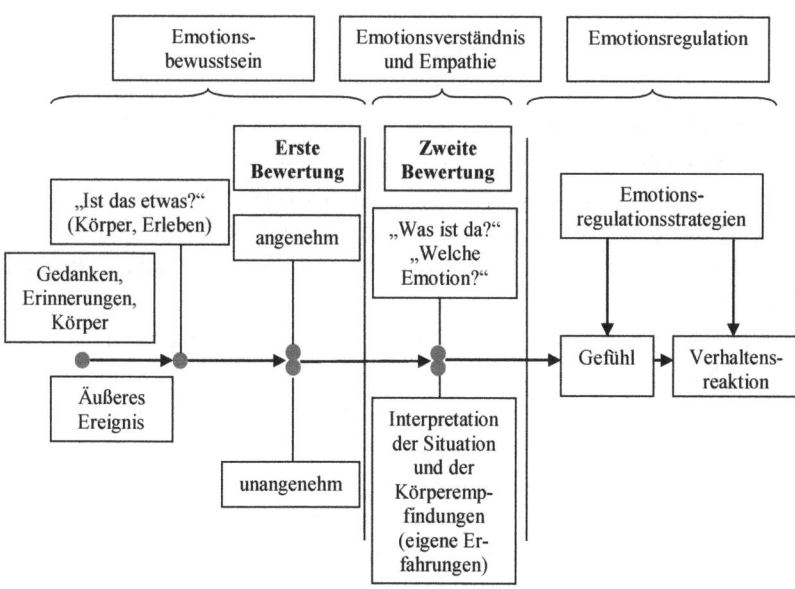

Abb. 4: Ablauf von Emotionserkennung und Emotionsregulation (Petermann et al., 2016, S. 28)

Zur Emotionsregulation werden verschiedene Strategien verwandt, die – wenn sie regelmäßig und dauerhaft verwendet werden – als ungünstige bzw. günstige Strategien bezeichnet werden können. So gelten als ungünstige Strategien Grübeln, Unterdrücken und Vermeiden, als günstige Strategien kognitives Neubewerten, Problemlösen, Akzeptieren und soziale Unterstützung suchen (Petermann et al., 2016, S. 25 ff.). Jugendliche machen noch weniger Gebrauch von günstigen Emotionsregulationsstrategien als Erwachsene, die Strategien werden also erst nach und nach im Laufe der Kindheit und Jugend erlernt und erfolgreich eingesetzt (Petermann et al., 2016, S. 39).

Emotionen finden in der Beratung und Psychotherapie von Kindern und Erwachsenen eine hohe Berücksichtigung, da der Zusammenhang zu Verhaltensproblemen und psychischen Störungen deutlich ist. Defizite in der Emotionsregulation bei Kindern stehen oft im Zusammenhang mit Depression und Angst (Petermann et al., 2016, S. 32 ff.). Ebenso zeigen Kinder mit Aufmerksamkeitsdefizitstörungen oder Störungen des Sozialverhaltens sowie mit Autismus-Spektrum-Störungen Defizite in der emotionalen Kompetenz (Petermann & Wiedebusch, 2016, S. 126 ff., S. 137 ff.). Ein geringes Empathievermögen ist ein Diagnosemerkmal von Kindern mit Autismus-Spektrum-Störung.

Auch bei Kindern mit kognitiven Beeinträchtigungen zeigen sich häufig Schwierigkeiten, die eigenen Emotionen und Emotionen bei anderen richtig einzuordnen. Sie haben Schwierigkeiten, ihre Emotionen zu steuern und zu regulieren. Wenn Freude und Übermut in manchen Situationen überdeutlich zum Ausdruck kommen, kann das positiv erlebt werden. In anderen Situationen sind lautes Lachen und Klatschen oder unkontrollierte Wutausbrüche unpassend und werden von vielen Mitmenschen als störend oder belastend erlebt.

Bei Kindern mit Trisomie 21 zeigen sich bei Säuglingen nur geringe Unterschiede in der emotionalen Entwicklung im Vergleich zu Kindern ohne Beeinträchtigungen. In der weiteren Entwicklung zeigen sich Verzögerungen in der Entwicklung der emotionalen Kompetenz, die im Zusammenhang mit der allgemeinen Entwicklungsverzögerung gesehen werden können. Ihr Repertoire an Strategien zur Emotionsregulation ist eingeschränkt. Nach einer Studie von Jahromi und Kolleg*innen (2008 in Petermann & Wiedebusch, 2016) suchen sie bei Frustrationen vor allem emotionale Unterstützung durch andere Personen oder versuchen, sich selbst zu beruhigen

(Petermann & Wiedebusch, 2016, S. 125 f.). Dies sind Emotionsregulationsstrategien, die man auch bei jüngeren Kindern beobachten kann.

> Lina besucht die 5. Klasse der Schule mit Förderschwerpunkt geistige Entwicklung. Ihre Eltern kommen mit ihr in die Beratungsstelle, da sie sehr häufig weint und traurig ist. Auch wird sie schnell wütend. In den Beratungsstunden beschäftigen wir uns mit Emotionen. Wir schauen Bücher zu Gefühlen an, basteln »Gefühlsfische«, besprechen mit dem Vater gemeinsam Situationen und nutzen einfache Emoticons, um diesen Gefühle zuzuordnen. Für Lina gibt es aber immer nur »Gut«, »Fröhlich« und »Glücklich«. Alles andere will sie nicht hören.

Im Fallbeispiel wird deutlich, dass das Erleben und der von außen bemerkte Ausdruck von Emotionen und die emotionale Eigenwahrnehmung bzw. das Zulassen der eigenen Emotionen weit auseinanderdriften können. Je nach kognitivem und emotionalem Entwicklungsstand des Kindes sind das Bewusstsein für die unterschiedlichen Emotionen, deren Bewertung sowie die Regulationsstrategien noch nicht genügend ausgebildet worden. Das heißt, dass dies einerseits von der Umgebung berücksichtigt werden muss und dem Kind angemessene Hilfen angeboten werden müssen, z. B. Trösten, Beruhigen und Ablenken, wie man es bei jüngeren Kindern macht, oder dass das Kind hier Unterstützung in der Entwicklung braucht.

Došen (2010) betont die Wichtigkeit der Berücksichtigung dieser Entwicklungsbereiche für die Diagnostik und Behandlung psychischer Störungen und von Verhaltensproblemen bei Kindern und Erwachsenen mit intellektuellen Beeinträchtigungen in seinem multidimensionalen Modell der emotionalen und Persönlichkeitsentwicklung. Basierend auf verschiedenen Theorien der emotionalen und Persönlichkeitsentwicklung beim Kind und biologische mit psychosozialen Entwicklungsaspekten koppelnd, entwickelt er ein Modell, welches für die diagnostische Einschätzung und Behandlungsplanung bei Menschen mit einer intellektuellen Beeinträchtigung geeignet ist. Es beinhaltet ein Phasenmodell der emotionalen Entwicklung im Kontext von sozialer Interaktion und kognitiver Entwicklung.

Diese wird zu einem Modell der Persönlichkeitsentwicklung erweitert, das psychodynamische Grundideen mit der Entwicklungstheorie von Piaget und der Bindungsforschung von Bowlby verbindet, was in Tabelle 5 beschrieben wird (Došen, 2010, S. 47). Ebenfalls sind in der Tabelle die basalen emotionalen Bedürfnisse aufgeführt, die in der jeweiligen Phase im Vordergrund stehen (Došen, 2010, S. 55 ff.).

Tab. 5: Phasenmodell der emotionalen und Persönlichkeitsentwicklung und damit verbundene basale emotionale Bedürfnisse nach Došen (2010, S. 46 f., 58)

Phase emotionaler Entwicklung	Persönlichkeitsstruktur	Basale emotionale Bedürfnisse
Adaptation Entwicklungsalter (EA): 0–6 Monate	Psychophysiologische Homöostase	Gekoppelt an Regulation physiologischer Bedürfnisse Integration von sensorischen Reizen Struktur von Ort, Zeit, Person und Aktivitäten Konstanz, Bindungsverhalten
Erste Sozialisierung EA: 6–18 Monate	Bindung und basale Sicherheit	Körperlicher Kontakt Bindungsperson, Bindung Soziale Stimulation Sicherheit Umgang mit Material
Erste Individuation EA: 18–36 Monate	Selbst- und Fremd-Differenzierung Objektives Selbst	Zunehmend Distanz im Kontakt Festigung eines bestimmten Autonomiegrades Belohnung von sozialem Verhalten
Identifikation EA: 3–7 Jahre	Ich-Formung (Impulsives Ich)	Identifikationsfigur Soziale Akzeptanz Soziale Kompetenz
Realitätsbewusstsein EA: 7–12 Jahre	Ich-Differenzierung (Moralisches Ich)	Erkennen eigener Leistungen Vollwertigkeit Produktivität und Kreativität im Umgang mit der materiellen Welt Feste Regeln im Sozialverhalten

Došen geht davon aus, dass Menschen mit intellektueller Beeinträchtigung ebenfalls die beschriebenen Phasen der emotionalen und Persönlichkeitsentwicklung durchlaufen, allerdings je nach Ausmaß der Beeinträchtigung in einer Entwicklungsphase stehen, die ihrem tatsächlichen Lebensalter nicht entspricht. So kann es sein, dass ein erwachsener Mensch mit einer schweren intellektuellen Beeinträchtigung einem emotionalen Entwicklungsalter von zwei bis vier Jahren zugeordnet werden kann und somit in seiner emotionalen Entwicklung in der ersten Individuationsphase steht, die durch ein Autonomiebestreben kombiniert mit Angst vor Verlust gekennzeichnet ist. In dieser Phase sind Trotz und ein starker Willen typisch. Die richtige Einschätzung des emotionalen Entwicklungsstandes bei Menschen mit intellektuellen Beeinträchtigungen wird oft erschwert dadurch, dass das kognitive und emotionale Entwicklungsniveau deutlich differieren. Zur Einschätzung des emotionalen Entwicklungsstandes hat Došen Skalen und Interviewleitfäden entwickelt (SEO-Schema der emotionalen Entwicklung und SOPD-Skala für entwicklungspsychiatrische Diagnostik, Došen, 2010, S. 371 ff.). Jeder Entwicklungsphase ordnet Došen typische Verhaltensauffälligkeiten bzw. Störungen zu. Auch die Ableitung geeigneter Interventionen wird an den Phasen orientiert, die in Tabelle 6 dargestellt sind.

Tab. 6: Typische Auffälligkeiten psychosozialer Entwicklungsstörungen und Interventionsempfehlungen bei Verhaltensauffälligkeiten im Phasenmodell der emotionalen Entwicklung und Persönlichkeitsentwicklung nach Došen (2010, S. 60, 94)

Phase Entwicklungsalter	Typische Auffälligkeiten psychosozialer Entwicklungsstörungen	Art der Interventionen
Adaptation 0–6 Monate	Probleme der physiologischen Regulation Selbststimulation durch isolierte Reize Wutausbrüche Selbstverletzendes Verhalten Stereotypien Passivität	Anpassung der Umgebung Ggf. Medikation
Erste Sozialisierung 6–18 Monate	Suche nach Körperkontakt Angst vor Fremden Schnelle Stimmungswechsel Impulsives/selbstverletzendes Verhalten bei Frustration Aggressivität gegen Bindungsperson	Anpassung der Umgebung Evtl. Erweiterung des Verhaltensrepertoires Ggf. Medikation
Erste Individuation 18–36 Monate	Suche nach ständiger Aufmerksamkeit Nicht allein sein können Unruhig, hyperaktiv, chaotisch Kein Interesse an Altersgenossen Stur den eigenen Willen durchsetzen wollen	Pädagogische Unterstützung Training Verhaltenstherapie
Identifikation 3–7 Jahre	Abhängigkeit von Beaufsichtigung durch wichtige Personen Egozentrisch Autoritätskonflikt Versagensangst Geringe Selbstregulation	Psychotherapie Soziale Belohnungssysteme
Realitätsbewusstsein 7–12 Jahre	Impulsivität Kein Selbstvertrauen Flucht in Fantasiewelt Somatische Beschwerden bei psychischen Spannungen Wenig Interaktion mit Gleichaltrigen	Psychotherapie Kognitives Training

Die Einschätzung, auf welcher emotionalen Entwicklungsstufe ein Mensch mit intellektueller Beeinträchtigung steht, kann hilfreich sein, um die Bedürfnisse des Menschen besser zu erkennen, um Verhaltensauffälligkeiten einordnen zu können und darauf angemessen zu reagieren. Auch die passenden Interventionen können auf das Entwicklungsniveau abgestimmt werden. Je nach Entwicklungsstufe sind eher Interventionen indiziert, die die Anpassung der Umwelt, pädagogische Unterstützung, Training und Verhaltenstherapie oder dann, bei späteren Phasen, soziale Belohnungssysteme, Psychotherapie oder kognitives Training umfassen (Došen, 2010, S. 94; Sappock & Zepperitz, 2016).

Für eine gelingende Beziehungsgestaltung zu Menschen mit kognitiven Beeinträchtigungen werden die Berücksichtigung des emotionalen und kognitiven Entwicklungsniveaus und das Wahrnehmen von Unterschieden in unterschiedlichen Entwicklungsbereichen ebenfalls als wesentlich erachtet. Während für die Beziehungsbedürfnisse insbesondere der emotionale Entwicklungsstand berücksichtigt werden muss, ist für die Kommunikation stärker auf den kognitiven Entwicklungsstand zu achten (Senckel, 2006).

Für eine ausführlichere Auseinandersetzung mit dem Phasenmodell und seine praktische Verwendung wird auf Došen (2010) und Sappok und Zepperitz (2016) verwiesen.

In der Beratung von Familien mit Kindern und Jugendlichen mit einer kognitiven Beeinträchtigung werden oft emotionale Reaktionen berichtet, die in ihrer Art und ihrer Intensität an jüngere Kinder erinnern. Dies kann die Suche nach Aufmerksamkeit und Zuwendung betreffen, Wutanfälle, Weinen und einen schnellen Wechsel zwischen Autonomiestreben und Frustration.

> Herr und Frau W. kamen in die Beratungsstelle, um sich Beratung zu holen, wie sie mit Verhaltensproblemen ihres 13-jährigen Sohnes Jonas umgehen können und wie er lernen kann, seine Gefühle besser wahrzunehmen, mitzuteilen und zu kontrollieren und die Gefühle von anderen besser zu erkennen. Die Eltern berichten im Erstgespräch, Jonas habe eine intellektuelle Beeinträchtigung, außerdem sei eine hyperkinetische Störung des Sozialverhaltens diagnostiziert worden, weswegen sich Jonas in kinder- und jugendpsychiatrischer Behandlung befände. Er besuche eine Förderschule. In der Schule gebe es manchmal Schwierigkeiten, wenn Jonas plötzlich wütend werde. An sich sei er aber ein bei Lehrer*innen und Mitschüler*innen beliebter Schüler. Er sei sehr charmant, gehe auf alle Menschen freudestrahlend

zu und knüpfe schnell Kontakte. Schwierig sei, dass Jonas die Menschen seiner Umgebung und besonders seine Eltern mit seinem Verhalten immer wieder an ihre Grenzen bringe. Er wolle ständig in Kontakt sein und halte es keine Minute für sich allein aus. Außerdem sei er sehr irritierbar, wenn sich etwas in seinem Umfeld verändere. In diesen Situationen werde er sehr wütend, dann schreie, weine, beiße er oder schmeiße Dinge durch das Zimmer. Das könne auch passieren, wenn Anforderungen an ihn gestellt werden. Besonders schwierig sei es, dass er sich oft erst bereitwillig auf Situationen einlasse, sich dann plötzlich verweigere und wütend werde. Anschließend sei er sehr traurig, besonders wenn er merke, dass die Eltern ärgerlich oder traurig seien.

Die Familie nahm gemeinsame Termine mit Jonas wahr. In den Sitzungen wurde an der Selbst- und Fremdwahrnehmung, der Mitteilung von Gefühlen sowie an konkreten Alltagssituationen gearbeitet. Jonas brauchte kurze Arbeitseinheiten von maximal zehn Minuten, um sich gut auf die Themen einlassen und mitarbeiten zu können. Daher wechseln sich in der Beratung thematische Einheiten und Spieleinheiten nach einem ritualisierten Schema ab, welches mit Bildern visualisiert wurde.

Die Stunden begannen jeweils mit einer Anfangsrunde, in der die aktuelle Befindlichkeit der Familienmitglieder mithilfe von vier Emoticons (fröhlich, neutral, traurig, ärgerlich bzw. wütend) besprochen wird. Jonas nutzte die Emoticons, um seine aktuelle Stimmung zu zeigen, und er versuchte, die Stimmung seiner Eltern zu beschreiben. Die Eltern besprachen mit ihm, wie sie seine und ihre eigene Stimmung gerade erleben und zeigten auf das entsprechende Emoticon, eine Methode, die die Eltern im Verlauf der Beratung gleichfalls zu Hause einführten. Auch zurückliegende Ereignisse wurden auf diese Weise besprochen, dies fiel Jonas aber schwer.

Ein Thema waren die Gefühle von Jonas, wenn er nachts wach wird. Jonas wurde nachts regelmäßig wach, da er auf Toilette musste, und weckte dann, nach dem Gang auf die Toilette, seine Eltern, indem er in ihr Zimmer kam und so lange Aufmerksamkeit forderte, bis alle wach und ärgerlich waren. Nachdem in früheren Sitzungen schon ganz konkrete Pläne mit Verstärkerplan, Hinweisreizen an der Schlafzimmertür der Eltern, die Jonas erinnern sollen, wieder in sein Zimmer zu gehen und Ähnliches erarbeitet worden war, was nur kurzfristig zu Erfolgen führte, wurde in der hier beschriebenen Sitzung versucht, mit Jonas herauszufinden, welche Gefühle er hat, wenn er nachts wach wird. Hierfür nutzen wir die Emoticons und malten die Situation auf. Auf diese Weise entstand eine Art gemeinsam erzählte und gezeichnete Bildergeschichte. Jonas und die Eltern schildern, was nachts passiert: Jonas wacht auf, da er auf die Toilette muss. Ich male ein Bett und einen Kopf und frage Jonas, wie es ihm in diesen Momenten geht. Er zeigt auf das traurige Emoticon und malt in den Kopf ein trauriges Gesicht. Danach gehe er zunächst auf die Toilette und dann zum Elternschlafzimmer, er malt sich wieder ein trauriges Gesicht. Wenn er dann die Tür aufmacht und die Eltern weckt, schauen die ärgerlich, er wird dann auch ärgerlich. Die Mama bringt ihn wieder ins Bett, dabei ist sie neutral. Er liegt im Bett und ist ärgerlich, anschließend steht er wieder auf, weiterhin ärgerlich, geht zu den Eltern und zwickt oder reißt die Decke weg oder schlägt gegen die Tür. Dann sind die Eltern beide ärgerlich. Wir überlegen, was er braucht, wenn er sich beim Aufwachen traurig fühlt. Da ihm Kuscheltiere nicht helfen, versuchen wir es mit einem Sorgenfresser. Er malt einen Sorgenfresser mit großem Bauch, in dem viel Platz ist. Diesen will er über sein Bett hängen. Wir malen für die Bildergeschichte einen Alternativweg, wie er im Bett seine Traurigkeit seinem Sorgenfresser abgeben kann. Leider bringt auch der Sorgenfresser nicht den erwünschten Erfolg.

Die Eltern entscheiden sich, eine Matratze im Elternschlafzimmer zu deponieren. Wenn Jonas jetzt nachts kommt, darf er sich diese zurechtlegen, seine Decke und sein Kissen mitbringen und sich leise ins Elternschlafzimmer zum Schlafen legen. Dies war zwar nicht das gewünschte Ziel der Eltern, aber als Zwischenlösung ein großer Schritt in die gewünschte Richtung und führte dazu, dass alle wieder ruhigere Nächte verbringen konnten und am Tag besser ausgeschlafen waren. Auch viele negative Gefühle wie Traurigkeit und Ärger reduzierten sich dadurch.

Im Laufe vieler Beratungen geht es demnach darum, dass die Eltern eine möglichst gute Wahrnehmung erlangen können, was ihr Kind schon selbst leisten kann und an welchen Stellen es Unterstützung und Strukturierung von ihnen braucht. Sie brauchen eine Idee, wie sie ihre Kinder begleiten können, dass diese lernen, mehr und mehr ihre Emotionen zu regulieren. Auf der anderen Seite brauchen sie ggf. ein Verständnis dafür, dass ein Kind mit einer intellektuellen Beeinträchtigung langfristig Schwierigkeiten im Umgang mit den eigenen Gefühlen hat und der Gestaltung der Umwelt und der Rahmenbedingungen daher eine wichtige Rolle zufällt. Auch hier heißt es somit, die richtige Balance zwischen Unterstützung und Schutz versus Autonomie und Anforderungsbewältigung zu finden. Denn auf der einen Seite kann ein Zuviel an Schutz die Entwicklung der eigenen Emotionsregulation des Kindes und Jugendlichen bremsen. Auf der anderen Seite können zu hohe Anforderungen und Erwartungen zu Überforderungssituationen führen und ein vorwiegend strafendes Reagieren auf schwierige Emotionsäußerungen für die eigenständige Emotionsregulation des Kindes nicht förderlich sein. Das Entgegenkommen der Eltern und die gelungene Zwischenlösung im oben beschriebenen Fallbeispiel machen deutlich, wie kreativ und geduldig Eltern und ihre Kinder mit Beeinträchtigungen oft bei Problemlösungen vorgehen müssen.

5.3.2 Soziale Auswirkungen von Verhaltensauffälligkeiten

In der Begegnung mit Menschen mit Beeinträchtigungen kommt es häufiger zu Irritationen, da das Verhalten nicht den Erwartungen an eine gewöhnliche zwischenmenschliche Begegnung entspricht. Ein Mensch mit kognitiver Beeinträchtigung beispielsweise spricht fremde Personen auf der Straße plötzlich an oder umarmt jemanden nach einem ersten kurzen Kennenlernen spontan. Das Blickverhalten eines Menschen mit Sehbeeinträchtigung in einem Gespräch ist anders als gewohnt, eine Person mit Tourette-Syndrom macht Bewegungen und Geräusche, die das Gegenüber irritieren oder erschrecken können. Je älter Kinder werden, desto deutlicher wird oft auch im Verhalten der Unterschied zu Gleichaltrigen. Diese Besonderheiten im Verhalten können für sich unproblematisch sein. Je nach Bewertung durch die nähere Umgebung wird die Auffälligkeit im sozialen Kontext aber eventuell als problematisch eingeschätzt.

> Max ist 14 Jahre alt und besucht eine Schule mit Förderschwerpunkt geistige Entwicklung. Wenn er sich freut, winkelt er die Arme an und wedelt, wenn die Freude besonders groß ist, hüpft er dazu. Als er in der Beratungsstunde beim Tischkicker ein Tor schießt und durch Hüpfen und Armewedeln seiner Freude besonderen Ausdruck verleiht, fragt sein Vater: »Was sagt Herr F. immer, wie sieht das aus?« Max blickt seinen Vater an, strahlt und sagt: »Scheiße, scheiße sieht das aus.«

Ob bei Verhaltensweisen wie Stereotypien oder Manierismen ein Veränderungsbedarf besteht, kommt darauf an, wie störend sie von der Person selbst und ihrer Umgebung empfunden werden und ob sie andere Handlungen verhindern. Manchmal reicht es aus, die Umwelt aufzuklären und für

Toleranz zu werben. Sind diese Verhaltensweisen entwicklungshinderlich für das Kind, ist es sinnvoll, wenn möglich ein alternatives Verhalten aufzubauen oder das Verhalten zu reduzieren bzw. zu »löschen« (vgl. 6.2). Bei manchen syndromspezifischen Verhaltensweisen können diese Versuche aber auch scheitern und nur belastend für alle Beteiligten sein (vgl. Sarimski, 2014). Um im sozialen Kontext zurechtzukommen, kann es für Kinder mit Beeinträchtigung sinnvoll sein, Verhaltensweisen zu lernen, die im sozialen Miteinander angemessen und vertraut sind. So wird auch mit Kindern mit Autismus-Spektrum-Störung in verhaltenstherapeutisch orientierten Angeboten ein soziales Verhalten eingeübt, das sie spontan nicht zeigen, z. B. bezüglich Blickkontakt und Kontaktaufnahme. Dies kann die Kinder unterstützen, im sozialen Kontext besser zurechtzukommen (Freitag, 2008). Je nach Umgebung unterscheidet sich, inwieweit ein Verhalten als auffällig bewertet wird oder nicht. So ergeben sich Unterschiede, ob das Verhalten des Kindes in einem Förderzentrum oder im vertrauten familiären Rahmen auftritt oder ob es bei inklusiver Beschulung in einer Klasse auftritt, in der kein anderes Kind solch ein Verhalten zeigt, oder in der Öffentlichkeit, z. B. in einem Restaurant.

> »Eine Verhaltensauffälligkeit definiert ein Verhalten, das auffällig ist und nicht die gestellten Erwartungen erfüllt. Diese Erwartungen erwachsen aus einer entsprechenden Umgebung, einem entsprechenden Kontext. [...] Es lässt sich also folgern, dass normales bzw. problematisches, verhaltensauffälliges oder unangepasstes Verhalten immer zuerst eine Frage des Referenzrahmens ist.« (Frei, 2014, S. 296).

Eltern sind oft sehr belastet durch das auffallende Verhalten ihrer Kinder. Einerseits erschwert es den Familienalltag, andererseits führt es in der Öffentlichkeit dazu, dass das Kind und seine Familie negativer Aufmerksamkeit ausgesetzt sind. Auch erleben die Eltern häufig Schuldgefühle oder sind Vorwürfen bezüglich einer ungeeigneten Erziehung ausgesetzt. Dabei sind die Ursachen für die Verhaltensauffälligkeiten oft komplex (vgl. Kap. 6.2).

> Die Familie von Felix kommt in die Beratungsstelle. Felix ist zwölf Jahre alt. Er ist für sein Alter sehr groß. Seine kognitive Leistungsfähigkeit ist unterdurchschnittlich, es zeigen sich körperliche Auffälligkeiten. Seine Eltern berichten, dass er oft provokantes und selbst- und fremdverletzendes Verhalten zeige. Er spreche sehr langsam und wiederhole vieles immer wieder. Er habe ein besonderes Interesse an Prospekten, Zeitschriften und Papier,

hierbei fasziniere ihn die Beschaffenheit des Papiers, er blättere gern darin. Eine Diagnose, die die Ursache seiner Beeinträchtigungen erklären könnte, gibt es trotz vieler diagnostischer Abklärungsversuche nicht. Der Diagnose »Autismus« sei schon wiederholt nachgegangen worden, es sei dann aber eher von autistischen Zügen gesprochen worden. Die Eltern berichten, dass er sehr empfindsam auf Stimmungen anderer Menschen reagiere. In der Schule fühle er sich oft unwohl, da er aufgrund seines Verhaltens nicht gut integriert sei. Er wünsche sich gute Freunde und Freundinnen. Seine Schwester Lea besucht die zweite Klasse, sie sei oft sehr belastet durch das Verhalten ihres Bruders, habe auch manchmal Angst vor ihm. Die Eltern sind ebenfalls sehr belastet durch die Situation. Soziale Aktivitäten seien aufgrund des Verhaltens von Felix schwierig. Ziel für eine erfolgreiche Beratung wäre, wieder lachen zu können, dass es den Kindern gut geht und das Familienleben schön sei.

Zu Beginn der Beratung wird eine neue medizinische Diagnose gestellt, durch die eine medikamentöse Behandlung eingeleitet wird. Durch die Medikation mit einem Schilddrüsenhormon reduzieren sich auch die Verhaltensprobleme, besonders die Impulsivität und Aggressivität. Trotz der Verbesserungen bleiben einige Schwierigkeiten bestehen. Dazu gehört die Langsamkeit von Felix, die in bestimmten Situationen verstärkt zu sein scheint und die Familie bei vielen Aktivitäten behindert. Die Familie erlebt dies teilweise auch als von Felix bewusst gesteuert und provokativ. Und seine Fixierung auf Papier und Prospekte wird immer wieder in bestimmten Phasen schlimmer.

Wenn Felix mit etwas nicht einverstanden ist, äußert er seinen Unmut vor allem durch Lautmalereien und Mimik. Er wird weinerlich und bockig. Hierfür suchen wir nach Alternativen. Da solche Situationen auch in der Beratung, insbesondere zu Beginn und beim Abschied, – und besonders deutlich, wenn die ganze Familie dabei ist – vorkommen, können wir direkt die konkreten Situationen nutzen.

Mit Felix wird an der Wahrnehmung von Gefühlen gearbeitet. Deutlich wird dabei, dass er negative Gefühle bei sich selbst gar nicht wahrhaben will. In der Beratung gehen wir sehr langsam voran, da Felix sehr langsam spricht und arbeitet.

Manchmal fällt es Felix schwer, sich auf andere Inhalte als seine speziellen Interessen für Prospekte einzulassen. Ebenso ist es ihm sehr wichtig, dass das Papier, welches er zum Malen verwendet, die richtige Struktur hat. Aquarellpapier gefällt ihm nicht, normales Kopierpapier ist geeignet.

Seine Schwester Lea ist bei einigen Beratungsterminen dabei, spielt anfangs oft für sich. Doch es wird deutlich, dass sie gleichfalls ihre Themen einbringen und direkt an der Beratung teilnehmen will, auch mal allein. Sie malt sehr gern. Dabei berichtet sie, was schwierig ist. Zum Beispiel, dass sie noch immer manchmal Angst habe, da Felix viel größer und stärker als sie sei und das manchmal nutze, um seinen Willen durchzusetzen. Und dass er ihre beste Freundin so gern habe, und dann immer dabei sein wolle, wenn diese sie besucht. Aber sie kann auch vom schönen Trampolinspringen mit ihrem Bruder und guten Familienausflügen erzählen. Einige Termine mit beiden Geschwistern dienen dazu, für diese Themen gemeinsame Lösungen zu finden.

Insbesondere Verhaltensauffälligkeiten bei Kindern mit intellektuellen Beeinträchtigungen sind ein Thema, welches sowohl für Eltern als auch für betreuende Institutionen eine große Rolle spielt. Zeigen Kinder und Jugendliche Verhaltensauffälligkeiten wie selbst- und fremdverletzendes Verhalten, ist ihre soziale Teilhabe sowohl im privaten Bereich, im inklusiven Kontext als auch in Fördereinrichtungen deutlich gefährdet und die Wahrscheinlichkeit einer frühzeitigen außerhäuslichen Betreuung ist deutlich erhöht. Zu diesem Thema gibt es zahlreiche Veröffentlichungen, ausführlich wird darauf im Kapitel 6.2 eingegangen.

Auch bei anderen Beeinträchtigungen werden typische Verhaltensauffälligkeiten beschrieben, wobei immer Sorge getragen werden muss, dass aus solchen Aussagen nicht Verallgemeinerungen und Generalisierungen gezogen werden, die zu Vorverurteilungen und Zuschreibungen führen. So wird in der wissenschaftlichen Literatur beschrieben, dass Kinder mit Sinnesbehinderung aufgrund eingeschränkter und veränderter Kommunikationsformen gefährdet sind, psychosoziale Störungen zu entwickeln. Dies ist abhängig von den Verarbeitungsmöglichkeiten der Kinder und den Reaktionen der Umwelt. Frühe Unterstützung in den Kommunikationsmöglichkeiten, Erfahrungen gelingender Verständigung und die Entwicklung eines guten Selbstvertrauens scheinen für Kinder mit Seh- und Hörbeeinträchtigung wesentliche Faktoren für eine gelingende emotionale und soziale Entwicklung. Bei Kindern mit Körperbehinderung sind Verhaltensstörungen ein großes Risiko für die soziale Teilhabe, mehr als die körperlichen und motorischen Einschränkungen selbst. Bei ihnen sind mit größerer Wahrscheinlichkeit internalisierende Probleme zu finden. Ursachen für auffälliges Verhalten sind häufig auf Umwelteinflüsse sowie familiäre und biografische Faktoren zurückzuführen (Myschker & Stein, 2018, S. 74 ff.).

5.3.3 Identitätsentwicklung

Das Jugendalter ist die Zeit, in der der Entwicklung der eigenen Identität eine besondere Bedeutung zukommt. Es wird unterschieden zwischen sozialer Identität als Zugehörigkeit zu einer oder mehreren sozialen Gruppen, persönlicher/personaler Identität als Einzigartigkeit eines jeden Menschen und seiner Biografie, welche zur Identifizierung beiträgt, und der Ich-Identität, welche das subjektive Empfinden des einzelnen Menschen über sich selbst als Person beschreibt (Cloerkes, 2007, S. 174). Zur Entwicklung der Ich-Identität tragen soziale Erfahrungen und Zuschreibungen sowie innere Verarbeitungsprozesse bei.

»Die Ausbildung von Ich-Identität (Selbstkonsistenz) impliziert, dass der Jugendliche zunehmend genau weiß, wer er ist und worin über Zeit, Situationen und soziale Kontexte hinweg die Einheitlichkeit und Unverwechselbarkeit der eigenen Person begründet ist. ›Das bewusste Gefühl, eine persönliche Identität zu besitzen, beruht auf zwei gleichzeitigen Beobachtungen: der unmittelbaren Wahrnehmung der eigenen Gleichheit und Kontinuität in der Zeit, und der damit verbundenen Wahrnehmung, dass auch andere diese Gleichheit und Kontinuität erkennen‹ (Erikson, 1966, S. 20). « (Hannover & Greve, 2012, S. 554)

Zur Ich-Identität tragen das Selbstkonzept, das Bewusstsein über eigene Haltungen und Werte, die Wahrnehmung eigener Fähigkeiten und Schwächen, persönliche Ziele, äußere Merkmale und die Art und Weise, wie Beziehungen gestaltet werden, bei. Auch die persönliche Einschätzung, wie andere die eigene Person von außen wahrnehmen, geht in die Ich-Identität ein. Dies gilt nicht nur für die aktuelle Situation oder den aktuellen Zeitraum, sondern kontinuierlich, auch wenn sich Unterschiede in verschiedenen Kontexten ergeben können (vgl. Patchwork-Identität nach Keupp, 2010) und die Identitätsentwicklung ein lebenslanger Prozess ist, in dem sich die Identität und das Selbstkonzept immer wieder in der Interaktion mit der sozialen Umwelt verändern können. Im Gegensatz zum Selbstkonzept beinhaltet die Identität das »Ergebnis einer aktiven Suche, Definition oder Konstruktion des Selbst« (Flammer & Alsaker, 2011, S. 157).

Insbesondere der Begriff »Stigma« wird im Kontext der Identitätsentwicklung von Menschen mit Beeinträchtigungen viel diskutiert, und es wird auf die Gefahren der Stigmatisierung an sich und den Einfluss von Stigmatisierung auf die Identitätsentwicklung des Einzelnen hingewiesen. Für die Vielzahl unterschiedlicher Modelle zur Identitätsentwicklung allgemein sowie in Bezug auf Menschen mit Behinderung und ihre kritische Betrachtung verweise ich auf weiterführende Literatur (vgl. Bergeest et al., 2015, 207 ff.; Frei, 2014; Hannover & Greve, 2012; Flammer & Alsaker, 2011; Keupp, 2010; Jeltsch-Schudel, 2008; Cloerkes, 2007; Schuppener, 2006; Ortland, 2006).

Als besondere Herausforderung von Jugendlichen mit einer Behinderung bei der Entwicklung der Identität und des Selbstkonzepts kann die Beeinträchtigung an sich mit ihren persönlichen und sozialen Auswirkungen genannt werden. Erfahrungen, die die Selbstwirksamkeitserwartungen erhöhen, können durch erhöhte Abhängigkeit von anderen schwerer zugänglich sein, Erfolgserlebnisse und das Erreichen einiger altersentsprechender Fähigkeiten können beeinträchtigt sein und einige persönliche Ziele können schwer verwirklichbar sein. Auch die Konfrontation mit Reaktionen der Umgebung, die insbesondere die Beeinträchtigungen oder das Anderssein wahrnehmen und ggf. diskriminierend reagieren, ist ein weiterer Risikofaktor. Das Körperbild, das eine wichtige Facette des Selbstkonzepts ist, kann bei Jugendlichen mit körperlichen Beeinträchtigungen in den sozialen Abgleichungsprozessen, der Wahrnehmung des Andersseins und der eingeschränkten Funktionsfähigkeiten eine wesentliche Rolle spielen. Dennoch gelingt es vielen Jugendlichen und Erwachsenen mit Beeinträchtigungen, ein positives Selbstkonzept auszubilden, wie sich auch in Studien nachweisen ließ. In vielen Studien zeigt sich ein positives persönliches Selbstbild, welches mit der Wahrnehmung eines negativen Fremdbildes und der Wahrnehmung als »Stigmatisierte« kontrastiert. Ein Großteil der Menschen mit intellektuellen Beeinträchtigungen zeigt positive Selbstbilder und hat Strategien, ihr Selbstbild vor verletzenden Fremdbeschreibungen zu schützen. Im Gegensatz zu einer oft benannten »behinderten Identität« bis hin zum Absprechen der Ausbildung einer Identität kann offensichtlich gerade die Meisterung der Herausforderungen, die eine Beeinträchtigung für das (soziale) Leben eines Menschen mitbringt, zu einer »erarbeiteten« Identität führen (Cloerkes, 2007, 190 f.; Schuppener, 2006).

Für die persönliche Entwicklung und die Interaktionen und Beziehungen zu anderen scheint es günstig zu sein, wenn die Beeinträchtigung angenommen und als Teil der Identität in das Selbstkonzept integriert wurde. In positiven Fällen sind sich die Jugendlichen zwar der Beeinträchtigung bewusst, nehmen aber zugleich ihre Stärken und Ressourcen wahr. Sie können mit Reaktionen der Umwelt auf die Beeinträchtigung umgehen und sich von Stigmatisierungen und Diskriminierungserfahrungen abgrenzen und schützen. Das heißt aber auch, dass nicht wir von außen festlegen können, wie das Selbstbild in Bezug auf die Behinderung aussieht und welche Selbstwahrnehmungen und Begrifflichkeiten für den Einzelnen dort passend sind. Für Menschen, die von Geburt an eine Beeinträchtigung haben, ist dieser Zustand der »normale« Zustand und ein anderes Leben nicht denkbar, auch wenn sie sich ihrer Einschränkungen und der bestehenden Barrieren durchaus bewusst sind (vgl. Singer & Kienle, 2016). Oder ein Mensch mit einer so genannten geistigen Behinderung definiert als Behinderung eine sichtbare Körperbeeinträchtigung und erlebt sich als Mensch mit Lernschwierigkeiten, aber nicht als Mensch mit Behinderung (Cloerkes, 2007, S. 192). Es wäre vermessen, Menschen vorzuschreiben, wie sie ihre eigene Beeinträchtigung bewerten sollen. Wie sehr ein Mensch an seiner Beeinträchtigung leidet, wie er sein Leben mit dieser Beeinträchtigung führen kann, wird von vielen Kriterien beeinflusst, die nicht unbedingt zuerst mit der Art und Schwere der Beeinträchtigung zusammenhängen, sondern insbesondere mit sozialer Unterstützung und Erfahrungen sowie Persönlichkeitseigenschaften und persönlichen Coping- und Verarbeitungsstrategien. Einige Menschen mit Behinderung beschreiben ihre Behinderung als einen selbstverständlichen Teil ihres Lebens und ihrer Person, einige sehen in der Beeinträchtigung und den Herausforderungen, die sie mit sich bringt, einen Anteil, dass sie ein glückliches und erfülltes Leben leben, nicht trotz, sondern mit der Behinderung. Ohne diese wäre es nicht *ihr* Leben (vgl. Ortland, 2016; Singer & Kienle, 2016).

Neben der Auseinandersetzung mit der Beeinträchtigung bzw. Behinderung beschäftigen Jugendliche im Prozess der Identitätsentwicklung viele weitere Themen. Und da sich die Beeinträchtigung und ihre Auswirkungen auf ihr Leben von der Person nicht trennen lassen, sind Zuordnungen, was aus der Beeinträchtigung entstanden ist und was einfach dem Temperament und der Persönlichkeit des Menschen geschuldet ist, rein hypothetisch.

> Sebastian hat eine Hemiparese. Er besucht die Regelschule, in der er sich mit Rollator und Rollstuhl fortbewegt und durch eine Schulbegleiterin unterstützt wird. Er hat in der Schule keine Freunde. »Die anderen nerven mich so mit ihren pubertären Themen. Ich habe keine Lust darauf.« In einem Gespräch mit der Mutter sagt diese: »Ich glaube, es liegt nicht an der Behinderung, dass Sebastian so wenig den Kontakt zu Gleichaltrigen sucht, ich glaube, er ist einfach so. Er hat dann lieber ein oder zwei Freunde, die auch deutlich älter oder jünger sein können, die die gleichen Interessen teilen, als dass er sich einer Gruppe Gleichaltriger, ob mit oder ohne Behinderung, anschließt.«

Nur bei Jugendlichen, die die Beeinträchtigung beispielsweise durch einen Unfall erworben haben, lassen sich diese Unterscheidungen klarer treffen, was sich in Aussagen zeigt, in denen diese ihr Leben und auch ihr Selbstkonzept oft in die Zeit »vor« und »nach« dem auslösenden Ereignis einteilen.

Die Zugehörigkeit zu Gruppen ist ebenfalls ein Teil der Identität. Manche Gruppenzugehörigkeiten können zumindest zum Teil selbst gewählt werden, wie die Zugehörigkeit zu einem Sportverein oder einer Freundesclique. Manche Gruppen ergeben sich durch äußere Strukturen oder persönliche Merkmale, wie die Gruppen Schüler*innen, Klasse 8b, Mädchen oder Jugendliche mit Körperbehinderung. Manche Zugehörigkeiten fördern den Selbstwert, andere senken ihn, besonders wenn die Gruppe von anderen stigmatisiert wird. Hierbei spielt auch die Form der Beschulung eine wesentliche Rolle (vgl. Jeltsch-Schudel, 2008, S. 222). Besuchen Schüler*innen mit Beeinträchtigung eine Förderschule, sind sie damit schon einer bestimmten Gruppe zugeordnet.

> Leonie ist 17 Jahre alt und besucht eine Förderschule. Sie kommt wegen psychosomatischer Beschwerden und häufigem Schulabsentismus in die Beratungsstelle.
> In den ersten Terminen in der Beratungsstelle erzählt sie viel: Von ihrem Freund, den sie sehr liebt, mit dem sie aber auch immer wieder Stress habe, und von ihrer Familie, die immer für sie da sei, in der es aber manchmal Streit gebe und vor allem Sorgen, weil sie es nicht schaffe, in die Schule zu gehen. Und von der Schule, in der sie Freunde habe. Die meisten Lehrer seien nett, und sie sei zur Klassensprecherin gewählt worden. Aber wenn sie dann morgens in die Schule gehen müsse, tue ihr plötzlich alles weh, sie habe Angst und wolle nicht aus dem Haus. Sie wisse gar nicht wieso. Außerdem sei sie häufig sehr traurig.
> Es gelingt, in einigen Terminen viele Ressourcen von Leonie herauszuarbeiten: Sie hat gute Freunde, ein gutes Verhältnis zu ihrer Familie, Humor und soziale Kompetenzen. Auch kann sie ihre Meinung sagen und sich gegen andere durchsetzen. Wenn jemand ihre Hilfe braucht, steht sie ihm immer zur Seite.
> In einer Beratungsstunde frage ich sie, ob sie ihr Leben mit einem Seil auf dem Boden legen will, eine so genannte Timeline. Sie stimmt zu. Sie legt sehr konzentriert das Seil von Geburt bis heute, mit Höhen und Tiefen. Mit Steinen und Motivkarten kann sie Zeitpunkte und Zeitphasen illustrieren. Sie

sucht sich verschiedene schöne Motive für ihre Geburt, Kindergarten- und Schulzeit aus. Dann kommt ein Knick nach unten im Seil, an das sie einen spitzen Stein legt. Ich bitte sie, mir zu erzählen, was an dieser Stelle passiert ist. Sie erzählt, dass dies der Zeitpunkt des Wechsels in die Förderschule gewesen sei. Sie sei gern in ihre frühere Schule gegangen, doch dann hätte sie die Schule wechseln müssen, und das wäre für sie sehr schlimm gewesen. Sie habe nie verstanden, warum sie wechseln sollte. Bis heute nicht. In der neuen Schule sei alles anders gewesen, neue Kinder, ein neues Gebäude und neue Lehrer*innen. Es wäre eine Schule für »behinderte Kinder« gewesen, zu denen sie nun auch auf einmal zählte.

In weiteren Stunden gehen wir noch wiederholt auf dieses Thema ein. Neben den negativen Gefühlen erzählt sie von positiven Erfahrungen, die sie durch den Besuch der neuen Schule gemacht hat. So habe sie durch die Erfahrungen in der neuen Schule gelernt, sich für die Rechte anderer Menschen mit Behinderung einzusetzen, z. B. indem sie im Bus einen ihr unbekannten Jugendlichen mit Trisomie 21 vor anderen Jugendlichen in Schutz nimmt. »Das habe ich in der Schule gelernt, dass alle so sein dürfen, wie sie sind.«

Der Besuch eines Förderzentrums kann dazu führen, dass bei Kontakten mit Gleichaltrigen außerhalb dieses so genannten »Schonraums« Ausgrenzung erlebt wird und dem Kind oder dem Jugendlichen das Anderssein schmerzlich bewusst wird (Frei, 2014; Cloerkes, 2007).

Auf der anderen Seite können Schüler*innen in einem inklusiven Schulkontext immer wieder wechselnde Erfahrungen der Zugehörigkeit bzw. des Andersseins und der Ausgrenzung erleben. Dies kann dazu führen, dass sie sich bewusst von anderen Kindern mit Beeinträchtigung abgrenzen. Insbesondere mögliche Übergeneralisierungen von einer Beeinträchtigungsform auf andere (beispielsweise von körperlichen auf intellektuelle Beeinträchtigungen) können Jugendliche als besonders diskriminierend erleben und sich daher besonders stark von anderen Menschen mit anderen Formen von Beeinträchtigung abgrenzen.

Viele Jugendliche mit Behinderung versuchen, sich so gut wie möglich an die »normale« Welt anzupassen, dies kann dazu führen, dass sie Hilfsmittel im Unterricht nicht nutzen, um sich möglichst wenig von anderen zu unterscheiden oder dass sie Verstehen mimen, auch wenn sie, z. B. aufgrund einer Hörbeeinträchtigung, etwas nicht verstehen konnten (vgl. Walter-Klose, 2012).

In der Literatur finden sich unterschiedliche Aussagen zur Wichtigkeit, sich mit der eigenen Behinderung sowie dem Anderssein auseinanderzusetzen, insbesondere auch, um auf die »reale Welt« vorbereitet zu sein. Dabei soll die Wahrnehmung eigener Grenzen thematisiert werden sowie auf Barrieren, Reaktionen anderer und soziale Vergleiche sowie mögliche Stigmatisierung oder Diskriminierung vorbereitet werden. Die Lehrpläne vieler Förderschulen beinhalten das Thema »Identitätsentwicklung«, die Auseinandersetzung mit sich selbst und der eigenen Behinderung (Bergeest et al., 2015; Frei, 2014; Ortland, 2006). Cloerkes hingegen spricht sich gegen den Gedanken aus, durch eine Identitätserziehung »stigmatisierungsbedingte (nicht zwangsläufig schädigungsbedingte) Nachteile« auszugleichen. Er regt an, besser über Stigmafaktoren und integrative Alternativen nachzudenken (Cloerkes, 2007, S. 180). Mit der Empfehlung, inklusive Kontexte zu schaffen, also Erfahrungen im Miteinander von Menschen mit und ohne Behinderung zu ermöglichen und nicht nur den »Schonraum« der Fördereinrichtung zu erleben, steht er nicht allein. Je nach Blickwinkel geht es hierbei eher um die Anpassung und Integration der gemachten Erfahrung in das Selbstkonzept des Menschen mit Behinderung, um die Veränderung der Umwelt durch den wechselseitigen Kontakt oder um beides (Frei, 2014; Jeltsch-Schudel, 2008; Cloerkes, 2007). Allerdings empfiehlt Jeltsch-Schudel (2008, S. 227) auch im Kontext inklusiver Schulbildung, dass eine begleitete Auseinandersetzung mit den Themen sozialer Vergleich, Anderssein und Teilhabeeinschränkungen angeboten werden sollte.

In der Beratung entscheiden die Jugendlichen selbst, inwieweit diese Themen für sie momentan relevant sind. Hier begegnen wir Jugendlichen, die sich in ihrer Selbstentwicklung noch stark an den Eltern orientieren, anderen, die auf der Suche sind und hierbei gern Unterstützung erhalten wollen, sowie weiteren, die schon eine klare Identität ausgebildet haben. Wenn das Selbstbild und insbesondere der Selbstwert sehr negativ sind oder die Abweichung zwischen einem idealen und dem realen Selbstbild sehr stark ist, sind dies mögliche Inhalte für die Beratung. Auch kann die Zukunftsperspektive von Jugendlichen mit einer Behinderung sich deutlich unterscheiden von anderen Jugendlichen, z. B. kann eine Ablösung vom Elternhaus zunächst gar nicht angedacht sein. Interkulturelle Studien zeigen, dass sich das Selbstbild in individualistischen vs. kollektivistischen Kulturen deutlich unterscheidet und die »Sturm-und Drang«-Phase der Adoleszenz sich vorwiegend in westlichen Kulturen finden lässt (Gerrig, 2018, S. 419, 537 f.).

Insofern kann angenommen werden, dass in Familien, in denen sich aufgrund der Beeinträchtigung des Kindes Werte und Normen verändert haben und Zukunftsperspektiven anders gedacht werden, sich dies auch auf die Identitätsentwicklung des Jugendlichen auswirkt.

Manche Einschränkungen, die Jugendliche mit Beeinträchtigungen erfahren, entstehen aus Ungerechtigkeit und Diskriminierung, andere lassen sich klar aus der Beeinträchtigung des Jugendlichen ableiten, beispielsweise dass ein Mensch mit schwerer Sehbeeinträchtigung nicht Auto fahren darf. Es heißt in der Beratung, genau hinzuschauen, ob die persönlichen Ziele und Wünsche ermöglicht werden können. Hier ist Wissen und Bewusstsein erforderlich über rechtliche und ethische Aspekte und über die Möglichkeiten, wie Menschen mit einer Beeinträchtigung ihr Erwachsenenleben gestalten können. Nur so ist gut auseinanderzuhalten, ob es sich um notwendige Einschränkungen handelt oder um unnötige Barrieren, die es zumindest in Frage zu stellen gilt, wenn nicht aktiv anzuprangern und abzubauen.

Ein schon mehrmals erwähnter Punkt bei der Unterstützung von Jugendlichen bei der Entwicklung eines positiven Selbstkonzepts und ihrer Identität ist die Wichtigkeit von gelungenen sozialen Erfahrungen insbesondere mit Gleichaltrigen. Wenn es hier Schwierigkeiten in der Schule oder anderen großen Gruppen gibt, kann es sinnvoll sein, mit den Jugendlichen selbst oder gemeinsam mit den Eltern zu überlegen, ob beispielsweise die Freizeitgestaltung solche Erfahrungen ermöglichen kann. Dort, wo ähnliche Interessen aufeinandertreffen oder gemeinsame Ziele verfolgt werden, können gute soziale Erfahrungen gemacht werden, z. B. im Reitstall, in einer Selbsthilfegruppe oder in offenen Angeboten der Behindertenhilfe, beim Schachspielen oder auf dem Fußballplatz, je nachdem wo die Interessen und Fähigkeiten des Jugendlichen liegen.

Haben Jugendliche Erfahrung mit Ausgrenzung und Diskriminierung, brauchen sie vielleicht jemanden, dem sie von diesen erzählen können. Auch Überlegungen, wie sie das nächste Mal auf unpassende Kommentare reagieren können, oder der Austausch mit anderen, die ähnliche Erfahrungen gemacht haben, sind hilfreich.

Bei der Auseinandersetzung mit dem »Selbst« in der Beratung kann eine kreative oder erlebnispädagogische Arbeit hilfreich sein. Dies kann beispielsweise eine Collage mit dem Titel »Das bin ich« sein. Neben der Auseinandersetzung mit der eigenen Person mit ihren Stärken und Schwächen wird so auch die Erfahrung der Selbstwirksamkeit die Identitätsentwicklung unterstützt. Auch das Neubewerten bzw. Reframen von negativen Erfahrungen und als hinderlich erlebten Selbstanteilen kann Jugendliche unterstützen, ein differenziertes, positives Selbstbild mit Respekt, Akzeptanz und Verständnis für die eigene Person aufzubauen.

5.3.4 Erwachsen werden

Was bedeutet es, mit Beeinträchtigungen erwachsen zu werden, und was bedeutet es für die Eltern, wenn ihr Kind erwachsen wird? Loslösung und Selbstständigkeit, Übernahme von Verantwortung, Partnerschaft, Sexualität, Berufswahl und Ausbildung und, meist in noch etwas fernerer Zukunft, die Gründung einer eigenen Familie, die eigene Wohnung und der Einstieg in den Beruf – das sind die Themen, die diesen Übergang vom Kindsein ins Erwachsenenleben in der Regel begleiten. Je nach Form und Stärke der

Beeinträchtigung stellen sich diese Themen bei Jugendlichen mit Beeinträchtigungen anders. Bei Menschen mit schwereren intellektuellen, körperlichen oder komplexen Beeinträchtigungen besteht ein lebenslanger Unterstützungsbedarf, der im Erwachsenenalter zum Teil weiterhin von den Eltern oder den Geschwistern geleistet wird, teilweise durch professionelle Unterstützung wie persönliche Assistenz oder innerhalb einer Einrichtung. Das heißt, die Ablösung vom Elternhaus bedeutet nicht Ablösung in die Selbstständigkeit, sondern eine Übergabe in »fremde Hände«. Dieser Prozess ist für viele Eltern nicht einfach. Ebenso stellen sich ggf. Fragen nach einer rechtlichen Betreuung und der Aufsichtspflicht (Langner, 2013).

Menschen mit intellektuellen und körperlichen Beeinträchtigungen bleiben oft im Erwachsenenalter im Elternhaus wohnen und erhalten von dort weiterhin einen großen Teil der täglichen Unterstützung (Schäfers, 2017; Lelgemann, 2016a, b). Mit der Zielsetzung des »Empowerments« werden verstärkt die Möglichkeiten einer Loslösung vom Elternhaus mit dem Ziel der Selbstbestimmung diskutiert und es wird nach geeigneten Lebensraumalternativen für Menschen mit Behinderung und Unterstützungsbedarf gesucht. Spätestens, wenn ein Elternteil stirbt oder das Zusammenleben aufgrund des Alters der Eltern nicht mehr leistbar ist, kommt dann, manchmal sehr spät, die zwangsläufige Loslösung.

Die Berufsauswahl ist ggf. eingeschränkter, eventuell sind Förderstätten oder Werkstätten der Behindertenhilfe neben inklusiven Arbeitsplätzen in Betracht zu ziehen. Bei der Wahl der Ausbildung und des zukünftigen Berufs spielen auch der barrierefreie Zugang zum Ausbildungsplatz, notwendiger Unterstützungsbedarf und spätere berufliche Möglichkeiten eine Rolle. Integrationsfachdienste (IFD) leisten hierbei wichtige Unterstützung. Die Erfahrungen für Jugendliche bei der Suche nach einem Ausbildungsplatz bzw. nach beendeter Ausbildung auf dem freien Arbeitsmarkt können frustrierend sein (vgl. Heckmann, 2004, S. 25 ff.).

Lange Zeit waren die Themen »Partnerschaft«, »Sexualität« und »Kinderwunsch« bei Menschen mit Behinderung tabuisiert, hier hat es in den letzten Jahrzehnten einen deutlichen Wandel gegeben. Anteil an diesem Wandel hatte nicht zuletzt die UN-Behindertenrechtskonvention, in der festgeschrieben ist, dass Menschen mit Behinderung ein Leben mit den gleichen Rechten wie alle anderen Menschen führen können müssen (Beauftragte der Bundesregierung für die Belange behinderter Menschen, 2017).

Eltern geht es dennoch oft so, dass sie sich sexuelle Wünsche und gelebte Sexualität und Partnerschaft bei ihrem Kind mit Behinderung zunächst nicht vorstellen können. Auch manche Einrichtungen ringen noch mit diesen Themen. Erfreulicherweise gibt es inzwischen einige gezielte Beratungsangebote und Veröffentlichungen, die sowohl auf die schönen und lustvollen Seiten sowie unterschiedliche Möglichkeiten der Gestaltung der körperlichen Beziehung hinweisen, aber gleichfalls präventiv Gefahren von Missbrauch und Abhängigkeit thematisieren (vgl. profamilia, 2018, 2016, 2008; BZgA, 2017; Ortland, 2016; Urbann et al., 2015; Bergeest et al., 2015; Caritas, 2015; Wilken, 2014; Beyer, 2013; Achilles, 2010). In spezialisierten Beratungsstellen werden Menschen mit Behinderung sehr konkret bezüglich Aufklärung, Verhütung, ihre Rechte und ihre persönlichen Themen beraten. Für Jugendliche mit einer Behinderung können ihre Wünsche nach Zärtlichkeit, Sexualität und Partnerschaft weit von den wahrgenommenen Möglichkeiten abweichen. Sie erfahren beispielsweise, dass sie zwar als »Kumpel« oder Freundin angenommen sind, als möglicher Partner oder mögliche Partnerin in einer Beziehung aber nicht. Bei Menschen mit intellektueller Beeinträchtigung, die miteinander eine Beziehung leben, unterscheiden sich teilweise die Vorstellungen von dem, was eine Beziehung bedeutet und wie viel körperliche Nähe hierbei gewünscht wird. Aufklärung, Themen wie Verhütung und Schwangerschaft sowie das Recht, jederzeit »Nein« zu sagen und auf der anderen Seite ein »Nein« immer zu akzeptieren und sich daran zu halten, sind wichtige Bildungsinhalte in diesem Bereich, die teilweise in der Schule, teilweise im Elternhaus vermittelt werden, wenn nötig noch über Beratungsangebote vertieft werden sollten.

Aber auch Eifersucht, Fremdgehen, unerfüllte Sehnsüchte und unterschiedliche Zukunftsvorstellungen innerhalb von Partnerschaften können Inhalte der Beratung sein.

> Nikolas ist mit seiner Freundin Lisa sehr glücklich. In der Beratung geht es immer wieder darum, dass Nikolas erlebt, dass andere Männer aus dem beruflichen Umfeld der beiden Lisa sehr attraktiv finden und ebenfalls gern mit ihr eine Beziehung hätten. Auch wenn Lisa und Nikolas sich treu sind, beschäftigt das Nikolas sehr. Unterschiedliche Wünsche bezüglich Nähe und Eigenständigkeit sind ebenso Inhalt der Beratung. Außerdem hat Nikolas schon viele Ideen für die Zukunft, Heirat, Kinder, eine »richtige Familie«. Nicht bei allen Themen ist Lisa mit im Boot. Zum Beispiel möchte sie keine Kinder haben. Das macht Nikolas sehr traurig, auch stellt er infrage, ob das wirklich

ihrem Wunsch entspricht. In der Beratung werden diese Wünsche und Fragen nach Perspektiven immer wieder besprochen. Nach vielen Gesprächen und nachdem er dieses Thema nochmal mit Lisa, seiner Familie und in einer Beratungsstelle zu Familienplanung und Sexualität durchdacht hat, in die er – zum Teil mit Lisa zusammen – geht, findet er einen Weg für sich, ihre unterschiedlichen Vorstellungen zu akzeptieren. Wesentlicher als das Durchsetzen seiner Wünsche sind ihm die Beziehung und ihre Liebe zueinander.

6 Wissen, Konzepte und Methoden

Nachdem in den vorherigen Kapiteln Beratungsthemen von Familien mit Kindern mit Beeinträchtigungen anhand von Beispielen aus der Erziehungs- und Familienberatung beschrieben wurden, werden jetzt schwerpunktmäßig auf theoretischer Ebene Verarbeitungsmodelle, Konzepte zum Umgang mit Verhaltensauffälligkeiten bei Menschen mit intellektuellen Beeinträchtigungen und grundlegende Gedanken zur Anpassung psychotherapeutischer und beraterischer Methoden dargestellt. Durch Verweise auf frühere Kapitel werden Bezüge zur praktischen Anwendung hergestellt.

6.1 Krisen- und Stressverarbeitungsmodelle

Was passiert in einer Familie, wenn ein Kind mit einer Beeinträchtigung geboren wird, die Beeinträchtigung eines Kindes im Laufe seiner Entwicklung festgestellt wird oder eine Krankheit oder ein Unfall zu einer Behinderung führen? Was sind typische Phasen der Bewältigung, Verarbeitung und Lebensgestaltung?

Im Folgenden werden Modelle vorgestellt, die Verarbeitungs-, Bewältigungs- und Anpassungsprozesse bei Stress- oder Krisenereignissen darstellen, hier insbesondere ausgelöst durch das Thema »Behinderung« eines Kindes in der Familie. Aus einer Vielzahl unterschiedlicher Modelle (vgl. Hinze, 1999, S. 204 ff.) wurde in Hinblick auf die Beratungsarbeit eine Auswahl getroffen. Hinze fasst zusammen, dass bei aller Unterschiedlichkeit der verschiedenen Modelle – wie Phasenmodelle, Stresstheorie, Theorie der kritischen Lebensereignisse, emotionspsychologische und sozialpsychologische Konzepte – Gemeinsamkeiten in allen Modellen festzustellen sind. Diese liegen im Prozesshaften des Verarbeitungsprozesses sowie den Einwirkungen

und Wechselwirkungen von Emotionen und Kognitionen auf den Prozess. Er findet innerpsychisch beim Einzelnen sowie in Auseinandersetzung mit anderen statt. Die Ausrichtung des Prozesses ist auf die Anpassung und die rationale und emotionale Annahme der neuen Situation mit dem Ziel des Wohlbefindens der Person bzw. der Familie und der Bewahrung oder Wiederherstellung ihrer sozialen Lebenssituation ausgelegt (Hinze, 1999, S. 205).

6.1.1 Familienstresstheorie

Familien mit Kindern mit Beeinträchtigung sind langfristig erhöhten Stressbelastungen ausgesetzt, wie in den Kapiteln 4.1 und 4.2 beschrieben wurde. Ihre Lebenssituation fordert unter Umständen Stressbewältigungsstrategien, die grundlegender und tiefgreifender sein müssen als in anderen Stresssituationen. Deutlich wird dies in dem »Stufenmodell des familialen Stress-Coping-Prozesses«, in dem drei unterschiedlich intensive Belastungsniveaus beschrieben werden, welche in Abbildung 5 dargestellt sind.

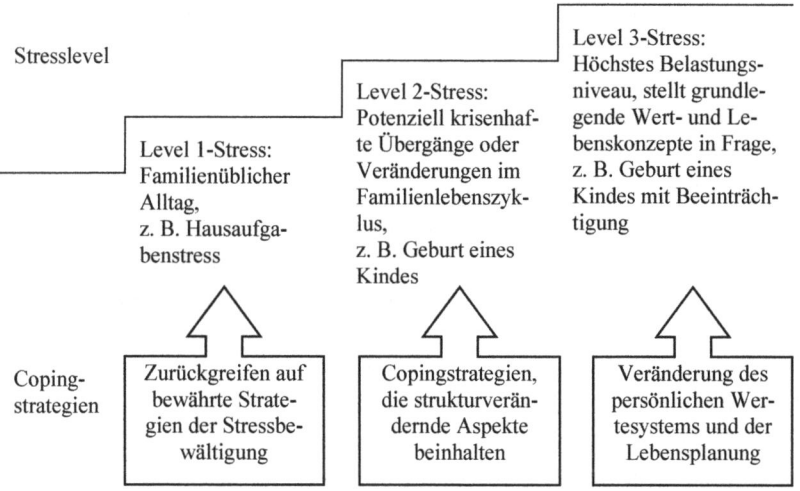

Abb. 5: Stufenmodell des familialen Stress-Coping-Prozesses nach Burr et al. (1994)

Der so genannte Level 1-Stress klassifiziert Stress, der zum familienüblichen Alltag gehört: Zeitdruck am Morgen, Streit bei den Hausaufgaben oder Diskussionen um die Aufgabenverteilung im Haushalt. Zur Bewältigung dieses

Stresses können Familien in der Regel auf bewährte Strategien zurückgreifen. Stress auf dem Level 2 stellt sich in potenziell krisenhaften Übergängen oder Veränderungen im Familienlebenszyklus ein, wie Geburt des ersten oder Auszug des letzten Kindes. Hierbei sind Copingstrategien gefragt, welche strukturverändernde Aspekte beinhalten, wie eine neue Rollenklärung in der Familie.

Das Level 3-Niveau, das höchste Belastungsniveau, entsteht, wenn der Stress in der Familie grundlegende Wert- und Lebenskonzepte in Frage stellt. Hierzu gehört die Geburt eines Kindes mit Beeinträchtigungen. Als Stressbewältigungsstrategie kann eine Veränderung des persönlichen Wertesystems und der gesamten Lebensplanung notwendig sein (Burr et al., 1994).

Diese Einstufung zeigt, dass nicht nur das Ausmaß an Stressbelastung sich unterscheidet, sondern auch die Qualität und die Art der Stressbewältigung. So reicht es bei leichterem Stress aus, auf »äußere« Strategien wie eine effektivere Zeitplanung zurückzugreifen, während es, wenn in einer Familie ein Familienmitglied eine schwere Krankheit oder Beeinträchtigung hat, zu grundlegenden Veränderungen in der Lebensplanung und ggf. zu Einstellungsveränderung kommen muss, um sich dieser neuen Situation anpassen zu können.

Die »Familienstresstheorie« basiert auf dem »ABCX-Familienkrisenmodell« von Hill (1958). Ausgehend von den Auswirkungen der Weltwirtschaftskrise und des Zweiten Weltkrieges entwickelte Hill dieses Modell zur Beschreibung der Folgen von großen Stressereignissen auf Familien und deren mögliche Verarbeitungsformen. Es wurde weiter modifiziert und auf andere Stressereignisse bezogen, so auch auf die Diagnose einer Beeinträchtigung oder den Ausbruch einer schweren Erkrankung bei einem Familienmitglied (Schneewind 2010, S. 109 ff.; Retzlaff, 2010, S. 81 ff.; Engelbert, 1999).

Hill beschreibt in seinem Modell, dass ein Stressor (A), also ein auf die Familie einwirkendes Stressereignis wie die Erkrankung eines Familienmitgliedes, mit den Ressourcen einer Familie zur Bewältigung eines solchen Ereignisses (B) interagiert, welche wiederum mit der Definition des Stressereignisses durch die Familie (C) interagieren. Bei der Definition der Stressoren spielt eine Rolle, wie eine Familie den Stressor wahrnimmt. So ist bedeutsam, ob er als reine Belastung oder als meisterbare Herausforderung definiert wird. Das Stressereignis kann zu einer potenziellen Krise (X) führen. Dies geschieht, wenn es zu einer Störung im Gleichgewicht der Stressoren und Ressourcen kommt und somit Druck entsteht. Hierbei spielt die Bewertung bzw. Definition der Stressoren durch die Familie eine wesentliche Rolle. Um das stresserzeugende Ereignis zu bewältigen, sind Wandlungs- und

Anpassungsvorgänge in der Familie notwendig (Schneewind 2010, S. 109 ff.; Retzlaff, 2010, S. 81 ff.; Engelbert, 1999; Hill, 1958).

In der Weiterentwicklung von McCubbin und Patterson (1983) wird der Tatsache, dass es häufig zu einer Kumulation von Stressoren kommt, die immer wieder neue Anpassungsleistungen von Familien fordern, Rechnung getragen. Daraus entstand das doppelte ABCX-Stressmodell, das in Abbildung 6 dargestellt ist.

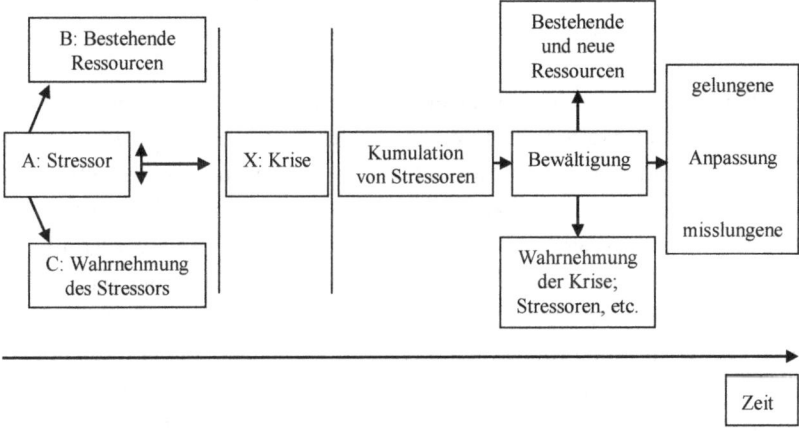

Abb. 6: Das doppelte ABCX-Stressmodell nach McCubbin & Patterson (1983, nach Schneewind, 2010, S. 110)

Die Autoren gehen davon aus, dass es bei einer Krise zu einer Anhäufung von Stressoren kommt, die teilweise Folge des ursprünglichen Stressors selbst sind, teilweise aber auch neu hinzukommen oder aus früheren Konflikten resultieren. Die Bewältigung dieser Stressoren hängt wiederum von bestehenden und neuen Ressourcen und der subjektiven Wahrnehmung des Stressors und der gesamten Krise ab. Je nachdem, wie diese Bewältigung aussieht, kommt es zu einer gelungenen oder misslungenen Anpassung an die Situation.

Im Zusammenhang mit dem Familienstressmodell werden als zentrale Dimensionen der Stressbewältigung die Flexibilität oder Adaptabilität sowie die Kohäsion von Familien gesehen. Zur Flexibilität oder Adaptabilität kann hier zum Beispiel gezählt werden, wie sich die Familie in der neuen Lebenssituation einfinden kann und ob eine Bereitschaft besteht, Rollenverteilungen und individuelle Zukunftsplanungen z. B. bezüglich der beruflichen Situation an die Anforderungen der neuen Lebenssituation anzupassen. Diese

Fähigkeit wird in der Regel als Ressource bei der Bewältigung von Stress und krisenhaften Situationen gezählt. Unter Kohäsion versteht man in der Sozialpsychologie den Zusammenhalt und die Verbundenheit zwischen verschiedenen Menschen innerhalb einer Gruppe, hier bezeichnet sie die emotionale Bindung innerhalb der Familie. In der Familienstressforschung wird eine hohe Kohäsion als Ressource angesehen. Im Rahmen der familientherapeutischen Forschung wird eine gute Balance zwischen familiärer Verbundenheit und Autonomie des einzelnen Familienmitgliedes als gesund erachtet und eine sehr hohe Kohäsion im Sinne eines Ineinander-verstrickt-Seins als nicht optimal angesehen (Engelbert, 1999, S. 132).

Neben diesen beiden Aspekten können als familiäre Ressourcen eine offene Kommunikation, weitere Kinder, Persönlichkeitsdispositionen der Familienmitglieder wie ein hohes Selbstwertgefühl und hohe Selbstwirksamkeitsüberzeugungen sowie ein hoher Bildungsstand gezählt werden. Als soziale Ressourcen werden – neben der privaten Einbindung der Familie in die Großfamilie und den Freundeskreis – der Arbeitsplatz, aber auch Unterstützungsnetzwerke gesehen. Auch externe Ressourcen wie die finanzielle und berufliche Situation sowie die Wohnsituation sind zu berücksichtigen. Als eine wesentliche Ressource wird von Familien die zur Verfügung stehende Zeit angesehen (Retzlaff, 2010, S. 86 ff.; Schneewind, 2010, S. 111 f.; Engelbert, 1999, S. 131 ff.). Als dysfunktionale Bewältigungsmuster gelten u. a. erhöhter Alkoholkonsum oder massiver Rückzug bis hin zur Isolation.

Die Bewältigung eines starken Stressereignisses, wie es die Beeinträchtigung oder Erkrankung eines Kindes in der Regel ist, verlangt eine Neuorganisation der Familie und, wenn sie gut gelingt, eine neue Balance auf einer höheren Ebene. Zu dieser Bewältigung zählen neben der Mobilisierung von Ressourcen Bedeutungsgebungsprozesse. Dazu gehören bei Familien mit einem Kind mit Behinderung die veränderte Einschätzung von Belastungen, Veränderung der Familieninteraktion, der Familienidentität und eine veränderte Weltsicht (Retzlaff, 2010, S. 86 ff.).

6.1.2 Krisenverarbeitungsprozess nach Schuchardt

Ein weiteres Modell zur Verarbeitung von Krisen entwickelte Erika Schuchardt (1987a, b, 2018). Als Grundlage des Modells dienten unter anderem das Modell zum Prozessverlauf bei Sterbenden von Kübler-Ross (1971) sowie die fünf Phasen der Krisenverarbeitung bei Eltern mit einem Kind mit geistiger Behinderung durch Degen (Degen, 1974, 1976, nach Schuchardt 1987a, S. 87 f.). Schuchardt entwickelte aus den zu der Zeit in der Literatur diskutierten und zum Teil empirisch untersuchten Ansätzen den verhaltens- und interaktionstheoretisch orientierten Ansatz der »Spiralphasen« (Schuchardt, 1987a, S. 95). Sie untersuchte ihr Modell anhand der Analyse von 6000 Lebensgeschichten aus dem 18.–21. Jahrhundert, die aus Biografien und Berichten von Menschen entnommen wurden, die kritische Lebensereignisse wie Trennung, Tod oder Misshandlung erlebt haben, an langfristigen Krankheiten leiden oder mit einer Behinderung leben. Neben den Berichten der Betroffenen selbst untersuchte sie Berichte und Schilderungen von Angehörigen und Fachleuten, so auch von Eltern und Geschwistern von Kindern mit Behinderung (Schuchardt, 2018, S. 187 ff.). Bei der Literaturanalyse fand sie heraus, dass in Krisenverläufen unterschiedliche Mechanismen zur Verarbeitung zu finden sind, die häufig in ähnlichen Reihenfolgen durchlaufen werden, aber sich gleichfalls wiederholen können. Auch können diese Phasen »nebeneinander und miteinander« existieren (Schuchardt, 1987a, S. 96). Sie entstehen in der Interaktion mit der Gesellschaft, weswegen Schuchardt den Reaktionen aus der Gesellschaft, der allgemeinen Haltung zu Menschen in diesen Situationen, aber auch der konkreten professionellen, insbesondere seelsorgerischen Begleitung einen bedeutsamen Einfluss auf die Krisenbewältigung zuspricht (Schuchardt, 2018, S. 111 ff.).

Da der komplexe und dynamische Prozess der Krisenverarbeitung nicht einfach durch klar aufeinanderfolgende Phasen beschrieben werden kann, verwendet sie das Modell einer Spirale.

»In Entsprechung zur Komplexität und Dynamik dieses Prozesses wurde anstelle des Begriffes ›Phase‹ die ›Spiralphase‹ eingeführt. Während Phasen durch Begrenzung abgeschlossen sind, unterstreicht der Begriff Spiralphase einerseits die Unabgeschlossenheit, andererseits bringt er plastisch das Moment der Überlagerung zum Ausdruck. Die Spiralphase lebt aus den sich wiederholenden Spiralringen des Aufstiegs wie des Abstiegs. Das heißt für den Lernprozess Krisenverarbeitung: Der Lernprozess innerhalb jeder Spiralphase, jedes Spiralringes, ist einerseits wiederholbar und durch unterschiedliche situative Auslöser neu initiierbar, andererseits kann er entsprechend der Lernzieloperationalisierung beim Betroffenen fortschreitend zu höheren Lernebenen führen, im kognitiven Bereich zur anwachsenden Komplexität, im affektiven Bereich zur graduell höheren Internalisierung. Die Stellung der Phasen zueinander, die zunächst idealtypisch als stufenartig hierarchische Abfolge erscheint, kann jedoch der gleichzeitig komplexen Dynamik im Spiralphasen-Denkmodell nur dann adäquat Rechnung tragen, wenn sie als wechselseitige Abhängigkeit interdependent erkannt wird. Das bedeutet, dass die Abfolge der Spiralphasen durch spezifische Bedingungsfaktoren aus der individuellen Lebenswelt der eingeschliffenen Lerngeschichte, der verfestigten Gesellschaftsposition, sowie durch Kriseninterventionen mittels Prozessbegleitung verändert werden kann.« (Schuchardt, 1987a, S. 95 f.)

Im Folgenden werden die Spiralphasen nach Schuchardt (1987a, S. 98 ff., 2018, S. 34 ff.), die in Abbildung 7 dargestellt sind, beschrieben und mit

Abb. 7: Krisenverarbeitung als Spiralphasen nach Schuchardt (1987a, S. 98 ff.)

Erfahrungen und Berichten einiger Eltern von Kindern mit Behinderung aus der beratenden Praxis oder Literatur beispielhaft veranschaulicht.

Spiralphase 1: Ungewissheit: »Was ist eigentlich los?« (Schuchardt, 1987a, S. 98). In dieser Phase trifft etwas Unerwartetes, etwas Alles-in-Frage-Stellendes plötzlich in das von Normen und Gewohnheiten geprägte und vertraut gewordene Leben. So erwarten die Eltern beispielsweise ihr zweites Kind, fragen sich, ob es ein Junge oder Mädchen sein wird und ob es die Kleidung der großen Schwester weitertragen können wird, und dann erhalten sie die Mitteilung, dass das Kind mit einer Beeinträchtigung auf die Welt gekommen ist. Es gibt gesundheitliche Probleme, das Kind wird vielleicht nie laufen und sprechen. Plötzlich geht es nicht darum, zu planen, wann man die Freund*innen zum Kennenlernen des Neugeborenen einlädt, sondern es sind Krankenhausaufenthalte zu organisieren, die Schwester muss versorgt werden, es gilt, sich mit ganz neuen Themen zu beschäftigen.

Diese Phase lässt sich in drei Zwischenphasen unterteilen und ist zunächst durch eine Zwischenphase des »Noch-nicht-Wissens«, einer aus »Unwissenheit« geschöpften Hoffnung, gekennzeichnet, die die Situation leugnet und bagatellisiert und in der man sich noch nicht konkret und realistisch mit der Situation auseinandersetzt. »Was soll das schon bedeuten …?« (Schuchardt, 1987a, S. 99).

Hierauf folgt die Zwischenphase der »Unsicherheit«, die neue Situation wird nicht mehr ganz geleugnet, aber doch noch nicht vollständig erkannt. Einerseits wird nach Gewissheit und Wahrheit gesucht, andererseits gelingt es noch nicht, die Situation wirklich zu erfassen und anzunehmen. Es besteht somit eine große Ambivalenz, die stark durch das Verhalten der privaten und professionellen Umwelt, z. B. der Ärzt*innen und Verwandten, mitbeeinflusst wird. »Hat das doch etwas zu bedeuten?« (Schuchardt, 1987a, S. 99).

In der dritten Zwischenphase wird noch einmal aktiver die bestehende Tatsache geleugnet und abgewehrt. Es werden selektiv nur die Dinge wahrgenommen, die für Normalität sprechen, anderen und sich selbst gegenüber wird jeder Zweifel daran bekämpft. »Das muss doch ein Irrtum sein …?« (Schuchardt, 1987a, S. 100).

Diese Phase der Ungewissheit mit ihren drei Zwischenphasen ist geprägt durch eine enorme Spannung zwischen Leugnung, Nichtwahrhabenwollen und sich verfestigendem Zweifel an der eigenen Hoffnung, dass doch alles »normal« ist. Diese Phase kann unnötig lange ausgedehnt werden, wenn Menschen in dieser Phase nicht gut begleitet werden. So berichten einige

Eltern von Kindern mit Behinderung, dass sie bis zur Einschulung von Kinderärzt*innen, Freund*innen, Erzieher*innen und anderen immer wieder gehört haben, dass ihr Kind schon etwas verzögert in der Entwicklung ist, dass sie sich aber keine Sorgen zu machen brauchen, da jedes Kind sein Entwicklungstempo habe. Wenn dann doch, kurz vor der Einschulung, eine so genannte geistige Behinderung diagnostiziert wird, kann das auf der einen Seite für die Eltern ein großer Schock sein. Einige Eltern beschreiben aber auch, besonders mit etwas Abstand, dass sie eigentlich schon die ganzen Jahre wussten, dass bei ihrem Kind etwas anders ist als bei den anderen Kindern und dass sie sich gewünscht hätten, dass ihre Zweifel schon früher ernst genommen worden wären. Die Diagnose kann dann eine Erleichterung sein und neben der Möglichkeit, für das Kind die richtigen Entscheidungen treffen zu können, es den Eltern erst möglich machen, die Situation, in der sie nun leben, aktiv zu gestalten und emotional zu verarbeiten.

Spiralphase 2: Gewissheit: Auch diese Phase ist gekennzeichnet durch eine Ambivalenz: Einerseits wird die neue Situation gesehen und – zumindest rational – anerkannt, andererseits wird sie emotional noch häufig geleugnet. Und das ist für eine gewisse Zeit notwendig, um handlungsfähig zu bleiben, die anstehenden Notwendigkeiten erledigen zu können und das Leben im Hier und Jetzt zu gestalten, ohne dabei von Gefühlen der Hilflosigkeit, Trauer oder Wut überrollt zu werden. In dieser Phase haben Betroffene im besten Fall Menschen, die sie begleiten, die ihnen einerseits ehrlich Informationen zu ihrer neuen Lebenssituation geben, andererseits dies dann tun, wenn sie dazu bereit sind. So kann es sein, dass Eltern ein Kind mit einer progredienten Erkrankung haben. Einerseits brauchen sie viele Informationen, die die Beeinträchtigung ihres Kindes betreffen. Andererseits kann es für die Bewältigung der aktuell anstehenden Aufgaben sinnvoll sein, (noch) nicht explizit auf den möglichen Verlauf und den vorzeitigen Tod mit allen möglichen Komplikationen zu blicken, sondern auf das, was jetzt gebraucht wird. Hier ist eine hohe Sensibilität von Begleitenden, insbesondere Ärzt*innen, die die Diagnosen vermitteln, notwendig. Eine zu frühe und zu schnelle Diagnosemitteilung mit zu vielen Informationen und Prognosen zur gleichen Zeit kann den Verarbeitungsprozess ebenso erschweren wie das zu lange Hinauszögern der Diagnose und ihrer Implikationen, das die Eltern im Unklaren lässt. Diese eher rationale und stark von außen gesteuerte Phase kennzeichnet Schuchardt als Bejahung mit implizitem Nein mit dem Satz »Ja, aber das kann ja gar nicht …?« (Schuchardt, 1987a, S. 101).

Spiralphase 3: Aggression: Diese Phase ist durch eine starke Emotionalität geprägt, die sich gegen sich selbst oder gegen die Umwelt richtet. Die in der Phase vorher eher kognitiv erworbene Gewissheit erreicht jetzt die Gefühle und führt in dieser Phase zu einer Haltung »Warum gerade ich ...?« (Schuchardt, 1987a, S. 103). Da der eigentliche Grund für die Gefühle, die Krankheit, den Unfall, die Behinderung nicht erreichbar bzw. angreifbar ist, richten sich die Gefühle entweder gegen die eigene Person – z. B. in Form von Selbstmordgedanken oder Schuldzuweisungen – oder, im günstigeren Fall, nach außen (Schuchardt, 1987a, S. 103 f.). Als Angriffsziel kann alles dienen, andere Menschen, Gott und die Welt. Es werden Ansprüche gestellt, Anschuldigungen und Protest erhoben. Gefahr besteht, dass Betroffene in dieser Phase durch ihr Verhalten und die Reaktionen der Umwelt in zunehmende Isolation geraten. Schuchardt sieht hier eine sehr wesentliche und notwendige Phase in der Krisenverarbeitung im kathartischen Sinne, der ggf. auch in der Krisenintervention ausgelöst werden muss, »um den Lernprozess zur sozialen Integration zu ermöglichen« (Schuchardt, 1987b, S. 235 ff.). Nach ihren Erkenntnissen kann »religiöser Glaube als Wertbestimmung [...] Aggression ersetzen oder kompensieren« (Schuchardt, 1987b, S. 236).

Die Gefahr der Isolation besteht ebenfalls in anderen Phasen. Insgesamt sieht Schuchardt bei der Verarbeitung der Krise die große Herausforderung, bei der Betroffene unterstützt werden sollten, nicht in die Isolation zu geraten, sondern integriert in der Gesellschaft zu bleiben. Hierfür sieht sie als wichtigen Aspekt das Wissen von Begleitenden um die unterschiedlichen Bewältigungsphasen an, die dann auch zum Beispiel eine gegen sie gerichtete Aggression besser einordnen können (Schuchardt, 1987b, 2018, S. 47).

Spiralphase 4: Verhandlung: »Wenn, dann muss aber ...?« (Schuchardt, 1987a, S. 105). Auch diese Phase ist ungesteuert und emotional. Die Betroffenen handeln, versuchen alle Möglichkeiten zu nutzen, um die Situation positiv zu beeinflussen. Hierzu können das Aufsuchen verschiedenster Ärzt*innen oder anderer Heilberufe zählen, aber auch spirituelle Wege wie Wallfahrten oder Ähnliches, zum Abwenden oder Abmildern der Krankheit oder der Beeinträchtigung. Noch immer besteht in dieser Phase ein letztes Nichtwahrhabenwollen und Negieren der Situation. In extremen Fällen kann es zu einer finanziellen Verausgabung kommen neben den zeitlichen, organisatorischen und emotionalen Kosten, die diese Phase mit sich führen kann. So kann eine Familie, um ihr Kind mit einer chronischen Krankheit zu unterstützen, Wohnort, Beruf und Freundeskreis aufgeben, um in eine Stadt zu ziehen, in der sie die bestmögliche medizinische Versorgung ihres Kindes erwartet. Sie verbringen alle Ferien in unterschiedlichen therapeutischen Einrichtungen oder an Orten, die aus spirituellen Gründen Heilsversprechungen machen. Hierfür kann eine Familie Sicherheiten und alle anderen Interessen der Familienmitglieder aufgeben. Und trotz all dieser Bemühungen kann es sein, dass die Situation sich nicht wesentlich verändern lässt, was am Ende zu Enttäuschung bis zu Verzweiflung und Resignation führen kann.

Spiralphase 5: Depression: »Wozu …, alles ist sinnlos …?« (Schuchardt, 1987a, S. 106). Nach dem letzten Aufbäumen der Phase der Verhandlung wird in der Phase der Depression der Verlust deutlich und es werden Gefühle der Ausweglosigkeit, Verletzung, Resignation und eigenem Versagen erlebt. Der Verlust kann hier bedeuten, dass Abschied von dem erhofften gesunden, »normal« entwickelten Kind genommen werden muss, welches die Eltern sich vor und in der Schwangerschaft vorstellten und bei der Geburt erwarteten.

Dieses Phänomen wird immer wieder von Eltern von Kindern mit Beeinträchtigungen geschildert: Dass es zunächst eine Trauer und einen Abschied braucht von dem erwarteten gesunden Kind, um dann das Kind mit Behinderung so annehmen zu können, wie es ist (vgl. Hennemann, 2011, S. 47 ff.). Neben der Trauer um den Verlust kommt die Trauer über das, was künftig droht, hinzu: veränderte Lebensperspektiven, berufliche Einschränkungen, soziale Auswirkungen und Belastungen in vielerlei Hinsicht. In dieser Zeit werden irreale Hoffnungen losgelassen, und es findet ein Abschiednehmen von utopischen Heilserwartungen statt. Die Betroffenen wenden sich nach innen, es wird getrauert. Für die Betroffenen ist es eine sehr schwierige und traurige Zeit und auch für Begleitende ist sie belastend, da sie von einer Mut- und Hilflosigkeit, Traurigkeit und Resignation geprägt ist, die man mitfühlend allzu gut nachvollziehen kann. Diese Phase ist der Zwischenschritt und die Vorbereitung für die folgenden Phasen, die durch Annahme, Handlungsfähigkeit und soziale Integration und Teilhabe gekennzeichnet sind.

Spiralphase 6: Annahme: In dieser Phase wird das Leugnen der Krise, der Kampf gegen die Krise beendet, es beginnt das Leben *mit* der Krise. Die neue Situation – als Eltern eines Kindes mit Beeinträchtigung, als Mensch mit einer Behinderung – wird angenommen und als lebenswert anerkannt. Die Bereitschaft, das Leben so zu leben und, wo notwendig, neu leben zu lernen, ist da. Es entsteht eine neue Offenheit für die veränderte Lebenssituation. »Ich erkenne jetzt erst …!« (Schuchardt, 1987a, S. 107). In Familien, in denen ein Kind mit einer Behinderung lebt, kann es sein, dass einige Familienmitglieder schneller zu einer Annahme der Situation finden als andere. So berichten Eltern häufig, dass es den Geschwistern leichter gelingt als ihnen, ihr Geschwisterkind einfach so anzunehmen, wie es ist, mit allen Besonderheiten und Veränderungen für ihr Leben, die dies bedeutet. Auch kann es sein, dass einem Elternteil sehr schnell die Annahme gelingt, während das andere Elternteil länger braucht. Da die Phasen sich wiederholen können, kann es sein, dass ein Elternteil mit der Situation gut zurechtkommt, während das andere Elternteil gerade die Phase der Depression erlebt. Im negativen Fall kann es dadurch zu Konflikten und weniger konstruktivem Umgang mit dem unterschiedlichen Erleben kommen. Wenn es den Eltern gelingt, sich emotional und praktisch zu unterstützen und Halt zu geben, können sie sich gegenseitig helfen, schwierige Phasen zu überstehen.

Spiralphase 7: Aktivität: In dieser Phase gestalten die Betroffenen ihr Leben aktiv und kompetent. »Ich tue das …!« (Schuchardt, 1987a, S. 108). Das Leben mit einer Krankheit oder Behinderung in einer norm- und leistungsorientierten Gesellschaft erfordert von Betroffenen, die integriert bzw. inkludiert am Leben in der Gesellschaft teilnehmen wollen, sich aktiv einzubringen. An dieser Stelle der Spirale ist die eigentliche Krise überwunden, die Menschen sind wieder handlungsfähig und frei von »fremd- und ungesteuerten Kognitionen und Emotionen« (Schuchardt, 1987a, S. 108). Bisher verinnerlichte Weltbilder und Wertvorstellungen werden kritisch betrachtet und hinterfragt und Anderssein bzw. das Leben unter den gegebenen Umständen wird als gleichwertiges Dasein angenommen und gelebt. Diese Veränderung setzt zunächst eine Erweiterung und Umorientierung des eigenen Werte- und Normensystems innerhalb des bestehenden Normen-Werte-Systems voraus. Durch eine veränderte individuelle Wahrnehmung können als Folge Veränderungen von anderen bis hin zu Veränderungen in der Gesellschaft angestoßen werden.

Spiralphase 8: Solidarität: Diese Phase an der Spitze der Spirale wird nur von wenigen Menschen – mit oder ohne Beeinträchtigung – erreicht. Diese Menschen engagieren sich gesellschaftlich und handeln gemeinsam – »Wir handeln …!« (Schuchardt, 1987a, S. 109). Diese Gestaltung kann von den Menschen als Glück und sinnstiftend erlebt werden.

Nicht zuletzt aufgrund des hohen Engagements von Eltern von Kindern mit Behinderung sind Systeme geschaffen worden, die eine bestmögliche Förderung und Teilhabe der Menschen mit Behinderung in unserer

Gesellschaft ermöglichen sollen. Auch bei der Umsetzung der Ideen hin zu einer inklusiven Gesellschaft sind Menschen mit Behinderung und ihre Angehörigen aktiv beteiligt und Eltern sowie Menschen mit Behinderung oft Vorreiter für Veränderungen, die durch Gesetze und Systemveränderungen erst nachträglich umgesetzt werden. Auch Selbsthilfegruppen tragen zu dieser Form der Solidarität bei.

Die Spiralphasen Ungewissheit (1) und Gewissheit (2) bezeichnet Schuchardt als Eingangsstadium, das vorwiegend kognitiv und fremdgesteuert ist. Das Durchgangsstadium umfasst die Phasen Aggression (3), Verhandlung (4) und Depression (5), diese beinhalten die emotionale, ungesteuerte Dimension der Verarbeitung. Mit den Phasen Annahme (6), Aktivität (7) und Solidarität (8) ist das Zielstadium erreicht, welches durch aktionales und selbstgesteuertes Leben und Erleben gekennzeichnet ist. In der Auswertung von 1987, in die 371 Biografien eingingen, gelangte nur ein knappes Drittel »im autonomen Lernprozess ohne jede Prozessbegleitung« bis in das Zielstadium (Schuchardt, 1987b, S. 439). Die Krisenverarbeitung wird somit als lebenslanger Lernprozess dargestellt, der situativ durch die Umwelt beeinflussbar ist und beim Betroffenen zu »immer höheren Lernebenen, im kognitiven Bereich zur anwachsenden Komplexität, im affektiven Bereich zur graduell höheren Internalisierung« führt (Schuchardt, 1987b, S. 112 f.).

Schuchardt selbst erklärt, dass nicht alle diese Phasen in genau dieser Reihenfolge von jedem Menschen in krisenhaften Situationen durchlaufen werden, aber dass es häufig so ist und ein Zusammenhang zu bestehen scheint zwischen erfolgreicher Krisenverarbeitung und dem Durchleben dieser Phasen.

> »Weiter konnte festgestellt werden, dass ein Zusammenhang besteht zwischen lückenlosem vollständigem Phasenverlauf als ›angemessener‹ Krisenverarbeitung und der Tendenz zur sozialen ›Integration‹ oder lückenhaftem unvollständigem Phasenverlauf als ›unangemessener‹ Krisenverarbeitung und der Tendenz zur sozialen ›Isolation‹.« (Schuchardt 1987a, S. 96)

Auch ist der Weg nicht immer automatisch der Aufstieg von einer niedrigeren zur höheren Spiralphase, sondern es gibt auch Abstiege und Wiederholungen. Dass sich, oft durch äußere Einflüsse, Phasen wiederholen können, kann in der Beratung erlebt werden. So kann die normorientierte Diagnostik der Kinder im Zusammenhang mit der Einschulung und die Betonung und Notwendigkeit eines besonderen Förderkonzepts zu einem Erleben von Eltern führen, welches den Phasen 1 bis 5 zugeordnet werden kann, auch wenn sie vorher einen annehmenden und offenen Umgang mit der Behinderung ihres Kindes gefunden hatten. Bei einigen Beeinträchtigungen kommt es durch zusätzliche Gesundheitsprobleme oder einen progredienten Verlauf immer wieder zu neuen krisenhaften Ereignissen, z. B. wenn das Kind ein Anfallsleiden entwickelt oder schon gelernte Fähigkeiten verloren gehen. Aber auch Reaktionen der Umwelt können dazu führen, dass es Abstiege auf der Bewältigungsspirale gibt und frühere Phasen erneut durchlaufen werden.

Es ist notwendig, dass Eltern in dem Prozess der Krisenverarbeitung Anlaufstellen haben, an die sie sich wenden können. So schreibt Schuchardt:

»Darüber hinaus ist ein gravierendes und unübersehbares Ergebnis der Biographieanalyse das Fehlen jeglicher Betreuung, Beratung oder gar Begleitung, das von alle Biographen ausnahmslos als Mangel erlebt, dargestellt und als Defizit beklagt wurde und bei einigen in konkrete Veränderungs-Vorschläge einmündete.« (Schuchardt, 1987a, S. 97)

Ziel einer Begleitung bei der Krisenverarbeitung unter Einbezug des Modells der unterschiedlichen Phasen ist somit, die Isolation, die eine krisenhafte Lebenssituation mit sich führen kann, zu durchbrechen und die Menschen zu unterstützen, in der Interaktion zu bleiben, Beziehungen zu ihren Mitmenschen aufrechtzuerhalten und gesellschaftlich voll integriert bzw. inkludiert zu leben (Schuchardt, 2018, S. 48). Hierzu gehört für Schuchardt gleichzeitig auch, dass Menschen ohne Behinderung von Menschen mit Behinderung lernen und profitieren können und so die Gesellschaft doppelt gewinnt, wenn Integration bzw. Inklusion gelingt. »Der Behinderte braucht die Gesellschaft, und die Gesellschaft braucht den Behinderten« (Schuchardt, 1987a, S. 17). Sie zitiert die Schlussfolgerungen von Studierenden der Universität Hannover nach Begegnungen mit Menschen mit Behinderung in Bethel im Rahmen projektorientierter Seminare:

- »nicht die Behinderten, die uns Beziehungsbrücken bauen, sind behindert, sondern wir, die ›Gesunden‹, sind beziehungsbehindert; wir scheuen uns vor trennenden Gräben, brechen die Brücken ab oder finden sie erst gar nicht […]
- nicht allein die Behinderten müssen integriert werden in die menschliche Gemeinschaft, sondern gleicherweise sind auch die Leistungsfähigen und

Tüchtigen darauf angewiesen; wir, die scheinbar Nichtbehinderten, müssen befreit werden aus unseren falschen Zielsetzungen und einseitigen Normen; wir brauchen das kritische Korrektiv der Behinderten, um gemeinsam neue Lebensmöglichkeiten zu finden.« (Schuchardt, 2018, S. 113 f.)

Wie schon Unterschiede in der Modellbildung in der Theorie zeigen, ist in der konkreten Beratungssituation natürlich ganz besonders zu beachten, dass es keine unumstößlichen Wahrheiten gibt, wie solche Prozesse typischerweise ablaufen oder ablaufen sollten. Jeder Mensch, jede Familie erlebt Ereignisse unterschiedlich und geht mit ihren Erfahrungen unterschiedlich um, und zwar nicht nur aufgrund von Unterschieden bezüglich der Art und Schwere der Behinderung und des Zeitpunkts, zu dem eine Diagnose gestellt wird. Auch besteht bei diesem Modell die Gefahr, dass wertend zwischen noch nicht fortgeschrittener und fortgeschrittener – oder schlimmer: gelungener und nicht gelungener – Verarbeitung unterschieden wird und das aktive und solidarische Handeln der letzten beiden Phasen als normatives Ziel angenommen wird. Das steht nach meiner Einschätzung niemandem zu und bei der Begleitung von Familien halte ich dies auch in keiner Weise für sinnvoll. Es sollte nicht von Familien erwartet werden, dass sie möglichst alle Phasen abarbeiten (vgl. Cloerkes, 2007, S. 287). Dennoch kann das Wissen über mögliche, häufiger zu beobachtende Verläufe es Beratenden und Eltern erleichtern, aktuelle Gefühle, Wahrnehmungen und Verhalten einzuordnen und als natürlich und notwendig anzunehmen.

6.1.3 Resilienz, Gesundheit und Empowerment

Nicht allein der Blick auf den Umgang mit Stress und Krisen ist hilfreich zum Verständnis und zur Begleitung in der Beratung, vielmehr hat sich der Blick auf Ressourcen, Resilienz, Gesundheit und positive Entwicklung in den letzten Jahrzehnten als wichtiger Ansatz bei der Beratung und Therapie gezeigt, der gerade auch im Kontext Krankheit und Behinderung bedeutsam ist (vgl. Kap. 4.1.4). Gesundheits- bzw. Resilienzmodelle richten ihren Fokus auf die Bedingungen, die Kinder bzw. Menschen generell brauchen, um gesund zu bleiben bzw. zu werden, sich gut zu entwickeln und eine hohe Lebenszufriedenheit und -qualität zu haben (vgl. Walter-Klose, 2016a).

»Unter Resilienz kann man die Fähigkeit verstehen, zerrüttenden Herausforderungen des Lebens standzuhalten und aus diesen Erfahrungen gestärkt und bereichert hervorzugeben. Mit Resilienz sind nicht nur allgemeine Stärken gemeint, sondern auch dynamische Prozesse, die unter signifikant ungünstigen Umständen die Anpassung an eine gegebene Situation begünstigen (Luthar, Cicchetti a. Becker, 2000).

Resilient sein heißt nicht, dass man unverwundbar ist oder unversehrt in einen früheren Zustand zurückkehrt. Es heißt vielmehr, dass man gegen ungünstige Bedingungen erfolgreich angeht, sich durch sie hindurchkämpft, aus den Widrigkeiten lernt und darüber hinaus versucht, diese Erfahrungen in das Gewebe seines Lebens als Individuum und in der Gemeinschaft zu integrieren.« (Walsh, 2006, S. 43 f.)

Entstanden sind die Überlegungen zur Resilienz aus Studienergebnissen, die belegen, dass Menschen und Familien, die herausfordernde Lebensbedingungen wie Armut, Verlusterfahrungen, chronische Krankheiten erleben, nicht alle mit negativen innerpsychischen und sozialen Folgen leben müssen oder – im Falle von Misshandlungserfahrungen – diese in ihren Familien wiederholen. Die Ergebnisse zeigen, dass sogar der größere Teil der Personen ein gesundes und gelingendes Leben führen kann. Ein wesentlicher Faktor, ob dies gelingt, liegt in hilfreichen Beziehungen zu anderen Menschen, Familienmitgliedern, Freund*innen oder Bezugspersonen wie Lehrer*innen und Ausbilder*innen, die an das Potenzial der Person glaubten und sie unterstützten (Walsh, 2006).

Bei dem Konzept der familialen Resilienz werden diese Überlegungen auf die gesamte Familie übertragen.

»Es [Das Konzept der familialen Resilienz, A. Walter] bezieht sich auf das Potenzial, aus der Erfahrung widriger Umstände heraus sowohl im persönlichen Bereich als auch in zwischenmenschlichen Beziehungen Wandel und Wachstum anzustoßen und zu entwickeln. Wenn eine Familie, die gegen ungünstige Lebensumstände ankämpft, sich Schlüsselprozesse der Resilienz zunutze macht, kann sie daraus gestärkt hervorgehen und ihre Ressourcen in zukünftigen Herausforderungen erfolgreich einsetzen. Die einzelnen Mitglieder der Familie können neue Erkenntnisse gewinnen und neue Fähigkeiten ausbilden. Eine Krise kann die Familie wachrütteln und sie auf wichtige Dinge aufmerksam machen. Sie kann den Familienmitgliedern die Chance bieten, Prioritäten und Ziele in ihrem Leben neu zu bewerten, und sie dazu anregen, vermehrt in wichtige Beziehungen zu investieren. In Studien, die sich mit widerstandsfähigen Familien befassen, berichten diese oft, dass durch das gemeinsame Durchstehen einer Krise die Beziehung der Familienmitglieder untereinander bereichert worden und liebevoller geworden sei, als es sonst vielleicht der Fall gewesen wäre.« (Walsh, 2006, S. 47)

Das Konzept der familialen Resilienz wurde auch auf Familien mit Kindern mit einer Behinderung bezogen (Retzlaff, 2010, S. 93 ff.).

Walsh hat aus Erkenntnissen der Sozialwissenschaften, klinischer Forschung und Studien zu gut funktionierenden Familien Aspekte zusammengetragen, die sie als Schlüsselprozesse für die Resilienz von Familien bezeichnet (Walsh, 2006, S. 60 ff.). Diese sind in Tabelle 7 zusammengestellt.

Tab. 7: Familiale Resilienz (zitiert (mit Kürzungen) nach Walsh, 2006, S. 60 ff.)

Überzeugungen der Familie	*In widrigen Lebensumständen einen Sinn finden* Resilienz entsteht in Beziehungen Widrigen Umständen und Leiden einen Anstrich von Normalität geben und in einen Kontext stellen Kohärenzgefühl: Krise als sinnhafte, verstehbare, handhabbare Herausforderung sehen
	Optimistische Einstellung Hoffnung, Zuversicht; Vertrauen, Hindernisse überwinden zu können Mut und Er-*mut*-igung; Stärken bestätigen und auf familiales Potenzial setzen Chancen nutzen: Initiative und Beharrlichkeit mobilisieren (»Das kann ich«) Das Mögliche meistern; akzeptieren, was nicht zu ändern ist
	Transzendenz und Spiritualität Übergeordnete Werte, Sinn und Zweck Spiritualität: religiöser Glaube, heilende Rituale Inspiration: neue Chancen sehen; Ausdruck im Kreativen; soziales Handeln Transformation: aus widrigen Umständen lernen, sich verändern und daran wachsen
Strukturelle/organisatorische Muster	*Flexibilität* Offenheit für Veränderung Stabilität durch Bruch: Kontinuität, Vorhersagbarkeit, Beharrlichkeit Starke Führungsautorität: Umfeld, Schutz, Orientierung Vielfältige familiale Formen: kooperative Erziehungsarbeit Paarbeziehung, gleichwertige Partner
	Verbundenheit (Kohäsion) Gegenseitige Unterstützung, Zusammenarbeit und Verbindlichkeit Respekt vor Bedürfnissen, Unterschieden und Grenzen des Einzelnen Suche nach neuen Verbindungen, Versöhnung in verletzten Beziehungen
	Soziale und ökonomische Ressourcen Verwandtschaftliche, soziale und umfeldbezogene Netze mobilisieren, Rollenmodelle und Bezugspersonen Finanzielle Sicherheit aufbauen, Ausgewogenheit in Arbeit und familialen Belastungen

Kommunikation und Lösung von Problemen	*Klarheit schaffen* Eindeutige, in sich stimmige Botschaften (in Wort und Tat) Mehrdeutige Informationen klarstellen; Suche nach Wahrheit, Wahrheiten aussprechen
	Gefühle zum Ausdruck bringen Gefühle miteinander austauschen Gegenseitige Empathie; Unterschiede tolerieren Verantwortung für eigene Gefühle und Verhaltensweisen übernehmen; Schuldzuweisungen vermeiden Angenehme Interaktionen, Ruhepausen; Humor
	Gemeinsam Probleme lösen Kreative Ideen und Gedanken entwickeln Gemeinsame Entscheidungsfindung Konfliktlösung: Aushandeln, Fairness, Reziprozität Fokussierung auf Ziele; auf kleinen Erfolgen aufbauen Proaktive Haltung: Krisen abwenden; sich auf zukünftige Herausforderungen einstellen

Retzlaff merkt kritisch zum Resilienzbegriff im Zusammenhang mit Familien mit Kindern mit Behinderungen an, dass die Gefahr besteht, es als Maxime für die Familien anzusehen, sich als »resiliente Familien« zu bewähren und damit noch eine Erwartung mehr an die Familien zu stellen (Retzlaff, 2010, S. 110 f.).

In der Arbeit mit Familien kann das Familienresilienzkonzept dazu genutzt werden, günstige Familieneigenschaften und -prozesse zu identifizieren und Familien damit zu unterstützen, dass sie ihren Weg finden, mit den Herausforderungen zurechtzukommen und einen für sie passenden Umgang mit der Situation zu finden. Es kann helfen, die positiven Veränderungen wahrzunehmen, die eine Krise oder ein herausforderndes Lebensereignis mit sich bringen kann, wenn die Familie wieder ein neues Gleichgewicht im Umgang mit ihrer Lebenssituation findet. Es beinhaltet auch den Glauben an die Potenziale und Fähigkeiten der Familien, ihre Lebenssituation meistern zu können.

Ein weiterer wichtiger Ansatz ist das Modell von Grawe zu den psychischen Grundbedürfnissen Orientierung und Kontrolle, Selbstwerterhöhung und Selbstwertschutz, Lustgewinn und Unlustvermeidung sowie Bindung, das in Abbildung 8 dargestellt ist (Grawe, 2004).

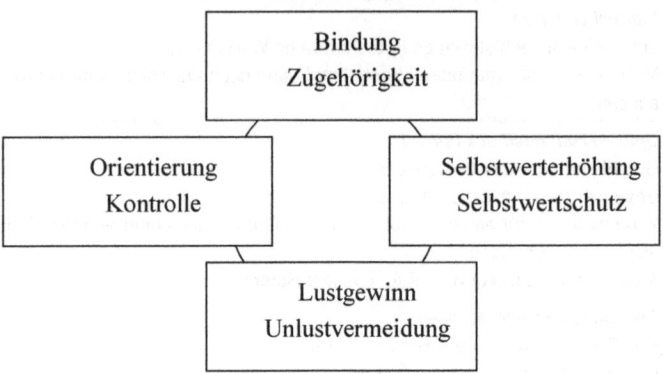

Abb. 8: Psychische Grundbedürfnisse nach Grawe (2004)

Die Erfüllung dieser Grundbedürfnisse wird als wesentliche Grundlage für die psychische Gesundheit von Kindern wie Erwachsenen angesehen. Grawe sieht alle vier Grundbedürfnisse bei Erwachsenen als gleich bedeutsam an, bei insbesondere jüngeren Kindern wird von der besonderen Wichtigkeit des Grundbedürfnisses nach Bindung ausgegangen (Borg-Laufs, 2011, S. 9).

Die Nicht-Befriedigung einzelner Grundbedürfnisse hat Einfluss auf die Motivation des Menschen. Dies führt zu Handlungen, die der Mensch ausführt, um sich der Befriedigung der Grundbedürfnisse wieder anzunähern, oder aber auch zu Vermeidungsverhalten, um keine weiteren Verletzungen zu erleben. Dieses Modell hat in den letzten Jahren in der Psychotherapie einen wesentlichen Stellenwert erhalten und ist in der pädagogischen, beraterischen und psychotherapeutischen Arbeit mit Menschen mit Beeinträchtigungen sehr hilfreich (vgl. Walter-Klose, 2016a; Borg-Laufs, 2011; Grawe, 2004).

Ein weiteres Gesundheitsmodell ist das Salutogenesemodell. Antonovsky (1997) hat sich in seinem Modell mit den Faktoren beschäftigt, die für die Entstehung von Gesundheit bedeutsam sind. Sein Ansatz ist systemisch und sieht Gesundheit oder Krankheit nicht als statische Zustände, sondern als ein veränderbares, durch unterschiedliche Faktoren sich dynamisch regulierendes System an. Das Entstehen von Gesundheit ist somit ein aktiver Prozess, der nie stillsteht und fortwährend geführt werden muss, gerade bei bestehenden Krankheiten, Leiden und Belastungen. Krankheit oder

Gesundheit werden nicht als absolute Größen, sondern als ein Kontinuum gesehen. Auch hier spielt die Bewältigung von Stress eine bedeutsame Rolle, für die generalisierte Widerstandsressourcen – diese entsprechen in etwa der Idee der Resilienz – bedeutsam sind. Diese Ressourcen verhelfen Menschen, Stress und Belastungen erfolgreich zu bewältigen. Dabei betont Antonovsky das so genannte Kohärenzgefühl. Hiermit ist ein Grundgefühl – eine globale Orientierung des Menschen – gemeint, das Stimmigkeit und Zusammenhang bedeutet. Es ist ein überdauerndes, aber auch veränderbares Gefühl der Zuversicht, die die drei in Abbildung 9 dargestellten Aspekte beinhaltet.

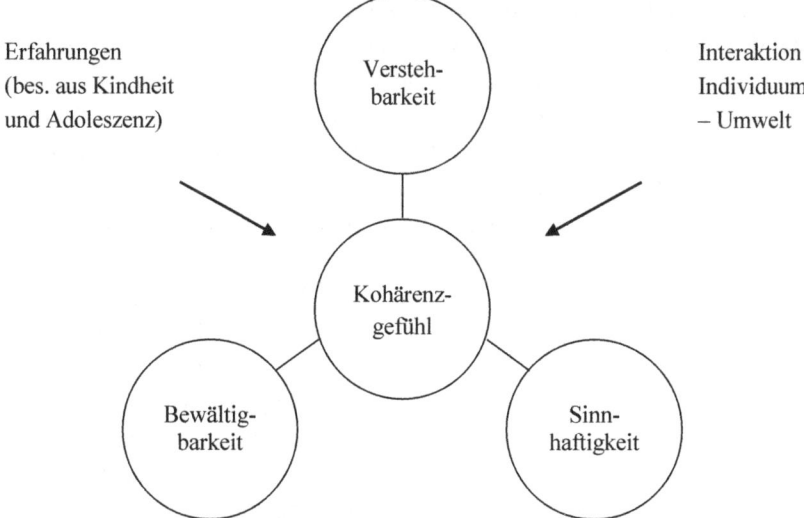

Abb. 9: Kohärenzgefühl nach Antonovsky (1997)

Zum einen ist also das Gefühl wichtig, Zusammenhänge und Strukturen im eigenen Leben verstehen zu können (Gefühl der Verstehbarkeit), zum zweiten das Wissen um innere und äußere Ressourcen, die es braucht, den Anforderungen im Leben gerecht zu werden (Gefühl von Handhabbarkeit bzw. Bewältigbarkeit). Als dritter Aspekt zählt die Fähigkeit, den Herausforderungen des Lebens Sinn zu verleihen und die Einstellung, dass es sich lohnt, sich hier aktiv einzusetzen (Gefühl von Sinnhaftigkeit bzw. Bedeutsamkeit). Bei der Entwicklung der Kohärenz spielen nach Antonovsky die Interaktion zwischen Individuum und Umwelt eine Rolle sowie die, vorwiegend in Kindheit und Adoleszenz, gesammelten Erfahrungen. Hierbei sind Erfahrungen der Unkontrollierbarkeit, Über- und Unterforderung ungünstig für die Ausbildung eines starken Kohärenzgefühls (Bengel et al., 2001; Antonovsky, 1997).

Das Modell wird im therapeutischen sowie pädagogischen Bereich bedeutsam für Kinder und Jugendliche mit Behinderungen und ihre Familien angesehen (Walter-Klose, 2016a; Retzlaff, 2010). Retzlaff betont in diesem Zusammenhang das »Familien-Kohärenzgefühl« (Retzlaff, 2010, S. 121 ff.). Als Familien-Kohärenzgefühl wird eine gemeinschaftliche Einschätzung der Gesamtsituation in Familien, kombiniert mit dem Gefühl der Handhabbarkeit und der Vorhersagbarkeit von Lebensereignissen sowie dem Gefühl der Zuversicht und Kontrolle über gegenwärtige und zukünftige Ereignisse, verstanden. Es geht um die Konstruktion der sozialen Wirklichkeit in Familien, eine gemeinsame Weltsicht. Auch die Interaktion der Familienmitglieder und ihre Passung mit der sozialen Umwelt spielen hier mit hinein. Herausforderungen und Belastungen wird eine übereinstimmende Bedeutung beigemessen. »Eltern mit hohem Familien-Kohärenzgefühl sind in der Lage, auch in schwierigen Situationen Sinn zu finden, aktiv zu handeln und eine Balance zu finden« (Retzlaff, 2010, S. 121).

Bei einem hohen Familien-Kohärenzgefühl besteht eine hohe Übereinstimmung zwischen den Familienmitgliedern, die Bewältigung von Krisen und die Herstellung von Balance gelingen besser. Dies geht mit einer größeren Zufriedenheit einher (Retzlaff, 2010, S. 113 ff.; Eckert, 2008a, S. 103 ff.; Schnoor, 2007). In eigenen und zitierten Studien fand Retzlaff (2010, S. 125 ff.) einen positiven Zusammenhang zwischen einem hohen Familien-Kohärenzgefühl und dem kompetenten Umgang mit der Behinderung, einem niedrigeren Stresserleben und günstigen Familienfunktionen.

Die Stärkung des Kohärenzgefühls – sowohl des individuellen als auch des familialen – wird als Möglichkeit der Stärkung der Familien immer wieder hervorgehoben. Für die Ebene der Verstehbarkeit können hierbei Informationen bereitgestellt werden, auf der Ebene der Handhabbarkeit Unterstützungs- und Entlastungsmöglichkeiten. Familien auf der Ebene der Bedeutsamkeit zu unterstützen, ist wahrscheinlich am schwierigsten. Die Suche nach der Bedeutung der Lebenssituation kann in der Beratung begleitet werden durch Fokussierung auf die Ressourcen und gewinnbringenden Momente, durch Kontakte zu anderen Menschen in ähnlichen Situationen und durch Suchprozesse, was für den Einzelnen bzw. die Familie hilfreich ist – Religiosität, Werte, sozialer Zusammenhalt, Engagement (vgl. Retzlaff, 2010; Eckert, 2008a).

In Bezug auf Menschen mit Beeinträchtigungen und ihre Angehörigen soll in diesem Zusammenhang auch der Begriff »Empowerment« beschrieben werden, der den früher im Vordergrund stehenden Aspekt der »Fürsorge« für Menschen mit Behinderung abgelöst hat. Neben der Ressourcenorientierung steht hier der Aspekt der »Selbstbefähigung« und »Selbstvertretung« im Vordergrund. In der Konsequenz erbringen Helfer*innen von Menschen mit Behinderung eine »Dienstleistung«, besonders deutlich wird dies im Konzept der »persönlichen Assistenz« bei erwachsenen Menschen mit Behinderung. Somit sind es die Menschen selbst, die Expert*innen für ihr Leben und ihre Bedürfnisse sind. Dies lässt sich ebenso auf die Eltern bzw. Familien mit Kindern mit Behinderung beziehen (Sarimski, 2017, S. 383; Theunissen, 2016; Wilken & Jeltsch-Schudel, 2014, 2003; Cloerkes, 2007, S. 84 f.).

6.1.4 Das systemische Modell von Rolland

Rolland stellt ein systemisches und ressourcenorientiertes Modell zur familiären Anpassung an Behinderung und chronische Krankheit vor, Retzlaff bezieht dies explizit auf die Situation von Familien, in denen ein Kind eine Behinderung hat, und diskutiert empirische Befunde zu den einzelnen Themenbereichen (Rolland, 2000, 2010; Retzlaff, 2010, S. 37 ff.).

In diesem Modell werden drei miteinander interagierende Dimensionen berücksichtigt:
1. Art der Krankheit oder Behinderung
2. Individuelle, familiäre und krankheitsbezogene Lebenszyklen und Familienstrukturen
3. Familiäre Grundüberzeugungen sowie ethnische und kulturelle Zugehörigkeit

Diese Dimensionen sind in Abbildung 10 veranschaulicht.

Rolland sieht sie als relevant an, um zu verstehen, wie Familien mit einer Krankheit oder Behinderung innerhalb der Familie umgehen und was in Familien und bei der Begleitung von Familien berücksichtigt werden muss, um einen geeigneten Umgang mit der Situation zu finden.

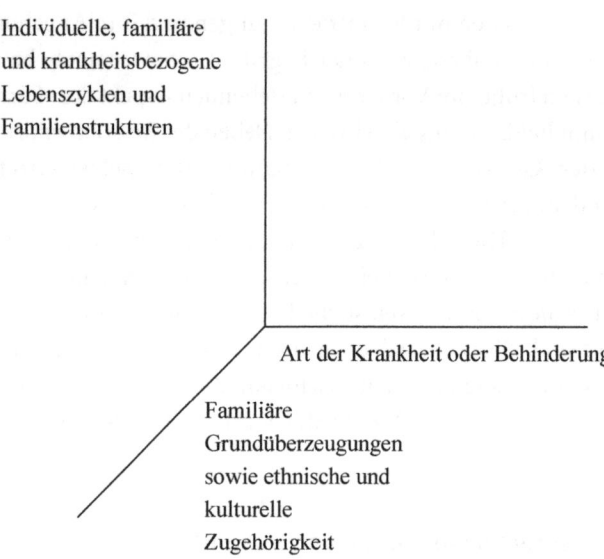

Abb. 10: Modell zur familiären Anpassung an chronische Krankheit und Behinderung nach Rolland (2010)

Art der Krankheit oder Behinderung
Rolland hält eine Typisierung von Krankheit und Behinderung sowie eine Phaseneinteilung bezüglich familiärer Erfahrung im Krankheitsverlauf für notwendig, um ein besseres Verständnis zu erhalten, welche Entwicklungsaufgaben, Anpassungs- und Verarbeitungsleistungen Familien je nach Krankheits- oder Beeinträchtigungsart und -stadium vollbringen müssen. So können dann die notwendigen professionellen Unterstützungsmaßnahmen besser identifiziert werden. Er nimmt eine psychosoziale Typisierung von Krankheit bzw. Behinderung vor. Hierbei benennt er folgende Variablen:
- Ausbruch der Erkrankung bzw. Auftreten der Beeinträchtigung: eine *akut* und plötzlich auftretende Erkrankung oder Beeinträchtigung fordert von Familien eine rasche Aktivierung von Ressourcen, während ein *schleichender Beginn* einerseits Familien längere Phasen der Anpassung ermöglicht, andererseits oft mit einer langen Zeit der Ungewissheit verbunden ist.
- Verlauf der Erkrankung oder Beeinträchtigung: hier kann zwischen progredientem, dauerhaft-konstantem Verlauf und periodisch-rezidivierendem Verlauf unterschieden werden. Ein *progredienter Verlauf* wie z. B. bei einer Muskeldystrophie, bei dem die Beeinträchtigung sich schrittweise oder kontinuierlich verschlimmert, bringt neben der emotionalen

Belastung durch diese Situation die Notwendigkeit mit sich, dass in der Familie immer damit gerechnet werden muss, dass sich die Situation so verändert, dass eine Rollenanpassung notwendig wird. Phasen, in denen Familien in ein Gleichgewicht finden können, sind oft kurz, da immer wieder neue Anforderungen auftauchen, dies kann zu Erschöpfungszuständen in der Familie führen. Neben einer hohen Flexibilität in der Rollenverteilung sind äußere Ressourcen wie soziale Unterstützung für diese Familien wichtig.

- Bei einem *dauerhaft-konstanten Verlauf* wie bei der Trisomie 21 müssen Familien sich mit einer Beeinträchtigung oder einer Krankheit auseinandersetzen, bei der die Funktionseinschränkungen und ihre Auswirkungen voraussichtlich dauerhaft bestehen bleiben, auch hierbei kann es zu hoher Belastung und Erschöpfung in der Familie kommen.
- Wenn ein *periodisch-rezidivierender bzw. episodischer Verlauf* beispielsweise bei einer Epilepsie zu erwarten ist, kommt es zwischen stabilen Phasen immer wieder zu Phasen mit akuten, teils bedrohlichen Beschwerden. Diese Verlaufsform erfordert von Familien besonders hohe Anpassungsfähigkeit. Auch in stabilen Phasen droht immer der Ausbruch einer erneuten Krise, wodurch dauerhaft eine hohe Belastung in den Familien erlebt wird.
- Krankheitsausgang: Hier sind besonders Krankheiten und Beeinträchtigungen zu nennen, die einen Einfluss auf die Lebenserwartung eines Menschen haben. Das Wissen, dass die Beeinträchtigung oder Erkrankung eines Kindes zu seinem frühzeitigen Tod führen wird, ist emotional hoch belastend. Die Belastung durch diese Situation kann dazu führen, dass das Leben und die Beziehungen im Hier und Jetzt beeinträchtigt sind.

»Bei Behinderungen mit tödlichem Verlauf geht es darum, ein Leben im Schwebezustand zu führen, mit den Belastungen intensivmedizinischer Maßnahmen und mit dem bevorstehenden Abschied zurechtzukommen und das Beste aus der verbleibenden Zeit zu machen (Kröger et al. 2000, Rolland 1990).« (Retzlaff, 2010, S. 39)

- Merkmale der Beeinträchtigung: Je nach Stärke und Art der Funktionseinschränkungen im Bereich der Kognition, der Körperfunktionen oder der Mobilität ist ein unterschiedliches Maß an Unterstützung in der Pflege oder in anderen Bereichen notwendig. Das Ausmaß an Unterstützungsnotwendigkeit sowie die Prognose hierzu beeinflussen die psychosoziale Situation in der Familie. Auch nennt Rolland körperliche Stigmatisierungen durch sichtbare Beeinträchtigungen, die von Mitmenschen als entstellend wahrgenommen werden, als zusätzlichen Belastungsfaktor. Hinzu kommen Auffälligkeiten im Verhalten, die zu erhöhtem Stress in Familien führen können. Der Schweregrad der Beeinträchtigung steht ebenso im Zusammenhang mit Belastungen und Stresserleben in Familien, in Studien wird oft – nicht immer – ein positiver Zusammenhang zwischen Stresserleben und Schweregrad der Beeinträchtigung gefunden (Retzlaff, 2010, S. 39 f.).

- Ungewissheit: Die Vorhersagbarkeit eines Erkrankungsverlaufs spielt eine wesentliche Rolle in den familiären Bewältigungs- und Anpassungsprozessen. Eine lange Ungewissheit kann zu erschwerten Anpassungs- und Trauerprozessen führen.

»Gelingt es Familien, trotz lang anhaltender Unsicherheit Perspektiven und Hoffnung für sich zu bewahren, so sind sie offenbar besser gegen psychische Erschöpfung und innerfamiliären Stress geschützt.« (Rolland, 2000, S. 69, 72)

Neben der Typisierung von Krankheiten und Behinderungen sieht Rolland noch die Unterscheidungen der Phasen familiärer Krankheitserfahrungen (Rolland, 2000, S. 72) bzw. Zeitphasen der Anpassung (Retzlaff, 2010, S. 43) für die Belastungen, Anforderungen und Verarbeitungsprozesse in einer Familie als wichtig an. Er unterscheidet das *akute Krankheitsstadium*, in dem erste Anzeichen und Symptome einzuordnen sind, wobei diagnostische und therapeutische Maßnahmen Zusammenarbeit, Zeit und Raum fordern. Oft wird dieses Stadium als Krisensituation erlebt, in der die Betroffenen und ihre Familien auf eine ungewisse Zukunft blicken und Trauer und Schuldfragen eine große Rolle spielen. In diesen Phasen herrscht ein hoher Handlungsdruck, die Familie lebt im Stress. Das Handeln professioneller Helfer*innen hat in dieser Phase einen großen Einfluss darauf, wie kompetent sich eine Familie fühlt und wie gut sie ihre Ressourcen mobilisieren und ausbauen kann. Die *chronische Phase* erstreckt sich bei vielen Beeinträchtigungen, die nicht durch Progredienz gekennzeichnet sind, über einen sehr langen Zeitraum. In dieser Phase hat die Familie die Einstellung entwickelt, dass die Beeinträchtigungen oder die chronische Erkrankung bestehen bleiben und den Lebensalltag in der

Familie mitgestalten werden. Neben der Verarbeitung dieser Situation muss die Pflege, Betreuung und Förderung organisiert und durchgeführt werden. Therapeutische und medizinische Versorgung ist notwendig, nicht mit dem Ziel der »Heilung« der Beeinträchtigung oder Krankheit, sondern zur Förderung oder Aufrechterhaltung von Fähigkeiten. Die Familie muss zu einem Alltagsleben mit der Behinderung finden. Die Bedürfnisse aller Familienmitglieder müssen, soweit möglich, berücksichtigt werden. Veränderungen in der Familie, beispielsweise in der Paarbeziehung oder bei der Rollenverteilung, werden deutlich. Finanzielle Themen können in den Vordergrund rücken. Im Übergang von der akuten zur chronischen Phase ist eine Beratung oder therapeutische Begleitung der Familien besonders sinnvoll, da hierbei oft die gesamte Lebenssituation einer Neubewertung bedarf (Retzlaff, 2010, S. 48). Bei Beeinträchtigungen oder Krankheiten mit progredientem Verlauf kommt die *terminale Phase* hinzu, in der das Familienleben durch die Auseinandersetzung mit dem bevorstehenden Tod geprägt ist.

»Familien, die diese Phase gut bewältigen, verändern offenbar ihren Umgang mit der Krankheit: Aus Kontrolle wird Gewährenlassen.« (Rolland, 2000, S. 75)

Emotionale Offenheit und praktische Alltagskompetenz sind Ressourcen, die die Bewältigung dieser Phase besonders unterstützen.

Individuelle, familiäre und krankheitsbezogene Lebenszyklen und Familienstrukturen
Die zweite Dimension, die es neben den direkt mit der Krankheit oder Behinderung im Zusammenhang stehenden Faktoren zu berücksichtigen heißt, sind die unterschiedlichen Entwicklungslinien, die innerhalb einer Familie nebeneinander existieren. Hier sind neben den Phasen, die eine Krankheit oder Behinderung mit sich bringt, zum einen die Entwicklungsphasen der gesamten Familie, die im Konzept der »Lebenszyklen« dargestellt werden können, wahrzunehmen, zum anderen die individuellen Entwicklungsphasen jedes Familienmitgliedes. Diese Phasen beeinflussen verschiedene Faktoren in der Familie: die Rollenaufteilung, die innerfamiliäre Bindung bzw. Kohäsion, die aktuellen Entwicklungsaufgaben des Einzelnen und der gesamten Familie, die Grenzen nach außen, die Orientierungen, Werte und Prioritätensetzungen.

»In meinem Modell unterscheide ich erstens die Phasen des familiären Lebenszyklus, insbesondere die Art und das Ausmaß an erforderlicher Kohäsion, zweitens den Wechsel zwischen Perioden des Überganges und dem Aufbau und der Aufrechterhaltung von Lebensstrukturen in den familiären und individuellen Lebenszyklen und drittens Phasen von hohen oder niedrigen psychosozialen Anforderungen im Verlauf einer chronischen Erkrankung oder Behinderung.« (Rolland, 2000, S. 83)

Im Lebenszyklusmodell werden typische Lebensphasen identifiziert, die unterschiedliche Entwicklungsaufgaben mit sich bringen (vgl. Kap. 5). Die Phasen werden in der Regel durch Übergänge wie Einschulung, Auszug aus dem Elternhaus, Heirat, Geburt des ersten Kindes, Auszug des letzten Kindes eingeleitet. Damit wird ein Wechsel zwischen Phasen beschrieben, in denen sich Familienmitglieder einer neuen Lebenssituation, die einhergeht mit neuen Bedürfnissen und Interessen der Familienmitglieder, anpassen müssen und solchen, in denen eine Stabilisierung der Beziehungsstrukturen und Rollenmuster stattfindet (Frevert et al., 2008; Rolland, 2000, S. 82; Carter & McGoldrick, 1989). Bezogen auf das Zusammenleben mit einem Kind ergeben sich Anforderungen an die Familie, die sich mit dem Entwicklungsalter der Kinder wandeln. Kritische Übergangspunkte sind das Vorschulalter, die Zeit des Schuleintritts, die beginnende Adoleszenz sowie das Erreichen des Erwachsenenalters (Cullen et al., 1991). Diese Übergangspunkte können bei Familien mit Kindern mit einer Behinderung noch schwieriger sein, da z. B. im Zusammenhang mit der Einschulung die Einschränkungen des Kindes noch deutlicher werden und zwischen unterschiedlichen Schulorten entschieden werden muss oder weil mit Erreichen des Erwachsenenalters noch kein eigenständiges Leben möglich ist.

Normalerweise folgen auf Phasen enger Bindung, Kohäsion und Abhängigkeit in der frühen Kindheit Phasen, in denen es zu Autonomiebestrebungen der Kinder bzw. Jugendlichen kommt – bis zur Ablösung vom Elternhaus im jungen Erwachsenenalter und dem Aufbau einer selbstständigen Zukunft. Zu jedem Zeitpunkt des Lebenszyklus kann die aktuelle Lebensstruktur einer Person oder der Familie ausgemacht werden. Hierunter sind die aktuell bestehenden Verpflichtungen der einzelnen Familienmitglieder sowie der gesamten Familie und ihre jeweilige Bedeutung zu verstehen. Ebenso sind die Interaktionsabläufe innerhalb der Familie sowie die Intensität und Qualität der Beziehungen zwischen den Familienmitgliedern darunter zu fassen. Auch diese Strukturen sind phasenweise konstant und müssen dann wieder angepasst werden.

Phasen des Übergangs sind schon von sich aus als *vulnerable Perioden* zu berücksichtigen (Rolland, 2000, S. 83). Wenn die Beeinträchtigung oder Erkrankung eines Kindes in einer Übergangsphase auftritt oder sich verschlechtert, ist dies für eine Familie schwieriger, da sie durch aktuelle Entwicklungsschritte und Rollenveränderungen an sich schon belastet ist. Auch kann die behinderungs- oder krankheitsbedingte Phase andere Anforderungen an die Familie, ihre Struktur und ihre aktuelle Ausrichtung stellen als die Phase im Lebenszyklus. Besonders deutlich wird dies, wenn eine Behinderung, z. B. durch einen Unfall verursacht, einen Jugendlichen in der Phase der Ablösung vom Elternhaus trifft. Plötzlich entstehen neue Abhängigkeiten, es ist wieder eine engere Kohäsion gefordert und die Zukunftsperspektive, die aus dem baldigen Verlassen des Elternhauses in das eigenständige Leben bestand, ist ggf. in Frage gestellt. Es ist sinnvoll, das Modell der Lebenszyklen der einzelnen Familienmitglieder in der Beratung zu berücksichtigen, da die Behinderung eines Kindes auf die Lebensziele, die Lebensstruktur und damit auch auf die aktuelle Lebenszyklusphase einen wesentlichen Einfluss hat. Sind die älteren Kinder in einer Familie gerade in der Adoleszenz und somit in einem Ablösungsprozess, kann die Geburt eines Kindes mit Beeinträchtigung diese Situation völlig verändern, wenn die Geschwister mit in die Versorgung des Kindes eingebunden sind und die Kohäsion in der Familie wieder steigt. Immer wieder wird in diesem Zusammenhang vor dem Einfrieren der Rollenkonstellationen in ursprünglich sinnvollen Anpassungsprozessen gewarnt, wenn aufgrund der Behinderung des Kindes diese anfangs sinnvollen Festlegungen nicht mehr verändert werden. Auch die Gefahr der Verstrickung, gemeint ist damit eine zu hohe Kohäsion innerhalb der Familie, sowie eine starke Abgrenzung nach außen bis zur Isolation ist zu befürchten, wenn es zu einem Erstarren von Familienstrukturen in anfangs notwendigen Anpassungsprozessen kommt. Bezogen auf Geschwister wird das Thema der »verlorenen Kindheit« oder »Parentifizierung« diskutiert (Retzlaff, 2010, S. 50 ff.). Allerdings muss man vorsichtig mit vorschnellen Urteilen und Pathologisierungen sein.

> »Andererseits weist man nicht selten einer Familie bei chronischer Erkrankung das Etikett »Verstrickung" zu und übersieht dabei, dass die verlängerte Entwicklungsphase sowohl für das Kind als auch für die Fami-

lie durchaus normal sein kann. Familien mit einem chronisch kranken Kind tun sich häufig schwer, dem Kind mehr Autonomie zuzugestehen, und dies nicht vor dem Hintergrund ihrer familiären Dysfunktionalität, sondern wegen der ständigen Angst vor Verlust, die nicht selten einhergeht mit unzureichender präventiver Informationsvermittlung durch professionelle Helfer. Die »Normalität« von Familienstrukturen muss im Falle schwerer Krankheit neu definiert und neu bedacht werden. Unscharfe Generationsgrenzen gelten normalerweise als untrügliches Kennzeichen von Verstrickung und familiärer Dysfunktion. Wenn es jedoch im Interesse des Überlebens der Familie darum geht, dass ältere Kinder oder Heranwachsende durchaus notwendige Aufgaben im Sinne von Erwachsenenfunktionen übernehmen müssen, so ist dies von rigiden pathologischen Beschreibungen »parentifizierter« Kinder zu unterscheiden (Beavers et al. 1986)." (Rolland, 2000, S. 85 f.)

Es kann also zusammengefasst werden, dass Familien, in denen ein Kind mit einer Behinderung lebt, darauf angewiesen sind, Rollenmuster, Familienstrukturen und Lebensziele flexibel anzupassen und ggf. zu verändern. Unterschiedliche Entwicklungsphasen der einzelnen Familienmitglieder, der Familie und des Krankheits- bzw. Beeinträchtigungsverlaufs müssen beachtet werden und die jeweiligen Bedürfnisse berücksichtigt werden. In bestimmten Phasen kann es aber auch notwendig sein, dass ein oder mehrere Familienmitglieder oder die gesamte Familie eigene Bedürfnisse hintanstellt. Hierbei muss darauf geachtet werden, dass ein in einer akuten oder anfänglichen Situation gefundenes Gleichgewicht nicht erstarrt, sondern die Entwicklungen in der Familie insgesamt und bei jedem Familienmitglied individuell weitergehen können. Die Kohäsion innerhalb der Familie, die sich immer wieder verändert und bei Familien mit Kindern mit Behinderung lange Zeit sehr eng sein kann, ist in diesen Prozessen ein wesentlicher Faktor.

»Wird eine Familie mit Krankheit oder Behinderung konfrontiert, so sollte sie das Ziel verfolgen, die Entwicklungsaufgaben, die ihr durch die Krankheit gestellt werden, zu bewältigen, ohne die Familienmitglieder zu zwingen, ihre eigene Entwicklung oder die der gesamten Familie zu opfern.« (Rolland, 2000, S. 89)

Bei der Bewältigung dieser Aufgaben, die manchmal schier unlösbar scheinen, sieht Rolland (2000) eine wichtige Rolle der professionellen Begleitung.

Familiäre Grundüberzeugungen sowie ethnische und kulturelle Zugehörigkeit
In jeder Familie gibt es Grundüberzeugungen und Werte, die sich über Generationen entwickeln, durch gesellschaftliche, kulturelle und religiöse Werte mitbestimmt werden, die das Denken, Fühlen und Handeln der Familienmitglieder beeinflussen. Diese Grundüberzeugungen bezogen auf Krankheit und Behinderungen sind bedeutsam, wenn die Familie mit der Diagnose einer Beeinträchtigung oder chronischen Krankheit konfrontiert wird. Sie haben Einfluss auf die Krankheitsverarbeitung und Bewältigungsstrategien in der Familie, da sie dem Geschehen einen Bedeutungsrahmen verleihen, frühere Erfahrungen aktivieren und Verhalten und Fühlen beeinflussen. Hierbei spielen auch die Selbstwirksamkeits- und Kontrollüberzeugungen bezogen auf frühere sowie die aktuelle Situation eine Rolle. Wissen um diese gesundheits-, krankheits- und behinderungsbezogenen Grundüberzeugungen kann für die Beratung relevant sein. Denn auch familiäre Überzeugungen zu dem, was normal ist und was die Familie allein bewältigen können muss oder was Menschen außerhalb der Familie wissen dürfen, hat einen Einfluss darauf, ob und wie Hilfe angenommen werden kann. Innerhalb einer Familie können diese Überzeugungen divergieren, so dass es zu Situationen kommen kann, in denen ein Familienmitglied, z. B. der Vater, sich Hilfe wünscht oder einer medizinischen Maßnahme zustimmen würde, während andere Familienmitglieder, z. B. die Mutter und Großeltern, dies nicht wollen. Hierdurch kann es zu innerfamiliären Konflikten kommen, Hilfen werden nicht angenommen oder begonnene Maßnahmen abgebrochen. Häufiger sind solche diskrepanten Grundüberzeugungen bei Ehepaaren mit unterschiedlichem kulturellen, ethnischen und religiösen Hintergrund zu finden (vgl. Kap. 4.4.1). So wird in manchen Familien die Behinderung eines Familienmitgliedes als Prüfung oder Strafe angesehen, für andere Familien ist sie ein Makel für die gesamte Familie, den es zu verbergen oder verleugnen gilt, um die Identität der Familie nicht in Gefahr zu bringen. Auch Schuldzuschreibungen können in diesem Rahmen einen beträchtlichen Einfluss haben. So können sich bei einem bekanntermaßen genetisch bedingten Syndrom Glaubenssätze in einer Familie halten, dass die Mutter während der Frühschwangerschaft durch das Rauchen von Zigaretten die Beeinträchtigung des Kindes verursacht hat.

Ein perfektionistischer Anspruch in einer Familie, dem sie im Angesicht der Situation nicht gerecht wird, kann zu Enttäuschungen, Überforderungen und Mutlosigkeit der Beteiligten führen. Ein flexibler Umgang mit der Frage, was normal ist, ist hilfreich (Rolland, 2000, S. 92).

In der Beratung kann es sinnvoll sein, familiäre Überzeugungen zu Gesundheit, Krankheit und Behinderung zu erfragen, ebenso Erfahrungen mit diesen Themen bis in frühere Generationen. Bezogen auf die Beeinträchtigung ist es gut zu erfahren, wie die Familienmitglieder sich die Ursache erklären, welche Bedeutung sie der Behinderung oder Krankheit geben und welche Überzeugungen bestehen, ob, und wenn ja, welche Möglichkeiten der Einflussnahme bestehen (Retzlaff, 2010, S. 56 ff.; Rolland, 2000, S. 89 ff.).

Dieses komplexe Modell schafft einen Rahmen, der für die Beratung hilfreich sein kann. Die Dimensionen des Modells können genutzt werden, um wichtige Aspekte nicht aus den Augen zu verlieren. So macht es Sinn, etwas über die Krankheit oder Beeinträchtigung und ihre Anforderungen an familiäre Anpassungsprozesse zu erfahren, wie es in der ersten Dimension beschrieben ist. Die Berücksichtigung der Lebensphasen, in denen sich Familienmitglieder befinden, kann wesentlich sein: Was mussten sie von ihren individuellen und familiären Plänen, Lebensinhalten und -zielen im Zusammenhang der Behinderung des Kindes verändern oder aufgeben? Geschah dies in einem offen kommunizierten Prozess in der Familie, oder ist es einfach so gekommen? Werden diese Veränderungen von einem Familienmitglied als einseitig und ungerecht erlebt und von Wut oder Resignation begleitet? Antworten auf diese Fragen können helfen, die Befindlichkeiten von Familienmitgliedern zu verstehen. Sie können einen Reflexionsprozess beim Einzelnen und in der Familie in Gang setzen, der gegenseitiges Verständnis ermöglicht. Wenn Grundüberzeugungen in der Familie dysfunktional sind, also ein gesundheitsförderliches Verhalten verhindern, zu Resignation oder Isolation der Familien oder einzelner Mitglieder führen, kann hier ein Bewusstmachen dieser Überzeugungen möglicherweise Veränderungen herbeiführen, die eine neue Akzeptanz gegenüber der Behinderung, eine Neubewertung der Situation sowie einen offenen Umgang miteinander möglich machen. Andererseits ist es auch wichtig, sich als Beratende mit den kulturell unterschiedlichen Bedeutungszuschreibungen und Verständnissen von Behinderung vertraut zu machen, um ein wertungsfreies Verständnis für Familien aus unterschiedlichen religiösen und kulturellen Kontexten entwickeln zu können, welches für die Beratung notwendig ist (vgl. Westphal & Wansing, 2019).

6.2 Umgang mit Verhaltensauffälligkeiten

Verhaltensauffälligkeiten bei Kindern und Jugendlichen mit intellektuellen Beeinträchtigungen sind häufig der Grund, aus dem sich Eltern und pädagogische Fachkräfte Unterstützung suchen. Auch bei erwachsenen Menschen mit intellektuellen Beeinträchtigungen oder Autismus-Spektrum-Störungen ist der Umgang mit Verhaltensweisen wie Selbst- und Fremdverletzungen, starkem Rückzug oder Stereotypien für die Mitmenschen oft sehr schwierig. Die Verhaltensauffälligkeiten können zu deutlichen Einschränkungen in der Teilhabe führen. Im Folgenden werden Ansätze und Vorgehensweisen zum Umgang mit Verhaltensauffälligkeiten bei Kindern und Erwachsenen mit intellektuellen Beeinträchtigungen aus der Verhaltenstherapie und der Heil- und Sonderpädagogik vorgestellt.

6.2.1 Definition und Prävalenz

In der Beratung sind Verhaltensauffälligkeiten von Kindern und Jugendlichen mit intellektuellen Beeinträchtigungen ein häufiges Thema, welches unter verschiedenen Begrifflichkeiten wie Problemverhalten, Verhaltensbesonderheiten oder herausforderndes Verhalten auftaucht (Beispiele finden sich in den Kap. 4.4.3; 5.2.1; 5.3.2). Durch die individuellen Entwicklungsverläufe der kognitiven und emotionalen Entwicklung bei Menschen mit einer so genannten geistigen Behinderung sowie ggf. Schwierigkeiten in der Kommunikation müssen bei Auffälligkeiten im Verhalten viele mögliche Ursachen sowie Funktionen berücksichtigt werden.

»Im Umgang mit intelligenzgeminderten Kindern und Jugendlichen werden wir immer von einer Diskrepanz ausgehen müssen zwischen Lebensalter und sozial-emotionalem resp. kognitiven Entwicklungsstand, die mit zunehmendem Lebensalter immer stärker wird. Verkompliziert wird die Sachlage noch dadurch, dass die Entwicklungslinien einzelner Bereiche (z. B. Motorik und körperliche Reife, Intelligenz und Kognition, emotionale Fähigkeiten, Fähigkeiten der Gestaltung sozialer Beziehungen und der Bewältigung von Entwicklungsaufgaben, Persönlichkeitsentwicklung) durchaus sehr unterschiedlich (»asynchron«) verlaufen und ein »disharmonisches« Entwicklungsprofil bewirken können. Der Umgang mit solchen Kindern und Jugendlichen gestaltet sich oftmals sehr schwierig, weil nicht klar ist, auf welchem Niveau welche Anforderung mit welcher Erwartung gestellt werden kann. Für die Betroffenen selbst bedeutet diese »Disharmonie« ein Risiko für ständige Verunsicherung und Belastung und kann daher für die Entwicklung zusätzlicher Verhaltensauffälligkeiten und psychischer Störungen eine große Rolle spielen.« (Hennicke, 2014a, S. 229 f.)

Als auffälliges Verhalten bei Menschen mit so genannter geistiger Behinderung werden beispielsweise aggressives, selbstverletzendes und stereotypes Verhalten, plötzliche Wutausbrüche, grundlose Stimmungsschwankungen, langanhaltendes Schreien und Weinen, Vermeidung von Körper- und Blickkontakt, distanzloses Verhalten, Hyperaktivität oder extreme Langsamkeit beschrieben (Klauß, 2014, S. 23).

Aus heil- und sonderpädagogischer Sichtweise beschreiben Kulig und Theunissen Verhaltensauffälligkeiten als Verhaltensweisen, die:
- »als altersunangemessen und/oder normabweichend durch einen Beobachter wahrgenommen werden und in den meisten Fällen die Kommunikation und Interaktion, das Zusammenleben und Zusammenarbeiten mit der betreffenden Person belasten
- ein gestörtes Verhältnis zwischen der betreffenden Person und ihrer Umwelt (Mitmenschen, Dinge, Situationen) signalisieren
- aus der Perspektive der Person Problemlösemuster darstellen, also zweckmäßig sind, erlernt wurden – somit auf pädagogische und soziale Kontexte zurückführbar sind
- ein Risiko für die Gesundheit der betreffenden Person darstellen können, ihre und die Sicherheit anderer Menschen gefährden, die Lern- und Entwicklungsmöglichkeiten sowie die Lebensqualität der betreffenden Person beeinträchtigen
- aufgrund ihres Belastungsgrads, (Frequenz, Schwere oder Chronizität) spezielle pädagogisch-therapeutische Interventionen, in der Regel (bei einer fehlenden psychopathologischen Grundlage) aber noch keine psychiatrische Behandlung oder Psychotherapie erforderlich machen.« (Kulig & Theunissen, 2012, S. 125)

Bei dieser Definition werden Verhaltensauffälligkeiten klar von psychischen Störungen abgegrenzt, andere Autor*innen stellen den Übergang zu psychischen Störungen eher fließend dar. Došen definiert Problemverhalten so:

»Problemverhalten ist dann festzustellen, wenn aufgrund einer abweichenden Persönlichkeitsentwicklung oder wegen einer Dysfunktion bestimmter Hirnregionen oder durch ungünstige Umfeldbedingungen oder durch eine Kombination dieser Faktoren ein Verhalten entsteht, durch das das Wohl der Person selbst oder anderer Personen beeinträchtigt werden.« (Došen, 2010, S. 21)

Psychische Störungen werden in den gängigen Klassifikationssystemen ICD 10 oder DSM-5 beschrieben. Sie bezeichnen Veränderungen im Verhalten und Erleben von Menschen, die mit subjektiven Leiden und/oder Beeinträchtigungen beispielsweise im sozialen Funktionsniveau und Risiken einhergehen.

»Eine psychische Störung ist als Syndrom definiert, welches durch klinisch bedeutsame Störungen in den Kognitionen, der Emotionsregulation oder des Verhaltens einer Person charakterisiert ist. Diese Störungen sind Ausdruck von dysfunktionalen psychologischen, biologischen oder entwicklungsbezogenen Prozessen, die psychischen und seelischen Funktionen zugrunde liegen. Psychische Störungen sind typischerweise verbunden mit bedeutsamem Leiden oder Behinderung hinsichtlich sozialer oder berufs-/ausbildungsbezogener und anderer wichtiger Aktivitäten.« (APA, 2015, S. 26)

»Eine psychische Störung bei Kindern und Jugendlichen liegt vor, wenn das Verhalten und/oder Erleben bei Berücksichtigung des Entwicklungsalters abnorm ist und/oder zu einer Beeinträchtigung führt.« (Steinhausen, 2016, S. 24)

Kriterien für Abnormität sind hierbei unter anderem die Unangemessenheit hinsichtlich Alter, Persistenz, Lebensumstände, soziokulturellen Gegebenheiten, Ausmaß sowie Art und Schweregrad der Symptome. Die Beeinträchtigung bezieht sich auf das Leiden, die soziale Einengung, Interferenz mit der Entwicklung und Auswirkungen auf andere (Steinhausen, 2016, S. 24 f.).

Psychische Störungen bei Menschen mit intellektuellen Beeinträchtigungen können sich je nach Entwicklungsniveau des Menschen bezüglich des subjektiven Empfindens und in der Symptomatik von denen anderer Menschen unterscheiden. Došen beschreibt die Besonderheiten bei psychischen Störungen für Menschen mit unterschiedlichen Schweregraden der intellektuellen Beeinträchtigungen (Došen, 2010). Die Berücksichtigung des jeweiligen Entwicklungsalters, wie es in der Definition von Steinhausen für Kinder und Jugendliche explizit aufgeführt ist, ist ebenso wie das Lebensalter in der Diagnostik zu beachten und erschwert eine klare Diagnosestellung, insbesondere, wenn neben dem kognitiven Entwicklungsniveau auch das emotionale Entwicklungsniveau mitberücksichtigt wird (vgl. Kap. 5.3.1).

Psychische Störungen und Verhaltensauffälligkeiten weisen also zumindest Überschneidungsbereiche auf, die Abgrenzungen werden von verschiedenen Autor*innen unterschiedlich klar gesetzt. Wünschenswert wäre eine klare Differenzierung, wenn das Verständnis, ob es sich um eine psychische Störung oder eine Verhaltensauffälligkeit handelt, zu einer klaren Behandlungs- oder Handlungsindikation führen würde. Oft ist dies aber nicht so einfach und medizinisch-psychiatrische Interventionen gehen mit pädagogisch-psychologischen Interventionen Hand in Hand (vgl. Sarimski, 2012a; Kulig & Theunissen, 2012; Theunissen, 2008). Hennicke (2014, S. 222) bietet die in Abbildung 11 dargestellte, die verschiedenen Aspekte integrierende, »Grobeinteilung auffälliger Äußerungsformen« an.

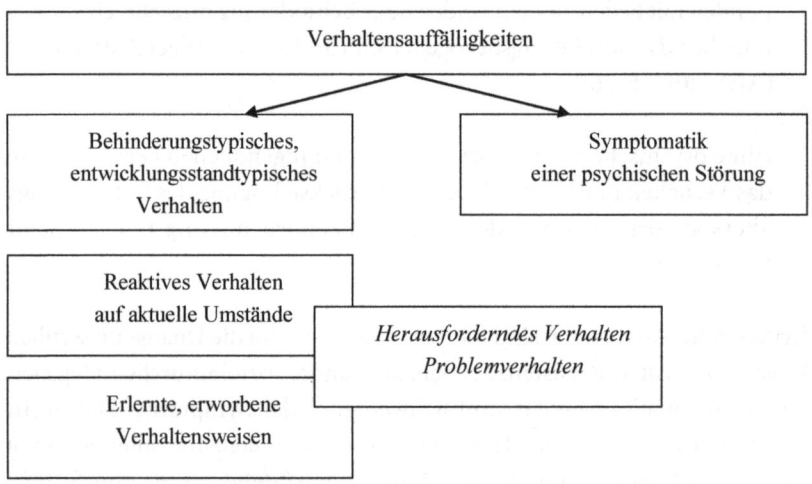

Abb. 11: Grobeinteilung auffälliger Äußerungsformen (Hennicke, 2014a, S. 222)

Verhaltensauffälligkeiten bei Kindern und Jugendlichen mit intellektueller Beeinträchtigung lassen sich nach Kulig und Theunissen (2012, S. 124 ff.)

in sechs Bereiche einteilen. In der folgenden Aufzählung dieser Bereiche ist in Klammern der jeweilige Anteil der als verhaltensauffällig beschriebenen Schüler*innen von der Gesamtstichprobe von Schüler*innen aus Schulen mit Förderschwerpunkt geistige Entwicklung aufgeführt:
- Externalisierende Auffälligkeiten im Sozialverhalten (z. B. fremdaggressives Verhalten, distanzloses oder respektloses Verhalten) (39,3 %)
- Auffälligkeiten im psychischen Bereich (z. B. Apathie, ängstlich, weinen/schreien, mangelndes Selbstvertrauen) (46,3 %)
- Somatische/physische Auffälligkeiten (z. B. körperliche Beschwerden, motorische Hyperaktivität, leichte Ermüdbarkeit) (41,4 %)
- Auffälligkeiten im Leistungsverhalten (z. B. mangelnde Ausdauer und Konzentration, Arbeitsverweigerung) (49,8 %)
- Auffälligkeiten gegenüber Sachobjekten (z. B. Beschädigen von Objekten, stereotyper Sachumgang, Verzehren von ungenießbaren Dingen) (23,9 %)
- Selbstverletzendes Verhalten (6,9 %)

Die Daten stammen aus einer Studie, der die Beschreibungen von Lehrer*innen und anderen pädagogischen Mitarbeiter*innen von 4.059 Schüler*innen aus Unterstufe bis Werkstufe aus Schleswig-Holstein, Mecklenburg-Vorpommern und Baden-Württemberg zugrunde liegen. 19 % der Schüler*innen wurde eine psychische Störung zugeschrieben (Kulig & Theunissen, 2012, S. 128 ff.). In einer Studie von Dworschak et al. (2012) zeigte sich bei 52 % der Schüler*innen mit dem Förderschwerpunkt geistige Entwicklung in Bayern eine ausgeprägte Problematik des Verhaltens und der Emotionen. Ähnliche Anteile an emotionalen und Verhaltensproblemen fand Soltau in internationalen Studien. Bei den weiter gefassten Begriffen der psychischen Probleme oder Auffälligkeiten lag der Anteil der Kinder bei 40–50 %, in Studien, die die Kriterien der internationalen Diagnosesysteme DSM oder ICD zugrunde legen, zwischen 30–40 %. Das relative Risiko für die Kinder mit einer intellektuellen Beeinträchtigung, eine psychische Störung zu entwickeln, war um ein 2,8–4,5-faches gegenüber Kindern ohne Beeinträchtigung erhöht. Auch in Deutschland zeigten 52 % der Kinder mit einer so genannten geistigen Behinderung psychische Auffälligkeiten. Soltau weist weiter darauf hin, dass die Versorgung dieser Kinder unzureichend ist, da es einerseits an spezialisierten Angeboten fehlt und Regelangebote häufig die Kinder und Jugendlichen mit intellektuellen Beeinträchtigungen abweisen (Soltau, 2014).

6.2.2 Entstehung und Aufrechterhaltung

Bei der Frage, wodurch Verhaltensauffälligkeiten entstehen, wird von einer Kombination aus Anlagefaktoren wie Temperament und spezifischen Dispositionen, Besonderheiten im Entwicklungsverlauf und Lernerfahrungen sowie Umweltfaktoren ausgegangen. Tabelle 8 gibt einen Überblick über mögliche Ursachen, die im weiteren Verlauf erörtert werden (vgl. Autea, 2016; Elvén, 2015; Sarimski, 2008, 2012a; Klauß, 2005, S. 258 ff.; Meyer, 2002).

Tab. 8: Mögliche Ursachen für Verhaltensauffälligkeiten und eine ungefähre Zuordnung zu Anlage-, Lern- und Umweltfaktoren (vgl. Autea, 2016; Elvén, 2015; Sarimski, 2008, 2012a; Klauß, 2005, S. 258 ff.; Meyer, 2002)

Dispositionen	- Physische Faktoren wie beeinträchtigte Wahrnehmungsorganisation, körperliche Belastungsfähigkeit - Psychische Faktoren wie kognitive Struktur, Beeinflussbarkeit - Temperamentsausprägungen, z. B. erhöhte Impulsivität - Syndromspezifische Verhaltensauffälligkeiten - Psychische Störungen
Fehlende Kompetenzen	- Gering ausgebildete Flexibilität und Anpassungsfähigkeit - Gering ausgebildete soziale Orientierung bzw. Empathie - Schwierigkeiten in der Kommunikation, z. B. fehlende Möglichkeit, Bedürfnisse und Grenzen zu kommunizieren - Sozialkognitive Defizite, z. B. Schwierigkeiten im Verständnis von Situationen und Zusammenhängen - Probleme in der emotionalen Selbstregulation - Fehlende Verhaltensalternativen
Vorerfahrungen	- Lernerfahrungen, z. B. Verhaltensgewohnheiten aufgrund früherer Lernerfahrungen - Ungünstige Problemlöseversuche, z. B. Festhalten an einem zu einem früheren Zeitpunkt sinnvollen Problemlöseversuch, der nicht mehr adäquat oder zielführend ist - Geringes Selbstvertrauen - Bindungsstörungen - Traumata
Umweltfaktoren	- Zu hohe oder zu geringe Anforderungen - Fehlende Aufmerksamkeit und Zuwendung - Fehlende Orientierung z. B. im Tagesablauf, Über- oder Unterstimulation - Inaktivität, Langeweile
Aktuelle Situation	- Stress, z. B. durch Veränderungen von Routinen - Körperliche Ursachen, z. B. Schmerzen und Schwierigkeiten in der Bewegung - Sensorische Selbststimulation - Nebenwirkungen der Medikation - Biografische Ereignisse, z. B. Trennung der Eltern

in sechs Bereiche einteilen. In der folgenden Aufzählung dieser Bereiche ist in Klammern der jeweilige Anteil der als verhaltensauffällig beschriebenen Schüler*innen von der Gesamtstichprobe von Schüler*innen aus Schulen mit Förderschwerpunkt geistige Entwicklung aufgeführt:
- Externalisierende Auffälligkeiten im Sozialverhalten (z. B. fremdaggressives Verhalten, distanzloses oder respektloses Verhalten) (39,3 %)
- Auffälligkeiten im psychischen Bereich (z. B. Apathie, ängstlich, weinen/ schreien, mangelndes Selbstvertrauen) (46,3 %)
- Somatische/physische Auffälligkeiten (z. B. körperliche Beschwerden, motorische Hyperaktivität, leichte Ermüdbarkeit) (41,4 %)
- Auffälligkeiten im Leistungsverhalten (z. B. mangelnde Ausdauer und Konzentration, Arbeitsverweigerung) (49,8 %)
- Auffälligkeiten gegenüber Sachobjekten (z. B. Beschädigen von Objekten, stereotyper Sachumgang, Verzehren von ungenießbaren Dingen) (23,9 %)
- Selbstverletzendes Verhalten (6,9 %)

Die Daten stammen aus einer Studie, der die Beschreibungen von Lehrer*innen und anderen pädagogischen Mitarbeiter*innen von 4.059 Schüler*innen aus Unterstufe bis Werkstufe aus Schleswig-Holstein, Mecklenburg-Vorpommern und Baden-Württemberg zugrunde liegen. 19 % der Schüler*innen wurde eine psychische Störung zugeschrieben (Kulig & Theunissen, 2012, S. 128 ff.). In einer Studie von Dworschak et al. (2012) zeigte sich bei 52 % der Schüler*innen mit dem Förderschwerpunkt geistige Entwicklung in Bayern eine ausgeprägte Problematik des Verhaltens und der Emotionen. Ähnliche Anteile an emotionalen und Verhaltensproblemen fand Soltau in internationalen Studien. Bei den weiter gefassten Begriffen der psychischen Probleme oder Auffälligkeiten lag der Anteil der Kinder bei 40–50 %, in Studien, die die Kriterien der internationalen Diagnosesysteme DSM oder ICD zugrunde legen, zwischen 30–40 %. Das relative Risiko für die Kinder mit einer intellektuellen Beeinträchtigung, eine psychische Störung zu entwickeln, war um ein 2,8–4,5-faches gegenüber Kindern ohne Beeinträchtigung erhöht. Auch in Deutschland zeigten 52 % der Kinder mit einer so genannten geistigen Behinderung psychische Auffälligkeiten. Soltau weist weiter darauf hin, dass die Versorgung dieser Kinder unzureichend ist, da es einerseits an spezialisierten Angeboten fehlt und Regelangebote häufig die Kinder und Jugendlichen mit intellektuellen Beeinträchtigungen abweisen (Soltau, 2014).

6.2.2 Entstehung und Aufrechterhaltung

Bei der Frage, wodurch Verhaltensauffälligkeiten entstehen, wird von einer Kombination aus Anlagefaktoren wie Temperament und spezifischen Dispositionen, Besonderheiten im Entwicklungsverlauf und Lernerfahrungen sowie Umweltfaktoren ausgegangen. Tabelle 8 gibt einen Überblick über mögliche Ursachen, die im weiteren Verlauf erörtert werden (vgl. Autea, 2016; Elvén, 2015; Sarimski, 2008, 2012a; Klauß, 2005, S. 258 ff.; Meyer, 2002).

Tab. 8: Mögliche Ursachen für Verhaltensauffälligkeiten und eine ungefähre Zuordnung zu Anlage-, Lern- und Umweltfaktoren (vgl. Autea, 2016; Elvén, 2015; Sarimski, 2008, 2012a; Klauß, 2005, S. 258 ff.; Meyer, 2002)

Dispositionen	– Physische Faktoren wie beeinträchtigte Wahrnehmungsorganisation, körperliche Belastungsfähigkeit – Psychische Faktoren wie kognitive Struktur, Beeinflussbarkeit – Temperamentsausprägungen, z. B. erhöhte Impulsivität – Syndromspezifische Verhaltensauffälligkeiten – Psychische Störungen
Fehlende Kompetenzen	– Gering ausgebildete Flexibilität und Anpassungsfähigkeit – Gering ausgebildete soziale Orientierung bzw. Empathie – Schwierigkeiten in der Kommunikation, z. B. fehlende Möglichkeit, Bedürfnisse und Grenzen zu kommunizieren – Sozialkognitive Defizite, z. B. Schwierigkeiten im Verständnis von Situationen und Zusammenhängen – Probleme in der emotionalen Selbstregulation – Fehlende Verhaltensalternativen
Vorerfahrungen	– Lernerfahrungen, z. B. Verhaltensgewohnheiten aufgrund früherer Lernerfahrungen – Ungünstige Problemlöseversuche, z. B. Festhalten an einem zu einem früheren Zeitpunkt sinnvollen Problemlöseversuch, der nicht mehr adäquat oder zielführend ist – Geringes Selbstvertrauen – Bindungsstörungen – Traumata
Umweltfaktoren	– Zu hohe oder zu geringe Anforderungen – Fehlende Aufmerksamkeit und Zuwendung – Fehlende Orientierung z. B. im Tagesablauf, Über- oder Unterstimulation
Aktuelle Situation	– Inaktivität, Langeweile – Stress, z. B. durch Veränderungen von Routinen – Körperliche Ursachen, z. B. Schmerzen und Schwierigkeiten in der Bewegung – Sensorische Selbststimulation – Nebenwirkungen der Medikation – Biografische Ereignisse, z. B. Trennung der Eltern

Zunächst spielen Veranlagungen und behinderungsspezifische Dispositionen eine wesentliche Rolle bei der Entwicklung von Verhaltensauffälligkeiten. Bei einigen Syndromen kommt es zu typischen Verhaltensauffälligkeiten. So tritt bei dem Cornelia-de-Lange-Syndrom und dem Fragilen-X-Syndrom selbstverletzendes Verhalten in hoher Frequenz auf, beim Rett-Syndrom sind stereotype Bewegungen wie »Waschbewegungen mit der Hand« typisch (Havemann & Stöppler, 2014, S. 127 f.; vgl. Sarimski, 2014). Heterogene Entwicklungsprofile von Kindern mit intellektueller Beeinträchtigung können zu Verhaltensauffälligkeiten führen, insbesondere, wenn die emotionale Entwicklung stärker verzögert ist als die kognitive und die körperliche Entwicklung (Došen, 2010, vgl. Kap. 5.3.1).

Durch kognitive und kommunikative Einschränkungen sind bei vielen Kindern und Jugendlichen mit einer intellektuellen Beeinträchtigung die sozial-emotionalen Kompetenzen, die Flexibilität im Verhalten sowie Problemlösefertigkeiten beeinträchtigt. Elvén geht davon aus, dass herausforderndes Verhalten entsteht, da die Anforderungen aus der Umwelt für den Menschen mit Beeinträchtigung zu hoch sind. »Menschen, die sich richtig verhalten können, tun dies auch« (Elvén, 2015, S. 36).

In folgenden Fähigkeitsbereichen, die die Voraussetzung für dieses richtige Verhalten sind, können sich bei Menschen mit psychischen oder intellektuellen Beeinträchtigungen sowie mit Autismus-Spektrum-Störungen Einschränkungen zeigen:
- Verhaltenssteuerung und das Erkennen von Zusammenhängen
- Kommunikative Fähigkeiten
- Überblick über (soziale) Situationen
- Geduld
- Flexibilität
- Empathie
- Akquieszenz (die Tendenz, mehr Ja als Nein zu sagen)
- Positive Energie (nach Elvén, 2015, S. 36 ff.)

Häufig sind die von der Umwelt gestellten Anforderungen an diese Fähigkeiten zu hoch. Überforderungen können die Folge sein, auf die mit einem von außen inadäquat wirkenden Verhalten reagiert wird, wie beispielsweise dem Schlagen gegen den Kopf zum Ausblenden anderer Reize (Sarimski, 2008). Das heißt, die Verhaltensauffälligkeiten sind als Problemlöseversuche der Menschen anzusehen, um im Leben zurechtzukommen. Nach außen wirken sie unangemessen, sind für die betreffende Person aber momentan die bestmögliche Lösung, ihre Bedürfnisse beispielsweise nach Orientierung und Ruhe zu sichern und mit Überforderungen umzugehen.

In der individuellen Lebensgeschichte, den bisherigen Lernerfahrungen sowie den Lebensumständen können auch Ursachen liegen, die zum Auftreten von Verhaltensauffälligkeiten führen. Hierbei sind mögliche Risikofaktoren Bindungsstörungen in der frühen Kindheit, Unsicherheiten der Eltern in der Erziehung, Überbehütung oder Vernachlässigung. Ein geringes Selbstbewusstsein durch zu wenig stärkende Erfahrungen kann ebenfalls die Entwicklung von Verhaltensauffälligkeiten begünstigen (Sarimski, 2008, S. 366).

Auch traumatische Erfahrungen und mögliche Folgestörungen können die Ursache für Verhaltensauffälligkeiten sein. Die Gefahr, traumatische Erfahrungen zu machen und daraus Folgestörungen zu entwickeln, ist bei Kindern und Jugendlichen mit intellektuellen Beeinträchtigungen erhöht. Insbesondere aufgrund der oft eingeschränkten Mitteilungsmöglichkeiten der Kinder mit intellektuellen Beeinträchtigungen bleiben viele traumatische Erfahrungen unentdeckt. Die Unterscheidung, ob Auffälligkeiten im Verhalten durch eine den Bezugspersonen unbekannte traumatische Erfahrung ausgelöst wurden oder durch andere Ursachen bedingt sind, ist allein anhand der Verhaltensauffälligkeiten kaum zu treffen. Ein Beispiel für solch ein unbemerktes Trauma kann ein unentdeckter sexueller Missbrauch sein. Besonders schwierig ist eine solche Unterscheidung, wenn Kinder schon allein durch ihre Beeinträchtigung und über lange Zeit Besonderheiten in ihrer sozial-emotionalen Entwicklung zeigen. Plötzlich auffallende Veränderungen im Verhalten können ein Hinweis auf aktuelle traumatische Erfahrungen sein. Sind Verhaltensauffälligkeiten im Zusammenhang von erlebten Traumata zu sehen, braucht es im Umgang damit spezifische Vorgehensweisen aus der Traumapädagogik und -therapie (vgl. Hennicke, 2012).

Weitere Gründe für Verhaltensauffälligkeiten zeigen sich erst bei der Betrachtung des gesamten Systems, sei es der Familie oder, wenn Verhaltensauffälligkeiten vorwiegend im schulischen Kontext auftreten, der Schule. Um die Ursachen und aufrechterhaltenden Faktoren zu finden, muss nach den sinnhaften Zusammenhängen und der beziehungsgestaltenden Wirkung von Verhaltensauffälligkeiten der Kinder in ihrem Kontakt mit den Mitmenschen gesucht werden.

Neben den langfristigen Bedingungen für Verhaltensauffälligkeiten gibt es mögliche mittelfristige Ursachen, die sich auf das Kind und sein Verhalten auswirken – wie familiäre Veränderungen, Konflikte mit einer Lehrkraft oder eine Erkrankung. Zusätzlich kann man aktuelle Auslöser des Verhaltens identifizieren – wie eine Überstimulierung durch eine große Menschenmenge, akute Schmerzen oder Langeweile.

Führen Verhaltensauffälligkeiten zur Befriedigung von Bedürfnissen oder anderen erwünschten Zielen, werden sie mit großer Wahrscheinlichkeit wieder gezeigt. Möglicherweise gelingt es einem Kind durch dieses Verhalten, unangenehme Situationen oder Aufgaben zu vermeiden oder es erreicht Zuwendung und Aufmerksamkeit. Alternative Verhaltensweisen konnten noch nicht erlernt werden oder führen nicht so schnell, leicht und sicher zum gewünschten Ziel. Zur Aufrechterhaltung von Verhaltensauffälligkeiten kann es aber auch kommen, wenn ein Kind immer wieder in überfordernde oder beängstigende Situationen gerät, die bei ihm hohe Anspannung und Stress auslösen und zu krisenhaften Reaktionen in Form der Verhaltensauffälligkeiten führen. Für manche Kinder können das Situationen sein, in denen zu viele Reize auf sie einströmen. Sie reagieren beispielsweise damit, dass sie laut zu schreien beginnen, sich die Ohren zuhalten und mit dem Oberkörper wippen.

6.2.3 Verhaltensanalyse

Die bisherigen Darstellungen machen deutlich, dass beim Auftreten von Verhaltensauffälligkeiten eine genaue Verhaltensanalyse, die sowohl die Auslöser, möglichen Ursachen und Gründe sowie Konsequenzen des Verhaltens mitberücksichtigt, sinnvoll ist. Hierbei geht es gleichfalls darum, herauszufinden, welche Bedürfnisse und Funktionen den Verhaltensauffälligkeiten zugrunde liegen können, was mit ihnen kommuniziert wird oder welche noch nicht vorhandenen Fähigkeiten sie ersetzen. Ebenfalls kann identifiziert werden, ob es Situationen gibt, die regelmäßig zu Stress und Hilflosigkeit führen, so dass sie eine Krise auslösen. Neben genauen Beobachtungen der Situationen, in denen es zu den Verhaltensauffälligkeiten kommt, ist eine gute Kenntnis von Kontextfaktoren wichtig, wie biografische Aspekte, Syndromkenntnis und Wissen um Medikation und Nebenwirkung. Aufgrund der oft eingeschränkten Möglichkeiten des Kindes oder Jugendlichen mit einer intellektuellen Beeinträchtigung, sich selbst zu explorieren und zu seinen Beweggründen zu äußern, müssen diese Erwägungen von den Eltern, Betreuer*innen und Lehrer*innen sowie ggf. Therapeut*innen und Berater*innen getroffen werden, immer mit der Gefahr, auch falsch zu liegen. Ein interdisziplinäres Vorgehen kann bei komplexen Verhaltensauffälligkeiten Sinn machen, um die unterschiedlichen Bereiche genug im Blick zu haben. Ziel einer solchen Verhaltensanalyse ist es, den Sinn des Verhaltens zu verstehen und die passenden Interventionen zu finden, die dazu führen können, alternatives Verhalten aufzubauen und Verhaltensprobleme abzubauen (Theunissen, 2008; Sarimski & Steinhausen, 2008; Meyer, 2002; Hettinger, 1996, S. 292 ff.).

In der Literatur finden sich unterschiedliche Modelle für eine Verhaltensanalyse. Aus der Verhaltenstherapie ist für eine funktionale Verhaltensanalyse das Modell aus Abbildung 12 bekannt (früher S-O-R-C-K-Modell).

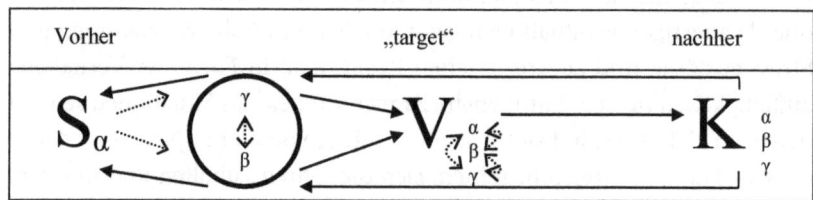

S Situation, O Organismusvariablen, V (problematisches) Verhalten, K Konsequenz
Beschreibung der Determinanten ($\alpha/\beta/\gamma$-Variablen):
α: externe Variable
β: psychologische Person-Variablen
γ: biologisch-physiologische Variablen

Abb. 12: Situative Verhaltensanalyse (Kanfer et al., 2012, S. 206)

Die situative bzw. horizontale Verhaltensanalyse dient dazu, Auskunft über das problematische Verhalten in konkreten Situationen zu geben, indem sie nach funktionalen Abhängigkeiten von vorherigen, parallelen und nachfolgenden Bedingungen sucht (Kanfer et al., 2012, S. 202). Zum Aufstellen einer situativen Verhaltensanalyse ist es sinnvoll, das Verhalten über einen bestimmten Zeitraum systematisch zu beobachten und die Situationen, das Verhalten und die nachfolgenden Konsequenzen präzise zu beschreiben. Dabei wird der Blick zunächst sehr genau auf das konkrete Verhalten (V) gelenkt. Dieses Verhalten beinhaltet sowohl die beobachtbaren Verhaltensweisen der Person, als auch Gedanken und körperliche Reaktionen. Es werden die Intensität, Frequenz und Verlaufscharakeristika erfasst. Anschließend werden Situationen, in denen das Verhalten auftritt, betrachtet (S). Insbesondere bei Verhaltensweisen, die sehr häufig auftreten, ist es sinnvoll, nach Situationen zu suchen, in denen das Verhalten nicht auftritt. Als nachfolgende Bedingungen werden die Variablen aufgezeigt, die dem Verhalten folgen, die Konsequenzen (K). Diese können kurz- oder langfristig sein sowie direkt oder indirekt. Konsequenzen können nach außen sichtbar sein, sie können aber auch in Form von Gedanken und Gefühlen auftreten. Die Konsequenzen können für die Person positiv (positive Verstärkung: Zugewinn von etwas Erwünschtem K+, negative Verstärkung: Wegfall von etwas Unerwünschtem K−) oder negativ sein (direkte Bestrafung: eine negative Konsequenz K−, indirekte Bestrafung: Wegfall von etwas Positiven K+). Zusätzlich werden die Variablen, die die Person direkt betreffen, biologisch-physiologische sowie psychologische Variablen wie Einstellungen, Schemata, Kompetenzen und Defizite sowie Prädispositionen berücksichtigt (O). Zur Organismusvariablen können auch die Lerngeschichte, die Genese des Problemverhaltens sowie das subjektive Krankheitsmodell gezählt werden.

Zusätzlich zur situativen Verhaltensanalyse wird die Erstellung einer kontextuellen bzw. vertikalen Verhaltensanalyse empfohlen, die den Blick wieder mehr auf größere Zusammenhänge hin weitet und somit die Funktionen des Verhaltens aus der situativen Betrachtung in eine ganzheitlichere Sichtweise rückt, dafür aber oft in einigen Bereichen eher hypothetisch bleibt. Ein Bereich, der in der kontextuellen Verhaltensanalyse berücksichtigt wird, sind Pläne und Regeln, denen unterschiedliche Verhaltensweisen zugrunde liegen. Hier finden sich Überlegungen aus der Schema-Theorie. So kann ein Mensch aus seiner individuellen Lerngeschichte heraus für sich die Regel anwenden: »Mach keine Fehler, sei perfekt.« Dies führt zu unterschiedlichen Verhaltensweisen, wie intensivem Lernen, hoher Selbstkontrolle oder dem Vermeiden von Situationen, in denen ein Scheitern möglich ist. Als zweiter Bereich wird die Berücksichtigung des Systems (Familie, berufliches Umfeld, Gesellschaft) gefordert, insbesondere mit den Bedingungen, die Anteil am Entstehen, Aufrechterhalten und Auslösen des problematischen Verhaltens haben. Kanfer und Kollegen betonen, dass eine solche komplexe Annäherung immer nur eine Reduktion des Tatsächlichen darstellen kann und auf Faktoren reduziert sein sollte, die für den Umgang und die gewünschte Veränderung des Verhaltens relevant sind. Die Organismusvariable bildet die Schnittstelle zwischen situativer und kontextueller Verhaltensanalyse (Kanfer et al., 2012, S. 195 ff.).

Bei der Erstellung einer Verhaltensanalyse bei Menschen mit intellektueller Beeinträchtigung kann es sein, dass nur Informationen des beobachtbaren Verhaltens vorliegen. Welche Gedanken, Gefühle, Motive und Funktionen hinter dem Verhalten liegen, kann oft nur hypothetisch angenommen werden. Dennoch sind gerade diese wesentlich, da ein rein operant ausgerichtetes Interventionsvorgehen, damit ist Belohnung für erwünschtes Verhalten und Bestrafung für problematisches Verhalten gemeint, sich oft nicht als zielführend erwiesen hat (Theunissen, 2008, S. 28). Bei Menschen mit stark eingeschränkten Kommunikationsmöglichkeiten kann die Verhaltensauffälligkeit Ausdruck dieser fehlenden Möglichkeit sein, sich und die eigenen Bedürfnisse mitzuteilen, oder sie stellt selbst einen Versuch dar, sich mitzuteilen (Hettinger, 1996). Theunissen (2008) betont im Rahmen der positiven Verhaltensunterstützung insbesondere die Berücksichtigung der möglichen Funktionen des Verhaltens und die Abkehr von einem rein individuumsbezogenen Blick auf das Problemverhalten hin zu einem umweltbezogenen Vorgehen. Ebenso betont Meyer (2002) die Bedeutung einer Verhaltensanalyse, die die Berücksichtigung dispositioneller Faktoren (physische und psychische Faktoren, Verhaltensgewohnheiten), auslösender Faktoren, Situationsfaktoren, motivationaler Faktoren, konsekutiver Faktoren und Lebensumfeldfaktoren beinhaltet, um zu entscheiden, ob personorientierte, umgebungsorientierte oder bewertungsorientierte Interventionen indiziert sind. Man sollte offen dafür bleiben, einmal aufgestellte Hypothesen immer wieder zu hinterfragen, zu überprüfen und ggf. zu verwerfen.

Es ist häufig nicht einfach, zu beurteilen, ob eine Konsequenz für das Kind positiv oder negativ ist. So kann das Beenden einer Situation, beispielsweise eines gemeinsamen Spiels, eine indirekte Bestrafung sein, wenn das Kind in der Situation bleiben wollte. Will es ihr aber entgehen, kann es eine negative Verstärkung bzw. indirekte Belohnung sein. Insbesondere bei Menschen mit schwereren kognitiven Beeinträchtigungen und/oder mit Autismus-Spektrum-Störungen ist beim Auftreten von selbstverletzenden Verhaltensweisen im besonderem Maße darauf zu achten, ob diese der sensorischen Stimulation oder Ausschaltung anderer Reize dienen oder ob sie instrumentell zur Erreichung von Aufmerksamkeit oder Vermeidung bestimmter Situationen oder Anforderungen eingesetzt werden (Bienstein & Warnke, 2013). Eine Verhaltensanalyse, die durch einen »Unterstützer*innenkreis«, z. B. Eltern, Lehrer*innen, Mitarbeiter*innen der Tagesstätte, Therapeut*innen und Berater*innen, entsteht, ermöglicht eine umfassende Sichtweise auf die Situation (Theunissen, 2008, S. 65 ff.). Aus den unterschiedlichen Varianten von Verhaltensanalysen zeigt Tabelle 9 eine mögliche Form, die unterschiedliche Vorschläge beinhaltet (vgl. Kanfer et al., 2012; Theunissen, 2008; Sarimski & Steinhausen, 2008; Meyer, 2002; Hettinger, 1996).

Tab. 9: Verhaltensanalyse bei Verhaltensauffälligkeiten bei Kindern und Jugendlichen mit intellektueller Beeinträchtigung mit Beispielen (vgl. Kanfer et al., 2012; Theunissen, 2008; Sarimski & Steinhausen, 2008; Meyer, 2002; Hettinger, 1996)

S (Situation)	O (Organismus)	V (Verhalten) →	K (Konsequenzen)
Auslösende Bedingungen, z. B. Stellen einer Aufforderung, langes Abwartenmüssen, Provokation durch einen Mitschüler Umgebungskontext: z. B. viele Menschen, laute Umgebung, keine Ausweichmöglichkeit aus Situation Situative Befindlichkeit der Person: z. B. Müdigkeit, Krankheit Hintergründige Ereignisse: z. B. familiäre Belastung, viele Veränderungen	Dispositionen Physisch: z. B. schnelle Ermüdbarkeit Psychisch: z. B. kognitive Struktur, emotionale Labilität, Steuerungsfähigkeit Behinderungsspezifische Verhaltensdispositionen Lernerfahrungen: frühere Bestrafungen, traumatische Erfahrungen, Selbstwirksamkeit Kompetenzen und Defizite Regeln, Pläne, Schemata, Motive: z. B. »Allein kannst du das sowieso nicht.«	Beobachtbares Verhalten (möglichst konkret): z. B. Schlagen, nicht essbare Dinge in den Mund nehmen Dazugehörige Äußerungen Begleitende Emotionen: Selbstaussagen, Rückschlüsse aus Erregungszuständen, Mimik, Äußerungen, Körperhaltung Begleitende Gedanken: wenn möglich	K+: Positive Verstärkung: z. B. Erlangen von Aufmerksamkeit K−: Negative Verstärkung: z. B. Vermeidung einer unangenehmen Situation K−: Direkte Bestrafung: z. B. Anschreien K+: Indirekte Bestrafung: z. B. Wegnahme des Lieblingsspielzeugs Kontingenz: langfristig oder kurzfristig, immer oder intermittierend Beinhaltet konkrete Situationen, Gedanken und Gefühle

Berücksichtigung des Systems: Gibt es innerhalb des Systems kurz- oder langfristig »gute Gründe« für das Verhalten? Welche Konsequenzen hat das Verhalten für das System (z. B. Familie, Schule), welche Konsequenzen hätte es, wenn es nicht mehr auftreten würde?

WARUM und WOZU? Aus der Verhaltensanalyse sich ergebende Hypothesen über motivationale Faktoren und Funktionen des Verhaltens

Wie schon vorher dargestellt, ist eine interdisziplinäre Blickweise und ausführliche Diagnostik für die zu bildenden Hypothesen zu Ursachen, Funktion und Motivation für das Verhalten notwendig. Um eine Verhaltensanalyse erstellen zu können, braucht es Informationen zur kognitiven Entwicklung (Intelligenzdiagnostik), zum emotionalen Entwicklungsstand (Došen, 2010) sowie zu den kommunikativen Kompetenzen (Hettinger, 1996). Ebenso sind je nach Beeinträchtigung körperliche, genetische oder neurologische Abklärungen notwendig und die Befunde hieraus müssen mitberücksichtigt werden. Häufig können Eltern Befunde mitbringen, die beispielsweise bei den betreuenden Ärzt*innen, bei Psycholog*innen, bei Therapeut*innen, in der Frühförderstelle, im Förderzentrum oder im Rahmen einer sonderpädagogischen Überprüfung erhoben wurden. Ergänzende Diagnostik kann ggf. in der Beratungsstelle durchgeführt werden (vgl. Kap. 4.3.2). Informationen aus all diesen Bereichen können wichtige Aussagen über angemessene Erwartungen sowie mögliche Verhaltensursachen, vorhandene und fehlende Kompetenzen sowie Handlungsmöglichkeiten ergeben, die für die Entstehung und Aufrechterhaltung der Verhaltensauffälligkeiten maßgeblich sind.

Auch ein weiterer Gedanke ist zu beachten: Für wen ist das Verhalten auffällig, problematisch oder herausfordernd? Für das Kind und den Jugendlichen selbst oder für die Menschen aus seiner Umgebung? Häufig ist es so, dass vorwiegend die Menschen aus dem Umfeld des Kindes das Verhalten als problematisch ansehen, entweder, da es den Erwartungen nicht entspricht, oder weil es sozial auffällig ist, weil es stört oder als peinlich erlebt wird. Oder es wird als Einschränkung für das Kind und seine Entwicklung gesehen, wenn z. B. ein Kind seine Hände immer stereotyp bewegt und dadurch andere Handlungen nicht ausführen und lernen kann. Manchmal geht die Umgebung davon aus, dass es dem Kind selbst mit dem Verhalten nicht gutgeht oder zumindest nicht mit den Reaktionen der Umwelt auf sein Verhalten. Hinzu kommen gefährliche Verhaltensweisen, die das Kind selbst oder andere betreffen. Hierzu gehören selbst- und fremdverletzende Verhaltensweisen. Manchmal haben auch die Kinder und Jugendlichen selbst ein Problem mit ihrem Verhalten, entweder direkt, wenn sie merken, dass es ihnen schadet, oft indirekt, da sie die Reaktionen der anderen wahrnehmen. Wenn die außenstehenden Personen das Verhalten als auffällig bewerten, können sich für die Interventionen verschiedene Ansatzpunkte ergeben: Entweder man versucht, das Verhalten zu verändern oder die Umgebung verändert die Bewertung des Verhaltens. Es erscheint auf alle Fälle besonders bezüglich der Veränderungsmotivation, aber auch aus ethischen Aspekten sinnvoll, sich darüber Gedanken zu machen, wer etwas dazugewinnt, wenn das Verhalten verändert wird. Und auch, wer etwas verliert. Man kann überlegen, welchen Nutzen das Kind momentan durch dieses Verhalten hat. Wenn eine Hypothese besteht, welche Funktion das Verhalten für das Kind hat, können dem Kind alternative Möglichkeiten für diese Funktionen an die Hand gegeben werden. So kann es lernen, um Hilfe zu bitten, wenn es etwas nicht kann, statt die Dinge, mit denen es beschäftigt ist, kaputtzumachen (vgl. Elvén, 2015; Meyer, 2002).

6.2.4 Interventionen

Einige Punkte haben sich als wesentlich gezeigt, um Verhaltensauffälligkeiten bei Menschen mit intellektueller Beeinträchtigung vorzubeugen und zu reduzieren: Struktur und überschaubare Situationen, Förderung der Kommunikation und Interaktion, Ermöglichung von Entscheidungen bzw. Selbstbestimmung, realistische Anforderungen sowie Beziehung und Wertschätzung (Elvén, 2015; Theunissen, 2008; Sarimski, 2008; Hettinger, 1996). Betrachtet man diese Punkte, erkennt man, dass sie wesentliche Voraussetzungen für die Erfüllung der Grundbedürfnisse Orientierung bzw. Kontrolle, Selbstwerterhöhung bzw. Selbstwertschutz, Lustgewinn bzw. Unlustvermeidung und Bindung sind (Grawe, 2004, vgl. Kap. 6.1.3). Diese Aspekte sind demnach immer grundlegend mit zu überprüfen und können, wenn sie beachtet werden, auch präventiv Verhaltensauffälligkeiten vorbeugen.

Wenn Verhaltensauffälligkeiten auftreten, können mittels einer Verhaltensanalyse Hypothesen zum Sinn und zu Funktionen des Verhaltens formuliert werden und daraus Interventionen abgeleitet werden. Für Verhaltensauffälligkeiten, die sich krisenhaft zuspitzen, braucht es zusätzlich eine Planung, wie man in Krisensituationen reagiert. Hierauf wird am Ende des Unterkapitels eingegangen.

Die Analyse des Verhaltens bildet den Ausgangspunkt für die Planung von Interventionen. Hierbei ergeben sich verschiedene Fragen, die man versucht, aus der Verhaltensanalyse zu beantworten: Können auslösende Bedingungen und Umweltfaktoren sinnvollerweise so verändert werden, dass das Verhalten nicht mehr auftritt bzw. deutlich reduziert wird, z. B. durch eine Reduktion von Reizen und ausreichend Rückzugsraum? Was könnten Verhaltensalternativen sein, mit denen das Ziel, die erwünschte Konsequenz, auch erreicht werden kann? Welche Fähigkeiten braucht das Kind hierfür? Liegt das Verhalten an Problemen in der Kommunikation? Wie könnte diese verbessert werden? Sollten die aufrechterhaltenden Konsequenzen auf das Verhalten verändert werden? Welche Konsequenzen wären zielführender? Ist das Verhalten ein in der aktuellen Situation passender Lösungsversuch? Ist es dem Entwicklungsstand des Kindes angemessen? Wie bewerte ich dann das Verhalten, und wie reagiere ich darauf?

Beim Umgang mit Verhaltensauffälligkeiten wird in der Regel mit den engen Bezugspersonen, meist mit den Eltern, und weiteren betreuenden Personen, beispielsweise Lehrer*innen und Erzieher*innen, gearbeitet. Da sowohl die Verhaltensanalyse wie die daraus abgeleiteten Interventionen bei Kindern und auch erwachsenen Menschen mit intellektueller Beeinträchtigung oft nicht mit ihnen zusammen erarbeitet werden können und somit für sie nicht transparent sind, werden die Interventionen oft eingeleitet, ohne dass sie sie nachvollziehen und ihnen zustimmen können. Daher müssen die Interventionen immer gut begründet sein.

Zu berücksichtigen ist auch die Bewertung eines Verhaltens, da sie Einfluss auf den Umgang damit hat. Ein einfaches Beispiel ist das Aufstoßen, ein so genanntes »Bäuerchen«, beim Säugling, welches als wünschenswert bewertet wird, da dadurch Erbrechen und Bauchschmerzen vermieden werden. Das absichtliche Rülpsen eines Neunjährigen erfährt hingegen höchstens von Gleichaltrigen Zustimmung, Erwachsene reagieren ablehnend. Gerade bei Kindern und Jugendlichen mit einer kognitiven Beeinträchtigung ist die Bewertung des Verhaltens oft schwierig: Ist das Verhalten, welches ein Kind zeigt, typisch für die Entwicklungsstufe, auf der es kognitiv und emotional steht? Ist es somit eigentlich angemessen, auch wenn es in der Umwelt oder im Miteinander zu Irritationen führt? Sollte man dann eher kindbezogen an dem Verhalten des Kindes arbeiten oder umgebungsbezogen für mehr Toleranz der Mitmenschen werben? Oder ein Verhalten wird als provokativ oder instrumentell eingeschätzt, wird aber nur gezeigt, da alternative Kompetenzen fehlen. So zieht ein Kind andere Menschen an den Haaren, um ihre volle Aufmerksamkeit zu bekommen, da ihm dies mit anderen Verhaltensweisen bisher nicht gelingt. Hier heißt es, genau hinzuschauen, die Feinfühligkeit der Umgebung für Signale des Kindes zu stärken und die Handlungsspielräume des Kindes gut kennenzulernen und möglichst zu erweitern. Auch muss berücksichtigt werden, dass Verhaltensbesonderheiten bei einigen genetischen Syndromen sich durch klassische verhaltenstherapeutische Methoden kaum bis gar nicht beeinflussen lassen. Es ist sinnvoll, sich bei solchen Syndromen mit dem sehr spezialisierten Fachwissen vertraut zu machen (vgl. Sarimski, 2014). Werden Verhaltensauffälligkeiten andererseits leichtfertig allein auf die Beeinträchtigung bezogen, kann dies auch problematisch sein, da eine Veränderung dieser Verhaltensweisen nicht mehr möglich erscheint oder zusätzliche psychische Störungen bei Menschen mit intellektueller Beeinträchtigung nicht erkannt werden.

Wie leiten sich nun aus der Verhaltensanalyse geeignete Interventionen ab? In den Tabellen 10 bis 14 sind beispielhaft mögliche Interventionen bezogen auf die verschiedenen Bereiche der Verhaltensanalyse beschrieben. In den Tabellen sind Inhalte aus Ansätzen wie der positiven Verhaltensanalyse (Theunissen, 2008) oder dem Elterntraining »Stepping Stones Triple P« (Sanders et al., 2009/2010b, c) sowie aus weiteren Veröffentlichungen miteinbezogen (Hennicke, 2014a; Weber & Rojahn, 2009; Sarimski, 2008; Sarimski & Steinhausen, 2008; Freitag, 2008; Meyer, 2002; Hettinger, 1996).

Es kann sein, dass zunächst eine Veränderung bzw. Anpassung der Umgebung (im Sinne der Situationsvariablen S) an die Bedürfnisse und die Fähigkeiten des Kindes als notwendig erkannt wird. So kann im Klassenzimmer ein Rückzugsraum geschaffen werden, den ein Kind nutzen kann, wenn es müde oder überreizt ist. Weitere Beispiele für Veränderungen der Situation finden sich in Tabelle 10.

Tab. 10: Interventionen bei Verhaltensauffälligkeiten von Kindern und Jugendlichen mit intellektuellen Beeinträchtigungen bezogen auf Veränderungen der Situation (S), in der das Verhalten häufig auftritt (vgl. Hennicke, 2014a; Sanders et al., 2009/2010b, c; Weber & Rojahn, 2009; Sarimski, 2008; Theunissen, 2008; Sarimski & Steinhausen, 2008; Freitag, 2008; Meyer, 2002; Hettinger, 1996)

Interventionen	Beispiele
Veränderung der Kontextfaktoren bzw. der Umgebung	Gruppengröße, Lärmpegel verringern Realistische Anforderungen stellen Klare Strukturen bieten, visuelle Strukturierungen Übersichtliche Situationen schaffen Maßnahmen zur Stressreduktion Wahlmöglichkeiten anbieten Langeweile vermeiden
Angemessene Anforderungen stellen	Bei Überforderung Anforderungen reduzieren oder anpassen Bei Unterforderung für anregende Beschäftigung sorgen
Konkrete Situation modifizieren	Vorbereitung auf Veränderung Schon bei Vorboten für das Verhalten ablenken Herausgehen aus einer potenziell auslösenden Situation

Tab. 11: Interventionen bei Verhaltensauffälligkeiten von Kindern und Jugendlichen mit intellektuellen Beeinträchtigungen bezogen auf die Person (Organismusvariable O) (biologisch-physiologische und psychologische Variablen wie grundlegende Kompetenzen und Bedürfnisse der Person) (Quellenangaben vgl. Tab. 10)

Interventionen	Beispiele
Stärkung sozialer Kompetenzen	Soziales Kompetenztraining Unterstützung der Empathiefähigkeit
Verbesserung der kommunikativen Kompetenzen	Nutzung von Piktogrammen Unterstützte Kommunikation Gebärden, Sprachtherapie
Stärkung der Selbstwirksamkeit	Selbstwirksamkeitsfördernde Erfahrungen ermöglichen, erlebnispädagogische oder kunsttherapeutische Angebote
Aufbau alternativer Verhaltensmöglichkeiten	Möglichkeiten zur Durchsetzung eigener Bedürfnisse, Erlangen von Aufmerksamkeit
Bindung und Beziehung	Unterstützung der positiven Beziehungs- und Bindungserfahrungen
Erfüllung der Grundbedürfnisse	Überprüfen, ob bestimmte Grundbedürfnisse des Kindes nicht erfüllt sind, besonders mit der Familie/dem sozialen Umfeld daran arbeiten, dass sie erfüllt werden
Erlernen von emotionaler Kompetenz, Selbststeuerung	Wahrnehmung eigener Gefühle Umgang mit Frustrationen, z. B. durch Lernerfahrungen in therapeutischen Gruppenangeboten
Steigerung der Problemlösekompetenzen	Umgang mit sozialen Konflikten Hilfe suchen und annehmen
Lebensstil- und persönlichkeitsunterstützende Maßnahmen	Selbstbestimmung und Entscheidungen ermöglichen Aufbau von Freundschaften und Beziehungen ermöglichen, Ressourcen aktivieren
Medizinische und psychopharmakologische Beeinflussung	Reduktion von Schmerzen Medikamentöse Beeinflussung der Impulssteuerung und Stimmung

Es können sich Hinweise ergeben, dass bestimmte Kompetenzen gefördert werden sollten (Organismusvariable O, Tabelle 11). Das heißt, das Kind kann beispielsweise in einer sozialen Kompetenzgruppe lernen, wie es erfolgreich mit anderen Kindern in Kontakt treten kann und sich bei gemeinsamen Spielen beteiligen kann. Das Phasenmodell der emotionalen und Persönlichkeitsentwicklung von Došen ist in diesem Kontext hilfreich (Došen, 2010; vgl. Kap. 5.3.1). Weitere Aspekte, die das Kind und seine Bedürfnisse, Lerngeschichte und Fähigkeiten betreffen, können zum Inhalt und Ziel der Interventionen gemacht werden. Angebote, die die Förderung der Kommunikation, der emotionalen Kompetenzen, der Selbstregulation und Problemlösefertigkeiten beinhalten, sind mögliche Unterstützungsmaßnahmen. Daneben können therapeutische Angebote sinnvoll sein, die das Kind bezüglich Selbstwirksamkeit, Selbstbewusstsein, Möglichkeiten der Selbstfürsorge und Selbstberuhigung unterstützen, wie Entspannungsverfahren, musik- und kunsttherapeutische oder erlebnispädagogische Angebote. Auch psychotherapeutische Angebote können auf dieser Ebene indiziert sein.

Der Aufbau alternativer Verhaltensweisen, das Schaffen von Gelegenheiten, in denen adäquate, erwünschte Verhaltensweisen gezeigt werden können und das Verstärken dieses Verhaltens sind Möglichkeiten, direkt auf das Verhalten des Kindes einzuwirken (Verhaltensvariable V, Tabelle 12). Eine Verhaltensanalyse kann auch dazu führen, dass das Verhalten als momentan sinnvoll oder »geringstes Übel« erkannt wird und die Bewertung sich verändert. Beispielsweise rennt ein Kind immer in sein Zimmer, wenn es einen Wutanfall bekommt, und wirft dort die Tür laut hinter sich zu. Da es ihm momentan noch nicht gelingt, sich direkt in der Situation zu beruhigen, ist das aktuelle Verhalten die bessere Alternative zu einem Wutanfall mit Schreien, Treten und Weinen.

Tab. 12: Interventionen bei Verhaltensauffälligkeiten von Kindern und Jugendlichen mit intellektuellen Beeinträchtigungen bezogen auf das Verhalten (V) (Quellenangaben vgl. Tab. 10)

Interventionen	Beispiele
Aufbau alternativer Verhaltensweisen	Statt Schlagen laut Nein sagen
Schon vorhandene Verhaltensalternativen suchen und stärken	Wenn das Kind ausgeruht ist, hält es Frustration besser aus und erledigt eine schwierige Aufgabe, möglichst viele solcher Gelegenheiten schaffen
Umbewertung des aktuellen Verhaltens	Verhalten als momentan sinnvolles Problemlöseverhalten akzeptieren
Schutzmaßnahmen bei selbst- und fremdverletzenden Verhaltensweisen	Sichere Räume schaffen Helm oder andere Schutzmaßnahmen (ethische und rechtliche Aspekte berücksichtigen) Pläne für Krisensituationen

Tab. 13: Interventionen bei Verhaltensauffälligkeiten von Kindern und Jugendlichen mit intellektuellen Beeinträchtigungen bezogen auf die Konsequenzen (K) (Quellenangaben vgl. Tab. 10)

Interventionen	Beispiele
Unterstützung und Verstärkung erwünschter Verhaltensweisen	Erwünschtes Verhalten wahrnehmen und verstärken Neu erlernte adäquate Verhaltensweisen verstärken, z. B. durch Lob oder Benennen
Grenzen setzen und Verhalten umlenken	Das Kind hindern, das Problemverhalten, z. B. Haare ziehen, auszuführen und dafür zu einem funktional adäquaten Verhalten hinlenken z. B. die Geste für Nein einleiten
Verstärken von alternativen Verhaltensweisen, die mit dem Problemverhalten unvereinbar sind	Differenzielle Verstärkung von anderem Verhalten, z. B. Schlagen auf ein Kissen statt sich selbst Differenzielle Verstärkung eines inkompatiblen Verhaltens Differenzielle Verstärkung, wenn ein Verhalten seltener gezeigt wird: nur einmal gestellte Frage wird beantwortet, repetitive wiederholte Frage wird ignoriert Differenzielle Verstärkung von Kommunikation: um Hilfe bitten statt das Spielzeug wegzuwerfen
Wirkungsvolle negative Konsequenzen »logische Konsequenzen«	Auf den Boden geworfenes Essen selbst aufheben und wegwischen Nach Hause gehen, wenn auf dem Spielplatz andere Kinder mit Sand beworfen wurden
Positive und negative Verstärkung für Problemverhalten weglassen	Keine Aufmerksamkeit für Schreien Keine Beendigung einer ungeliebten Tätigkeit durch das Problemverhalten Ignorieren von unerwünschtem Verhalten

Die Konsequenzen, die ein Verhalten hat, können eine große Rolle dabei spielen, ob es häufig oder selten vorkommt. Daher ist eine Reflexion der möglichen Konsequenzen, die oft auch die Zielsetzung des Kindes für sein Verhalten beinhaltet, sinnvoll, und eine Veränderung der bisherigen Konsequenzen kann zu einer Reduktion von Verhaltensauffälligkeiten führen, insbesondere, wenn vorher oder parallel Alternativen für das problematische Verhalten aufgebaut werden. So kann eine Veränderung der Folgen der Handlung dazu führen, dass die momentane Motivation oder Funktion des Verhaltens nicht erreicht wird und stattdessen ein anderes, erwünschtes Verhalten zum Ziel führt, beispielsweise, dass nicht das Werfen des Essens vom Tisch das Essen beendet, sondern das Deuten auf ein Symbol, welches Nein signalisiert. Bei Interventionen, die den Einsatz von negativen Konsequenzen oder den Wegfall von positiven Verstärkern nutzen, sind immer ethische

Fragen und die tatsächliche Nützlichkeit der Methoden zu überdenken. Sie dürfen den Kindern nicht Angst machen, wie möglicherweise eine Auszeit in einem isolierten Raum bei traumatisierten Kindern, und sie dürfen nicht zum Zwecke der Machtausübung missbraucht werden. Eine Kombination mit anderen Interventionen ist in der Regel notwendig (Linderkamp, 2009, S. 211). Beispiele für Interventionen auf der Ebene der Konsequenzen (K) finden sich in Tabelle 13.

Tab. 14: Interventionen bei Verhaltensauffälligkeiten von Kindern und Jugendlichen mit intellektuellen Beeinträchtigungen bezogen auf das System, also die Familie und das soziale Umfeld

Interventionen	Beispiele
Unterstützung des Systems	Beratung von Eltern Elternkurse und -trainings Supervision von Teams in der Schule
Interventionen, die auf die Bedürfnisse der verschiedenen Familienmitglieder ausgerichtet sind	Familientherapie und -beratung Angebote für Geschwisterkinder Paarberatung Beratung/Psychotherapie für einzelne Familienmitglieder
Veränderungen im System, z. B. Rollenzuschreibungen	Das Kind mit Beeinträchtigung nicht mehr als rein hilfsbedürftig sehen, sondern ihm eigene Entscheidungen und Kompetenzen zugestehen
Reflexion von Regeln, Glaubenssätzen und Erwartungen	Identifizierung und Infragestellung von Glaubenssätzen wie »Er wird das nie lernen«, »Das macht er, um mich zu ärgern«

Auch in der Verhaltenstherapie wird das System, z. B. die Familie, mit einbezogen. Noch intensiver wird dieser Blickwinkel in den systemischen Ansätzen betont. Auch diese Ansätze bieten bei Verhaltensauffälligkeiten des Kindes oder Jugendlichen Erklärungsmodelle und Interventionsansätze. Hierbei können folgende Fragen neue Perspektiven auf das Verhalten des Kindes ermöglichen: Welche Konsequenzen hat das Verhalten für das System? Was sind die beziehungsgestaltenden Wirkungen des Verhaltens? Liegen hierin Erklärungen, weswegen es sinnvoll ist, das Verhalten aufrechtzuerhalten? Wenn z. B. die Mutter ihren Sinn in der ständigen Verantwortung und Zuständigkeit für ihr Kind sieht, kann es für das Kind sinnvoll sein, ihr durch Klammern und Unselbstständigkeit zu signalisieren: Ich brauche dich, ich kann nicht ohne dich sein. Es kann somit auch sein, dass die Funktion des Verhaltens im gesamten System gesucht werden muss. Dafür kann es hilfreich sein, zu überlegen, was es für das System bedeuten würde, wenn das Verhalten nicht mehr gezeigt würde (vgl. Kap. 6.3.3). Interventionen, die sich auf das System beziehen, sind in Tabelle 14 dargestellt.

Spitzen sich Verhaltensauffälligkeiten krisenhaft zu, kommen sie also in einer massiven Ausprägung oder sehr hohen Frequenz vor, und das Kind oder der Jugendliche ist in diesen Situationen kaum mehr erreichbar, sind primär Maßnahmen zur Deeskalation und zum Schutz der Person und ihrer Umgebung notwendig. Bei Kindern und Jugendlichen, bei denen es immer wieder zu solchen Zuspitzungen kommen kann, ist es sinnvoll, Krisen- bzw. Notfallpläne zu erstellen, um in den Situationen handlungsfähig zu bleiben. Es muss überlegt werden, welche Maßnahmen in der akuten Situation geeignet sind, um deeskalierend zu wirken und Verletzungen des Kindes und seiner Umgebung zu vermeiden. Eine Anpassung der Umgebungsfaktoren und eine Reduktion der Stressbelastung sind kurz- sowie mittelfristig notwendig. Mittel- bis langfristig ist die Förderung des Kindes und Jugendlichen, alternative Verhaltensweisen auszubauen und möglichst Überforderung, Müdigkeit und Stressbelastung bei sich wahrzunehmen und zu kommunizieren, sinnvoll. Für diese Maßnahmen ist die Zusammenarbeit der verschiedenen Bezugs- und Betreuungspersonen des Kindes notwendig, um eine gemeinsame Vorgehensweise zu finden, welche dem Kind eine Orientierung in diesen Situationen bietet. Ethische und rechtliche Aspekte müssen hierbei dringend mitberücksichtigt werden (Autea, 2016; Elvén, 2015; Theunissen, 2008). So muss bei freiheitsentziehenden Maßnahmen bei Kindern in Einrichtungen seit 1.10.2017 eine familiengerichtliche Genehmigung eingeholt werden (Kruse & Strauß, 2018).

Es gibt einige Ansätze zum Umgang mit herausforderndem Verhalten, die insbesondere für Betreuer*innen in Einrichtungen der Behindertenhilfe konzipiert sind. Diese schulen je nach Schwerpunktsetzung zu grundlegenden Überlegungen zu Prävention und Verhaltensmodifikation, zu Kriseninterventionen und konkreten Vorgehensweisen bei selbst- und fremdverletzenden Verhaltensweisen (z. B. Low Arousal-Ansatz, Autea, 2016; Positive Verhaltensunterstützung, Theunissen, 2008; weitere Ansätze und Fortbildungen dazu finden sich z. B. in den Fortbildungsprogrammen der Lebenshilfe für die verschiedenen Bundesländer).

6.3 Anpassung der Beratung und Therapie

Das Wesentliche in der Beratung von Familien mit einem Kind mit Beeinträchtigung ist die Offenheit des Beraters oder der Beraterin für alle Menschen, die in die Beratung kommen. Auch Zuversicht in die Fähigkeiten und Ressourcen der Kinder und ihrer Familien zu haben, ist für die Begleitung der Familien hilfreich. Dazu gehören das Interesse an ihren Themen, das Vertrauen, dass sie trotz erschwerter Bedingungen in der Lage sind, ihr Leben zu gestalten und zu meistern, sowie die Lust, in der Beratung den anderen zu begegnen und sich auf sie und ihre Themen einzulassen. Wenn ich als Beraterin einen hilfreichen Rahmen gestalte und mein Wissen über Beeinträchtigungen, über das Leben mit einer Behinderung und über Familienthemen nutze, sind das gute Hilfsmittel für die Beratung. Expertin für das Leben der anderen bin ich deshalb noch lange nicht. Die Kinder und ihre Eltern sind durch ihre Erfahrungen selbst zu Expert*innen geworden, was es heißt, ein Leben mit Beeinträchtigung zu führen. Welches die persönlichen Ziele und Perspektiven sind, welche individuellen Wege für sie zum passenden Leben führen und wie sie Familie gestalten wollen, das wissen die Menschen, die in die Beratung kommen, selbst am besten oder können es herausfinden. Dabei kann ich sie unterstützen und für eine gewisse Zeit in ihren Such-, Lern- und Veränderungsprozessen begleiten.

Berater*innen in einer Erziehungs- und Familienberatungsstelle haben schon viele Voraussetzungen, um Familien mit Kindern mit Beeinträchtigung beraten zu können. Neben Erfahrungen mit Familien und ihren Themen haben sie ihre eigene Arbeitsweise, der neben dem Studium der Psychologie, Pädagogik, Sozialen Arbeit bzw. Sozialpädagogik oder dem Studium oder der Ausbildung in Heilpädagogik zumeist eine oder mehrere therapeutische Ausbildungen oder Weiterbildungen zugrunde liegen. Das Repertoire, welches sie für die Beratungsarbeit nutzen, kann individuell an die Bedürfnisse von Familien mit einem Kind mit Behinderung angepasst werden. In den vorherigen Kapiteln wurde schon beschrieben, was typische Erfahrungen der Familien in den unterschiedlichen Entwicklungsphasen ihrer Kinder sein können, welche Themen und Verarbeitungsprozesse in der Familie speziell auftreten können und welche Besonderheiten bei Verhaltensauffälligkeiten zu berücksichtigen sind. Neben diesem Wissen und der Offenheit für die Familien, ihre Themen und Bedürfnisse gibt es einen ganz wesentlichen

Punkt, der bei der Beratung oder psychotherapeutischen Betreuung von Kindern und Jugendlichen mit einer Beeinträchtigung und ihren Familien zu berücksichtigen ist: die gelingende Kommunikation.

> **Kommunikation**
>
> Die Kommunikation zwischen Berater*in und Klient*innen spielt für das Gelingen der Beratung eine sehr wichtige Rolle. Auch für ein positives Miteinander in der Familie sowie in weiteren sozialen Kontexten ist die Fähigkeit, angemessen kommunizieren zu können, von entscheidender Bedeutung. Daher soll hier kurz auf mögliche Besonderheiten in der Kommunikation von Menschen mit Beeinträchtigungen eingegangen werden.
>
> »Als Kommunikation wird [...] jede Handlung bezeichnet, durch die eine Person einer oder mehreren anderen Personen Informationen vermittelt, welches ihre Bedürfnisse sind, ihre Wünsche, ihre Wahrnehmungen, ihre Gedanken oder ihre Gefühle. Kommunikation kann intentional oder nicht intentional sein, sie kann aus konventionellen oder nicht konventionellen Signalen bestehen, sie kann linguistische oder nichtlinguistische Formen annehmen und auf lautsprachlichem Wege oder in einem anderen Modus übermittelt werden (vgl. Beukelman & Mirenda, 1998, S. 3).« (Biermann, 2000, S. 801 f.)
>
> Die Entwicklung der Kommunikation bei Kindern mit einer Behinderung kann je nach Beeinträchtigung verzögert oder in besonderer Weise beeinträchtigt sein. Kann das eine Kind verbal nicht kommunizieren, versteht das andere Kind gesprochene Sprache nicht. Bei einigen Kindern sind Mimik, Körpersprache und Blickkontakt für andere Menschen schwer zu entschlüsseln oder scheinen nicht zu Aussagen der gesprochenen Sprache zu passen. Andere Kinder können Aspekte der nonverbalen Kommunikation wie Mimik schlecht deuten und erkennen unausgesprochene Gefühle nicht so, wie andere Kinder sie verstehen können. Das heißt, sowohl die Möglichkeit, sich mitzuteilen, als auch das Verstehen anderer Menschen kann beeinträchtigt sein. Beeinträchtigungen in der Kommunikation bergen die Gefahr der Entwicklung von Verhaltensauffälligkeiten und von emotionalen Problemen (Hettinger, 1996). Daher wird in Förderschulen sowie in der Frühförderung, in spezialisierten und

inklusiv ausgerichteten Kindertagesstätten und therapeutischen Angeboten der Förderung der Kommunikation ein wesentlicher Stellenwert eingeräumt. Es haben sich viele Ansätze der Kommunikationsförderung – sowohl der Sprache als auch der alternativen Kommunikationsformen – immer weiterentwickelt ebenso wie die technischen und medizinischen Möglichkeiten.

Für die »Förderung grundlegender kommunikativer Austauschprozesse« bei Kindern mit insbesondere intellektuellen Beeinträchtigungen und Autismus sind drei Bereiche relevant:
- *Basale Ansätze* – besonders bei Kindern mit komplexen Beeinträchtigungen, in denen die Kontaktaufnahme, der gegenseitige Austausch auf nichtsprachlicher Ebene angebahnt wird;
- *Unterstützte Kommunikation* – für Kinder, die sich sprachlich (noch) nicht oder nur wenig ausdrücken können, in der Gebärden, Handzeichen, Symbole, Visualisierungen und technische Kommunikationshilfen genutzt werden;
- die direkte *Sprachförderung,* in der die sprachliche Kommunikation angebahnt und gefördert wird (Hettinger, 1996, S. 222).

Die Unterstützte Kommunikation wird als Alternative, Ergänzung oder zur Anbahnung der Lautsprache genutzt. Es können ungestützte Kommunikationsmodi wie Gesten oder Gebärden eingesetzt werden. Die Gebärden, die im Kontext der Beeinträchtigungen der intellektuellen Entwicklung und bei Autismus eingesetzt werden, unterscheiden sich von denen der Deutschen Gebärdensprache in der Regel in der Komplexität, es werden zumeist sehr gezielt für das Kind relevante Gebärden gewählt, um ihm die Kommunikation von Bedürfnissen oder das Treffen von Entscheidungen zu ermöglichen. Daneben können gestützte, das bedeutet körperfremde Hilfsmodi eingesetzt werden, wie Symboltafeln oder elektronische Geräte mit oder ohne Sprachausgabe (Köhnen & Roth, 2010; Biermann, 2000).

In der Regel verfügt man als Berater*in in einer Erziehungsberatungsstelle nicht über das Wissen über alle bestehenden Möglichkeiten und kennt nicht die verschiedenen Formen der Gebärdensprache. Daher ist es gut, sich bei Eltern bzw. den Kindern selbst zu erkundigen, welche Kommunikationsmöglichkeiten sie nutzen. Es kann sehr interessant sein, sich zeigen zu lassen, wie in der Familie miteinander kommuniziert wird. Gelegentlich werden Kommunikationsformen nicht überall gleich genutzt. So kann es sein, dass Eltern nicht wissen, was Handgesten bedeuten, die ihr Kind in der Kindertagesstätte oder Schule lernt. Oder Eltern berichten, dass das Begleiten der Sprache durch Gebärden ihrem Kind zu Hause noch sehr hilft, dies in der Schule aber nicht mehr genutzt wird. Hier kann man Eltern anregen, den Austausch mit den betreuenden Einrichtungen zu suchen.

Durch die Begegnung mit Menschen mit unterschiedlichen Beeinträchtigungen lernt man, wie unterschiedlich Kommunikation gestaltet werden kann. Mögliche Formen der basalen Kommunikation mit Menschen mit komplexen Beeinträchtigungen sind beispielsweise Berührungen, Spiegeln von Mimik, Körperhaltung und Lautäußerungen. Taktile Gebärden werden bei Menschen mit Seh- und Hörbeeinträchtigung eingesetzt. Auch technische Hilfsmittel wie Sprachcomputer tragen zu verbesserten Kommunikationsmöglichkeiten bei. Für die Beratung muss geklärt werden, ob es ggf. Dolmetscher*innen oder eine mit der Kommunikation der Klient*innen vertraute Person braucht, um eine gelingende Kommunikation für die Beratung herzustellen. Wir können von den Klient*innen, mit denen wir arbeiten, lernen, wie Kommunikation für sie aussehen kann, und wir können ein Bewusstsein entwickeln, wie wesentlich es ist, möglichst viele Kommunikationsmöglichkeiten zu eröffnen. Wenn in der Beratung der Eindruck entsteht, dass das Kind in diesem Bereich noch zu wenig spezialisierte Unterstützung erhält, können Eltern ermutigt werden, sich an Expert*innen zu wenden, wofür wiederum das Netzwerk wichtig ist.

Gut umsetzbar in der Beratung ist die Nutzung von Visualisierungsmöglichkeiten, sei es mit Bildkarten oder Zeichnungen, sowie die Verwendung einer einfachen Sprache. Hier ist besonders die leichte Sprache zu erwähnen, die klare Regeln für geschriebene Texte vorgibt, auch Bildmaterial zur Verfügung stellt und für die man sich ausbilden lassen kann. Die Grundregeln für leichte Sprache, die ebenso in der gesprochenen Sprache berücksichtigt werden können, sind:

> »Benutzen Sie einfache Wörter. Benutzen Sie Wörter, die etwas genau beschreiben. Benutzen sie bekannte Wörter. Verzichten Sie auf Fach-Wörter und Fremd-Wörter. Benutzen Sie immer die gleichen Wörter für die gleichen Dinge. Benutzen Sie kurze Wörter. Verzichten Sie auf Abkürzungen. Benutzen Sie Verben. Benutzen Sie aktive Wörter. Vermeiden Sie den Genitiv. Vermeiden Sie

den Konjunktiv. Benutzen Sie positive Sprache. Vermeiden Sie Rede-Wendungen und bildliche Sprache. [...] [Nutzen] Sie kurze Sätze. Machen Sie in jedem Satz nur eine Aussage. Benutzen Sie einen einfachen Satz-Bau.« (BMAS, 2014, S. 22 ff.; Lebenshilfe Bremen, 2013, S. 68 ff.)

Ein Vorteil der leichten Sprache ist auch, dass man sehr genau wissen muss, was man sagen will. Ungenaue Aussagen oder »um den heißen Brei reden« – das ist nicht hilfreich. Es gilt, Dinge sehr klar und konkret auf den Punkt zu bringen.

Für die Klient*innen und Berater*innen können Visualisierungen in Form einfacher Zeichnungen hilfreich sein, um das Gespräch zu verlangsamen und auf einen Inhalt zu fokussieren. Auch bei Gesprächen mit mehreren Familienmitgliedern strukturiert diese Methode und eröffnet neue Reflexionsmöglichkeiten auch im Sinne eines Externalisierens. Einige Kinder nehmen dann selbst den Stift und malen an den kleinen Skizzen weiter. So entsteht eine intensive Kommunikation, die neben der gesprochenen Sprache eine eigene Bildsprache entwickelt, manchmal bis zu ganzen cartoonartigen Abläufen mit vielen aneinandergeklebten Blättern. Viele dieser Skizzen sind dann für Klient*innen bedeutungsvoll, und sie nehmen sie mit nach Hause. Wer selbst nicht so gern zeichnet, kann als Hilfsmittel Bildkärtchen, Fotos, Piktogramme oder anderes geeignetes Therapiematerial nutzen. Intensiv mit den Themen der Kommunikation mit Menschen mit so genannter geistiger Behinderung, Lernbehinderung und Autismus, insbesondere auch im professionellen Kontext, setzen sich die beiden Bände »Einander besser verstehen« von Wüllenweber (2014 a, b) auseinander.

Auch kann, je nach Alter und Entwicklungsstand der Kinder, das Abstraktionsvermögen, das Vorstellungsvermögen oder die Fähigkeit zur Imagination noch nicht so ausgebildet sein, dass Gedankenspiele, Pläne, Überlegungen zur Vergangenheit oder Zukunft möglich sind. Hier kann ein erfahrungsorientierter Ansatz sinnvoll sein, ein möglichst konkretes Vorgehen im Hier und Jetzt. Für manche Kinder mit körperlichen Einschränkungen wiederum sind praktische Übungen oder künstlerische Methoden stark durch Gefühle des Versagens besetzt. Natürlich darf all dies nicht für alle Kinder und Jugendliche mit einer Beeinträchtigung generalisiert werden. Es heißt also, genau zu überlegen, was jedes einzelne Kind, jede einzelne Familie braucht, um von der Beratung profitieren zu können.

Grundlegend für die inklusive Beratung ist die Barrierefreiheit, die sich auf Architektur, Erreichbarkeit, Kommunikation und Bekanntsein des Angebots bezieht. Manchmal sind Kompromisse nötig. Wenn beispielsweise das Gebäude nicht rollstuhlgerecht umgebaut werden kann, müssen Ausweichmöglichkeiten in andere Räume oder aufsuchende Arbeit geplant und umgesetzt werden.

In Vorüberlegungen, Diskussionen und Fortbildungen zur Beratung von Kindern und Jugendlichen mit Beeinträchtigungen und ihren Familien kam häufig die Frage auf, ob diese nicht deutlich mehr Zeit in Anspruch nehme als andere Beratungen (vgl. Walter-Klose, 2016b). Eine eindeutige Antwort erscheint mir nach meinen bisherigen Erfahrungen schwierig, da es auf viele Faktoren ankommt und individuell sehr unterschiedlich ist. Wichtig ist es, die Möglichkeit zu haben, Beratungen mit längeren Zeitverläufen und ggf. auch längere Beratungstermine anbieten zu können. Dies ist aber nicht bei jeder Familie notwendig. Wesentlich ist, dass die Beratung in der Regel keinen direkten Einfluss auf die Beeinträchtigung des Kindes hat. Das Leben des Kindes und seiner Familie muss weiterhin mit dieser bestehenden Beeinträchtigung gelebt und gestaltet werden. Die Belastung, die Familien durch die Beeinträchtigung erleben, die Behinderungen im Alltag und in der Lebensgestaltung, die gesundheitlichen und auf die Zukunft gerichteten Sorgen, vieles davon bleibt auch nach einer erfolgreichen Beratung bestehen, auch wenn sich ggf. der Umgang, die Sichtweise, das Bewusstsein und die Aktivierung eigener Ressourcen und die emotionale Situation der Familienmitglieder geändert hat. Dies kann dazu führen, dass Beratungsverläufe lang sind oder Familien sich immer wieder anmelden. Andere Familien suchen Beratung für ein umschriebenes Thema oder konkrete Informationen, beispielsweise zur Wahl der Schule, hier können ein Termin oder wenige Termine ausreichen. Auch für die jeweiligen Sitzungen kann es sinnvoll sein, mehr Zeit einzuräumen, da möglicherweise eine langsamere Sprache und viele Wiederholungen notwendig sind. Andererseits kann es sein, dass Ausdauer und Konzentrationsfähigkeit nach 30 Minuten erschöpft sind und somit kürzere und eventuell häufigere Einheiten sinnvoll sind. Oft wissen die Klient*innen selbst ganz gut, was sie brauchen.

> Viktor, ein junger Mann mit Trisomie 21, kommt regelmäßig alle zwei Wochen in die Beratungsstelle, um über Partnerschaft, Konflikte mit Arbeitskolle-

gen und viele andere Gedanken zu reden, die ihn beschäftigen. Wenn wir 30 Minuten konzentriert über diese Themen geredet haben, lächelt er mich freundlich an, atmet einmal tief, breitet die Arme aus und sagt: »So, das war es. Wir haben über alles geredet. Wann ist der nächste Termin?«

In der Arbeit mit Kindern und Jugendlichen ist eine Strukturierung der Beratungseinheiten, ggf. auch ein ritualisierter Ablauf sinnvoll. Häufig beginnen meine Beratungen mit einem Gespräch am Tisch zu aktuellen Themen oder zu den Inhalten, an denen wir in der letzten Beratungsstunde gerade gearbeitet haben. Dies erfolgt oft gemeinsam mit den Eltern. Dann folgen je nach Konzentrationsfähigkeit und Ausdauer des Kindes inhaltliche oder eher spielerische Einheiten, bei Bedarf werden diese Abläufe zu Beginn in einem Stundenablauf visualisiert. Am Ende steht in der Regel ein von dem Kind gewähltes Spiel, absoluter Favorit ist hierbei eine Runde Tischkicker. Ob die Eltern während der gesamten Beratung dabeibleiben, entscheide ich mit dem Kind und den Eltern je nach Inhalten und Situation gemeinsam. Oft finden Termine ebenfalls mit den Geschwistern statt. Bei der Arbeit mit Kindern, ggf. auch mit Jugendlichen sind Gespräche allein mit den Eltern in gewissen Abständen sinnvoll. In der Beratung, die vorwiegend mit den Eltern stattfindet, entscheiden Inhalte und Bedürfnisse der Eltern die Frequenz der Sitzungen. Für mich ist es für die weiteren Beratungen hilfreich, das Kind mit Beeinträchtigung und möglichst auch die Geschwister zumindest einmal kennenzulernen. Diese Termine gestalte ich spielerisch und offen. Auch die Sicht der Kinder auf die Themen, mit denen die Eltern in die Beratung kommen, kann bei einem solchen Kennenlernen, je nach Alter und Entwicklungsstand des Kindes, erfragt werden. Wenn Familien mit vielen, oft wechselnden Themen kommen, hat es sich in den Terminen mit den Eltern als sinnvoll erwiesen, am Anfang der Stunde aus diesen eines auszuwählen, welches Inhalt der aktuellen Stunde oder in den nächsten Stunden sein soll. Dennoch haben natürlich aktuelle Themen oder Sorgen Vorrang.

Möglichkeiten der Sozialraumorientierung, niederschwellige Angebote und aufsuchende Arbeit sollten in der Beratungsstelle auch in Bezug auf Familien mit Kindern mit Beeinträchtigung in den Blick genommen werden. Angebote wie Kindergruppen, Elterngruppen oder offene Sprechstunden sind zudem sehr sinnvoll.

Im Folgenden werden Überlegungen zur Anpassung therapeutisch-beraterischer Ansätze sowie spezifische Ansätze für Kinder und Jugendliche mit Beeinträchtigungen zu einer Auswahl von therapeutischen Ansätzen dargestellt. Bei den Überlegungen zu Anpassungsnotwendigkeiten in der Beratung finden sich Inhalte aus Veröffentlichungen zur Psychotherapie von Kindern, Jugendlichen und Erwachsenen mit zumeist so genannter geistiger Behinderung wieder, da für diese Personengruppe Anpassungen der gängigen Vorgehensweisen besonders wichtig erscheinen (vgl. Sappok, 2019; Bergmann, 2019; Lingg & Theunissen, 2017; Irblich, 2014; Hennicke, 2011; Stahl, 2003; Peters, 2001; Lotz et al., 1996).

Diese Darstellungen bezüglich der unterschiedlichen Therapierichtungen sollen ermöglichen, eigene Arbeitsweisen zu reflektieren und anzupassen. Sie können nicht dem Anspruch genügen, die Ansätze umfassend darzustellen und denjenigen, die mit diesen Ansätzen noch nicht gearbeitet haben, die Arbeit damit zu ermöglichen.

6.3.1 Humanistische Therapien

In der klientenzentrierten Therapie, die auf der Gesprächspsychotherapie von Carl Rogers basiert, wird einer wertschätzenden, empathischen und kongruenten Haltung ein besonderer Stellenwert zugeschrieben. Diese Haltung wird nicht nur als eine wesentliche Grundlage für die Therapie angesehen, sondern sie ermöglicht Veränderung, Entwicklung und Wachstum des Menschen, seines Selbst, zu einem gesunden, vollständigen Ganzen. Dabei wird ein positives Menschenbild zugrunde gelegt, welches beinhaltet, dass der Mensch danach strebt, sich selbst zu erhalten und weiterzuentwickeln (Aktualisierungstendenz) und es wird auf die Fähigkeit jedes Menschen vertraut, seine Probleme selbst zu lösen. Die Probleme entstehen durch einen Zustand der Inkongruenz, das Selbstbild und gemachte Erfahrungen passen nicht zusammen:

> »Inkongruenz entsteht aus der Diskrepanz zwischen der Aktualisierungstendenz (Erleben wird mit dem gesamten Organismus gespürt und bewertet) und der Selbstaktualisierungstendenz (Erleben wird mit den Augen der bedeutsamsten Bezugspersonen bewertet).« (Weinberger, 2015, S. 35)

Zu dieser Inkongruenz kommt es dadurch, dass der Mensch als Kind nur eine *bedingte* Wertschätzung als Person erfährt und somit eigene Bewertungsprozesse zugunsten von Bewertungen der engen Bezugspersonen abwehrt oder verzerrt symbolisiert. Eine bedingte Wertschätzung bedeutet, dass die Wertschätzung einer Person an ein bestimmtes Verhalten gebunden ist, beispielsweise ein Kind wertgeschätzt wird, solange es sich freundlich und angepasst verhält, die Wertschätzung aber endet, wenn es tobt und schreit. Ziel der klientenzentrierten Psychotherapie ist es, eine möglichst vollständige Kongruenz und damit das Wachstum der Persönlichkeit zu erreichen. Dies soll dadurch erreicht werden, dass der Therapeut oder die Therapeutin den Klient*innen mit Wertschätzung und vollständiger Akzeptanz begegnet, sich empathisch einfühlt und echt und selbstkongruent ist. Das aktive Zuhören, Spiegeln und empathische Einfühlen in sein bzw. ihr Gegenüber im Gespräch helfen den Klient*innen in der Selbstexploration und damit in der Problemlösung und gesunden Persönlichkeitsentwicklung. Der Ansatz ist nondirektiv, den Klient*innen werden keine Ratschläge, Deutungen oder Lösungen angeboten, sondern sie werden durch Selbstexploration in die Lage versetzt, herauszufinden, was sie brauchen (Rogers, 2018, 1983; Weinberger, 2015; Eckert et al., 2012).

Menschen mit Beeinträchtigungen erleben immer wieder, dass ihre Defizite im Mittelpunkt stehen und dass sie durch das auffallen, was sie nicht können oder was sie von anderen unterscheidet. Sie erfahren möglicherweise wenig Wertschätzung und Akzeptanz durch ihre Umwelt. Daher ist die humanistische Haltung in der Therapie und Beratung von Kindern und Jugendlichen mit Beeinträchtigungen sowie ihren Familien besonders bedeutsam (vgl. Stahl, 2003, S. 610). Klient*innen sollen erleben können, dass sie in der Beratung bedingungslos wertgeschätzt werden, dass sich der Berater oder die Beraterin auf ihre Erlebenswelt und Wahrnehmung einlässt und ihnen dabei als Person ehrlich und transparent begegnet. Besonders auch für Eltern ist dieser Ansatz in der Beratung oder, wenn sie in psychische Krisen geraten oder psychische Belastungen zu groß werden, in einer Psychotherapie hilfreich. Krause (2002) beschreibt dies sehr anschaulich mit vielen Fallbeispielen. Aufgrund der Ansprüche an Sprache und Reflexionsmöglichkeiten in der Gesprächspsychotherapie wurde der Ansatz in der ursprünglich von Rogers entwickelten Form nicht als geeignet für Kinder, Jugendliche und Erwachsene mit so genannter geistiger Behinderung angesehen (Peters, 2001, S. 49). Für das Bearbeiten von Gefühlen, das In-Kontakt-Treten und das Erleben von Selbstwirksamkeit, Verständnis und Wertschätzung eignet sich der Ansatz in angepasster Form aber gerade besonders für Menschen mit intellektuellen Beeinträchtigungen (Peters, 2001; Wollmann, 1996). Es gibt spezifische Ansätze, die das Menschenbild, die Haltung und die grundlegenden Annahmen aufgreifen, aber sie anders umsetzen. Ein Beispiel hierfür ist die Prä-Therapie nach Prouty, die einen Zugang zu Menschen mit Schizophrenie, Hospitalisierung oder intellektueller Beeinträchtigung schaffen soll (Prouty et al., 2019). Durch Spiegeln der Körperhaltung und Mimik sowie wortwörtliches Wiederholen und Wiederaufgreifen von Handlungen und Worten werden Klient*innen unterstützt, wieder in Kontakt mit sich selbst und ihrer Umwelt zu kommen (Peters, 2001; Pörtner, 1996).

Ebenso finden sich Formen wie die klientenzentrierte Spieltherapie, die in der therapeutischen Arbeit mit Kindern und Jugendlichen mit unterschiedlichen Formen der Beeinträchtigung angewendet werden können (vgl. Weinberger, 2015; Goetze, 2002; Irblich & Blumenschein, 1996). Die klientenzentrierte Spieltherapie wendet die humanistischen Grundprinzipien aus der Gesprächspsychotherapie – wie die unbedingte Wertschätzung, das empathische Verstehen und die Kongruenz der Therapeut*innen sowie die Non-Direktivität – auf die spielerische Arbeit mit Kindern an, um diesen die Integration von Erfahrungen in ihr Selbstbild zu ermöglichen und damit eine größtmögliche Kongruenz zu erreichen, die Entwicklung und Wachstum ermöglicht. Sie kann im Einzelsetting oder in Kleingruppen angeboten werden. Hierbei können freies Spiel, Rollenspiele, Regelspiele ebenso wie kreative Methoden, Märchen oder Bilderbücher zum Einsatz kommen.

»In der psychotherapeutischen Arbeit mit dem Kind geht es deshalb darum, sich auf eine gemeinsame Entdeckungsreise zu begeben: Das Kind soll neue Erfahrungen machen können und verzerrte oder verleugnete Erfahrungen korrigieren können. Dies geschieht in erster Linie durch spielerisches Handeln in einer emotional korrigierenden Beziehungserfahrung.« (Weinberger, 2015, S. 37)

Allerdings werden auch in der klientenzentrierten Spieltherapie, die für Kinder zwischen drei und zwölf Jahren (Entwicklungsalter) empfohlen wird, Grenzen bei schwer oder mehrfach beeinträchtigen Kindern gesehen (Goetze, 2002, S. 408 ff.). Nicht im psychotherapeutischen Sinne, aber in der Begegnung sowie in der basalen Bildung und Förderung ist eine humanistische Grundhaltung verbunden mit einem hohen Maß an Feinfühligkeit der betreuenden Personen, seien es Eltern oder Fachleute, besonders wesentlich, um Kommunikations- und Kontaktmöglichkeiten zu erschließen, Kompetenzen zu entwickeln und zusätzliche Beeinträchtigungen zu vermeiden (Fröhlich, 2016).

Auch der Ansatz der Gestalttherapie lässt sich gut in der Beratung und therapeutischen Arbeit mit Menschen mit Beeinträchtigungen einsetzen. Gerade für Menschen mit intellektuellen Beeinträchtigungen ist das Arbeiten am Erleben und der Wahrnehmung im »Hier und Jetzt«, die Annahme und das In-Kontakt-Treten mit dem Klienten bzw. der Klientin als Individuum in seiner Einzigartigkeit ohne äußere Bewertung oder Normorientierung ein Rahmen, in dem Wachstum und Entwicklung stattfinden können. Hinzu kommen als geeignete Instrumente das Nutzen von kreativen Medien, konkreten Erfahrungen und Körperarbeit (vgl. Oaklander, 2013; Hartmann-Kottek, 2012; Stahl, 2003; Pfluger-Jakob, 1996).

6.3.2 Verhaltenstherapeutische Ansätze

Verhaltenstherapeutische Methoden werden in ihrer Anwendung im Kontext mit Menschen mit Beeinträchtigungen kontrovers diskutiert. Werden sie teilweise als einzige wirkungsvolle Vorgehensweise dargestellt, werden sie an anderer Stelle als ethisch fraglich, manipulativ, zu kurz greifend, zu wenig den Bedürfnissen und Besonderheiten der Kinder bzw. Menschen mit insbesondere intellektuellen Beeinträchtigungen gerecht werdend, kritisiert (zu unterschiedlichen Haltungen in dieser Diskussion vgl. Lingg & Theunissen, 2017; Elvén, 2015; Sarimski & Steinhausen, 2008; Freitag, 2008; Theunissen, 2008; Meyer, 2002). Da sich die Verhaltenstherapie stetig weiterentwickelt und in den letzten Jahren Themen wie Klient*innen-Therapeut*innen-Beziehung, Achtsamkeit und Schemata miteinbezogen wurden, ist eine allgemeine Kritik an der Verhaltenstherapie in diesem Bereich, die sich oft nur auf den unreflektierten oder alleinigen Gebrauch von Prinzipien des operanten Konditionierens bezieht, nicht gerechtfertigt.

> »Statt einfacher verhaltensmodifizierender Techniken werden heute eher ganzheitliche verhaltenstherapeutische Methoden eingesetzt. Es geht dabei nicht allein darum, unerwünschtes Verhalten zu vermindern, sondern auch darum, soziale Verhaltensweisen, die an deren Stelle treten sollen, zu entwickeln. Der Therapeut berücksichtigt nicht allein das beobachtbare Verhalten des Klienten, sondern auch dessen

biologische, psychosoziale und Umweltbedingungen.« (Došen, 2010, S. 105)

Dennoch muss darauf hingewiesen werden, dass einige Vorgehensweisen, die praktiziert und mit lerntheoretischem Wissen gerechtfertigt wurden, insbesondere die aversiven Methoden bei problematischem Verhalten wie Stromschläge, aversive Gerüche, Besprühen des Gesichts mit Wasser und Sichtblockaden ethisch nicht vertretbar sind und heutzutage auch hoffentlich nicht mehr angewendet werden (vgl. Aster, 1999). Weiterhin sind beim Kontingenzmanagement, also dem systematischen und kontrollierten Einsatz von Verstärkern, ethische Aspekte im Sinne einer reinen Manipulation von außen in jedem Einzelfall zu überprüfen (vgl. Irblich, 2014).

In Kapitel 6.2.3 wurde dargestellt, wie eine genaue Verhaltensanalyse hilfreich sein kann, die Funktion, die Ursachen und aufrechterhaltenden Bedingungen von Verhaltensauffälligkeiten zu analysieren und damit passende Maßnahmen zur Reduktion dieser Verhaltensweisen zu finden, die sich nicht allein auf Belohnung oder Bestrafung beziehen. Allgemein ist im verhaltenstherapeutischen Grundverständnis die Diagnostik als Einstieg in den therapeutischen Prozess sehr wichtig. Hier finden sich viele hilfreiche Materialien, Methoden und Vorgehensweisen (z. B. Došen, 2010; Sarimski & Steinhausen, 2007).

Ohne hier im Detail auf die verschiedenen verhaltenstherapeutischen Vorgehensweisen und Methoden eingehen zu wollen, können diese zum großen Teil auch für Kinder, Jugendliche und Erwachsene mit Beeinträchtigungen angepasst werden, da Lernprozesse sowie Bedürfnisse sich nicht grundlegend von denen anderer Menschen unterscheiden. Beachtet werden müssen bei der Auswahl der Vorgehensweisen und Methoden die Form der Beeinträchtigung sowie der kognitive und emotionale Entwicklungsstand. Häufig, wie bei Kindern allgemein, ist der Einbezug der Umgebung – die Familie sowie außerhäusliche Betreuung – besonders wichtig. Sprache und Methoden müssen angepasst werden, langsameres Arbeiten, häufige Wiederholungen und kürzere Arbeitseinheiten können notwendig sein. Gegebenenfalls sind Selbstexploration, Abstraktionsvermögen, das Verständnis für Erklärungsmodelle und die Einnahme von Außenperspektiven nicht oder nur erschwert möglich, dies muss beim Einsatz kognitiver Methoden berücksichtigt werden. Insbesondere bei Kindern und Jugendlichen mit kognitiven Einschränkungen bedeutet dies, dass die Beratung oder Psychotherapie nicht allein auf Sprache und

Kognition beschränkt sein, sondern mehr konkretes Tun beinhalten sollte. In kleinen Schritten können neue Verhaltensweisen ausprobiert und eingeübt werden.

Ein für Kinder mit Beeinträchtigung spezialisiertes Vorgehen ist der TEACCH®-Ansatz. Die Abkürzung steht für »Treatment and Education of Autistic and related Communication handicapped Children«. Mit diesem Ansatz liegt ein in North Carolina entwickeltes und umgesetztes pädagogisches Konzept mit Leitlinien zur umfassenden und ganzheitlichen Förderung von Kindern mit Autismus oder in ähnlicher Weise in der Kommunikation beeinträchtigter Kinder vor. Mit dem Ziel der Selbstbestimmung, Selbstständigkeit und sozialen Integration beinhaltet es ein grundlegendes Verständnis für Menschen mit Autismus und ihre Bedürfnisse, eine individuelle Blickweise auf den Einzelnen, ein langfristiges und ganzheitliches Vorgehen, welches nicht nur auf Probleme, sondern besonders auf die Ermöglichung guter Entwicklung, Orientierung, Kommunikation und sozialer Integration fokussiert. Das TEACCH®-Konzept ist zugleich Institution (Netzwerk von Einrichtungen, die nach dem Konzept arbeiten) wie pädagogisches Konzept mit einer grundlegenden »Philosophie« und konkreten Strategien und Methoden. Am bekanntesten ist der Ansatz durch die Strategien und Methoden, die der Strukturierung dienen und damit für eine sichere, verständliche und Orientierung bietende Umwelt für Kinder mit Autismus sorgen. Die Strukturierungen können durch Routinen oder visuelle Hinweise erreicht werden. Sie können in der Raumgestaltung genutzt werden (z. B. klare Abgrenzung verschiedener Bereiche), im Tagesablauf (z. B. Routinen, Pläne mit Fotos oder Piktogrammen, die Orientierung über die Abläufe geben) sowie Organisation und Gestaltung von Aufgaben, Arbeit und selbstständiger Beschäftigung (z. B. Gestaltung von Arbeitsplätzen, Aufgabenpläne) (Häußler, 2016). Viele Einrichtungen, Schulen oder Kindertagesstätten, die mit Kindern mit Beeinträchtigungen, insbesondere Autismus-Spektrum-Störungen, arbeiten, nutzen solche Strukturierungshilfen. Auch in Familien können sie hilfreich sein, um Irritationen zu vermindern, Abläufe zu vereinfachen und Orientierung zu bieten, um ein konfliktfreieres Miteinander zu erleben und das Kind in seiner Entwicklung zu unterstützen. Besonders für Kinder und Jugendliche mit Autismus-Spektrum-Störung oder intellektuellen Beeinträchtigungen gibt es weitere spezielle verhaltenstherapeutische Programme für Kinder bzw. Eltern sowie betreuende Einrichtungen (vgl. Sarimski & Steinhausen, 2008; Freitag, 2008; Sarimski, 2001).

Die in den Niederlanden entwickelte »Integrative Bindungs- und Verhaltenstherapie ITAB« ist eine intensive Intervention für Kinder mit (schwerer) intellektueller Entwicklungsstörung, geringem Bindungsverhalten zu ihren Bezugspersonen und Verhaltensauffälligkeiten. Sie basiert auf Grundlagen aus der Bindungsforschung und der entwicklungsdynamischen Beziehungstherapie nach Došen (2010, S. 103 f.) und kombiniert diese mit Ansätzen der Verhaltensmodifikation (Sterkenburg, 2019). In der ersten Phase, der *Bindungstherapie,* wird in der Regel drei Stunden in der Woche im Lebensraum des Klienten bzw. der Klientin durch den Therapeuten oder die Therapeutin durch feinfühliges Reagieren, Anregen von Reaktionen, Spiegeln, spielerische Elemente und Anregung von Exploration die Erfahrung von einer engen Beziehung und guten Bindungsentwicklung ermöglicht. Diese beinhaltet die Phasen »Beziehungsaufbau und Kontakt« – »Symbiose« – »Individuation«. In der zweiten Phase, der *Verhaltenstherapie,* wird auf dieser Basis einer guten Beziehung mit Mitteln der Verhaltensmodifikation wie Verhaltensanalyse, positive Aufmerksamkeit und soziale Belohnung sowie Ignorieren unerwünschten Verhaltens bzw. Unterbrechung von selbst- oder fremdgefährdendem Verhalten daran gearbeitet, neue Verhaltensweisen zu erlernen und herausforderndes Verhalten zu reduzieren. In der dritten Phase, der *Generalisierung,* wird die Frequenz der Sitzungen reduziert. Ziel der dritten Phase ist es, die soziale Interaktion zwischen Klient*in und direkten Bezugspersonen – Eltern, Betreuer*innen oder anderen Personen im engen Umfeld – zu fördern und damit als Therapeut*in nicht mehr gebraucht zu werden, da der Klient bzw. die Klientin weitestgehend selbst den Stress regulieren kann und sich bei Unterstützungsbedarf an die Bezugspersonen wendet (Sterkenburg, 2019).

Zu den neueren Entwicklungen aus der Verhaltenstherapie zählt die dialektisch-behaviorale Therapie (DBT), die inzwischen auch bei der Behandlung von emotionaler Instabilität bei Menschen mit so genannter geistiger Behinderung zur Anwendung kommt (DBToP-gB; Elstner et al., 2012).

Auch das Elterntraining »Stepping Stones Triple P« ist ein an der Verhaltenstherapie orientiertes Training, dessen Effektivität evaluiert werden konnte (Sanders et al. 2009/2010a; vgl. Kap. 4.3.3).

Ausführlich, theoretisch fundiert und praxisnah werden Anpassungsnotwendigkeiten und Spezifizierungen für die Verhaltenstherapie mit Kindern und Jugendlichen mit intellektuellen Beeinträchtigungen in dem 2019 erschienenen Buch »Verhaltenstherapie bei jungen Menschen mit kognitiven Einschränkungen« von Felicitas Bergmann beschrieben.

6.3.3 Systemische Ansätze

Ähnlich wie auch schon in den vorher beschriebenen Therapieformen sind unter systemischen Therapien eine Vielzahl von Ansätzen und Weiterentwicklungen zu finden. Der Begriff »Systemische Therapie« löst inzwischen zumeist den Begriff »Familientherapie« ab, in der es psychoanalytische, strukturelle, erfahrungszentrierte, strategische, konstruktivistische, narrative und lösungsorientierte Ansätze gibt (vgl. Schlippe & Schweitzer, 2016; Schwing & Fryszer, 2015; Kriz, 2007). In den Familien- und Erziehungsberatungsstellen spielen systemische Ansätze eine wesentliche Rolle. Sie können auch Familien mit Kindern und Jugendlichen mit einer Beeinträchtigung wirksam auf ihrem Weg unterstützen, als Familie mit der Beeinträchtigung zu leben (vgl. Tsirigotis, 2018; Retzlaff, 2010; Coles, 2003).

Familien erleben, dass sie in krisenhaften Zeiten neue Familienmuster gestalten, aus denen sie dann manchmal, wenn sie nicht mehr notwendig sind, schwer wieder herauskommen.

> Familie F. kommt in die Beratung. Die Eltern haben zwei Töchter, die Zwillingsmädchen Mia und Alina im Alter von neun Jahren, und den 18 Monate alten Sohn Theo. Kurz vor der Geburt von Theo wurde bei Mia eine Krebsdiagnose gestellt, sie erhielt über ein Jahr Chemotherapie, war deshalb auch immer wieder längere Zeit im Krankenhaus. Seit einem halben Jahr ist die Behandlung erfolgreich abgeschlossen. Die Eltern merken aber, dass sie es nicht schaffen, wieder richtig im Familienalltag Tritt zu fassen. Daher melden sie sich in der Beratungsstelle an. Nach ersten Gesprächen kommt die gesamte Familie in die Beratung. Mit großen Klötzen beschreiben zunächst Mia und Alina, wie ihre Familie in den letzten eineinhalb Jahren »funktioniert« hat. Mama, Theo und Alina waren zu Hause, Papa und Mia waren im Krankenhaus, Papa hat sich auch um einen Großteil der weiteren Termine von Mia gekümmert. Dadurch, ergänzen auch die Eltern, sei ein sehr enges Verhältnis zwischen dem Vater und Mia entstanden, während sich Alina, Theo und die Mutter sehr nahe waren. Für die akute Zeit der Erkrankung sei dies gut gewesen und habe auch funktioniert. Als ich frage, wie es sich weiterentwickelt habe, seit Mia wieder gesund sei, wird es etwas schwieriger. Zwar verbringt jetzt Mia wieder mehr Zeit mit ihrer Mutter und den Geschwistern, und der Vater arbeitet wieder mehr, aber irgendwie fühlt es sich noch nicht so richtig an. Ich lasse alle Familienmitglieder jeweils für sich die Klötze so hinstellen, wie sie es sich wünschen würden. Mia stellt alle Klötze ganz

> nah, Alina rückt sich wieder näher zu ihrer Zwillingsschwester, die Eltern rücken sich dichter aneinander und die Kinder gleichmäßig dicht zu ihnen als Elternpaar, Theo immer mittendrin. Zum Schluss findet die Familie für sich eine Aufstellung, die alle zufrieden macht. Mit dieser Zukunftsperspektive beenden wir die Beratung.

Dies ist ein Beispiel, wie Krankheiten Familiensysteme verändern können. Bei einer chronischen Erkrankung oder lebenslang bestehenden Beeinträchtigungen kann es sein, dass solche Systeme »erstarren« und daher Veränderungen, Entwicklungen oder Autonomiebestrebungen ausgebremst werden. Hier kann die systemische Arbeit mit Familien wieder neue Bewegung zulassen und ein eigenständiges Finden von Entwicklungen und letztendlich immer wieder neuen Balancen ermöglichen.

In Familien mit einem Kind mit Behinderung kann es sein, dass es ein sehr enges Verhältnis zwischen einer Bezugsperson und dem Kind gibt, welches eher stark abgegrenzt zu anderen Personen und Systemen ist. Oder aber es gibt sehr viele Personen und Systeme, von Familienmitgliedern bis hin zu professionellen Helfer*innen, die sich intensiv um das Kind kümmern. Daher kann es manchmal sinnvoll sein, sich das System genau anzuschauen und zu sehen, was förderlich ist, was eher hinderlich.

Im Kapitel 5.3.3 wurde das Beispiel einer Timeline dargestellt, die ggf. in der Arbeit mit Jugendlichen gut angewendet werden kann.

In der systemischen Beratung und Therapie wird inzwischen nicht nur mit ganzen Systemen oder Familien, sondern auch mit Einzelpersonen gearbeitet. Daher kann der systemische Ansatz ebenfalls genutzt werden, wenn vor allem die Eltern, die Geschwister oder die Kinder mit Beeinträchtigungen einzeln in die Beratung kommen. Die ressourcen- und lösungsorientierte Arbeit mit Kindern und Jugendlichen, die neben systemischen Aspekten oft auch hypnotherapeutische Ansätze mit aufnimmt und viele kreative, erfahrungsorientierte und spielerische Anteile in die Arbeit integriert, kann für die meisten Kinder mit Beeinträchtigungen angepasst werden. Wenn kommunikative, motorische und kognitive Fähigkeiten der Kinder mitberücksichtigt werden, sind die Vorgehensweisen gut übertragbar. Hierzu kann der Umgang mit Emotionen gehören, für die z. B. im Rahmen der Teilearbeit zur Externalisierung Stellvertreter in Form von Handpuppen gesucht werden. Cartoons und Bilder, in denen Lösungen für ein Problem imaginiert werden, sowie Geschichten, die speziell für die Kinder geschrieben werden oder von den Kindern selbst erfunden und gestaltet werden, sind nur einige Beispiele aus dieser Arbeit (vgl. Steiner & Berg, 2016; Retzlaff, 2016; Vogt, 2007; Vogt-Hillmann & Burr, 2009a, b; Kap. 6.3.4). Bei der Arbeit mit Imaginationen und der Einnahme von Lösungsperspektiven muss immer beachtet werden, inwieweit dies dem Kind gelingt. Sind diese Vorgehensweisen nicht geeignet, muss auf Methoden zurückgegriffen werden, die mehr in der konkreten Situation und im aktuellen Geschehen ansetzen.

Besonders hilfreich sind auch hier Visualisierungen, z. B. durch den Einsatz von Familienbrettern und Bildkarten, und erfahrungsorientiertes Arbeiten.

Bei der Frage, welche »Glaubenssätze« es in Familien zum Thema »Krankheit und Behinderung« gibt, kann mit einem Genogramm gearbeitet werden, in dem über Krankheiten und Behinderungen in der Familie und damit verbundene Geschichten und Vorstellungen gesprochen wird. Aber auch im direkten Gespräch, beispielsweise mit einem Elternteil, können oft teils unreflektierte Schuldfragen, Bewertungen und Vorstellungen deutlich werden, die Einfluss auf Verarbeitungsprozesse und Beurteilungen der Situation haben.

Einige Autor*innen haben spezifisch systemische Grundlagen und Vorgehensweisen an die Bedürfnisse von Kindern, Jugendlichen und Erwachsenen mit Behinderung und ihre Familien angepasst. Das in Kapitel 6.1.4 dargestellte Modell von Rolland zeigt einen systemischen Blick auf Verarbeitungsprozesse in Familien bei chronischer Krankheit und Behinderung (Rolland, 2000, 2010). Dieses Modell wählt Retzlaff zur Grundlage für seinen Beratungsansatz mit einem besonderen Blick auf Resilienz und Kohärenz, um Familien mit einem Kind mit Behinderung zu stärken (Retzlaff, 2010).

Wie systemisch-ressourcenorientierte Arbeit mit Erwachsenen mit intellektuellen Beeinträchtigungen aussehen kann, beschreibt Veronika Hermes (2017) anschaulich. Sie stellt verschiedene Methoden und notwendige Anpassungen vor.

Sabine Stahl hat ein Beratungskonzept für Erwachsene mit so genannter geistiger Behinderung entwickelt, welches auf humanistischen, systemisch-hypnotherapeutischen Grundannahmen fußt und mit den »Inneren Helfern«, die als Kartenset dem Buch beigefügt sind, arbeitet (mit Übertragungen auch für Kinder und Jugendliche durch das Kartenset »Tierische Helfer«) (Stahl, 2012).

Der Marte Meo-Ansatz von Maria Aarts wurde ursprünglich aus ihrer Arbeit mit Kindern mit Autismus und deren Familien entwickelt: eine videobasierte Beratungsmethode, in der anhand von Wissen um gelingende

Entwicklung, hilfreiche Interaktionen und Erziehung sowie Beziehungsgestaltung Klient*innen in ihren Kompetenzen gestärkt werden. Hierbei werden aus auf Video aufgenommenen Interaktionen ausgewählte Ausschnitte gezeigt und zurückgemeldet, was gut gelungen ist. Eltern, Kinder und Fachleute sollen somit unterstützt werden, zu sehen, was schon »in ihrer Kraft« steht, und dieses weiter ausbauen. Durch die konkrete Anschauung eignet sich diese Methode auch für Menschen mit kognitiven Einschränkungen, da sie sich selbst sehen können und zurückgemeldet bekommen, was sie gut machen. Für Eltern, die oft sehr viel mit Selbstzweifeln und Unsicherheiten kämpfen, wenn sie ein Kind haben, welches anders reagiert und manchmal schwer zu erreichen zu sein scheint, ist es hilfreich und oft sehr berührend, wenn sie im Video die gelungenen Momente im Miteinander mit ihrem Kind beobachten können. So können sie Ideen entwickeln, welche Bedürfnisse ihr Kind hat und wie sie sie erkennen können. Sie machen die Erfahrung, dass sie selbst in der Lage sind, gelungene Interaktionen zu gestalten, je nach Situation ihrem Kind zu folgen oder es zu lenken, und damit die Beziehung zu ihrem Kind zu verbessern und es in seiner Entwicklung zu unterstützen (Aarts et al., 2014; Hawellek & von Schlippe, 2005; Aarts, 2002).

Kritische Anmerkungen gegen die familientherapeutischen Ansätze, beispielsweise bei Familien mit Kindern mit Autismus, beziehen sich auf ein Therapieverständnis, in dem die Beeinträchtigungen durch die therapeutische Arbeit behandelt bzw. reduziert werden sollen und die Besonderheiten des Kindes als aus dem System entstanden verstanden werden.

> »Klassische Ansätze der systemischen Familientherapie sind für Familien von Kindern mit Autismus-Spektrum-Störungen sicherlich nicht hilfreich, da diese Erkrankungen nicht Ausdruck dysfunktionaler Beziehungen und Interaktionen in der Familie, sondern überwiegend genetisch bedingte, angeborene Erkrankungen sind.« (Freitag, 2008, S. 96)

Heutzutage ist auch in einer systemischen Therapie nicht damit zu rechnen, dass jedes Störungsbild oder jede Beeinträchtigung auf die Familie oder das System als Ursache bezogen werden, dennoch ist dieser Gedanke noch einmal wichtig zu betonen, damit keine falschen Zuschreibungen geschehen. Dies betrifft nicht nur die Beeinträchtigung oder das Störungsbild an sich, sondern auch Rollenverschiebungen, Abhängigkeiten und Schwerpunktsetzungen in Familien sowie Verhaltensauffälligkeiten des Kindes.

Ein Kind mit einer Behinderung oder einer chronischen Erkrankung zu haben ist eine besondere Situation, die besonderer Entwicklungen und Wege bedarf. Beziehungen zwischen Familien, die man in anderen Situationen als »Verstrickungen« bezeichnen könnte, sind in diesen Familien manchmal, zumindest für eine gewisse Zeit, überlebensnotwendig. Dass es der ganzen Familie besser geht, sobald es dem Kind mit einer Erkrankung oder Beeinträchtigungen besser geht, und dass, wenn es dem Kind schlecht geht, die ganze Familie leidet, ist beispielsweise ein Phänomen, welches man in vielen Familien beobachten kann. Dies steht nicht zwangsläufig für eine nicht gelingende Abgrenzung und Autonomie der einzelnen Familienmitglieder. Es bedarf daher immer einer nötigen Vorsicht vor Zuschreibungen und des Respekts vor der Situation dieser Familien und ihren individuellen Lösungswegen sowie eines Blicks auf ihre Ressourcen und Fähigkeiten.

Zusammenfassend lässt sich sagen: In der Arbeit mit den Kindern mit Beeinträchtigung, ihren Geschwistern, Eltern oder der gesamten Familie ist ein systemisches Denken hilfreich und sinnvoll. Der systemische Ansatz ist geeignet, die ganze Familie mit einzubeziehen, und in einer aktiven, lösungs- und ressourcenorientierten Art und Weise Erleichterungen und gewünschte Veränderungen zu erreichen. Je nach Themen, Bedürfnissen und Fähigkeiten der beteiligten Personen können unterschiedliche Methoden zur Anwendung kommen. Gegebenenfalls müssen gewisse Anpassungen vorgenommen werden, die den Entwicklungsstand und die Fähigkeiten der Klient*innen berücksichtigen.

6.3.4 Kunsttherapeutische Ansätze

In der Arbeit mit Kindern und Jugendlichen wird quasi in allen psychotherapeutischen Schulen Spiel und kreatives Gestalten mit eingesetzt. Je nach theoretischem Hintergrund der verschiedenen Schulen wird mit den kreativen Methoden unterschiedlich umgegangen. Werden in tiefenpsychologisch fundierten Ansätzen Bilder eher als Möglichkeit betrachtet, Zugang zu unbewussten Inhalten zu finden und sie für Deutungen zu nutzen, so spielt in der Gestalttherapie oder in der personenzentrierten Kunst- und Spieltherapie eher das konkrete Erleben und die Haltung, mit der eine Therapeutin bzw. ein Therapeut das Handeln der Klient*innen begleitet, eine wesentliche Rolle (vgl. Weinberger, 2015; Oaklander, 2013; Groddeck, 1997).

In der systemischen und hypnotherapeutischen Arbeit mit Kindern wird mit künstlerischen Mitteln ressourcen- und lösungsorientiert gearbeitet. Systeme wie Familien können künstlerisch dargestellt und spielerisch-kreativ mögliche Veränderungen ausprobiert werden. Auch bei der Arbeit mit inneren Anteilen oder bei Externalisierungen bieten sich kreative Medien an (vgl. Schemmel et al., 2017; Steiner & Berg, 2016; Retzlaff, 2016; Vogt, 2007; Vogt-Hillmann & Burr, 2009a, b). Verhaltenstherapeut*innen setzen in ihrer Arbeit mit Kindern und Jugendlichen ebenfalls immer wieder kreative Methoden ein (Schuster, 2014, S. 34 ff.).

Auch in den diversen Ansätzen der künstlerischen Therapien wird unterschiedlich mit den kreativen Prozessen und Werken umgegangen, je nachdem, welches Menschenbild, welches Krankheits- und Heilungsverständnis dem Ansatz zugrunde liegt und ob er eher (kunst-)pädagogisch, psychotherapeutisch, heilpädagogisch, anthroposophisch oder philosophisch begründet wird. Hierbei unterscheidet sich auch, ob das konkrete künstlerische Tun an sich als heilsam oder veränderungsinitiierend angesehen wird und welchen Stellenwert dem Werk, der Werkbetrachtung und -besprechung eingeräumt wird. Während in manchen Ansätzen dem künstlerischen Prozess, dem Werk und der Ästhetik die therapeutische Wirkung zugesprochen werden, werden Werk und Prozess bei anderen Schulen eher nutzbar gemacht für das zugrunde liegende Verständnis therapeutischer Prozesse wie Einsicht, Verständnis, Auseinandersetzung, Durcharbeiten, Sichtbarmachen, Externalisierung oder Wahrnehmung von Ressourcen und Entwickeln von Lösungsperspektiven. Auch spielt eine Rolle, ob mit den künstlerischen Therapien Selbsterfahrungen oder Veränderungsprozesse ermöglicht werden sollen oder ob sie zur Heilung psychischer Störungen eingesetzt werden.

»Bei allen Unterschieden in den Ansätzen: Kunsttherapie ist ein ressourcen-, erlebnis-, handlungs- und beziehungsorientiertes therapeutisches Verfahren, bei dem die Potenziale der bildenden Kunst zur Entfaltung kommen und eine Hilfe beim Bewältigen von Leiden, Krisen, Krankheit darstellen. Die schöpferischen Kräfte eines Menschen werden in der therapeutischen Begegnung (re-)aktiviert – im Sinne einer Stärkung von Selbstheilungskräften und einer identitätsstiftenden Selbstregulierung. Die ästhetische Produktivität, in unterschiedlichem Material erfahrbar […], erweitert die therapeutische Beziehung und enthält vielfältige Chancen zu Erkenntnisprozessen und Kompetenzgewinn.« (Mechler-Schönaich & von Spreti, 2005, S. 163)

Als Wirkfaktoren von Kunst und künstlerischen Prozessen in der Therapie werden angesehen:
- »Sinnlich-ästhetisches Erleben von Spielraum
- Direktes Erleben von Ressourcen
- Direktes Erleben schöpferischer Prozesse
- Möglichkeit des Ausdrucks und der Befreiung
- Möglichkeit des Sichtbarwerdens von Individualität
- Möglichkeit des Probehandelns
- Möglichkeit zur Erinnerung
- Möglichkeit erweiterter Wahrnehmung
- Möglichkeit zusätzlicher Kommunikation
- Möglichkeit der Erkenntnis« (Mechler-Schönaich & von Spreti, 2005, S. 167)

Manche künstlerischen Therapieansätze beziehen sich auf eine Kunstform als Medium, z. B. Musik oder bildnerische Kunst, andere verstehen sich als intermedial und beziehen verschiedene Kunstformen – bildnerische Kunst, Poesie und Prosa, Tanz, Musik, Theater – mit ein. Das spielerische Element im künstlerischen Tun, die Absorbiertheit, die entsteht, wenn man im künstlerische Tun in einen Flow-Zustand kommt, die Achtsamkeit auf sich und auf das, was entsteht, das Mittendrinsein im Tun und das Abstandnehmen im Betrachten sind einige Aspekte, die die Besonderheit von kunsttherapeutischen Prozessen ausmacht. Es ergeben sich Momente, in denen der Klient ganz mit sich und seinem Werk beschäftigt ist, andere, in denen er in Interaktion mit der Therapeutin tritt oder – bei Angeboten in der Gruppe – mit anderen Personen aus der Gruppe. Die Arbeit mit kreativen Medien verlangt aber auch von Klient*innen und Berater*innen, sich auf Überraschungen einzulassen, auf die Möglichkeit eines Misslingens, auf neue Wege und offene Ergebnisse. Hier sind eine gute Begleitung, eine passende Auswahl der Medien und Vorgehensweisen, Selbsterfahrung im künstlerischen Tun und ein offenes, konzentriertes, präsentes und kreatives im Hier-und-Jetzt-Sein notwendig. Künstlerisches Handeln in der Beratung erweitert das Repertoire. Motivationale und emotionale Prozesse werden direkter angeregt als im Gespräch oder mit konkreten Übungen oder Rollenspielen. Sowohl für die Klient*innen als auch für die Berater*innen entstehen im kreativen Tun oft überraschende Momente, »Heureka«-Situationen bzw. »Aha-Effekte« und besondere Interaktionen, die neue Einsichten ermöglichen, Lösungswege aufzeigen und Ressourcen und Kompetenzen deutlich machen (vgl. Jahn & Sinapius, 2015; Schuster,

2014; Leutkart et al., 2014, 2010; Heimes, 2010; Eberhart & Knill, 2009; Menzen, 2008; Baer, 2007).

Auf einzelne mögliche Vorgehensweisen wird am Ende des Kapitels eingegangen. Ein wesentlicher Aspekt in den künstlerischen Therapien ist, dass entschieden werden kann, ob mit den Möglichkeiten der Kunst eher an dem Beratungsthema direkt gearbeitet wird oder nicht. Es können Vorgaben für das künstlerische Gestalten gemacht werden, die einen Ausdruck ermöglichen für das, was gerade belastend und problematisch erlebt wird. Ebenso können sie einen Fokus auf die Ressourcen, Lösungsperspektiven oder persönlichen Ziele richten. Auf der anderen Seite können sie zunächst gar nichts mit dem Thema der Beratung zu tun haben. Es kommt auf die Situation der Person an, ob man hinführend oder weglenkend arbeiten will. Beispielsweise kann es für lebensbedrohlich erkrankte Kinder oder für Eltern, deren Gedanken immer um die Beeinträchtigung des Kindes kreisen, sinnvoll sein, eher Themen und Vorgaben zu wählen, die sie von diesen Gedanken weglenken. So können sie von ihren Problemen und Sorgen, von denen sie sonst vollständig vereinnahmt sind, für eine kurze Zeit abgelenkt werden, um wieder neue Erfahrungen zu machen oder die Spielräume zu erweitern und neue Denkansätze zuzulassen. Die Möglichkeit, im künstlerischen Tun Abstand zur aktuellen Problemsituation zu finden, um dann neue Lösungswege erkennen zu können, wird unter dem Begriff »Dezentrieren« beschrieben.

> »Mit dem Sprung in die Herausforderung einer künstlerischen Aufgabe oder eines Spiels distanzieren wir unsere Aufmerksamkeit vom vorgebrachten Problem oder Anliegen und sind – das gilt für die meisten unserer Klienten – bei geeigneter Anleitung sofort von der neuen Herausforderung fasziniert. [...] Mit Dezentrieren bezeichnen wir die Bewegung weg von der Enge und Armut im Denken der Notenge und oft auch vom festgefahrenen Suchen nach Lösungen in die Herausforderung der überraschenden, nicht voraussehbaren Schlüssigkeit eines künstlerischen Prozesses oder Spiels. Die Dezentrierung öffnet einen Spielraum. Dieser enthält zwar im Kern ebenfalls einschränkende Rahmenbedingungen in Bezug auf Raum, Zeit und Material; aber da das Spiel oder der künstlerische Prozess bewusst mit einer Distanz zum Thema des Anliegens gewählt wird, öffnet er das Tor zu innovativer Experimentierlust und zum Faszinosum der überraschenden Werklösung.« (Eberhart & Knill, 2009, S. 45)

Das künstlerische Tun an sich zeigt oft überraschende Wirkungen. Materialien und Werkzeuge fordern Problemlösestrategien heraus, Spiel- und Experimentierfreude entsteht. Kinder lassen sich auf Neues ein, erfahren allein durch das Material Möglichkeiten und Grenzen und wechseln zwischen Ausprobieren und Planung, zwischen Handeln und Schauen. Besonders bei Vorgehensweisen, bei denen ein konkretes Werk entsteht, ist die Person immer wieder mitten drin im kreativen Tun, um dann auch wieder einen Schritt zurückzutreten und das Entstandene zu betrachten und mit anderen zu teilen.

Kunst und Kreativität in der Beratung einzusetzen, ist auch bei Kindern und Jugendlichen mit Beeinträchtigung und ihren Familien sinnvoll. Es ist besonders dann hilfreich, wenn die sprachliche Kommunikation und die kognitive Bearbeitung persönlicher Themen beeinträchtigt ist und dadurch ein Erleben im Hier und Jetzt, das konkrete Tun und der Ausdruck über andere Kanäle als die Sprache wichtig werden (vgl. Theunissen, 2013; Kläger-Haug, 2011; Theunissen & Schubert, 2010; Brückner & Merkle, 2007; Bröcher, 2006; Bundesvereinigung Lebenshilfe, 2002; Müller-Lottes, 1998). Techniken, die kein Vorwissen oder künstlerisches Können brauchen und effektvolle Ergebnisse liefern, eignen sich in besonderem Maße. Diese fassen Eberhart und Knill unter den Begriffen »low-skill-high-sensitivity« (Eberhart & Knill, 2009, S. 102 ff.).

> Leni kommt alle zwei Wochen in die Beratungsstelle und nutzt hier ein kunsttherapeutisches Angebot zur Unterstützung der Selbstsicherheit. Sie ist ein zartes und schüchternes zehnjähriges Mädchen und besucht eine Schule mit Förderschwerpunkt Lernen. Ihr Bruder besucht das Gymnasium, sie haben ein sehr gutes Verhältnis zueinander. In einer Stunde entsteht ein abstraktes Bild im Format 70 mal 100 cm, auf das sie Acrylfarbe direkt aus der Tube tropft und diese mit einem Malmesser verteilt. In einer der nächsten Beratungsstunden berichtet Leni begeistert: »Ich muss dir was erzählen. Meine Mutter hat mein Bild auf eine Leinwand gespannt, und die stand dann angelehnt im Wohnzimmer. Beim Abendessen hat mein Bruder immer wieder auf das Bild geschaut, und dann hat er meine Eltern gefragt: ›Seit wann kauft ihr eigentlich Bilder von Künstlern?‹« Leni strahlt mich an und erscheint mir plötzlich mindestens zehn Zentimeter größer.

Bei Kindern, bei Menschen mit kognitiver oder körperlicher Beeinträchtigung, aber auch bei Personen, die Angst vor dem Gestalten haben oder sehr hohe Ansprüche an sich stellen, ist es notwendig, Methoden zu finden, die nicht überfordern und dennoch ästhetisch sind und kreativ-künstlerische Erfahrungen ermöglichen. Die Größe des Materials muss angepasst werden, wenn z. B. der Bewegungsradius bei einer Körperbehinderung eingeschränkt ist, ggf. braucht es Assistenz, z. B. muss der Pinsel in die gewünschte Farbe getaucht werden. Bei anderen Personen können Zufallstechniken geeignet sein. Neben dem bildnerischen Gestalten kann mit Ton, Holz oder Naturmaterialien gearbeitet werden. Das Arbeiten mit Säge, Bohrmaschine und Brandmalgerät hat schon per se einen hohen Anreizcharakter für viele Kinder, beflügelt die Fantasie und führt zu starken Erfahrungen der Selbstwirksamkeit. Hier können je nach Interesse und Beratungsthema neben den sehr beliebten Autos, Flugzeugen und Türschildern insbesondere Heldenfiguren sowie Angst-, Wut- und Sorgenfresser entstehen. Auch das Verfolgen eines längeren Projektes über mehrere Stunden, z. B. der Bau eines kleinen Tischkickers, ist für die Kinder bestärkend. Die Erfahrung von Ausdauer, Missgeschicken und Gelingen erleben sie sowie ihre Eltern sehr positiv.

Viele Beispiele zur Verwendung künstlerischer Vorgehensweisen in der Beratung finden sich in den Fallbeispielen in Kapitel 4 und 5. Im folgenden Abschnitt werden mögliche kreative Vorgehensweisen in der Beratungsarbeit mit Kindern und Jugendlichen mit und ohne Beeinträchtigungen und ihren Familien beschrieben, die auch ohne großen räumlichen und Materialaufwand gut zum Einsatz kommen können. In der Beratung werden die beschriebenen Vorgehensweisen je nach Situation variiert, abgewandelt und weiterentwickelt, sowohl von den Klient*innen selbst als auch von mir. Neben den beschriebenen bildnerischen Möglichkeiten gibt es natürlich noch weitere. Aus dem Land der quasi unbegrenzten Möglichkeiten, wenn Fantasie und Kreativität in der Beratung Einzug halten, seien hier nur noch kurz das Schreiben von Geschichten und das Gestalten von Büchern erwähnt. Dies geschieht je nachdem durch die beratende Person für das Kind und die Familien, mit dem Kind, oder überwiegend durch das Kind allein. Auch bringen Eltern manchmal Geschichten mit, die sie für ihre Kinder geschrieben haben. In Gruppen mit Kindern bieten Masken- und Puppenbau und anschließende Theaterinszenierungen eine gute Möglichkeit des Gestaltens, der Interaktion, des Wechsels von Improvisation und gemeinsamer planvoller Entwicklung einer Inszenierung sowie ggf. einer Aufführung für die Familien. Ebenso soll noch auf die Möglichkeiten der Musiktherapie hingewiesen werden, die auch für Kinder und Jugendliche mit schweren und komplexen Behinderungen ein besonders wichtiger Ansatz ist.

Malen, Kritzeln und Experimentieren

Künstlerische Angebote in der Beratung sind vielfältig. Sie unterscheiden sich nach freien und offenen Vorgehensweisen und mehr oder weniger klaren Vorgaben für das Gestalten.

Es kann ein freies Gestalten gewählt werden, bei dem Kinder, Jugendliche oder Familien sich sowohl Material als auch Themen selbst wählen. Als Material bieten sich unterschiedliche Arten von Stiften und Malmitteln (Ölpastellkreiden, Buntstifte, Pastellkreiden, Fingerfarben, Acrylfarben, Aquarellfarben etc.) und unterschiedliche Papierformate an.

Es können Malmethoden oder besondere Techniken vorgegeben werden, z. B. die Frottage, hierbei werden mit Hilfe von Wachsmalkreiden, Buntstiften oder Farbwalzen Strukturen von Gegenständen auf das Bild übertragen, beispielsweise kann ein Geldstück unter ein Papier gelegt werden und dieses durch Darübermalen mit dem Bleistift auf dem Papier sichtbar werden. Die Frottage lädt auch ein, die Umgebung zu erforschen, und zu schauen, was sich an Mustern und Strukturen in einem Raum sammeln lässt (vgl. Leutkart et al., 2014, S. 143 ff.). Oder es kann zunächst blind gemalt werden:

Ganz einfach – Kritzelbilder
Ein bis zwei Ölpastellkreiden auswählen, mit geschlossenen Augen (ein- oder beidhändig) auf einem großen, am Tisch oder der Wand fixierten Papier mit Kritzeln beginnen, nach einiger Zeit die Augen öffnen (wird von Berater*in angesagt), weiterkritzeln. Dann das Bild weiterbearbeiten, andere Farben, auch Acrylfarben können jetzt verwendet werden. Die Kritzelphase kann auch mit Musik begleitet werden.

Als einfache wirkungsvolle Techniken im Sinne des Low-skill-high-sensitivity-Gedankens (Eberhart & Knill, 2009, S. 102 ff.) eignet sich ebenso abstraktes, großflächiges Arbeiten, etwa mit Zufallstechniken, bei denen Farben mit Spritzen oder den Farbflaschen aufgetragen werden, Murmeln in einem Karton durch Farbkleckse gerollt werden oder mit dem Malmesser Muster gestaltet werden. Eine einfache Drucktechnik ist die Monotypie.

Experimentieren – Monotypien
Auf einer Glas- oder Acrylplatte wird wasserlösliche Linoldruckfarbe dünn verteilt (Farbrolle), Papier (z. B. einfaches Kopierpapier) darauflegen, mit Bleistift oder Pinselrückseite zeichnen, mit Finger drücken …

Blatt abziehen, ggf. zweiten Abdruck machen, auch Dinge zwischen Papier und Farbplatte legen ... experimentieren. Mit dieser Methode erhält man schnell große Mengen an Variationen, besonders in Gruppen füllt sich das Zimmer schnell mit zum Trocknen abgelegten Papieren. Diese können dann weiterbearbeitet werden, als Collagen, mit Farben, ... (vgl. Leutkart et al., 2010, S. 181 ff.).

Auch Collagen eignen sich besonders für Menschen, die gern etwas gegenständlich darstellen, sich dies aber nicht zutrauen oder es nicht können. Mit Kindern sind verschiedene Zeitschriften, Werbeprospekte etc. geeignet, manchmal bietet es sich auch an, anzukündigen, was man vorhat, so können die Kinder von zu Hause geeignete Materialien wie Fotos, eigene Zeichnungen oder Internetausdrucke mitbringen.

Phantasiereisen, Entspannungsübungen oder Anregung durch Musik und Bewegung können als Einstieg ins bildnerische Gestalten gewählt werden.

Anregen lassen – Bilder zu Geschichten
Sie lesen ein Märchen oder eine Geschichte vor, danach können die Kinder die Augen schließen. »Welche Stelle aus der Geschichte erinnerst du besonders stark, siehst du ein Bild vor deinem inneren Auge?« Dieses Bild wird gemalt. Spannend ist, dass in einer Gruppe oder Familie, mit der man dies macht, meistens sehr unterschiedliche Momente aus der Geschichte ausgewählt werden. Im Anschluss kann besprochen werden, was an dem Moment für das Kind wichtig war, und was dies für das Kind und für sein aktuelles Thema bzw. seine Lebenssituation bedeuten könnte (vgl. Baer, 2007, S. 194 ff.).

Es können thematische Vorgaben gegeben werden, diese können ressourcenaktivierend und lösungsorientiert sein, sie können aber auch die Möglichkeit bieten, das zum Ausdruck zu bringen, was gerade als belastend und problematisch erlebt wird, oder beide Aspekte zusammen beinhalten.

Therapeutisches Triptychon
Ein großes Blatt Papier wird in drei Spalten aufgeteilt, links wird die belastende Situation, das Problem dargestellt (abstrakt oder konkret). Dann wird rechts die »Lösung« gemalt: »Wie würde das Bild aussehen, wenn du eine Lösung für das Problem gefunden hast, wenn die

Beratung hier erfolgreich beendet wäre, wie würde das aussehen?«
Als Letztes wird in die Mitte gemalt, wie der erste Schritt, um von links nach rechts zu kommen, aussehen könnte. Das therapeutische Triptychon kann auch für Entscheidungssituationen genutzt werden: Links wird die eine Wahlmöglichkeit, rechts die andere gestaltet. Beide Möglichkeiten betrachten und dann eine Gestaltung für die Mitte suchen, dies kann ein Kompromiss, ein Übergang oder ein erster Schritt sein (vgl. Baer, 2007, S. 159 ff.).

Ziele und erste Schritte – Transparenttechnik
Auf einem Din-A4-Blatt wird das aktuelle Problem, der Beratungsgrund mit Filzstiften, Buntstiften, Ölpastellkreiden abstrakt, symbolisch oder konkret dargestellt, auch als Selbstporträt (»Wie siehst du dich im Zusammenhang mit dem Problem?«). Auf dieses Bild wird ein Din-A4-Transparentpapier gelegt. »Wie verändert sich das Bild, wenn das Problem weg ist, die Beratung erfolgreich war …?« Dies wird gestaltet (Ziel, Lösung). Das Zieltransparent zur Seite legen lassen, ein neues Transparentpapier auf das erste Bild legen: »Wie würde sich das Bild verändern, wenn du den ersten Schritt in Richtung des Ziels, das du eben gemalt hast, gemacht hättest?« (1. Schritt) Alle Bilder betrachten, besprechen, manchmal ergibt sich beispielsweise im Gespräch, dass eigentlich schon der erste Schritt die erwünschte Lösung wäre, gar nicht das Zielbild. Einen Transfer schaffen: »Woran würdest du in der Realität merken, dass du diesen Schritt gegangen bist?« (vgl. Schemmel et al., 2008, S. 59 ff.; Vogt-Hillmann, 2000).

Es kann auch gemeinsam gemalt werden. Zum Einstieg oder Kennenlernen eignet sich das so genannte Squiggle-Spiel, Schnörkelzeichnungen, bei denen ein Blatt Papier zwischen dem Kind und der Beraterin liegt, auf das die Beraterin – manchmal mit geschlossenen Augen – zunächst ein paar Striche oder kleine Schnörkel malt. Das Kind ergänzt diese und so entsteht aus den Schnörkeln etwas Neues. Danach malt das Kind ein paar Striche oder Schnörkel, die die Beraterin dann weitermalt (Vogt-Hillmann, 2000, S. 14 f.; Winnicott, 2018, S. 27). Es können aber auch ganze Unterhaltungen auf einem Blatt Papier stattfinden. Auch eine Familie oder Gruppe kann ein gemeinsames Bild malen. Je nach Zusammensetzung der Gruppe kann es sinnvoll sein, klare Regeln hierfür vorher abzusprechen.

Sich und andere neu entdecken – Blindmalen
Hier ist die Herausforderung, zu malen, ohne zu sehen. Dies kann dadurch geschehen, dass man sich der Person, die man malen will, gegenübersetzt. Man hält ein Schreibbrett mit einem Din-A4-Blatt auf dem Schoß, und die andere Person hält ein weiteres Schreibbrett darüber, so dass die malende Person das Papier nicht sehen kann. Jetzt versucht sie, mit einem Bleistift die Person abzumalen. Die meist sehr kubistisch wirkenden Ergebnisse sind sehr lustig. Man kann aber auch die Augen schließen, mit der nicht dominanten Hand das eigene Gesicht ertasten, mit der anderen Hand es gleichzeitig auf ein Papier malen. Personen, denen das nicht zu nah oder unangenehm erscheint, können dies auch miteinander machen: Eine Person mit Augenbinde ertastet das Gesicht des anderen und malt es gleichzeitig. Auch mit Familien kann dies sehr lustig sein und eine Art, sich intensiv miteinander zu beschäftigen, sich anders wahrzunehmen und in das gemeinsame Tun zu kommen. Elementare Zeichenfähigkeiten sollten vorhanden sein (vgl. Leutkart et al., 2010, S. 97 ff.; Baer, 2007, S. 137 ff.).

Folgende Methoden sind hilfreich, um sich der Vielzahl eigener Gefühle bewusst zu werden, sowie um Ideen zu entwickeln, wie negative und ausufernde Gefühle begrenzt werden können.

Vielfalt der Gefühle wahrnehmen und darstellen – Gefühlkreis
Vor dem Malen die Gefühle, die für die Person wichtig sind, sammeln und aufschreiben (ggf. Gegensatzpaare suchen), in Gruppen mit Kindern bietet sich ein gemeinsames Brainstorming zu Gefühlen an. Auf einem großen Blatt einen Kreis malen, diesen in so viele »Stücke« aufteilen lassen, wie Gefühle dargestellt werden sollen, entweder gleich große oder je nach Bedeutung der Gefühle unterschiedliche Größen. Die Gefühle den Stücken zuordnen (ggf. gegensätzliche Gefühle gegenüber), die verschiedenen Gefühlsanteile mit Farben, Mustern ausfüllen (vgl. Baer, 2007, S. 54 ff.).

Zur Wahrnehmung und Darstellung verschiedener Gefühle können Bildkarten, beispielsweise das Kartenset mit den Fischen aus dem Buch *Heute bin ich* (van Hout, 2002), genutzt werden. Diese können betrachtet und benannt werden. Es kann nach Situationen gesucht werden, in denen die Gefühle auftauchen. Schön ist es für Kinder, ihre eigenen Fische zu gestalten, die dann beispielsweise zu einem Gefühlsfische-Mobile zusammengestellt werden können. Dies eignet sich auch für Gruppen.

Unangenehme Gefühle begrenzen – Rahmenbilder
Auf ein großes Papier einen Rahmen mit Bleistift und Lineal malen. Innerhalb des Rahmens das Gefühl, welches als unangenehm erlebt wird, darstellen lassen (abstrakt, z. B. mit Acrylfarben, Pinseln und Malmessern). Wenn das Kind dies fertig gemalt hat, nachfragen, ob es sich wirklich so anfühlt, wenn es an das Gefühl denkt, das es dargestellt hat, und sich jetzt ansieht, was es gemalt hat. Danach wird etwas für den Rahmen gesucht, was das Bild begrenzen kann, eine Farbe, Symbole, Helfer*innen, hierbei kann man auf der rein ästhetisch-visuellen Ebene bleiben oder auch inhaltlich, je nachdem, wo Ideen entstehen können. Den Rahmen gestalten lassen. Fragen, wie jetzt das Bild wirkt, Transfer in die Realität, »Was könnte dieser Rahmen sein, wenn du das Gefühl das nächste Mal spürst?« (vgl. Baer, 2007, S. 65 ff.).

Künstlerische Herangehensweisen sind ebenso geeignet, sich mit sich selbst auseinanderzusetzen, Selbstbilder, insbesondere lebensgroße Körperbilder, bei denen die Silhouette des Kindes auf ein großes am Boden liegendes Papier übertragen wird und das Kind dieses dann ausmalt, lassen Kinder oft staunend feststellen, wer sie sind bzw. wer sie gern sein wollen. Für Kinder, für die diese Form der Selbstdarstellung belastend sein könnte, eignen sich auch Fantasiewesen.

Sich seiner Stärken bewusst werden – Ressourcentier
Einleitung mit einer Geschichte, Fantasiereise oder Überlegungen: »Suche Tiere, die zu dir passen, und finde dein Stärkentier. Welche Eigenschaften und Interessen hast du, was kannst du gut, was magst du an dir?« Bei Bedarf Beispiele geben: »Manche Kinder, die gut schwimmen können, malen z. B. eine Delfinflosse.«
Die Tiere können gezeichnet, gemalt, getöpfert werden, sie können Namen erhalten, und es können Gedichte oder Geschichten dazu geschrieben werden (vgl. Schemmel et al., 2008, S. 39 ff.; Vogt-Hillmann, 2000, S. 24 ff.).

Andere Fantasiewesen können Held*innenfiguren oder innere Helfer*innen sein.

Innere Helfer*innen finden – Cartoontechnik
Ein Papier im Format Din A3 wird mit dem Kind in sechs Kästchen aufgeteilt.
In das erste Feld wird das Beratungsanlass- bzw. Problembild gemalt: »Male das Problem, von dem du mir gerade erzählt hast. Du kannst es konkret malen oder einfach Farben und Formen auswählen, die zu dem Problem passen.« Dieses Bild wird gestaltet. »In das zweite Feld kommt ein Helfer oder eine Helferin, die dich unterstützen, das Problem loszuwerden/in den Griff zu bekommen. Dies kann ein Tier, ein Actionheld, ein Fantasiewesen sein.« Das Kind malen lassen, einen Namen für die Figur finden. »In das dritte Feld kommt ein Geschenk, das (Name des Helfers/der Helferin) dem Problem überreicht.« Hier gibt es manchmal Irritationen, ich überlasse es dem Kind, dies Feld so zu gestalten, wie es will. »In das vierte Feld male, wie (Helfer*in) dem Problem (auf das erste Bild zeigen) das Geschenk überreicht.« – »Und jetzt kommt in das vorletzte Feld, wie sich das Problem (erstes Bild) verändert, nachdem es das Geschenk erhalten hat.« Hier haben die Kinder oft besonders kreative Ideen: Wie sich das Angst einflößende Feuerteufelchen in ein Wasserteufelchen verwandelt, wie der Wutkessel durch Kühlvorrichtungen abkühlt und nicht mehr überläuft, wie das wasserlösliche Gespenst, das nachts Angst macht, sich durch die geschenkte Dusche des Helfers auflöst etc. »In das letzte Feld male bitte, wie du deinen Helfer/deine Helferin zu Hilfe holst, wenn das Problem wieder auftaucht.« (vgl. Vogt-Hillmann, 2000, S. 21 ff.; Crowley & Mills, 1989).

7 Hinweise für Berater*innen

Zum Abschluss dieses Buches möchte ich noch kurz einen persönlichen Blick auf die Rolle der Beratenden werfen und einige Aspekte benennen, die ich in der Beratung von Familien für wichtig erachte. Wenn ich über meine Arbeit mit Familien mit Kindern mit Beeinträchtigungen berichte, erhalte ich oft sehr emotionale Rückmeldungen. Besonders häufig kommt die Frage, ob es nicht sehr belastend sei, die Sorgen und Themen dieser Familien mitzuerleben. Und natürlich kenne ich Beratungsstunden, in denen ich mit Eltern weinen könnte. Es gibt Momente, in denen mir die Luft wegbleibt, wenn ich Reaktionen von anderen Menschen auf die Beeinträchtigung eines Kindes höre oder in denen ich Wut, Verzweiflung und Trauer von Eltern nur zu gut nachvollziehen kann. Und ebenso erlebe ich Kinder, die es ganz schön schwer in ihrem jungen Leben haben, die schon viele Krankenhausaufenthalte überstanden haben, die Schmerzen haben oder frustriert sind aufgrund des Unverständnisses der anderen Menschen für sie und ihre Sicht der Welt. Das ist manchmal schwer auszuhalten und berührt mich sehr. Aber dies ist nur ein Teil dessen, was diese Arbeit ausmacht. Ebenso erlebe ich, dass ich mit Familien über kleine Wunder staunen darf, über große Schritte und gute Entwicklungen. Beim Spielen und Gestalten mit den Kindern geht es oft laut und fröhlich zu, Eltern meistern vieles mit einer gehörigen Portion Humor. Lachen und Weinen liegen nah beieinander in den Beratungen! So würde ich die Frage, ob die Arbeit sehr belastend ist, belastender als sonst unsere Arbeit in der Erziehungsberatungsstelle, mit »Nein, zumindest nicht immer« beantworten. Aber sie führt uns an sehr grundlegende, tief menschliche Themen wie Tod, Krankheit, Anderssein und Ausgrenzung. Und daher ist es notwendig, sich mit Kolleg*innen austauschen zu können, z. B. in Supervision und Intervision. Ebenso ist es wichtig, wie immer in der psychotherapeutischen und beraterischen Arbeit, sowohl im privaten als auch im beruflichen Leben gut für sich selbst Sorge zu tragen und positive Ausgleiche zu schaffen.

Drei Aspekte erscheinen mir für Berater*innen bei diesen Themen besonders wesentlich:

Offen sein und sich berühren lassen: Für die Beratung mit den Familien halte ich dies für eine wesentliche Ressource, die über alle Fachkompetenz hinausgeht. Dies bedeutet nicht, dass der Berater oder die Beraterin sich, wenn von Wut, Leid und Trauer berichtet wird, vollständig von diesen Gefühlen anstecken lässt. Bei sich zu bleiben, ist in der Beratung notwendig. Aber es heißt, dass es nicht schlimm ist, wenn meine Augen feucht werden, wenn ich etwas besonders Belastendes höre oder in besonders berührenden Momenten. Auch kann ich mit Familien lachen, ich kann mich mit ihnen amüsieren über lustige Momente und kleine Missgeschicke. Und mit den Kindern kann ich versuchen, ein Stück ihrer Welt zu erfahren und im Spiel und im künstlerischen Tun gemeinsam etwas darin zu erleben.

Demut und Staunen: In manchen Beratungen erlebe ich mich selbst als sehr passiv. Hilflos muss ich eventuell von Schwierigkeiten erfahren, aus denen es keinen Ausweg gibt. Gesellschaftliche Strukturen und Unterstützungssysteme sind manchmal nicht eingestellt auf bestimmte Themen, die Familien bewegen, und auch ich kann hier im Moment nichts daran ändern. Familien selbst sind nicht offen für Veränderungen, auch wenn es für die Kinder bedeutsam und sinnvoll erscheint. Bei all diesen Themen brauche ich eine Fähigkeit, auf die mich ein Kollege, als ich meine Arbeit in der Erziehungsberatung begann, hinwies: Demut! Der Wunsch, Familien zu helfen, und das Vertrauen, welches manche Menschen in uns als Beratende setzen, führt oft dazu, dass man auf jeden Fall hilfreich sein will. Auszuhalten, dass das nicht immer gelingt, ist nicht einfach. Aber es gibt noch eine andere, erfreulichere Variante, bei der ich mir sehr passiv vorkomme. Diese tritt ein, wenn ich denke, bisher noch nicht viel in der Beratung getan zu haben, und die Klient*innen einiges selbst verändert und gestaltet haben. Manchmal beschreiben sie, der Beratungstermin habe diese Veränderungen in Gang gesetzt. Dies sind schöne Momente, und ich kann nur staunen über das, was Kinder und Eltern an Lösungsstrategien entwickeln, Energien mobilisieren und für sich für Wege finden. Es bleibt dann in der Beratung genau das zu feiern: die Fähigkeiten der Menschen und das Gelingen dessen, was ihnen wichtig ist.

Mut zur Lücke: Die Vielschichtigkeit der Arbeit in einer Erziehungsberatungsstelle ist groß. Bezieht man die Situation von Familien mit Kindern mit Beeinträchtigungen mit ein, ergeben sich noch viele neue Themen, für die wir nicht in allen Bereichen Fachleute sein können. Die Vernetzung mit anderen Stellen und der Austausch in Arbeitskreisen kann uns helfen, für die Bereiche, die wir nicht abdecken können, Ansprechpartner*innen zu haben oder Familien dorthin verweisen zu können. Und es ist notwendig, Familien und Kooperationspartner*innen die Grenzen unserer Arbeit aufzuzeigen und darzustellen, wie und bei welchen Themen wir Unterstützung anbieten können. Manche Grenzen sind begründet aus dem Aufgabenbereich, den wir über die Beratungsstelle abdecken, zu dem beispielsweise keine gezielte Förderung der Kinder wie in der Logopädie, Ergotherapie oder Physiotherapie gehört. Andere Grenzen liegen darin, dass wir spezifische Fähigkeiten wie Gebärdensprache zum momentanen Zeitpunkt nicht beherrschen. Es sollte unser Ziel sein, Barrieren abzubauen. Dazu gehören neben architektonischen Veränderungen auch die notwendigen Anpassungen unseres Angebots sowie eine barrierefreie Kommunikation. Hierfür und für die konkrete gewinnbringende Arbeit mit den Klient*innen braucht es eine entsprechende Finanzierung, Raum und Zeit.

Falls Sie bisher noch wenig Erfahrung in der Beratung von Kindern und Jugendlichen mit Beeinträchtigungen und ihren Familien haben und noch zögern, ob Sie genügend vorbereitet sind, möchte ich Ihnen Mut zusprechen: Legen Sie los! Mit Offenheit und Interesse lernt man vieles noch im Laufe der Beratungen mit den Klient*innen und kann Lücken, auf die man ggf. in der praktischen Arbeit stößt, durch Literatur, kollegialen Austausch und Fortbildungen schließen.

Und nun endet dieses Buch genauso, wie viele Beratungsstunden abschließen: mit einer Partie Tischkicker!

Literatur

Aarts, M., Hawellek, C., Rausch, H., Schneider, M. & Thelen, C. (2014). *Marte Meo: Eine Einladung zur Entwicklung*. Eindhoven: marte meo international.
Aarts, M. (2002). *Marte Meo Programme for Autism*. Harderwijk: Aarts Productions.
Achilles, I. (2018). Geschwister stärken. In: Bundesvereinigung Lebenshilfe (Hrsg.). *Familien unterstützen. Ideen und Praxisbeispiel für Haupt- und Ehrenamtliche*. S. 124–133. Marburg: Lebenshilfe.
Achilles, I. (2010). *»Was macht Ihr Sohn denn da?« Geistige Behinderung und Sexualität*. 5. Aufl. München: Reinhardt.
Achilles, I. (2005). *»…und um mich kümmert sich keiner!« Die Situation der Geschwister behinderter und chronisch kranker Kinder*. 4. Aufl. München: Reinhard.
agj: Arbeitsgemeinschaft für Kinder- und Jugendhilfe (2015). Im Fokus: Große Lösung/Inklusive Lösung. *Forum Jugendhilfe 04/15*.
AKJ[stat]: Arbeitsstelle Kinder- und Jugendhilfestatistik (Hrsg.) (2016). *Monitor Hilfen zur Erziehung 2016*. Autorenschaft: Fendrich, S., Pothmann, J. & Tabel, A. Verfügbar unter: http://akjstat.tu-dortmund.de/fileadmin/Startseite/Monitor_Hilfen_zur_Erziehung_2016.pdf. Zugriff am 16.03.19.
Antonovsky, A. (1997). *Salutogenese: Zur Entmystifizierung der Gesundheit*. Tübingen: dgvt.
APA: American Psychiatric Association (2015). *Diagnostisches und Statistisches Manual Psychischer Störungen DSM-5®*. Göttingen: Hogrefe.
Arnold, J. (2017). Erziehungsberatung wirkt! – Ergebnisse der deutschlandweiten Wirkungsstudie »Wir.EB«. *Informationen für Erziehungsberatungsstellen, 1 (17)*, S. 12–18.
Aster, M. von (1999). Geistige Behinderung. In: Steinhausen, H.-C. & Aster, M. von (Hrsg.) *Verhaltenstherapie und Verhaltensmedizin bei Kindern und Jugendlichen*. 2. Aufl. S. 53–74. Weinheim: Beltz.
Autea (2016). Skript zum Seminar *Umgang mit herausforderndem Verhalten auf Grundlage des Low Arousal-Ansatzes – Studio 3 für Personen, die Menschen mit intellektueller Beeinträchtigung und/oder Autismus-Spektrum-Störung begleiten*. Gelsenkirchen. Informationen unter: www.autea.de. Zugriff am 16.03.19.
Baer, U. (2007). *Gefühlssterne, Angstfresser, Verwandlungsbilder… Kunst- und gestaltungstherapeutische Methoden und Modelle*. 5. Aufl. Neukirchen-Vluyn: Affenkönig.
Beauftragte der Bundesregierung für die Belange behinderter Menschen (2017). *Die UN-Behindertenrechtskonvention*. Bonn: BMAS. Verfügbar unter: https://www.behindertenbeauftragter.de/SharedDocs/Publikationen/UN_Konvention_deutsch.pdf?__blob=publicationFile&v=2. Zugriff am 16.03.19.
Behringer, L., Gmür, W., Hackenschmied, G. & Wilms, D. (2018). Arbeit mit Vätern von Kindern mit Behinderung. *Frühförderung interdisziplinär, 37. Jg.*, S. 63–72.

Bengel, J., Strittmaier, R. & Willmann, H. (2001). *Was erhält den Menschen gesund? Antonovskys Modell der Salutogenese – Diskussionsstand und Stellenwert*. Köln: Bundeszentrale für gesundheitliche Aufklärung.

Bergeest, H., Boenisch, J. & Daut, V. (2015). *Körperbehindertenpädagogik. Grundlagen – Förderung – Inklusion*. 5. Aufl. Bad Heilbrunn: Klinkhardt.

Bergmann, F. (2019). *Verhaltenstherapie bei jungen Menschen mit kognitiven Einschränkungen*. Weinheim: Beltz.

Bergold, J. B. & Filsinger, D. (1998). Die Vernetzung psychosozialer Dienste und ihre Konsequenzen für Professionelle und Nutzer. Ein Vergleich zwischen den Gesundheitssystemen in BRD und DDR. In: Röhrle, B., Sommer, G. & Nestmann, F. (Hrsg.). *Netzwerkinterventionen*. S. 223–258. Tübingen: dgvt.

Bertelsmann Stiftung (2017). *Länderreport frühkindliche Bildungssysteme*. Verfügbar unter: https://www.laendermonitor.de/de/startseite/. Zugriff am 13.06.18.

Beyer, I. (2013). Liebe, Lust und Frust. Interview mit Martina Sasse. *Unser Kind wird erwachsen. Sonderheft des Eltern-Magazins der Lebenshilfe*. S. 35–39. Marburg: Lebenshilfe.

Bienstein, P. & Warnke, A. (2013). Ätiologie. In: Bienstein, P. & Rojahn, J. (Hrsg.). *Selbstverletzendes Verhalten bei Menschen mit geistiger Behinderung*. S. 56–92. Göttingen: Hogrefe.

Biermann, A. (2000). Unterstützte Kommunikation. In: Borchert, J. (Hrsg.). *Sonderpädagogische Psychologie*. S. 801–813. Göttingen: Hogrefe.

bke: Bundeskonferenz für Erziehungsberatung (2015). Inklusion und Familienvielfalt in der Erziehungsberatung. bke Stellungnahme. *Informationen für Erziehungsberatungsstellen* 1/15, S. 12–16. Verfügbar unter: http://www.bke.de/content/application/mod.content/1500278795_Info%201-15%20Stellungnahme%20S12-16.pdf, Zugriff am 16.03.19.

bke (2012). *Familie und Beratung. Memorandum zur Zukunft der Erziehungsberatung*. Fürth: bke.

BMAS: Bundesministerium für Arbeit und Soziales (Hrsg.) (2018). *Ratgeber für Menschen mit Behinderung*. Verfügbar unter: https://www.bmas.de/SharedDocs/Downloads/DE/PDF-Publikationen/a712-ratgeber-fuer-behinderte-mens-390.pdf?__blob=publicationFile. Zugriff am 01.07.19.

BMAS (Hrsg.) (2016). *Zweiter Teilhabebericht über die Lebenslagen von Menschen mit Beeinträchtigungen in Deutschland*. Verfügbar unter: http://www.bmas.de/SharedDocs/Downloads/DE/PDF-Publikationen/a125-16-teilhabebericht.pdf?__blob=publicationFile&v=9. Zugriff am 16.03.19.

BMAS (Hrsg.) (2013). *Teilhabebericht der Bundesregierung über die Lebenslagen von Menschen mit Beeinträchtigungen. Teilhabe–Beeinträchtigung–Behinderung*. Verfügbar unter: https://www.bmas.de/SharedDocs/Downloads/DE/PDF-Publikationen/a125-13-teilhabebericht.pdf?__blob=publicationFile&v=2. Zugriff am 16.03.19.

BMAS & Netzwerk Leichte Sprache (2014). *Leichte Sprache. Ein Ratgeber*. Verfügbar unter: *https://www.bmas.de/DE/Service/Medien/Publikationen/a752-leichte-sprache-ratgeber.html*. Zugriff am 14.01.19.

BMFSFJ: Bundesministerium für Familie, Senioren, Frauen und Jugend (2017). *Familienreport 2017*. Verfügbar unter: https://www.bmfsfj.de/bmfsfj/service/publikationen/familienreport-2017/119526. Zugriff am 16.03.19.

BMFSFJ (Hrsg.) (2013). *Stief- und Patchworkfamilien in Deutschland. Monitor Familienforschung. Beiträge aus Forschung, Statistik und Familienpolitik*. Verfügbar unter: https://www.bmfsfj.de/bmfsfj/service/publikationen/stief--und-patchworkfamilien-in-deutschland/96024. Zugriff am 05.02.19.

BMJV: Bundesministerium für Justiz und für Verbraucherschutz (2019). *Gesetze im Internet*. Verfügbar unter: https://www.gesetze-im-internet.de/. Zugriff am 04.03.19.

Borg-Laufs, M. (2011). Die Befriedigung psychischer Grundbedürfnisse als Weg und Ziel der Kinder- und Jugendlichenpsychotherapie. *Forum für Kinder- und Jugendpsychiatrie, Psychosomatik und Psychotherapie* 1/2012, S. 6–21.

Brisch, K. H. (2018). *Bindungsstörungen. Von der Bindungstheorie zur Therapie.* 15. Aufl. Stuttgart: Klett-Cotta.

Bröcher, J. (2006). *Kunsttherapie als Chance. Erfolgreiche ästhetisch-gestalterische Verfahren in (sonder-)pädagogischen Handlungsfeldern.* Heidelberg: Winter.

Brückner, M. & Merkle, I. (2007). Ich sehe was, was Du nicht siehst!" Kunsttherapeutische Arbeit mit geistig behinderten Menschen. In: Kraus, W. (Hrsg.). *Die Heilkraft des Malens. Einführung in die Kunsttherapie.* 5. Aufl. S. 154–162. München: Beck.

Brunner, J. (2018). *Professionalität in der Frühpädagogik: Perspektiven pädagogischer Fachkräfte im Kontext einer inklusiven Bildung.* Berlin: Springer.

Bundesjugendkuratorium (2012). *Inklusion: Eine Herausforderung auch für die Kinder- und Jugendhilfe. Stellungnahme des Bundesjugendkuratoriums.* Verfügbar unter: https://www.bundesjugendkuratorium.de/assets/pdf/press/Stellungnahme_Inklusion_61212.pdf. Zugriff am 16.03.19.

Bundesvereinigung Lebenshilfe (Hrsg.) (2002). *Kunst und Kreativität geistig behinderter Menschen.* Marburg: Lebenshilfe.

Burr, W. R. & Klein, S. R. et al. (1994). *Reexamining family stress.* Thousand Oaks, CA: Sage.

BZgA: Bundeszentrale für gesundheitliche Aufklärung (2017). Sexualität und Behinderung. *Forum Sexualaufklärung 1/2017.*

Carda-Döring, C., Arias, R., Misof, T., Repp, M., Schiessle, U. & Schultz, H. (2009). *Berührt. Alltagsgeschichten von Familien mit behinderten Kindern.* 3. Aufl. Frankfurt/M.: Brandes & Apsel.

Carter, E. A. & McGoldrick, M. (Hrsg.) (1989). *The changing family life cycle: A framework for family therapy.* New York: Allyn & Bacon.

Caritas (2015). *Kinder dürfen nein sagen.* Caritas: Freiburg.

Clas, D. (2018). Kurzzeiteinrichtungen für Kinder und Jugendliche mit Behinderungen. Ein Hilfsangebot für die ganze Familie. In: Bundesvereinigung Lebenshilfe (Hrsg.). *Familien unterstützen. Ideen und Praxisbeispiel für Haupt- und Ehrenamtliche.* S. 134–142. Marburg: Lebenshilfe.

Cloerkes, G. (2007). *Soziologie der Behinderten.* Heidelberg: Edition S.

Coles, D. (2003). Behinderung fordert heraus: Lösungsfokussiert mit Familien arbeiten. *Systema 1/2003.* S. 6–19.

Crowley, R. J. & Mills, J. C. (1989). *Cartoon magic.* New York: Brunner/Mazel.

Cullen, J. C., MacLeod, J. A., Williams, P. D., Williams, A. R. (1991). Coping, satisfaction, and the life cycle in families with mentally retarded persons. *Issues in Comprehensive Pediatric Nursing,* 14, 193–207.

Daut, V. (2005). *Leben mit Duchenne Muskeldystrophie. Eine qualitative Studie mit jungen Männern.* Bad Heilbrunn: Klinkhardt.

Dederich, M., Beck, I., Bleidick, U. & Antor, G. (Hrsg.) (2016). *Handlexikon der Behindertenpädagogik. Schlüsselbegriffe aus Theorie und Praxis.* 3. Aufl. Stuttgart: Kohlhammer.

Degen, H. (1974). *De pastorale begleiding van ouders met een geestelijk gehandicapt kind.* Doctoral-Skriptie Stichting Theologische Faculteit Tilburg. Tilburg.

Degen, H. (1976). *Gedeelde Zorg. Ervaringen van oulders met een Zorgenkind.* Een handreiking aan oudervereinigingen u. a. Hilversum.

destatis: Statistisches Bundesamt (2019). *Zahlen und Fakten. Gesellschaft und Staat. Gesundheit. Behinderte Menschen.* Verfügbar unter: https://www.destatis.de/DE/ZahlenFakten/Gesellschaft Staat/Gesundheit/Behinderte/BehinderteMenschen.html. Zugriff am 03.03.19.

Diehl, H., Fischer, C., Miles-Paul, O., Lohest, K.-P., Porr, C. & Scholten, B. (2016). Erziehungshilfe in der Diskussion. Wenn nicht jetzt, wann dann?! Zum aktuellen Stand der Debatte um eine Inklusive Lösung. *Dialog Erziehungshilfe* 1/2016, S. 14–22.

DIMDI: Deutsches Institut für Medizinische Dokumentation und Information (2017). *ICD-10-GM Version 2017. Internationale statistische Klassifikation der Krankheiten und verwandter Gesundheitsprobleme, 10. Revision, German Modification, Version 2017.* Verfügbar unter: https://www.dimdi.de/static/de/klassi/icd-10-gm/kodesuche/onlinefassungen/htmlgm2017/. Zugriff am 13.06.18.

Drosten, R. (2018). Das Familienzentrum als inklusives Strukturelement sozialräumlicher Netzwerke für Familien. In: Bundesvereinigung Lebenshilfe (Hrsg.). *Familien unterstützen. Ideen und Praxisbeispiel für Haupt- und Ehrenamtliche.* S. 143–154. Marburg: Lebenshilfe.

Došen, A. (2010). *Psychische Störungen, Verhaltensprobleme und intellektuelle Behinderung. Ein integrativer Ansatz für Kinder und Erwachsene.* Göttingen: Hogrefe.

Dworschak, W. & Reiter T. (2017). Kinder und Jugendliche mit geistiger Behinderung im Heim. Prävalenz und individuelle Merkmale. *Vierteljahresschrift für Heilpädagogik und ihre Nachbargebiete* VHN 4/2017, S. 325–339.

Dworschak, W., Kannewischer, S., Ratz, C. & Wagner, M. (2012). Verhaltensstörungen bei Schülern im Förderschwerpunkt geistige Entwicklung in Bayern. In: Ratz, C. (Hrsg.). *Verhaltensstörungen und geistige Behinderung.* S. 67–82. Oberhausen: Athena.

Eberhart, H. & Knill, P. J. (2009). *Lösungskunst. Lehrbuch der kunst- und ressourcenorientierten Arbeit.* Göttingen: Vandenhoeck & Ruprecht.

Eckert, A. (2018). Familien mit Kindern mit Behinderung. Leben im Spannungsfeld von Herausforderung und Zufriedenheit. In: Bundesvereinigung Lebenshilfe (Hrsg.). *Familien unterstützen. Ideen und Praxisbeispiel für Haupt- und Ehrenamtliche.* S. 37–47. Marburg: Lebenshilfe.

Eckert, A. (2014). Kooperation von Elternhaus, Kindergarten und Schule. In: Wilken, U. & Jeltsch-Schudel, B. (Hrsg.). *Elternarbeit und Behinderung. Empowerment – Inklusion – Wohlbefinden.* S. 117–128. Stuttgart: Kohlhammer.

Eckert, A. (2008a). *Familie und Behinderung. Studien zur Lebenssituation von Familien mit einem behinderten Kind.* Hamburg: Dr. Kovač.

Eckert, A. (2008b). Mütter und Väter in der Frühförderung-Ressourcen, Stresserleben und Bedürfnisse aus der Perspektive der Eltern. *Frühförderung interdisziplinär,* 27. Jg., S. 3–10.

Eckert, J., Biermann-Ratjen, E. & Höger, D. (Hrsg.) (2012). *Gesprächspsychotherapie.* 2. Aufl. Heidelberg: Springer.

Ekman, P. (1992). An Argument for Basic Emotions. *Cognition and Emotion, 1992, 6 (3/4),* S. 169–200.

Elstner, S., Schade, C. & Diefenbacher, A. (2012). *DBToP-gB-Manual für die Gruppenarbeit.* Bielefeld: Bethel.

Elvén, B. H. (2015). *Herausforderndes Verhalten vermeiden. Menschen mit Autismus und psychischen oder geistigen Einschränkungen positives Verhalten ermöglichen.* Tübingen: dgvt.

Engelbert, A. (1999). *Familien im Hilfenetz. Bedingungen und Folgen der Nutzung von Hilfen für behinderte Kinder.* Weinheim: Juventa.

Erikson, E. H. (1966). *Identität und Lebenszyklus.* Frankfurt/M.: Suhrkamp.

Flammer, A. & Alsaker, F. D. (2011). *Entwicklungspsychologie der Adoleszenz. Die Erschließung innerer und äußerer Welten im Jugendalter.* 4. Aufl. Bern: Huber.

Frei, A. (2014). Problemverhalten und Identitätsentwicklung – Die Aufgabe der Förderschule für Geistige Entwicklung im Kontext der Inklusionsdebatte. In Hennicke, K. & Klauß, T. (Hrsg.). *Problemverhalten von Schüler(inne)n mit geistiger Behinderung.* S. 292–312. Marburg: Lebenshilfe.

Freitag, C. M. (2008). *Autismus-Spektrum-Störungen*. München: Reinhardt.
Frevert, G., Cierpka, M. & Joraschky, P. (2008). Familiäre Lebenszyklen. In: Cierpka, M. (Hrsg.). *Handbuch der Familiendiagnostik*. 3. Aufl. S. 171–197. Heidelberg: Springer.
Fröhlich, A. (2016). Einwurf: Pädagogische Kompetenzen im Umgang mit schwer und mehrfach beeinträchtigten Kindern und Jugendlichen. In: Jennessen, S. & Lelgemann, R. *Körper Behinderung Pädagogik*. S. 162–168. Stuttgart: Kohlhammer
Fuhrer, U. (2009). *Lehrbuch Erziehungspsychologie*. 2. Aufl. Bern: Huber.
Gawehn, N. & Dietzel, J. (2016). Bindungsrepräsentation Frühgeborener im Vorschulalter – Herausforderungen für die Frühförderung. In: Gebhard, B., Seidel, A., Sohns, A. & Möller-Dreischer (Hrsg.). *Frühförderung mittendrin – in Familien und Gesellschaft*. Stuttgart: Kohlhammer.
Gebhard, B., Seidel, A., Sohns, A. & Möller-Dreischer (Hrsg.) (2016). *Frühförderung mittendrin – in Familien und Gesellschaft*. Stuttgart: Kohlhammer.
Gerrig, R. J. (2018). *Psychologie*. 21. Aufl. Hallbergmoos: Pearson.
Goetze, H. (2002). *Handbuch der personenzentrierten Spieltherapie*. Göttingen: Hogrefe.
Grawe, K. (2004). *Neuropsychotherapie*. Göttingen: Hogrefe.
Greß, J. (2018). *Recht und Förderung für mein behindertes Kind. Elternratgeber für alle Lebensphasen – Sozialleistungen, Betreuung und Behindertentestament*. 3. Aufl. München: dtv.
Greving, H. & Ondracek, P. (2014). *Handbuch Heilpädagogik*. Köln: Bildungsverlag 1.
Groddeck, N. (1997). Klientenzentrierte Kunsttherapie mit Kindern und Jugendlichen. In: Boeck-Singelmann, C., Ehlers, B., Hensel, T., Kemper, F. & Monden-Engelhardt, C. (Hrsg.). *Personenzentrierte Psychotherapie mit Kindern und Jugendlichen*. Band 2. S. 269–312. Göttingen: Hogrefe.
Grünziger, E. (2005). *Geschwister behinderter Kinder. Besonderheiten, Risiken und Chancen. Ein Familienratgeber*. Neuried: Care-Line.
Gusti (2014). *Mallko y Papá*. Oceano Travesio.
Haberthür, N. (2005). *Kinder im Schatten. Geschwister behinderter Kinder*. Oberhofen: Zytglogge.
Hackenberg, W. (2008). *Geschwister von Menschen mit Behinderung*. München: Reinhardt.
Hackenberg, W. (1992). *Geschwister behinderter Kinder im Jugendalter – Probleme und Verarbeitungsformen. Längsschnittstudie zur psychosozialen Situation und zum Entwicklungsverlauf bei Geschwistern behinderter Kinder*. Berlin: Marhold.
Hampel, O. A., Hasmann, R., Karpinski, N., Gießelmann, S., Hasmann, S. E., Hubig, C., Böcking, K., Hasmann, T., Volkert, L. R., Böhm, R., Melder, L., Walter, A., Schlaich, S., Engler-Plörer, S., Holl, R. W. & Petermann, F. (2017). Stepping Stones Triple P. Längerfristige Effekte der Stepping Stones SPZ Multicenterstudie. *Monatsschrift Kinderheilkunde* 6/2017, S. 463–470.
Hannover, B. & Greve, W. (2012). Selbst und Persönlichkeit. In: Schneider, W. & Lindenberger, U. (Hrsg.). *Entwicklungspsychologie*. 7. Aufl. S. 543–562. Weinheim: Beltz.
Hartmann-Kottek, L. (2012). *Gestalttherapie*. 3. Aufl. Berlin: Springer.
Hasmann, S. E., Hampel, O. A., Schaadt, A.-K., Böhm, R., Engler-Plörer, S., Mundt, D., Mann, E., Scherbarth-Roschmann, P., Walter, A., Ewers, D., Melder, L., Holl, R. W., Petermann, F. & Hasmann, R. (2010). Psychosoziale Aspekte bei motorischen Behinderungen. Wie profitieren Familien mit verschiedenartig behinderten Kindern von einem Elterngruppentraining? *Monatsschrift Kinderheilkunde* 5/2010, S. 463–470.
Häußler, A. (2016). *Der TEACCH® Ansatz zur Förderung von Menschen mit Autismus. Einführung in Theorie und Praxis*. 5. Aufl. Dortmund: modernes lernen.
Häußler, A., Happel, C., Tuckermann, A., Altgassen, M. & Ald-Amini, K. (2016). *SOKO Autismus: Gruppenangebote zur Förderung sozialer Kompetenzen bei Menschen mit Autismus*. Dortmund: modernes lernen.

Havemann, M. & Stöppler, R. (2014). *Gesundheit und Krankheit bei Menschen mit geistiger Behinderung.* Stuttgart: Kohlhammer.
Hawellek, C., von Schlippe, A. (Hrsg.) (2005). *Entwicklung unterstützen – Unterstützung entwickeln. Systemisches Coaching nach dem Marte-Meo-Modell.* Göttingen: Vandenhoeck & Ruprecht.
Hay, D., Payne, A. & Chadwick, A. (2004). Peer relations in childhood. *Journal of Child Psychology and Psychiatry,* 45, 84–108.
Heckmann, C. (2004). *Die Belastungssituation von Familien mit behinderten Kindern. Soziale Netzwerke und professionelle Dienste als Bedingungen für Bewältigung.* Heidelberg: Winter.
Heimes, S. (2010). *Künstlerische Therapien.* Göttingen: Vandenhoeck & Ruprecht.
Hennemann, J. (2011). *Besonderes Glück? Hilfen für Eltern mit einem geistig behinderten Kind.* Frankfurt/M.: Mabuse.
Hennicke, K. (2014a). Verhaltensauffälligkeiten – Problemverhalten – Psychische Störung. Unterschiede und Entscheidungshilfen. In: Hennicke, K. & Klauß, T. (Hrsg.). *Problemverhalten von Schüler(inne)n mit geistiger Behinderung.* S. 220–249. Marburg: Lebenshilfe.
Hennicke, K. (2014b). Zur Struktur der psychosozialen Versorgung geistig behinderter Kinder und Jugendlicher mit zusätzlichen psychischen Störungen – »Bad practice« und Lösungsperspektiven. In: Hennicke, K. & Klauß, T. (Hrsg.). *Problemverhalten von Schüler(inne)n mit geistiger Behinderung.* S. 130–156. Marburg: Lebenshilfe.
Hennicke, K. (Hrsg.) (2012). *Traumatherapie bei Kindern und Jugendlichen mit geistiger Behinderung.* Marburg: Lebenshilfe.
Hennicke, K. (Hrsg.) (2011). *Praxis der Psychotherapie bei erwachsenen Menschen mit geistiger Behinderung.* Marburg: Lebenshilfe.
Hermes, V. (2017). *Beratung und Therapie bei Erwachsenen mit geistiger Behinderung. Das Praxishandbuch mit systemisch-ressourcenorientierten Hintergrund.* Bern: Hogrefe.
Hettinger, J. (1996). *Selbstverletzendes Verhalten, Stereotypien und Kommunikation. Die Förderung der Kommunikation bei Menschen mit geistiger Behinderung oder Autismussyndrom, die selbstverletzendes Verhalten zeigen.* Heidelberg: Winter.
Hill, R. (1958). Social stresses on the family. *Social Casework* 49, 139–150.
Hintermair, M. (2009). Salutogenetische und Empowerment-Konzepte in der Arbeit mit Kindern und Jugendlichen mit Behinderung. In: Sachverständigenkommision des 13. Kinder- und Jugendberichts (Hrsg.) *Expertise zum 13. Kinder- und Jugendbericht der Bundesregierung.* Verfügbar unter https://www.dji.de/ueber-uns/projekte/projekte/13-kinder-und-jugendbericht/wis-senstransfer.html. Zugriff am 11.02.19.
Hintermair, M. (2000). Soziale Unterstützung, Familie und (Hör-)Behinderung – Eine aktuelle Skizze des Forschungsgegenstands. In: Hintermair, M., Lehmann-Tremmel, G. & Meiser, S. *Wie Eltern stark werden. Soziale Unterstützung von Eltern hörgeschädigter Kinder. Eine empirische Bestandsaufnahme.* S. 21–50. Hamburg: Verlag hörgeschädigter Kinder gGmbH.
Hintermair, M. & Lehmann-Tremmel, G. (2000). Zur Struktur sozialer Unterstützungssysteme bei Eltern hörgeschädigter Kinder. In: Hintermair, M., Lehmann-Tremmel, G. & Meiser, S. *Wie Eltern stark werden. Soziale Unterstützung von Eltern hörgeschädigter Kinder. Eine empirische Bestandsaufnahme.* S. 111–169. Hamburg: Verlag hörgeschädigter Kinder gGmbH.
Hintermair, M., Lehmann-Tremmel, G. & Meiser, S. (2000). *Wie Eltern stark werden. Soziale Unterstützung von Eltern hörgeschädigter Kinder. Eine empirische Bestandsaufnahme.* Hamburg: Verlag hörgeschädigter Kinder gGmbH.
Hinze, D. (1999). *Väter und Mütter behinderter Kinder. Der Prozeß der Auseinandersetzung im Vergleich.* 3. Aufl. Heidelberg: Winter.

Hollenweger, J. & Kraus de Camargo, O. (2011). *ICF-CY. Internationale Klassifikation der Funktionsfähigkeit, Behinderung und Gesundheit bei Kindern und Jugendlichen.* World Health Organization. Bern: Huber.
Honkanen-Schoberth, P. (2002). *Starke Kinder brauchen starke Eltern. Der Elternkurs des Deutschen Kinderschutzbundes.* Berlin: Urania.
Hout, Mies van (2002). *Heute bin ich.* Zürich: aracari.
Hurrelmann, K. (1994). Mut zur demokratischen Erziehung. *Pädagogik* 7–8, S. 13–17.
IGFH: Internationale Gesellschaft für erzieherische Hilfen e.V. (2019). *Informationen zur Reform SGB VIII – Vorbereitung eines neuen Gesetzes zur Stärkung von Kindern und Jugendlichen.* Verfügbar unter: http://www.igfh.de/cms/SGBVIII-Reform. Zugriff am 04.03.19.
Irblich, D. (2014). Psychotherapie geistig behinderter Kinder und Jugendlicher. In: Hennicke, K. & Klauß, T. (Hrsg.) (2014). *Problemverhalten von Schüler(inne)n mit geistiger Behinderung.* S. 165–186. Marburg: Lebenshilfe.
Irblich, D. & Blumenschein, A. (1996). Therapeutisches Spielen mit geistig behinderten Kindern und Jugendlichen. In: Lotz, W., Stahl, B. & Irblich, D. (Hrsg.). *Wege zur seelischen Gesundheit für Menschen mit geistiger Behinderung. Psychotherapie und Persönlichkeitsentwicklung.* S. 238–253. Bern: Huber.
Jahn, H. & Sinapius, P. (Hrsg.) (2015). *Künstlerische Arbeit in Veränderungsprozessen. Grundlagen und Konzepte. Transformation Band 1.* Berlin: HPB.
Jahromi, L. B., Gulsrud, A. & Kasari, C. (2008). Emotional competence in children with Down syndrome: Negativity and regulation. *American Journal in Mental Retardation,* 113, S. 13–43.
Jeltsch-Schudel, B. (2009). Zusammenarbeit mit Eltern. In: Stein, R. & Orthmann Bless, D. (Hrsg.) *Frühe Hilfen bei Behinderung und Benachteiligungen.* S. 151–181. Baltmannsweiler: Schneider.
Jeltsch-Schudel, B. (2008). *Identität und Behinderung. Biographische Reflexionen erwachsener Personen mit einer Seh-. Hör- und Körperbehinderung.* Oberhausen: Athena.
Jennessen, S., Bungenstock, A. & Schwarzenberg, E. (2011). *Kinderhospizarbeit: Konzepte – Erkenntnisse – Perspektiven.* Stuttgart: Kohlhammer.
Juul, J. (2013). *Die kompetente Familie. Neue Wege in der Erziehung. Das family lab Buch.* Weinheim: Beltz.
Kanfer, F. H., Reinecker, H. & Schmelzer, D. (2012). *Selbstmanagement-Therapie: Ein Lehrbuch für die klinische Praxis.* 5. Aufl. Berlin: Springer.
Kassebrock, F. (2000). Behinderte Kinder, Jugendliche und junge Erwachsene in der Erziehungsberatung. In: Körner, W. & Hörmann, G. (Hrsg.). *Handbuch der Erziehungsberatung. Band 2.* S. 77–90. Göttingen: Hogrefe.
Kassebrock, F. (1998). Erziehungsberatung bei Familien mit einem behinderten Kind. In: Körner, W. & Hörmann, G. (Hrsg.). *Handbuch der Erziehungsberatung. Band 1.* S. 181–196. Göttingen: Hogrefe.
Kess erziehen (2017). *Kess erziehen. Kinder mit Handicap.* Verfügbar unter: https://www.kess-erziehen.de/elternkurse-kess/kinder-mit-handicap/. Zugriff am 07.01.19.
Keupp, H. (2010). Identitäten, befreit von Identitätszwängen, aber verpflichtet zur Identitätsarbeit. *Familiendynamik,* 2, S. 100–109.
Kießling, C. (2013). Schulvorbereitende Einrichtung – Überholtes Relikt oder Alternative zum integrativen Kindergarten? In: Textor, M. R. & Bostelmann, A. (Hrsg.) *Das Kita-Handbuch.* Verfügbar unter: https://www.kindergartenpaedagogik.de/2256.html. Zugriff am 16.03.19.
Kingsley, E. P. (2011). *Willkommen in Holland.* Verfügbar unter: https://www.down-kind.de/informationen-zu-down-syndrom/erfahrungsberichte/willkommen-in-holland/. Zugriff am 16.03.19.

Kläger-Haug, H. (2011). Kunsttherapeutische Begleitung eines spastisch gelähmten und hirntraumatisierten jungen Mannes. In: Hampe, R. & Stadler, P. B. (Hrsg.). *Multimodalität in den Künstlerischen Therapien.* S. 171–198. Berlin: Franke & Timme.

Klauß, T. (2014). Schüler(innen) mit auffälligem Verhalten. Eine wachsende Herausforderung an die Schule im Förderschwerpunkt geistige Entwicklung. In: Hennicke, K. & Klauß, T. (Hrsg.). *Problemverhalten von Schüler(inne)n mit geistiger Behinderung.* S. 22–39. Marburg: Lebenshilfe.

Klauß, T. (2005). *Ein besonderes Leben. Grundlagen der Pädagogik für Menschen mit geistiger Behinderung. Ein Buch für Pädagogen und Eltern.* 2. Aufl. Heidelberg: Winter.

KMK: Sekretariat der Ständigen Konferenz der Kultusminister der Länder in der Bundesrepublik Deutschland (2018). *Sonderpädagogische Förderung in Förderschulen.* Verfügbar unter: https://www.kmk.org/fileadmin/Dateien/pdf/Statistik/Dokumentationen/Aus_Sopae_2017.pdf. Zugriff am 03.03.19.

KMK (1994). *Empfehlungen zur sonderpädagogischen Förderung in den Schulen in der Bundesrepublik Deutschland. Beschluss der Kultusministerkonferenz vom 6.5.1994.* Verfügbar unter: http://www.kmk.org/fileadmin/Dateien/veroeffentlichungen_beschluesse/1994/1994_05_06-Empfehl-Sonderpaedagogische-Foerderung.pdf. Zugriff am 30.10.17.

Knees, C. & Winkelheide, M. (2006). *Bildungsarbeit mit Familien behinderter Kinder. Angebote entwickeln und durchführen.* Düsseldorf: selbstbestimmtes leben.

Köhnen, M. & Roth, H. (2010). *So können wir uns besser verständigen. Gebärden als Hilfe zum Spracherwerb und zur Förderung der Kommunikationsfähigkeit bei nichtsprechenden Kindern.* 2. Aufl. Dortmund: Modernes Lernen.

Kofahl C. & Lüdecke D. (2014). *Familie im Fokus – Die Lebens- und Versorgungssituation von Familien mit chronisch kranken und behinderten Kindern in Deutschland. Ergebnisse der Kindernetzwerk-Studie.* Berlin: aok. Verfügbar unter: http://aok-bv.de/imperia/md/aokbv/hinter-grund/dossier/selbsthilfe/33selbsthilfestudie_web.pdf. Zugriff am 22.01.19.

Korritko, A. & Pleyer, K. H. (2012). *Traumatischer Stress in der Familie: Systemtherapeutische Lösungswege.* Göttingen: Vandenhoeck & Ruprecht.

Krause, M. P. (2008). Elterliche Bewältigung von Behinderung – Forschungsergebnisse aus den Jahren 2000 bis 2006. In: Leyendecker, C. (Hrsg.). *Gemeinsam Handeln statt Behandeln. Aufgaben und Perspektiven der Komplexleistung Frühförderung.* S. 337–343. München: Reinhardt.

Krause, M. P. (2002). *Gesprächspsychotherapie und Beratung mit Eltern behinderter Kinder.* München: Reinhardt.

Krause, M. P. & Petermann, F. (1997). *Soziale Orientierungen von Eltern behinderter Kinder. Ein Fragebogen zum Bewältigungsverhalten.* Göttingen: Hogrefe.

Kreuzer, M. & Ytterhus, B. (2008). *»Dabeisein ist nicht alles« – Inklusion und Zusammenleben im Kindergarten.* München: Reinhardt.

Kriz, J. (2007). *Grundkonzepte der Psychotherapie.* 6. Aufl. Weinheim: Beltz.

Kruse, K. (2015). *Berufstätig sein mit behindertem Kind. Wegweiser für Mütter mit besonderen Herausforderungen.* Düsseldorf: Bundesverband für körper- und mehrfachbehinderte Menschen e. V.

Kruse, K. & Strauß, M. (2018). *Freiheitsentziehende Maßnahmen bei Kindern in Einrichtungen. Merkblatt zur neuen richterlichen Genehmigungspflicht.* Düsseldorf: Bundesverband für körper- und mehrfachbehinderte Menschen e. V. Verfügbar unter: https://bvkm.de/ratgeber/freiheitsentziehende-massnahmen-bei-kindern-in-einrichtungen/ Zugriff am 27.08.19.

Kübler-Ross, E. (1971). *Interviews mit Sterbenden.* Berlin: Kreuz.

Kulig, W. & Theunissen, G. (2012). Verhaltensauffälligkeiten bei Schülerinnen und Schülern mit geistiger Behinderung. Forschungsergebnisse und Impulse für die Praxis. In: Ratz, C. (Hrsg.). *Verhaltensstörungen und geistige Behinderung.* S. 123–144. Oberhausen: Athena.

Kutluer, F. (2019). Das Verständnis von Behinderung in anderen Ländern und seine Auswirkung auf die Inanspruchnahme des Hilfesystems in Deutschland am Beispiel Russland und Türkei. In: Westphal, G. & Wansing, G. (Hrsg.). *Migration, Flucht und Behinderung. Herausforderungen für Politik, Bildung und psychosoziale Dienste.* S. 187–205. Wiesbaden: Springer.

Lange, A. (2010). *Beziehungsfähig trotz geistiger Behinderung. Ein pädagogisches Konzept für die Behindertenarbeit.* Marburg: Tectum.

Langner, A. (Hrsg.) (2012). *Inklusion – eine »enorme« Kraftanstrengung für Eltern. Bestandsaufnahme.* Neu-Ulm: Verein zur Förderung der sozialpolitischen Arbeit.

Langner, R. (2013). Recht. In: *Unser Kind wird erwachsen. Sonderheft des Eltern-Magazins der Lebenshilfe.* S. 32–34. Marburg: Lebenshilfe.

Lebenshilfe Bremen (2013). *Leichte Sprache. Die Bilder.* Marburg: Lebenshilfe.

Lelgemann, R. (2016a). Kinder und Jugendliche mit einer körperlichen oder mehrfachen Beeinträchtigung – zwischen exkludierenden, exklusiven und inklusiven Lebenssituationen. In: Jennessen, S. & Lelgemann, R. *Körper Behinderung Pädagogik.* S. 215–225. Stuttgart: Kohlhammer.

Lelgemann, R. (2016b). Das eigene Leben gestalten – Erwachsen sein. In: Jennessen, S. & Lelgemann, R. *Körper Behinderung Pädagogik.* S. 234–250. Stuttgart: Kohlhammer.

Leutkart, C., Wieland, E. & Wirtensohn-Baader, I. (Hrsg.) (2014). *Kunsttherapie aus der Praxis für die Praxis. Band 2.* Dortmund: Modernes Leben.

Leutkart, C., Wieland, E. & Wirtensohn-Baader, I. (Hrsg.) (2010). *Kunsttherapie aus der Praxis für die Praxis.* 3. Aufl. Dortmund: Modernes Leben.

Leyendecker, C. (Hrsg.) (2008). *Gemeinsam Handeln statt Behandeln. Aufgaben und Perspektiven der Komplexleistung Frühförderung.* S. 337–343. München: Reinhardt.

Leyendecker, C. & Lammers, A. (2001). *»Lass mich einen Schritt allein tun«. Lebensbeistand und Sterbebegleitung lebensbedrohlich erkrankter Kinder.* Stuttgart: Kohlhammer.

Linderkamp, F. (2009). Operante Methoden. In: Schneider, S. & Margraf, J. (Hrsg.) *Lehrbuch der Verhaltenstherapie. Band 3: Störungen im Kindes und Jugendalter.* S. 209–220. Heidelberg: Springer.

Lingg, A. & Theunissen, G. (2017). *Psychische Störungen und geistige Behinderung. Ein Lehrbuch und Kompendium für die Praxis.* 7. Aufl. Freiburg: Lambertus.

Loh, S. von (2017). *Entwicklungsstörungen bei Kindern. Medizinisches Grundwissen für pädagogische und therapeutische Berufe.* 2. Aufl. Stuttgart: Kohlhammer.

Lotz, J. (2004). *»Manchmal bin ich traurig ...« Zur Lebenssituation von Müttern schwerstbehinderter Kinder.* Heidelberg: Winter.

Lotz, W., Stahl, B. & Irblich, D. (Hrsg.) (1996). *Wege zur seelischen Gesundheit für Menschen mit geistiger Behinderung. Psychotherapie und Persönlichkeitsentwicklung.* Bern: Huber.

Malti, T. & Perren, S. (Hrsg.) (2016). *Soziale Kompetenzen bei Kindern und Jugendlichen. Entwicklungsprozesse und Förderungsmöglichkeiten.* 2. Aufl. Stuttgart: Kohlhammer.

Mattern, R. (2008). Erziehungsberatung bei chronischer Krankheit/Behinderung. In: Hörmann, G. & Körner, W. (Hrsg.). *Einführung in die Erziehungsberatung.* S. 236–261. Stuttgart: Kohlhammer.

Maus, I. (2017). *Geschwister von Kindern mit Autismus. Ein Praxisbuch für Familienangehörige, Therapeuten und Pädagogen.* Stuttgart: Kohlhammer.

Mazzucchelli, T., Studman, L. & Sanders, M. (2013). Broschürenreihe zur Kurzberatung Stepping Stones Triple P. Broschürentitel: *Ein Leitfaden zur Teilhabe am gesellschaftlichen Leben. Ein Leitfaden zur Sprache und Verständigung. Ein Leitfaden zum Umgang mit störendem Verhalten. Ein Leitfaden zum Leben mit der kindlichen Behinderung. Ein Leitfaden zum frühen Lernen. Ein Leitfaden zu sozialen Kompetenzen. Ein Leitfaden zu Ängsten und Sorgen. Ein Leitfaden rund um Körperpflege und Selbstständigkeit. Ein Leitfaden rund um Essen und Mahlzeiten.* Münster: PAG.

McCubbin, H. I. & Patterson, J. M. (1983). The Family Stress Process: The Double ABCX Model of adjustment and adaptation. *Marriage & Family Review, 6* (1–2), S. 7–37.

Mechler-Schönaich, C. & Spreti, F. von (2005). »FreiRaum«. Zur Praxis und Theorie der Kunsttherapie. *Psychotherapeut, 3,* S. 163–178.

Menne, K. (2016). Erziehungsberatung als Jugendhilfeleistung. Die Entwicklung der Erziehungs- und Familienberatung in Deutschland in den 25 Jahren seit Inkrafttreten des Kinder- und Jugendhilfegesetzes (KJHG). In: bke (Hrsg.). *Beratung in Bewegung. Beiträge zur Weiterentwicklung in den Hilfen zur Erziehung.* S. 10–52. Fürth: bke.

Menne, K. (Hrsg.) (2015). *Fachliche Grundlagen der Beratung. Materialien zur Beratung. Band 20.* Fürth: bke.

Menzen, K.-H. (2008). *Grundlagen der Kunsttherapie.* 3. Aufl. München: Reinhardt.

menschzuerst (2019). *Mensch zuerst – Netzwerk People First Deutschland e. V..* Verfügbar unter: http://www.menschzuerst.de/pages/startseite/was-tun-wir/kampf-gegen-den-begriff-geistig-behindert.php. Zugriff am 03.03.19.

Meyer, H. (2002). *Verhaltensorientierte Interventionen bei Schülerinnen und Schülern mit geistiger Behinderung. Konzeption und Planung.* 2. Aufl. Heidelberg: Winter.

Meyer, H. (2000). Angst in der Schule für Geistigbehinderte – Eine Studie zum Angstverhalten und Angsterleben von Schülerinnen und Schülern mit geistiger Behinderung. *Heilpädagogische Forschung, 26/4,* S. 170–180.

Möller, B., Gude, M., Herrmann, J. & Schepper, F. (2016). *Geschwister chronisch kranker und behinderter Kinder im Fokus. Ein familienorientiertes Beratungskonzept.* Göttingen: Vandenhoeck & Ruprecht.

Müller, B. (2015). *Willis Welt. Der nicht mehr ganz normale Wahnsinn.* Stuttgart: Freies Geistesleben.

Müller-Lottes, A. (1998). *Warum nicht mit Spaß? Kreative Methoden in der Beratung.* Kassel: bifos.

Myschker, N. & Stein, R. (2018). *Verhaltensstörungen bei Kindern und Jugendlichen. Erscheinungsformen-Ursachen-Hilfreiche Maßnahmen.* 8. Aufl. Stuttgart: Kohlhammer.

Neuhäuser, G. (2003). Diagnose von Entwicklungsstörungen und Coping Prozesse in der Familie als ärztliche Aufgabe. In: Wilken, U. & Jeltsch-Schudel, B. (Hrsg.). *Eltern behinderter Kinder. Empowerment – Kooperation – Beratung.* S. 73–89. Stuttgart: Kohlhammer.

Oaklander, V. (2013). *Gestalttherapie mit Kindern und Jugendlichen,* 16. Aufl. Stuttgart: Klett-Cotta.

Oerter, R. & Dreher E. (2008). Jugendalter. In Oerter, R. & Montada, L. (Hrsg.). *Entwicklungspsychologie.* S. 271–332. Weinheim: Beltz.

Omer, H. & Schlippe, A. von (2004). *Autorität ohne Gewalt. Coaching für Eltern von Kindern mit Verhaltensproblemen. »Elterliche Präsenz« als systemisches Konzept.* Göttingen: Vandenhoeck & Ruprecht.

Ortland, B. (2016). Sexualität – eine lebenslange Lernaufgabe. In: Jennessen, S. & Lelgemann, R. *Körper Behinderung Pädagogik.* S. 226–233. Stuttgart: Kohlhammer.

Ortland, B. (Hrsg.) (2006). *Die eigene Behinderung im Fokus. Theoretische Fundierungen und Wege der inhaltlichen Auseinandersetzung.* Bad Heilbrunn: Klinkhardt.

Petermann, F., Petermann, U. & Nitkowski, D. (2016). *Emotionstraining in der Schule. Ein Programm zur Förderung der emotionalen Kompetenz.* Göttingen: Hogrefe.

Petermann, F. & Wiedebusch, S. (2016). *Emotionale Kompetenz bei Kindern.* 3. Aufl. Göttingen: Hogrefe.

Peters, H. (2001). *Psychotherapeutische Zugänge zu Menschen mit geistiger Behinderung.* Stuttgart: Klett-Cotta.

Pfluger-Jakob, M. (1996). Gestalttherapie mit geistig behinderten Menschen – von Wahrnehmen von Kontakt, vom Rückzug zur Abgrenzung, von Isoliertheit und Integration. In: Lotz, W., Stahl, B. & Irblich, D. (Hrsg.). *Wege zur seelischen Gesundheit für Menschen mit geistiger Behinderung. Psychotherapie und Persönlichkeitsentwicklung.* S. 296–215. Bern: Huber.

Pixa-Kettner, U. & Lotz-Rambaldi, W. (2003). Unterstützung von Familien mit behinderten Angehörigen. In: Irblich, D. & Stahl, B. (Hrsg.). *Menschen mit geistiger Behinderung.* S. 415–451. Göttingen: Hogrefe.

Pörtner, M. (1996). Garry Prouty's Konzept der Prä-Therapie. In: Lotz, W., Stahl, B. & Irblich, D. (Hrsg.). *Wege zur seelischen Gesundheit für Menschen mit geistiger Behinderung. Psychotherapie und Persönlichkeitsentwicklung.* S. 216–226. Bern: Huber.

Pro familia (2018). *Sexualität – was sind unsere Rechte?* 3. Aufl. Frankfurt/M.: Pro familia.

Pro familia (2016). *Verhütung – in leichter Sprache* Frankfurt/M.: Pro familia.

Pro familia (2008). *Sexualität und geistige Behinderung.* Frankfurt/M.: Pro familia.

Prouty, G., Pörtner, M. & Werde, D. van (2019). *Prä-Therapie.* 6. Aufl. Stuttgart: Klett-Cotta.

Rahab, D. (2018). Einelternfamilien mit behindertem Kind – Eine Randgruppe einer Randgruppe. In: Bundesvereinigung Lebenshilfe (Hrsg.). *Familien unterstützen. Ideen und Praxisbeispiel für Haupt- und Ehrenamtliche.* S. 108–123. Marburg: Lebenshilfe.

Raila, P. (2012). *… und es beginnt ein neues Leben! Eine empirische Untersuchung zu Veränderung der innerweltlichen Situation von Familien durch die Geburt eines behinderten Kindes.* Augsburg: Context.

Rauh, H. (2007). Resilienz und Bindung bei Kindern mit Behinderungen. In: Opp, G. & Fingerle, M. (Hrsg.) *Was Kinder stärkt. Erziehung zwischen Risiko und Resilienz.* 2. Aufl., S. 175–191. München: Reinhardt.

Ravens-Sieberer, U., Wille, N., Bettge, S. & Erhart, M. (2007). Psychische Gesundheit von Kindern und Jugendlichen in Deutschland. Ergebnisse aus der BELLA-Studie im Kinder- und Jugendgesundheitssurvey (KiGGS). *Bundesgesundheitsblatt – Gesundheitsforschung – Gesundheitsschutz,* 50/5–6, S. 871–878.

Renner, G. & Mickley, M. (2015). Berücksichtigen deutschsprachige Intelligenztests die besonderen Anforderungen von Kindern mit Behinderungen? *Praxis der Kinderpsychologie und Kinderpsychiatrie,* 64/2015, S. 88–103.

Retzlaff, R. (2016). *Spiel-Räume. Lehrbuch der systemischen Therapie mit Kindern und Jugendlichen.* 6. Aufl. Stuttgart: Klett-Cotta.

Retzlaff, R. (2010). *Familien-Stärken. Behinderung, Resilienz und systemische Therapie.* Stuttgart: Klett-Cotta.

Ritter, M. (2011). *Wenn ein Kind stirbt: Hilfe und Orientierung für Eltern, Geschwister und Begleitende.* Gütersloh: Gütersloher Verlagshaus.

Robertz, U. & Heidenreich, S. (2012). Spezifische Therapieangebote für traumatisierte intelligenzgeminderte Kinder und Jugendliche in der Kinder- und Jugendpsychiatrie Viersen. In: Hennicke, K. (Hrsg.). *Traumatherapie bei Kindern und Jugendlichen mit geistiger Behinderung.* Marburg: Lebenshilfe.

Rohrmann, A. & Weinbach, H. (2017). Unterstützungsleistungen für Jugendliche mit Behinderungen und ihre Familien. Auswirkungen von Verfahren und Leistungen auf Teilhabechancen. In: Sachverständigenkommission 15. Kinder- und Jugendbericht (Hrsg.). *Materialien zum 15. Kinder- und Jugendbericht.* Verfügbar unter: https://www.dji.de/fileadmin/user_upload/ bibs2017/15_KJB_RohrmannWeinbach_neu.pdf. Zugriff am 12.02.18.

Rogers, C. (2018). *Entwicklung der Persönlichkeit.* 21. Aufl. Stuttgart: Klett-Cotta.

Rogers, C. (1983). *Therapeut und Klient. Grundlagen der Gesprächspsychologie.* Frankfurt/M.: Fischer.

Rogge, J.-U. (2012). *Das Neue Kinder brauchen Grenzen.* 8. Aufl. Reinbek: Rowohlt.

Rolland, J. S. (2010). Mastering Family Challenges in Serious Illness and Disability. In: Walsh, F. *Normal Family Processes.* S. 452–482. 4. Aufl. New York: Guilford Press.

Rolland, J. S. (2000). Krankheit und Behinderung in der Familie. Modell für ein integratives Behandlungskonzept. In: Kröger, F., Hendrischke, A., McDaniel, S. (Hrsg.) *Familie, System und Gesundheit,* S. 62–104. Heidelberg: Carl Auer.

Rotthaus, W. (2002). *Wozu erziehen? Entwurf einer systemischen Erziehung.* 4. Aufl. Heidelberg: Carl Auer.
Sanders, M., Mazzucchelli, T. & Studman, L. (2009/2010a). *Broschürenreihe zur Kurzberatung Stepping Stones Triple P.* Broschürentitel: *Ein Leitfaden zur positiven Erziehung.* Münster: PAG.
Sanders, M., Mazzucchelli, T. & Studman, L. (2009/2010b). *Trainermanual für das Stepping Stones Triple P-Gruppentrainingbroschüren für Familien von Kindern mit Behinderung.* Münster: PAG.
Sanders, M., Mazzucchelli, T. & Studman, L. (2009/2010c). *Stepping Stones Triple P für Familien von Kindern mit Behinderungen. Gruppenarbeitsbuch.* Münster: PAG.
Sappok, T. (Hrsg.) (2019). *Psychische Gesundheit bei intellektueller Entwicklungsstörung. Ein Lehrbuch für die Praxis.* Stuttgart: Kohlhammer.
Sappok, T. & Zepperitz, S. (2016). *Das Alter der Gefühle. Über die Bedeutung der emotionalen Entwicklung bei Behinderung.* Göttingen: Hogrefe.
Sarimski, K. (2017). *Handbuch interdisziplinäre Frühförderung.* München: Reinhardt.
Sarimski, K. (2014). *Entwicklungspsychologie genetischer Syndrome.* 4. Aufl. Göttingen: Hogrefe.
Sarimski, K. (2012a). Zur Bedeutung von psychischen Störungen bei Kindern und Jugendlichen mit geistiger Behinderung. In: Ratz, C. (Hrsg.). *Verhaltensstörungen und geistige Behinderung.* S. 39–54. Oberhausen: Athena.
Sarimski, K. (2012b). *Behinderte Kinder in inklusiven Kindertagesstätten.* Stuttgart: Kohlhammer.
Sarimski, K. (2008). Geistige Behinderung und Störungen der sozialen und emotionalen Entwicklung. In: Gasteiger-Klicpera, B., Julius, H. & Klicpera, C. (Hrsg.) (2008). *Sonderpädagogik der sozialen und emotionalen Entwicklung.* S. 365–377. Göttingen: Hogrefe.
Sarimski, K. (2006). Soziale Beziehungen von Kindern mit geistiger Behinderung. In: Klauß, T. (Hrsg.). *Geistige Behinderung – Psychologische Perspektiven.* S. 103–110. Heidelberg: Winter.
Sarimski, K (2001). *Kinder und Jugendliche mit geistiger Behinderung.* Göttingen: Hogrefe.
Sarimski, K. & Steinhausen, H.-C. (2008). *Psychische Störungen bei geistiger Behinderung. Leitfaden Kinder- und Jugendpsychotherapie.* Göttingen: Hogrefe.
Sarimski, K. & Steinhausen, H.-C. (2007). *KIDS 2. Geistige Behinderung und schwere Entwicklungsstörung.* Göttingen: Hogrefe.
Schäfers, M. (2017). Familien mit behinderten Angehörigen im Erwachsenenalter. Zwischen familiärem Zusammenhalt und professioneller Betreuung. In: Bundesvereinigung Lebenshilfe (Hrsg.). *Familien unterstützen. Ideen und Praxisbeispiel für Haupt- und Ehrenamtliche.* S. 53–68. Marburg: Lebenshilfe.
Schemmel, H., Selig, D. & Janschek-Schlesinger (2017). *Kunst als Ressource in der Therapie. Praxisbuch der systemisch-lösungsfokussierten Kunsttherapie.* 2. Aufl. Tübingen: dgvt.
Schlichting, H. (2018). Pflege als lebensbegleitende Herausforderung für Familien mit Kindern mit schwerer und mehrfacher Behinderung. In: Bundesvereinigung Lebenshilfe (Hrsg.). *Familien unterstützen. Ideen und Praxisbeispiel für Haupt- und Ehrenamtliche.* S. 98–107. Marburg: Lebenshilfe.
Schlippe, A. von & Schweitzer, J. (2016). *Lehrbuch der systemischen Therapie und Beratung I und II.* Göttingen: Vandenhoeck & Ruprecht.
Schmidt, N. (2008). *Freunde dürfen verschieden sein. Stigmatisierung als Thema einer Unterrichtssequenz mit schwerhörigen Grundschulkindern.* Würzburg: Bentheim.
Schmidt-Denter, U. (2005). *Soziale Beziehungen im Lebenslauf.* 4. Aufl. Weinheim: Beltz.
Schneewind, K. A. (2010). *Familienpsychologie.* 3. Aufl. Stuttgart: Kohlhammer.
Schneewind, K. A. & Böhmert, B. (2009). *Kinder im Grundschulalter kompetent erziehen. Der interaktive Elterncoach »Freiheit in Grenzen«.* 2. Aufl. Bern: Huber.
Schneider, S. & Blatter, J. (2009). Trennungsangst. In: Magraf, S. & Schneider, S. (Hrsg.). *Lehrbuch der Verhaltenstherapie Bd. 3: Störungen des Kinder- und Jugendalters.* S. 482–501. Heidelberg: Springer.

Schnoor, H. (2007). Psychische Bewältigung in Problemlagen. In: Schnoor, H. (Hrsg.). *Leben mit Behinderungen. Eine Einführung in die Rehabilitationspädagogik anhand von Fallbeispielen.* S. 109–117. Stuttgart: Kohlhammer.

Schörkhuber, B., Rabl., M. & Svehla, H. (Hrsg.) (2017). *Vielfalt als Chance – vom Kern der Sache.* Wien: LIT.

Schrappe, A. (2018). *Kinder und ihre psychisch erkrankten Eltern. Kompetent beraten, sicher kooperieren.* Weinheim: Beltz.

Schuchardt, E. (1987a). *Biographische Erfahrung und wissenschaftliche Theorie. Soziale Integration Behinderter.* Band 1. 3. Aufl. Bad Heilbrunn: Klinkhardt.

Schuchardt, E. (1987b). *Weiterbildung als Krisenverarbeitung. Soziale Integration Behinderter.* Band 2. 3. Aufl. Bad Heilbrunn: Klinkhardt.

Schuchardt, E. (2018). *Warum gerade ich? Leben lernen in Krisen. Der Komplementär-Spiralweg – Krise als Chance. Fazit aus 6000 Lebensgeschichten 18.–21. Jahrhundert:* (14. Aufl.). Göttingen: Vandenhoeck & Ruprecht.

Schuntermann, M. F. (2005). *Einführung in die ICF. Grundkurs-Übungen-offene Fragen.* Landsberg: ecomed.

Schuppener, S. (2006). Menschen mit Behinderungserfahrungen = Menschen mit einer »behinderten Identität«? Annahmen zur Identitätsentwicklung von Personen mit so genannter geistiger Behinderung. In: Klauß, T. (Hrsg.). *Geistige Behinderung – Psychologische Perspektiven.* S. 163–182. Heidelberg: Winter.

Schuster, M. (2014). *Kunsttherapie in der psychologischen Praxis.* Heidelberg: Springer.

Schwing, R. & Fryszer, A. (2015). *Systemisches Handwerk. Werkzeuge für die Praxis.* 7. Aufl. Göttingen: Vandenhoeck & Ruprecht.

Seifert, M. (2014). Mütter, Väter und Großeltern von Kindern mit Behinderung. Herausforderungen – Ressourcen – Zukunftsplanung. In: Wilken, U. & Jeltsch-Schudel, B. (Hrsg.). *Elternarbeit und Behinderung. Empowerment – Inklusion – Wohlbefinden.* S. 25–35. Stuttgart: Kohlhammer.

Senckel, B. (2006). Beziehungsgestaltung als Persönlichkeitsförderung – Die »entwicklungsfreundliche Beziehung«. In: Klauß, T. (Hrsg.). *Geistige Behinderung – Psychologische Perspektiven.* S. 111–119. Heidelberg: Winter.

Singer, P. & Kienle, D. (2016). Einwurf: »Weil nicht (mehr) sein kann, was nicht sein darf« – Erfahrungen von Behinderung trotz inklusiver Zeiten?! In: Jennessen, S. & Lelgemann, R. *Körper Behinderung Pädagogik.* S. 67–94. Stuttgart: Kohlhammer.

Soltau, B. (2014). Prävalenz von emotionalen und Verhaltensproblemen bei Kindern und Jugendlichen mit geistiger Behinderung und die psychotherapeutische und psychiatrische Versorgung aus Sicht der Eltern. In: Hennicke, K. & Klauß, T. (Hrsg.) (2014). *Problemverhalten von Schüler(inne)n mit geistiger Behinderung.* S. 40–46. Marburg: Lebenshilfe.

Southam-Gerow, M. A. (2013). *Emotion regulation in children and adolescents: A practitioner's guide.* New York: Guilford Press.

Speck, O. (1991). *System Heilpädagogik. Eine ökologisch reflexive Grundhaltung.* 2. Aufl. München: Reinhardt.

Speck, O. & Warnke, A. (Hrsg.) (1989). *Frühförderung mit den Eltern.* München: Reinhardt.

Stahl, B. (2003). Psychotherapie und psychologische Beratung geistig behinderter Menschen. In: Irblich, D. & Stahl, B. *Menschen mit geistiger Behinderung.* S. 591–645. Göttingen: Hogrefe.

Stahl, S. (2012). *So und So. Beratung für Erwachsene mit so genannter geistiger Behinderung.* 3. Aufl. Marburg: Lebenshilfe.

Steiner, T. & Berg, I. K. (2016). *Handbuch lösungsorientiertes Arbeiten mit Kindern.* 7. Aufl. Heidelberg: Carl Auer.

Steinhausen, H.-C. (2016). *Psychische Störungen bei Kindern und Jugendlichen. Lehrbuch der Kinder- und Jugendpsychiatrie und -psychotherapie.* München: Elsevier.
Sterkenburg, P. S. (2019). Bindungsbasierte Therapie. In: Sappok, T. (Hrsg.). *Psychische Gesundheit bei intellektueller Entwicklungsstörung. Ein Lehrbuch für die Praxis.* S. 431–439. Stuttgart: Kohlhammer.
Straßburg, H.-M., Dacheneder, W. & Kreß, W. (2018). *Entwicklungsstörungen bei Kindern. Praxisleitfaden der interdisziplinären Betreuung.* 6. Aufl. München: Elsevier.
Theunissen, G. (2016). Empowerment. Aus: Dederich, M., Beck, I., Bleidick, U. & Antor, G. (Hrsg.). *Handlexikon der Behindertenpädagogik. Schlüsselbegriffe aus Theorie und Praxis.* 3. Aufl. S. 114–116. Stuttgart: Kohlhammer.
Theunissen, G. (Hrsg.) (2013). *Kunst als Ressource in der Behindertenarbeit. Schulische und außerschulische Ermöglichungsräume für Menschen mit Lernschwierigkeiten und komplexer Behinderung.* Marburg: Lebenshilfe.
Theunissen, G. (2008). *Positive Verhaltensunterstützung. Eine Arbeitshilfe für den pädagogischen Umgang mit herausforderndem Verhalten bei Kindern, Jugendlichen und Erwachsenen mit Lernschwierigkeiten, geistiger Behinderung und autistischen Störungen.* Marburg: Lebenshilfe.
Theunissen, G. & Schubert, M. (2010). *Starke Kunst von Autisten und Savants. Über außergewöhnliche Bildwerke, Kunsttherapie und Kunstunterricht.* Freiburg: Lambertus.
Thimm, W. (2002). Familien mit behinderten Kindern in Deutschland. Wege der Unterstützung. In: Thimm, W. & Wachtel, G. *Familien mit behinderten Kindern. Wege der Unterstützung und Impulse zur Weiterentwicklung regionaler Hilfesysteme.* S. 11–28. Weinhein: Juventa.
Thimm, W. & Wachtel, G. (2002). *Familien mit behinderten Kindern. Wege der Unterstützung und Impulse zur Weiterentwicklung regionaler Hilfesysteme.* Weinheim: Juventa.
Toulmé, F. (2015). *Dich hatte ich mir anders vorgestellt …* Berlin: avant.
Tröster, H. (2000). Erhalten Geschwister behinderter oder chronisch kranker Kinder zu wenig elterliche Zuwendung? *Heilpädagogische Forschung, Zeitschrift für Pädagogik und Psychologie bei Behinderung,* 1/2000.
Tsirigotis, C. (2019). Ressourcen und Kompetenzen erkennen. Beratung von Familien mit Migrationsbiografien und behinderten Kindern. In: Westphal, G. & Wansing, G. (Hrsg.). *Migration, Flucht und Behinderung. Herausforderungen für Politik, Bildung und psychosoziale Dienste.* S. 237–262. Wiesbaden: Springer.
Urbann, K., Scharmanski, S. & Bienstein, P. (2015). Wie können Menschen mit Behinderung vor sexuellem Missbrauch geschützt werden? *BzGA Forum* 2/2015. S. 33–36.
Vogt, M. (Hrsg.) (2007). *Wenn Lösungen Gestalt annehmen. Externalisieren in der kreativen Kindertherapie.* Dortmund: Borgmann.
Vogt-Hillmann, M. (2000). Vom Ressourcosaurus und andern fabelhaften Wesen – Malen und Zeichnen in der kreativen Kindertherapie. In Vogt-Hillmann, M. & Burr, W. (Hrsg.) (2000). *Kinderleichte Lösungen: Lösungsorientierte Kreative Kindertherapie.* 2. Aufl. S. 11–30. Dortmund: Borgmann.
Vogt-Hillmann, M. & Burr, W. (Hrsg.) (2009a). *Kinderleichte Lösungen: Lösungsorientierte Kreative Kindertherapie.* 6. Aufl. Dortmund: Borgmann.
Vogt-Hillmann, M. & Burr, W. (Hrsg.) (2009b). *Lösungen im Jugendstil: Systemisch-lösungsorientierte Kreative Kinder- und Jugendlichentherapie.* 3. Aufl. Dortmund: Borgmann.
Walsh, F. (2006). Ein Modell familialer Resilienz und seine klinische Bedeutung. In: Welter-Enderlin, R. & Hildenbrand, B. (Hrsg.). *Resilienz – Gedeihen trotz widriger Umstände.* S. 43–79. Heidelberg: Carl Auer.
Walter, A. (2018). Erziehungsberatung inklusiv – Unterstützung von Familien im Kontext Behinderung. *Forum Erziehungshilfen 2018/5,* S. 282–287.
Walter-Klose, C. & Walter, A. (2018). Inklusion in der Erziehungsberatung – Beratung von

Familien mit einem Kind mit Behinderung. In Witte, S. (Hrsg.). *Erziehungsberatung. Standpunkte, Entwicklungen, Konzepte.* S. 278–293. Freiburg: Lambertus.

Walter-Klose, C. (2017). Inklusion in der Erziehungsberatung? Aktuelle Situation und Perspektiven des Beratungsangebotes für Familien mit einem Kind mit Behinderung. *Vierteljahresschrift für Heilpädagogik und ihre Nachbargebiete (VHN)* 2/2017. S. 127–144.

Walter-Klose, C., Hawlik, F., Thum, F., Loose, J. & Walter, A. (2017). Erfahrungen in der Beratung von Familien mit einem Kind mit Behinderung. *Erziehungsberatung aktuell.* 2017 (1), S. 2–9.

Walter-Klose, C. (2016a). Einwurf: Gesundheit und Krankheit in der Körperbehindertenpädagogik. In: Jennessen, S. & Lelgemann, R. *Körper Behinderung Pädagogik.* S. 60–75. Stuttgart: Kohlhammer.

Walter-Klose, C. (2016b). *Erziehungsberatung für Familien mit einem Kind mit Behinderung.* Informationen für Erziehungsberatungsstellen 3/16, S. 12–19.

Walter-Klose, C. (2016c). Komm, lass uns Freunde sein! Förderung des sozialen Miteinanders von Schülerinnen und Schülern in inklusiven Bildungsangeboten. *Zeitschrift für Heilpädagogik.* 2016 (10), S. 474–485.

Walter-Klose, C. (2012). *Kinder und Jugendliche mit Körperbehinderung im gemeinsamen Unterricht. Befunde aus nationaler und internationaler Bildungsforschung und ihre Bedeutung für Inklusion und Schulentwicklung.* Oberhausen: Athena.

Weber, G. & Rojahn, J. (2009). Intellektuelle Beeinträchtigung. In: Schneider, S. & Margraf, J. (Hrsg.) *Lehrbuch der Verhaltenstherapie. Band 3: Störungen im Kindes- und Jugendalter.* S. 351–366. Heidelberg: Springer.

Weinberger, S. (2015). *Kinder spielend helfen – Einführung in die Personzentrierte Spielpsychotherapie.* 6. Aufl. Weinheim: Beltz.

Westphal, G. & Wansing, G. (Hrsg.) (2019). *Migration, Flucht und Behinderung. Herausforderungen für Politik, Bildung und psychosoziale Dienste.* Wiesbaden: Springer.

Wilken, U. (2014). Sexualerziehung, Partnerschaft und Kinderwunsch – unter Einbezug von Menschen mit Down-Syndrom. In: Wilken, U. & Jeltsch-Schudel, B. (Hrsg.). *Elternarbeit und Behinderung. Empowerment – Inklusion – Wohlbefinden.* S. 177–189. Stuttgart: Kohlhammer.

Wilken, U. & Jeltsch-Schudel, B. (Hrsg.) (2014). *Elternarbeit und Behinderung. Empowerment – Inklusion – Wohlbefinden.* Stuttgart: Kohlhammer.

Wilken, U. & Jeltsch-Schudel, B. (Hrsg.) (2003). *Eltern behinderter Kinder. Empowerment – Kooperation – Beratung.* Stuttgart: Kohlhammer.

Winkler, M. (2016). Erziehung. Aus: Dederich, M., Beck, I., Bleidick, U. & Antor, G. (Hrsg.). *Handlexikon der Behindertenpädagogik. Schlüsselbegriffe aus Theorie und Praxis.* S. 39–46. 3. Aufl. Stuttgart: Kohlhammer.

Winnicott, D. W. (2018). *Vom Spiel zur Kreativität.* 15. Aufl. Stuttgart: Klett-Cotta.

Wollmann, C. (1996). Überlegungen zum humanistischen Menschenbild in der Psychotherapie mit geistig behinderten Menschen. In: Lotz, W., Stahl, B. & Irblich, D. (Hrsg.). *Wege zur seelischen Gesundheit für Menschen mit geistiger Behinderung. Psychotherapie und Persönlichkeitsentwicklung.* S. 227–238. Bern: Huber.

Wüllenweber, E. (2014a). *Einander besser verstehen. Hilfen und Ansätze für Menschen mit geistiger Behinderung, mit Lernbehinderung und bei Autismus. Band 1: Kommunikation und Beziehungsgestaltung.* Marburg: Lebenshilfe.

Wüllenweber, E. (2014b): *Einander besser verstehen. Hilfen und Ansätze für Menschen mit geistiger Behinderung, mit Lernbehinderung und bei Autismus. Band 2: Gesprächsführung, Beratung und Begleitung.* Marburg: Lebenshilfe.

Ziegenhain, U. (2008). Frühe Kindheit als (Entwicklungs)Phase hoher Herausforderung für Eltern. Aus: Petermann, F. & Schneider, W. (Hrsg.). *Enzyklopädie Psychologie. Angewandte Entwicklungspsychologie. Entwicklungspsychologie 7.* S. 163–204. Göttingen: Hogrefe.

Sachregister

ABCX-Familienkrisenmodell 184
Ablösung 179
Aggression 168, 191, 214, 217
Alleinerziehende 74
Ambivalenz 38, 78, 189
Anderssein 61, 134, 176
Angemessene Erwartungen 89, 142
Angst **49**, 116, **142**, 217
Annahme 192
Anpassungen 33, 34, 87, 206, 229, **235**
Ausgrenzung 24, 40, 111, 119, 151, 177
Autismus-Spektrum-Störung 19, 68, 155, 160, 224, 247
Autonomie 143

Barrierefreiheit 35, 179, 240, 267
Beeinträchtigung **13**
Beeinträchtigungsformen **19**, 204
Behinderung **13**, 134, 204
Belastungen 38, 42, 60, 127
Beratungsansätze 27, **235**
Beratungsverlauf 240
Bereicherung 43
Beruf 178
Betreuung 98
Bewältigung 54, 185, 186
Beziehungen zu Gleichaltrigen 133, 152, 174
Bildung 98

Copingstrategien 42, 54, 59, 184

DBT 248
Depression 127, 192
Dezentrierung 256
Diagnose 123

Diagnostik 90, 133, 163, 226
Diskriminierung 40, 46, 119, 151, 176, 177
Distanz 149
Distanzlosigkeit 149, 214
Diversität 29
Doppeltes ABCX-Stressmodell 185
DSM-5 16, 215

Eltern 123, 126
Elternkurse 92
Elterntraining **93**, 248
Emotionale Belastungen 40, 50, 78
Emotionale Entwicklung 161
Emotionale Kompetenz 159
Emotionen **158**
Emotionsregulation 133, 138, 159
Empathie 242
Empowerment 158, **203**
Entlastung 102
Entwicklungsstand 89
Erwachsenenalter 178
Erziehung **81**, **82**, **86**
Erziehungsberatung **26**, **28**
Erziehungsstile 84

Familiale Resilienz 197
Familie **37**, 56, **57**, **58**, 64, 76, 126, 249
Familienentlastender Dienst 54, 102
Familien-Kohärenzgefühl 202
Familienstresstheorie 183
Flexibilität 56, 185, 198
Flow-Erleben 255
Förderung **98**
Freundschaft **151**
Frühförderstelle 106, 122, 133

Geburt **122**
Gefühle 123, 137, **158**, 189, 262
Geistige Behinderung 19
Geschwister 39, 41, 50, **60**, 154
Gestalttherapie 245
Gesundheit **196**
Glück 43
Großeltern 46, 60
Grundbedürfnisse **199**, 227, 230
Grundüberzeugung 103, 211

Heilpädagogische Tagesstätte 107
Herausforderndes Verhalten 213
Herausforderung **38**, 55
Hilfesystem 41, **99**, 125
Hospiz 50
Humanistische Therapien **242**

ICD 10 16, 215
ICF 14
Identität **171**
Impulskontrolle 133
Inklusion **22**, 28, 107, 119, 130, 175
Integration 22
Integrationsfachdienst 179
Integrationskraft 133
Intellektuelle Beeinträchtigung 16, 19
Intelligenzminderung 16
Internat 54, 102
ITAB 248

Jugend **157**

Kinderbücher 136
Kindertagesstätte **107**, 130
Kinderwunsch 179
Klientenzentrierte Therapie 242
Kohärenzgefühl 56, 202
Kohäsion 56, 185
Kommunikation 34, 133
Komplexe Beeinträchtigungen 19
Kongruenz 242
Konsequenzen 233
Kooperation 34, 100
Körperbehinderung 19
Kreativität **253**
Krise 234
Krisenverarbeitung **187**

Krisenverarbeitungsmodelle **182**
Kultursensible Beratung 104, 212
Kunsttherapie **253**
Kurzzeiteinrichtung 102

Langsamkeit 168, 214, 240
Lebensphase 40, 50, **122**, 208
Lebenszyklen 207
Leichte Sprache 238
Lernbehinderung 19

Marte Meo 93, 251
Missbrauch 150, 180, 220
Mütter **57**, 123, 129

Netzwerk **36**, 59, 75, 98, 99

Offene Hilfen 102
Öffentlichkeit 39, 44
Organismus 230

Partizipation 14, 112, 213
Partnerschaft 41, 56, 178
Patchworkfamilie **76**
Persönlichkeitsentwicklung 161
Pflegebedarf 41, 74, 127
Pränataldiagnostik 124
Prä-Therapie 244
Prävalenz **17**
Progredienz 50, 68, 204
Psychische Störung 215

Resilienz **196**
Ressourcen **54**, 56, 59, 185
Rollenverteilung 56, 57, 74, 126, 129, 205

Salutogenesemodell **200**
Scheidung **69**
Schuldgefühle **49**, 51, 67
Schule **111**, 134
Schulvermeidung 119
Schulverweigerung 119
Schulvorbereitende Einrichtung 108, 131
Schulwahl 134, 174
Seelische Behinderung 19
Selbstbestimmung 179
Selbstbild 172
Selbsthilfegruppe 75, 106

Selbstkonzept 177
Selbstständigkeit 88, 147, 178
Selbstverletzendes Verhalten 217, 219
Selbstwirksamkeit 146, 177, 258
Separation 24
Sexualität 178
Sichtbarkeit 47, 130
Sinnesbeeinträchtigungen 19
Situation 229
Sonderpädagogischer Förderbedarf 18, 92, 112, 134
Soziale Entwicklung 111
Soziale Kompetenz 133, 152, 153, 230
Sozialer Rückzug 154
Soziales Umfeld 44, 55, 125, 167
Sozialpädiatrisches Zentrum 91, 133
Spieltherapie 244
Spiralphasen 188
Stepping Stones Triple P 93
Stereotypien 167, 214, 217
Stigmatisierung 171
Stressbelastung 42, 58, 129, 184
Stressbewältigungsstrategien 183
Stressverarbeitungsmodelle 182
Systemische Ansätze 203, 233, 249

TEACCH® 247
Teilhabe 14, 107, 108, 112, 115, 151, 170, 213
Trauer 49
Trauma 119, 147, 220

Trennung 69
Trennungsangst 143

Überbehütung 52, 88, 142, 143
Überforderung 88, 219
Übergänge 40, 50, 209
UN-Behindertenrechtskonvention 13, 24, 32, 179
Ungewissheit 189
Unterstützte Kommunikation 237
Unterstützung 45, 54, 98, 100, 123

Väter 57, 123, 129
Veränderungen 39, 40, **126**
Verarbeitung 39, 48, 123, 182
Verhalten 231
Verhaltensanalyse 221, 227
Verhaltensauffälligkeiten 40, 47, 115, **167**, 168, 213
Verhaltenstherapie 93, 146, 221, **245**
Verlauf 204
Vernachlässigung 88
Vernetzung 34
Visualisierung 239
Vorschulalter 130

Werteorientierung 56, 211
Wertschätzung 242
Willensstärke **136**
Wohnheim 54, 102
Wut **136**, 214